中文社会科学引文索引（CSSCI）来源集刊

人文论丛

2023年

第2辑（总第40卷）

陈　锋　主编

教育部人文社会科学重点研究基地
武汉大学中国传统文化研究中心

KEY RESEARCH INSTITUTE IN UNIVERSITY

WUHAN UNIVERSITY PRESS
武汉大学出版社

图书在版编目(CIP)数据

人文论丛.2023年.第2辑:总第40卷/教育部人文社会科学重点研究基地,武汉大学中国传统文化研究中心.—武汉:武汉大学出版社,2023.11
ISBN 978-7-307-22965-5

Ⅰ.人…　Ⅱ.①教…　②武…　Ⅲ.社会科学—2023—丛刊　Ⅳ.C55

中国国家版本馆CIP数据核字(2023)第228236号

责任编辑:李　程　　责任校对:李孟潇　　版式设计:马　佳

出版发行:**武汉大学出版社**　(430072　武昌　珞珈山)
(电子邮箱:cbs22@whu.edu.cn 网址:www.wdp.com.cn)
印刷:武汉中科兴业印务有限公司
开本:787×1092　1/16　印张:20.25　字数:489千字　插页:2
版次:2023年11月第1版　　2023年11月第1次印刷
ISBN 978-7-307-22965-5　　定价:79.00元

《人文论丛》2023年第2辑（总第40卷）

目　　录

人文探寻

文史考证

清代学术与文化

山地开发与区域发展

文学·术语

哲学·思想

述 评

人文探寻

学思历程与文化生态、制度文化探赜

——冯天瑜先生遗著五种管窥

□ 姚彬彬

【摘要】冯天瑜先生在其人生的最后几年间，主要着力于三项研究工作，即以撰述《周制与秦制》为主的中国传统制度文化研究、文化生态学研究及对平生学思历程的回顾与系统总结。他基于梁启超提出的文化“共业”说所建立的“文化结构”理论，在晚年进一步完善成熟，构成其深邃哲思和学术研究方法的基本路径。在新冠疫情期间，他透视文化“共业”，解析文化生态，心系生民疾苦，积极撰文发声。通过分梳周、秦、汉以降之制度文化，参酌晚近西制，批评“制度决定论”，旨在融会创新。同时，他心系经世致用，进一步深入开展日本东亚同文书院中国调查文献的研究，并始终致力于海峡两岸文化交流工作。冯天瑜先生身后陆续梓行的遗著五种(及在台湾地区重版之旧著四种)，集中表达了这些学术思想贡献。

【关键词】冯天瑜；制度文化；文化生态；学思历程；文化结构

多年来读史阅世所见之学林人物，约略有两种情况，多数人学术生命的黄金期在四五十岁间，至晚年后，则由于精力、思力渐衰，纵然仍有创作，文字中的“精气神”总给人以大不如前之感；但也有不少人，他们如金庸笔下的武学宗师，年纪愈老而功夫愈精纯，学术生命长青，老而弥坚。先师冯天瑜先生显然属于后种情况，在他人生的最后十年，学术创获实现了惊人的井喷式的爆发。在此期间，他董理平生学术论著，进行大量修订完善工作，至2021年《冯天瑜文存》20卷全部梓行；所撰述的原创性新著，在生前已出版者，如《中国文化生成史》(2013年)、《日本对外侵略的文化渊源》(与任放合著，2017年)、《中国文化元典十讲》(与姚彬彬合著，2020年)、《中华文化生态论纲》(2021年)、《三十个关键词的文化史》(与聂长顺合著，2021年)、《长江文明》(与马志亮、丁援合著，2021年)、《中华文明五千年》(2022年)等，涉及文化史、思想史、近代史、区域史、概念史等众多学术领域，上下求索，每出一种，多有筚路蓝缕之开拓，广受学林之赞誉称美。冯先生在2015年做心脏搭桥手术后出现意外，因抢救及时得以转危为安，堪称九死一生；在2016年又确诊结肠癌四期，医生告知最多还有两年左右生命。此后，他深感紧迫，与时间赛跑，手不释卷、书不停笔，直至临终最后一次入院前(2022 年 12 月初)，每天的工作时间总是在 8 小时以上，也为自己创造了生命奇迹(后癌症竟基本治愈)。2023 年 1 月 12 日，先生因罹患新冠肺炎遽尔归天，身后尚留有五部遗著，迄今已出版者有《文明思辨录》(华中科技大学出版社 2023 年版)、《文化困知录》(广东人民出版社 2023 年版)、《跬步千里》(岳麓书社 2023 年版)三种，已付梓待出版者有《周制与秦制》(商务印书馆)、《东亚同文书院中国调查之研究》(与刘柏林、聂运伟合著，国家图书馆出版社)二种。先生在人生的最后几个月间常常与友生们谈及，此生尚有两项工作待完成，即《周制与秦制》之撰述定稿(后基本完成)，及平生学思历程之口述史(此项工作仅部分完成，终成永久遗憾)。在新冠疫情的三年间，先生忧思不绝，关心民生疾苦，积极撰文发声，抚今追昔，从文化生态学的思想高度探究人类社会当下之难题与未来之命运。此三方面的工作，亦是先生身后诸种遗著的题旨所在。

一、平生学思历程之回顾与系统总结

2020 年年初，某出版社约请冯天瑜先生回顾平生学思经历，完成一本口述史。先生极具谦德，觉得此事无必要，但后来犹豫再三，又想到，作为一位跨越几个时代的老人，平生所思所想，总会对后人有些“存史”的参考价值，事情就定了下来。在先生的晚年，我偶尔协助他处理一些简单的学术事务，颇蒙抬爱，先生选择我作为这部口述史的执笔人，小子诚惶诚恐，深感资历浅，又学力不足，但在先生的殷切鼓励下，只好勉为其难应承下来。自 2020 年 4 月至 2022 年 11 月，先生完成了大部分内容的讲述。在 2022 年 12 月初，先生因病住院前，嘱我先整理出初稿，待他出院后用半年左右的时间仔细修改完善，再形成定稿付梓。未料此一去永诀，这部未竟的口述史竟成为永久的遗憾!

所幸 2021 年年初，由岳麓书社策划、万俊人先生主编的《吾道文丛 · 学术自传》丛书向冯先生约稿，此与先生正在进行的口述史工作不谋而合，于是，先生整理平生有关回顾学思经历和治学心得的文章，重加改定，勒为一编，遂成此《跬步千里》之著。先生在编撰此著期间曾数次与我交流，拜读之后，实感先生口述史之梗概已具其中；收入书中的《与李慎之、唐德刚、谷川道雄三先生论“封建”》一节，则正是先生开展口述史工作初期完成的第一篇成果。

冯先生的口述史工作较为侧重于中青年时期坎坷曲折的见闻经历，对此《跬步千里》书中的第一部分亦略述大要；其中年时期的一段传奇经历，则成文《20 世纪 70 年代心路历程》(收入《文明思辨录》一书①)。《跬步千里》之所重者，是先生于 1979 年正式投身学术界之后的学思心得。20 世纪 80 年代以降，先生于中国文化史及相关多个领域中，筚路蓝缕，左右采获，作出了众多在学术界、文化界卓有影响的原创性贡献，为后学开启途径，无论宏观的文化史理论方法之探索，还是具体的史事、观念、问题的爬梳考据，先生治学堂庑之广、开掘之深，足令时下日趋细化和窄化的人文学界叹为观止，亦当有以反思。

冯先生学识通博，这最初得益于青少年时“随慈母‘住读’湖北省图书馆八年”，泛览

① 冯天瑜：《文明思辨录》，华中科技大学出版社 2023 年版，第 256~265 页。

中外群籍，在中学的同学间有“百科全书”之誉，其间尤喜鲁迅、托尔斯泰之著作，受此熏染，养成沉雄深刻之思维，悲天悯人之胸襟。乃父永轩公先后师承于黄侃、梁启超、王国维三先生，亦晚近文史名家，1962—1965年，永轩公“摘帽”之余赋闲在家，专门给先生“开小灶”，讲授《论语》《孟子》《史记》诸书，传承家学，奠定先生之旧学基础。与古来众多先贤一样，先生青年时十分关注“天人之际”之哲思，尤喜黑格尔作品，精读了《哲学史讲演录》《历史哲学》诸书；同时，亦大量阅读马克思、恩格斯等经典作家的史学论著如《法兰西内战》《家庭、私有制和国家的起源》等，由此得以洞察人类思想文化的古今之变。先生说：“黑格尔把哲学比喻为密纳瓦的猫头鹰，黄昏时方起飞。对一个民族来说是这样，对一个人来说也大抵如此。就我而言，最先发生兴趣的是文学，紧随的是史学，以后才是哲学。然而这只猫头鹰给人的教益深刻。如果说，文学提供的是形象，史学提供的是事实，哲学则昭示着规律。”①这是先生早年求学阶段的心路历程。

冯先生自返身学术之始，直至生命之最后，一直将文化史研究作为平生最重要的“主业”，其“初心”何以如此，我近来对此问题有所思考。先生自青年时代始，其关注视野，一直着眼于人类文明之演进与走向这一“大哉问”，感兴趣的从不是一家一姓之王朝兴替过程中的某些具体问题。先生一直珍藏着永轩公当年在清华大学国学研究院就读时梁启超先生的授课讲义《中国文化史》，梁启超对于“文化”这一概念曾定义说：“文化者，人类心能所开积出来之有价值的共业也。”②“共业”这一概念非常重要，梁启超认识到了人类社会乃至一国家一民族之发展进程，绝非某个单一因素所能决定(如经济、制度、政治乃至某些英雄人物等)，而是种种因素交叠累加后而呈现出的一股合力，这一“合力”像无形的手，在冥冥中引导历史走向。冯先生的一生历经时代重大变迁，早年应已深刻感受到了某些单一的力量在试图左右社会变迁过程中的局限，历史车轮的前进或倒退，取决于“共业”，其表现形式只有总体性的“文化”，故梁启超又称之“文化共业”。冯先生显然在这些问题上与梁启超有相近或相似的思考，因此他说：“人类文化史则相当悠久，我们今天所拥有的文化，不是骤然降临的……它是人类在过去各时代由交互关系与劳动生活所产生的延续的累积的结果。文化史的任务便在于综合考察这一汪洋恣肆的进程，并探究看似白云苍狗、莫测变幻的文化运动的规律。”同时，先生的研究工作并非满足于爬梳既往之历史陈迹，始终关怀于人类未来之命运，因此他说：“文化史要研究文化的‘外化过程’……而且要研究文化的‘内化过程’，即文化的‘主体’——人自身在创造文化的实践中不断被塑造的过程，同时还要研究外化过程与内化过程如何交相渗透，彼此推引，共同促进文化有机整体进步。”③冯先生平生之愿景，或即在此。并再三致意于中国文化史之“开创期”与“转型期”之两端：“考析古今转换、中西交会的历史场景，以求得对中国文化近代转型的真解，学术意味浓厚，现实启迪性无穷。”④亦可称自道心曲。

冯先生之治学理念，一向不赞成当代人文学术文、史、哲之间畛域分明、太过拘泥于学科意识的风气。他始终贯彻近代学人的“通家”视野，强调义理、考据、辞章三者相济

① 冯天瑜：《跬步千里》，岳麓书社2023年版，第24页。
② 梁启超：《什么是文化》，《晨报副刊》，1922年12月1日，第2版。
③ 冯天瑜：《跬步千里》，岳麓书社2023年版，第126~127页。
④ 冯天瑜：《跬步千里》，岳麓书社2023年版，第134页。

为用。古人谓“文以载道”“训诂明而后义理明”，深刻的义理需要以通达的辞章为载体，而辨析义理是非正谬总离不开对先哲文献中字词含义之考据。他认为：“‘义理、考据、辞章’指普遍性的治学涉及的三方面能力，一切研习学问的人都应努力具备。”此三学之间的关系是：“考据贡献并审定材料，辞章提供方法和表述，义理整合内容并探究形上之道，三位一体，相辅相成。三者合则互美，分则相害。”①今之治文化史、思想史者，常常会遇到学科壁垒的困境(如历史学者觉得你偏哲学，哲学学者又觉得你偏历史)，对先生此论当尤有深切共鸣。中国古来学术又有“致用”与“求是”的立场之争，就古典经学而论，古文经学偏于“求是”，今文经学偏于“致用”，冯先生认为前者意在“为学问而学问”，后者意在“学术服务人类”。对此问题，他本人似较倾向于以“求是”为基本原则，但又基于更为开阔的思想高度，指出只有坚持学术之“求是”，方能真正“致用”，二者关系并不矛盾，“只有以这种不受主观需求干扰的客观态度研究学问，方有可能登堂入室，求得真知，此种真学问才真正‘有益于天下’‘服务于人类’”②。先生毕生治学践履，始终旨在探索“真知”和“真学问”。

自忝列门墙以来，我时常想到屈原“余幼好此奇服兮，年既老而不衰”之诗句，足称先生学术生命之写照。先生幼承庭训，颖慧不凡，兼之精力过人，一以贯之，孜孜不倦；平生心思精纯，淡泊名利，从无任何物欲追求之念。师母刘老师曾“抱怨”：“与冯天瑜从青年时谈恋爱开始，一直到老，他每天都在读书写作，我们几乎连公园都没逛过。”大约在2018年秋季的一天，这是先生罹患晚期结肠癌的第三年，师母在凌晨4点多通过微信发来一张照片，冯先生正在医院病房的窗下奋笔，修订《三十个关键词的文化史》一书，此情此景，我们看了既心疼，又惭愧。先生逝后，师母含泪撰文《致天瑜》：“一起闲聊时，多少次我都说，将来你的墓志铭一定要写上这几个字：终于可以休息了。天瑜，你实在太累太累了！你确实活了两辈子。”先生在2022年12月26日进入重症监护室之前的最后几天，仍在坚持修订完善《周制与秦制》书稿，他的一生，完完全全贡献给了文化和学术。读此《跬步千里》之著，回顾先生平生之志业，“充实之谓美，充实而有光辉之谓大”，此语反复萦绕于我的心间。

二、“大疫”忧思：透视文化“共业”，解析文化生态

窃以为，前述之文化“共业”说，应视为理解冯天瑜先生晚年学术思想之一核心关键词。2020年年初疫情初起，武汉一时风声鹤唳，人心惶惶，先生虽居家不出，然心系天下疾苦，在积极为民生鼓呼发声之余，更思接千载，深入探析人类时下灾难形成之文化根源和社会根源，此即其《中华文化生态论纲》之撰述初衷。在该书序章部分，他直接征引了梁启超有关文化“共业”的论述，并进一步阐述其中微义，认为“文化的实质是自然的人类化”，“人类劳动与劳动对象(自然环境)共同构筑了文化”③，也就是说，作为主体的人类行为活动与作为客体的自然环境，这两方面构成的相互关系，即文化“共业”之合力，

① 冯天瑜：《跬步千里》，岳麓书社2023年版，第70~71页。
② 冯天瑜：《跬步千里》，岳麓书社2023年版，第66~67页。
③ 冯天瑜：《中华文化生态论纲》，台湾元照出版有限公司2022年版，第13~14页。

此“合力”又可解析为由物质文化、制度文化、行为文化、心态文化(社会意识)诸方面要素所交互构造的“结构”，因此应正确认识到：

> 文化是一个有机整体，这个有机整体的运动历程便是文化史。“整体大于局部相加之和”，部分对整体的决定作用不是直接实现的，而是通过结构实现的，文化的各个局部通过特定的结构，组成文化整体，并创造出整体自身的功能。因此，文化学和文化史学应当在分门别类的、个案的研究基础上，重视整体的、宏观的研究，而且这种整体的、宏观的研究，又不是个案的、微观的研究的拼盘。我们应当注意文化与生态环境(自然环境与社会环境)的结构关系，这便是文化的“外结构”研究；与此同时，我们还应当注意文化自身的结构关系，这便是文化的“内结构”研究。整体大于局部之和，将内结构研究和外结构研究有机综合起来，方有可能再现文化生态的整体性，才有可能洞察悠久而博大的中华文化的生成机制、内在特质及发展趋势。①

生态环境作为文化“外结构”，亦文化“共业”之合力的重要组成部分，他在2020年春于《中国文化》杂志刊文《疫中意外发现》(收入《文明思辨录》)指出，这次疫情对我们的启发是：“善待环境，环境必还以善报；反之，人类必遭自然铁腕的回敬。这种回敬的力度，将因人对自然压迫的加剧而增强，如若不能减缓这种超负荷的压迫，有机生命体的唯一家园——地球终将抛弃肆无忌惮的人类。”因此，“保护生态环境、维系生态平衡，是人类的第一要务。以当下言之，复工、复产，是列国的迫切需要，但全面恢复经济活动以后的人类，不应再度摧残生态环境，更不该加剧人际间、国际间的恶斗”②。语重心长，言犹在耳。

所谓“共业”，自非短时段的一时一地的偶然因素所造成。先生反思此一祸端之始，在近三百年来人类基于“征服自然”之理想所逐渐形成的“人类中心主义”之病态扩张，实为人类社会由来已久之沉疴宿疾，他在《抗疫之际议“生态”》文中更指出：

> 工业革命以来的三百年，“征服自然”行为主流意识，物本主义压过人本主义，更蔑视自然生机主义，“人类中心主义”得到病态扩张。当下迈入后工业文明的信息化时代，物本主义的工具理性更趋发达，掌握了核裂变、人工智能、生物工程等尖端技术的今人，似乎可以得心应手地“改造自然”，但“人类不要过分陶醉于我们人类对自然界的胜利。对于每一次这样的胜利，自然界都对我们进行报复”(《自然辩证法》)。如果背弃自然法则，违背生命伦理，包括生物工程在内的科技创造，必招致自然铁腕的回敬。③

有关如何转变此种恶性“共业”之道，冯先生提出：“我们的生路是存在的，这便是——遵从自然法则，在社会活动中限抑物本倾向，复归人本精神和道法自然。理性的人类应当深

① 冯天瑜：《中华文化生态论纲》，台湾元照出版有限公司2022年版，第18页。
② 冯天瑜：《文明思辨录》，华中科技大学出版社2023年版，第109~110页。
③ 冯天瑜：《文明思辨录》，华中科技大学出版社2023年版，第112页。

怀敬畏——敬畏自然，敬畏生命，效法自然，善待自然，实现人与自然和谐，人与人和谐。视万物为友朋，引人类为同胞。”①虽然，此实“知易行难”之理，然吾人亦不得不承认，“虽不能至，心向往之”，舍此实无他法。

疫情期间，冯先生赞扬广大医务工作者的“上医医国”的奉献精神，谓之“仁心侠行”②；肯定部分民营企业在物资和人力支援上对抗疫的贡献③；并在《“采风”与“诗谏”》文中反思当时一些在基层时有发生的、违背党中央精神的不良社会现象，“涉及言路开放问题”，强调“无论古今中外，包括古代的清明治世和现代民主制，社会的上下层总是存在距离、难免隔阂的。而要缩小距离，化解隔阂，便需要执政方倾听民意，体察下情，纠正国政弊端；而民众则有义务、有权利将意见上达朝廷”，而周代的“采风”与“诗谏”之传统，“便是沟通上下信息的一种举措”④，足资时下之借鉴。

冯先生以“困知”一语概括此数年间的深沉哲思，他在《文化困知录》的“小引”(2022年夏所撰)中说：“吾辈处古今更化、中外对接的大时代，种种文化问题纷至沓来，时处困惑中，困而思解，遂有若干断想，今择以呈现诸君，盼相与切磋，有以教我。”⑤虽示谦德，然细揣其字里行间，实蕴难言之微义。

三、析周秦之变：中国传统制度文化得失之研判与前瞻

约自2020年秋开始，冯天瑜先生经长期准备和酝酿，集中主要精力撰述他称之为“关门书”的《周制与秦制》，约于2022年夏秋之际完成初稿。据冯先生自述，《周制与秦制》一书，系延续2005年前后所成之《“封建”考论》学术思路的进一步拓进。就其平生对制度文化的研究规划而言，如果将《“封建”考论》看作“上篇”，《周制与秦制》则可视为“下篇”，此书堪称先生平生学术的“晚年定论”。

冯先生此前《“封建”考论》之著，旨在厘清近百年来学界用法十分混乱的“封建”一词的历史语义，试图正本清源。该书之主要观点是：“‘封建’本义为‘封土建国’‘封爵建藩’。封建制的基本内涵是世袭、分权的领主经济、贵族政治，古来汉字文化圈诸国大体在此义上使用‘封建’一名，并展开‘封建论’。中国秦汉至明清社会主流离封建渐远，实行地主经济基础上的君主集权官僚政治。”但自20世纪20年代始，中国学界受苏联学术话语之误导，“把以专制集权和地主—自耕农经济为特征的秦汉至明清的两千余年纳入‘封建时代’，以与西欧中世纪对应，‘封建’概念泛化，既与本义脱钩，也同对译之英文术语feudal含义相左，且有悖于马克思、恩格斯的封建原论”。因此，《“封建”考论》一书“强调‘名辩’的重要性，考论‘封建’并试拟‘制名以指实’等历史分期命名标准，建议秦至清主要时段社会形态的名目，宜以‘宗法地主专制社会’更替‘封建社会’；秦至清两千余年

① 冯天瑜：《文明思辨录》，华中科技大学出版社2023年版，第112页。
② 冯天瑜：《文明思辨录》，华中科技大学出版社2023年版，第113页。
③ 冯天瑜：《文明思辨录》，华中科技大学出版社2023年版，第115~119页。
④ 冯天瑜：《文明思辨录》，华中科技大学出版社2023年版，第124页。
⑤ 冯天瑜：《文化困知录》，广东人民出版社2023年版，第1页。

可简称‘皇权时代’”①。

在《“封建”考论》的最后一章中，冯先生提出，中国先秦时期真正意义上的封建制，实以宗法制立基：“此制初奠于殷商，成型于西周，与封建制、等级制互为表里，共同构成那一时代的王室及贵族世袭制度。”②而“周秦之际以降，专制主义集权政制渐成定势”③，“秦至清两千余年的社会形态宜命名‘宗法地主专制社会’，此一历史阶段简称‘皇权时代’”，此阶段宗法制仍有保留，但与地主制和专制帝制间“构成彼此契合的系统”④。此两种政治制度类型，在冯先生 2013 年出版的《中国文化生成史》中又被称为“周制”与“秦制”，即该书第九章第一节《周制与秦制：传统中国的两种政制类型》，此节内容后又单独成文，收入《文明思辨录》，可视为《周制与秦制》一书的基本思路和提纲。

《周制与秦制：传统中国的两种政制类型》文概括周制称：“西方中世纪的‘封建制度’(Feudalism)与中国的‘三代封建’有可比性。西欧各国及日本的中世纪社会，实行贵族政治和领主经济，其文化的若干特点，如王权旁落、政权分裂、等级制度、武士传统、农奴制度、人身依附、复仇观念等，皆为封建制度的派生物。中国的周制大体与西欧中世纪的封建制相类，二者时间相距千余年，而实行权力分散的贵族政治、领主经济却大体近似。”⑤而所谓秦制，即“秦将各个诸侯国集结为非封建的大帝国，在全中国范围以郡县制取代封建制。又统一六国文字，统一法律、度量衡、货币，修驰道、筑御胡长城，确立中央集权的专制帝国规模。其大一统制度，沿用两千余年，正所谓‘历代皆行秦政制’”⑥。

冯先生对周、秦二制辨析的深刻性更在于，他进一步认识到了中国两千年的专制皇权政治，虽肇端于秦制，实为融会周、秦二制的综合形态，“秦汉以降，形成大一统的君主集权政制，要义有三：一者君主独制，二者地方集权中央，三者任用不世袭的流官。这些制度多兼采周制与秦制，如倡导兼听独断的谏议制度，侦察官吏、守廉肃贪的监察制度，不计身份选贤与能的选举—科举制度，等等，皆或以周制为基础吸纳秦制，或以秦制为基础吸纳周制”。当然，就皇权专制政治的本质而言，仍然还是秦制的成分为主：“汉以下的帝王虽然采纳‘罢黜百家，独尊儒术’建策、申言奉行周制，但并未一味信从儒家，多半视周政为虚应故事、儒生为不合时宜的空谈家，而借重秦制的实效性。”也就是“既以儒家颂扬的‘周制’(仁政、王道乃至井田封建之类)号召天下、收揽人心，又毫不含糊地坚执霸道钢鞭，用‘秦制’威镇臣民”⑦。冯先生所阐此义，在《周制与秦制》有更深入的探讨，该书第七章《百代皆行汉政法》经多角度辨析后总结：

> 汉朝确乎效法前朝，所谓“汉承秦制”，但汉朝并未抛弃周制，而是以秦制为基干，汲纳周制，兼取儒法两家。汉初“天下既定，命萧何次律令，韩信申军法，张苍定章程，叔孙通制礼仪，陆贾造《新语》，又与功臣剖符作誓，丹书铁契，金匮石室，

---

① 冯天瑜：《“封建”考论·提要》，武汉大学出版社 2007 年版。

② 冯天瑜：《“封建”考论》，武汉大学出版社 2007 年版，第 488 页。

③ 冯天瑜：《“封建”考论》，武汉大学出版社 2007 年版，第 504 页。

④ 冯天瑜：《“封建”考论》，武汉大学出版社 2007 年版，第 515 页。

⑤ 冯天瑜：《文明思辨录》，华中科技大学出版社 2023 年版，第 194~195 页。

⑥ 冯天瑜：《文明思辨录》，华中科技大学出版社 2023 年版，第 197 页。

⑦ 冯天瑜：《文明思辨录》，华中科技大学出版社 2023 年版，第 199 页。

藏之宗庙。虽日不暇给，规摹弘远矣”（《汉书·高帝纪》）。博取以秦为主的先代诸制；至武帝时，董仲舒倡“复古改制”，取周制以补秦制之弊，成就了兼采周秦的汉制。这种“儒皮法骨”“霸王道杂之”的汉制，后世传承不辍，两汉以下的唐、宋、元、明、清诸朝，沿袭的是聚会周秦二制的秦制修正版——汉制。①

因之，冯先生认为：“似可将‘百代皆行秦政法’这一流播甚广的名句，修订为‘百代皆行汉政法’。这或许较为切合中古—近古制度史的实际。”

既然中国中古—近古政治制度兼采周秦，构成“秦制修正版”，因此不能简单非此即彼地判定周制与秦制二者之孰优孰劣，此其题中应有之义。冯先生反思了时下颇为流行的一种说法：“有学者提出，从分权制约角度看，周制离现代宪政民主较近，因为周制下的庶民与贵族拥有传统的权利，帝王不能过多干预。”他虽承认：“综合比较周、秦二制，周制走向现代宪制国家似较易，从世界史观之，能顺利进入现代宪制国家的，几乎都是封建传统（相当于周制）深厚的国家。反之，大一统帝国（相当于秦制）要转进现代宪制社会，其过程更为曲折艰难。”但是，就法治之角度，“从现代国家需要统一的法律，需要个人直接面对国家法律而言，秦制更接近现代国家”。回顾中国古代之制度文化，皇权专制制度之日趋强固，“其原因不能仅仅归结为帝王强化权力的私欲，背后还有秦制对维护国家大一统的实效性在发挥作用。故昔之善政不能简单归结为周制与秦制中的一种”。基于此前瞻将来，“现代政治文明建设，只能是对周制与秦制的双重选择性吸纳，其间还必须包括对民主的借鉴，方能实现周制与秦制的新生转进”②。

在《周制与秦制》中，冯先生则又更深入地研究了自明清之际以来“西制”（近代以来的西制影响，当然亦包括马克思主义的社会理论）对于中国制度文化日渐深入的影响过程，他在该书第九章《近古—近代解构周秦二制》中说：

植根深厚文化土壤的周秦二制，时至现代仍保有变异着的延续力，近三四百年间，评周评秦，兼以参酌西制，成制度史上空前错综复杂的新局。现代中国制度文化的建设，既未全盘西化，也未固守中制，亦未刻意坚持周制或秦制的某一端。这种融会创新尚在进行时，继承并改造周秦二制，参酌西制，伴随着制度文化现代转进的全过程。

以上略述冯天瑜先生《周制与秦制》一书内容之大要。初稿完成后，先生曾将全文送交一些学界同行阅览，并希望提提意见。在2022年10月下旬，先生收到了一位老朋友的长信，这位先生是国内颇有影响的文化名流，一向推崇周制之优越性，而对秦制进行不遗余力的破斥。先生曾通过微信将此信转我看过，并说：

今晚收悉宏文，初览之余，即觉启迪深广，待反复研习、消化后，再行切磋。有

① 此章已独立成文发表，见冯天瑜：《百代皆行汉政法》，《华中师范大学学报》（人文社会科学版）2022年第2期。

② 冯天瑜：《文明思辨录》，华中科技大学出版社2023年版，第201~202页。

一大意可略陈于先：自上世纪70年代末以来，我逐渐成型的想法是，两千余年来帝制中国的社会及文化的优长与短板，并非单独由儒或法、周或秦的一个方面铸就，其机制寓于制度层面的实秦虚周、文化层面的儒表法里。故单单“反秦复周、崇儒批法”，或“反周复秦、反儒扬法”都无济于事。在这一综会再创过程中，又有西制、西文可供参酌(不是如法炮制)。拙著《周制与秦制》还在修订中(出版社比较宽大，容许我一再改、补)，争取把这一旨趣讲清楚。

我十分认同冯先生的看法，且向以为，先生平生学术径路，有一基本风格，即历史理性之开显。他对于种种复杂和牵涉广泛的历史问题乃至社会问题，从无非此即彼式的片面之论，而总是尽力爬梳相异观念的历史脉络源流，充分进行“了解之同情”后，再作尽情尽理的分析和裁断，故每发一义，切理餍心，绝无过激或感情用事之偏弊。此种高屋建瓴的“史识”，特别是纵横捭阖的大局视野，继承近代前辈学人之风范，纵观当世，吾人不得不承认，实已寥寥无多，渐成绝响。

冯先生曾撰文批评过电视剧《大秦赋》对秦始皇形象的过分美化，该文受先生委托，首发于我的公众号“论衡”，一时流传广泛，造成不小轰动，导致不少人以为先生于秦制亦为绝对的否定态度。其实先生平日多次讲过，他觉得应该加以深刻反思批评的，实为秦政(即秦王之暴政)，至于“百代行秦制”的秦制，如前所述，先生认为其实与周制间各有得失，且秦制在历史上维护国家大一统，乃至抑制豪强等功绩，亦不可掩。但来信的那位先生，对此观点似颇不甚以为然，于先生对秦制的某些肯定性论断，尤表不赞成的态度。对此，我向先生说：

该先生的方法论误区，似在以为制度之一事，完全可以经由主观选择后，全部社会问题一朝可解，此不明历史逻辑，以主观价值取向为准，过于感情用事所致之也。周制之君权虽不似秦制之独专，然其弊在以宗法制立基，主宰社会的实为庞大的特权阶层，而且等级分明，以尊卑天定而不易，上智下愚为不移，此其弊也。秦制之君权独裁之弊，此有目共睹，不需多言。而先生所言汉以后实周秦二制之综合，实在是真知灼见，细思之，自汉迄清的社会一般民众，被这两座大山同时压在头上，既要承受独专之君权压迫，又要承受整个的特权阶层之压迫(如晋之门阀、明之宗室、清之八旗等皆是)。——而该先生不见“周制”的根本负面问题，此其盲点所在。

先生对我的这段话，当时并未直接回复，日后我曾当面向他谈及这些看法，先生显然是较肯认的态度。冯先生晚年，于时下文化界颇为流行的“制度决定论”思潮有深刻反思，我曾亲见先生在闻听“文化无高下，制度可选择”这一说法后当场便进行了委婉的批评(当时有多位同仁皆在场)。先生始终坚持“制度文化”这一概念，“制度”本身亦社会文化之构成部分，非少数人的单纯主观意志倾向可决定者，故“制度可选择”之说，无疑已陷入“制度决定论”之理论误区，从古至今，“制度决定论”之失败案例，可谓不胜枚举，远有北宋王安石变法，近有晚清康有为百日维新，他们都设计出了一套“看起来很美”的制度规划方案，但付诸实践后，其现实成效则往往适得其反甚至南辕北辙。后拜读《周制与秦制》书稿全文，见先生在该书结语部分已明确揭示：

> 回首中国近代历史，洋务运动推动了近代性物质文化的有限进步，但仅此一端，远没有完成文明的近代转型，证明“只模仿西技西艺，不作制度改革”是行不通的。于是有改革制度的戊戌变法和辛亥革命的兴起，但揭橥“君主立宪”和“民主共和”旗帜的两次变制改革也没有完成吾国文明的近代转型，证明简单移植“新制度”是行不通的，“制度决定论”并非灵丹妙药。

此一论述，结合先生基于文化“共业”说所阐述的“文化结构”理论，或可得到更为清晰的理解。制度文化与物质文化、行为文化、心态文化(社会意识)四者并立，交相影响，互为因果，这种多维结构是一种网状因素的合力，虽然不能否认在一些具体问题上某个因素更重要，但断不能简单认定某个因素单方面地决定了其他一切因素。

东海西海，心理攸同。梁启超借鉴佛教哲学所揭出的史学理论“文化共业”之说，在俄国文学家托尔斯泰的杰作《战争与和平》中竟亦可找到共鸣。托翁观察省思人类历史上所发生之种种革命和战争行为，得出的结论是：“从精神方面看，权力是事件发生的原因；从物质方面看，服从权力的人是事件发生的原因。但精神活动离不开物质活动，因此，事件发生的原因既不在前者，也不在后者，而在于两者的结合。或者，换句话说，原因这个概念不能用在我们所研究的现象上。”①冯先生早在青少年时已反复阅读过托尔斯泰之“三部曲”，至晚年于托翁仍有偏爱，我们可以相信，托翁所阐之理，对先生的影响可能是相当早的，先生成年后，曾深入研读马列经典，恩格斯的历史“合力”之说，亦当对先生有以启发。

对于制度文化问题，同样“原因这个概念不能用在我们所研究的现象上”。即使退一步讲，姑且假定“制度可选择”，那么，决定某种制度成功或失败的因素又是什么？何以日本选择了西方的资本主义民主制度后社会发展迅速，而印度亦作同样选择，其广大乡土社会仍受神权专制的种姓观念影响，停留于愚昧落后的状态？社会生产力、生产关系、财富总量等方面若无本质改善，单纯改变制度这一环节，影响究竟会是好还是坏？抑或根本不起作用？纵观世界开启现代化进程后的列国历史，正负面案例都能找出一些(且负面案例恐怕更多)。用托尔斯泰的话，这类问题均将陷入“无限的循环”②，永无其解。

从冯先生的理论视角看，制度文化与物质文化、行为文化、心态文化(社会意识)在网状结构中四位一体，任何一方面的完善和发展，均受到其他诸方面因素的牵制，只有诸方面因素相互促成，方可形成良性的发展趋势。诚如有前辈学人所称：“觉悟了的群体才能推动社会。”既然社会发展是一个“共业”的问题，“共业”又是由社会的全部个体成员(以及自然环境)共同构造，也许我们仍要回到百余年前鲁迅在《文化偏至论》中给出的答案：“是故将生存两间，角逐列国是务，其首在立人，人立而后凡事举……”③(尽管如何“立人”仍是一个难解的问题)至于如何立足于新时代中国特色社会主义制度，参酌周制、秦制、西制诸方面的合理性内涵，践行中国式现代化之道路，这是冯先生留给我们后学

---

① ［俄］托尔斯泰：《战争与和平》(下)，草婴译，人民文学出版社 2020 年版，第 1321 页。
② ［俄］托尔斯泰：《战争与和平》(下)，草婴译，人民文学出版社 2020 年版，第 1321 页。
③ 鲁迅：《文化偏至论》，《鲁迅全集》第 1 卷，人民文学出版社 2005 年版，第 58 页。

的，有待进一步求索的终极之问。

四、余　　论

以上通过冯天瑜先生晚年三方面的主要工作来归纳其遗著中的思想要义，吾人限于学力，难免有以管窥豹、以蠡测海之失，或只能算是个人的学习体会。冯先生之平生深具家国情怀，其晚年之贡献，尚有两项有关工作，寄托平生"经世致用"之深切愿景。

首先，是对日本东亚同文书院中国调查文献的进一步开掘与研究。冯先生于 1996 年在日本访学间接触到东亚同文书院中国调查文献，当即著文《日本"中国学"的启示》(《江汉论坛》1996 年第 10 期）加以介绍，以引起学界对东亚同文书院及其中国调查的关注。1998—2001 年，先生于爱知大学（该校即东亚同文书院之后身）任教期间深入了解了这批文献的基本情况，并开展研究工作。在爱知大学结束工作回国后，先生持续进行东亚同文书院中国调查资料方面的研究工作，陆续编纂出版几种调查材料选译本，至新世纪初，国家图书馆大力发掘、整理东亚同文书院中国调查文献，邀冯先生参与其事，主编国家图书馆出版社于 2016 年出版之《东亚同文书院中国调查手稿丛刊》200 册、2018 年出版之《东亚同文书院中国调查手稿丛刊 · 续编》250 册；又于 2015 年主持出版东亚同文书院编纂的《中国省别全志》及《新修中国省别全志》50 册，并作长序。至此，中国境内所藏东亚同文书院中国调查文献，大体得以刊行展现，这为东亚同文书院中国调查之研究提供了便利的资料条件。此外，冯先生在此期间还完成了与此题有密切关联的如《"千岁丸"上海行——日本人 1862 年的中国观察》（商务印书馆 2001 年版）等著。

2017 年秋，先生因癌症住院期间，在病床上构思了《东亚同文书院中国调查之研究》一书纲要和基本思路，与执教爱知大学已三十年的刘柏林教授和湖北大学聂运伟教授合作撰著《东亚同文书院中国调查之研究》，期以绍介、评价这一规模浩大的近代中国调查材料系统。经过两年的研究、讨论，几易其稿，《东亚同文书院中国调查之研究》第一稿完成于 2019 年夏。2020 年年初，国家图书馆出版社推荐《东亚同文书院中国调查之研究》申报国家社科基金后期资助的重点项目，现该书已交稿。冯先生指出，这一研究工作，有以下诸方面的重要启示：

其一，东亚同文书院及其前身的创始人荒尾精、根津一、近卫笃磨等，皆是日本"兴亚论"的倡导者和力行者。"兴亚论"又称"亚洲主义"，是明治至昭和时期重要的政治及思想流派，在朝野颇能呼风唤雨。"兴亚论"与蔑视亚洲邻国的"脱亚论"貌似相悖（前者反西方，后者亲西方），其实却互为补充，二者共同构成日本向东亚扩张之"大陆政策"的基旨。"兴亚论"以日本的"国权主义"为核心理念，力主以日本为盟主，与中国"合纵"，与朝鲜"合邦"，使日本"指导"下的东亚组成"足恃"的力量，以阻遏欧美势力的东进。"兴亚论"还强调中日"同种同文"，汉字文化、儒家伦理是东亚诸国"亲和"的基础，日、中、朝赖此以"协力分劳"，实现"一体化"，在日本统领下抗衡西方。"兴亚论"的这一套构想，深刻影响了后来建立的东亚同文书院的办学路线，其校名标示"东亚"，昭显"同文"，正暗藏着"兴亚论"玄机。因此，近代日本进行的中国调查，系"大陆政策"的产物，是为日本侵略中国的战略服务的。这一历史事实，国人不可忘却并当引为警惕。

其二，从知识学的背景看，东亚同文书院中国大调查即近代以来产生的社会科学领域里的社会调查，调查研究的基本要素如抽样、问卷、统计分析等，在其调查活动及其调查成果的整理、编纂和出版中，得到普遍的运用。

日本的官方与民间，于19世纪末至20世纪上半叶运用近代实证科学方法开展周详细密的中国社会调查，有些是对当时中国官方及民间零散资料的集中与整理，有些是运用社会学的实证调查方法采集第一手材料。经数十年积累，日本人掌握了关于中国经济、政治、社会、文化方面的翔实信息，留下卷帙浩繁的见闻录、考察报告，以及在此基础上编纂的志书、类书、研究专著等文献，为从事晚清、民国政治史、经济史、文化史、社会史研究提供了直接或间接的资料，其调查方法的精密、系统，也足堪借鉴。

其三，日本数千来与中国结下不解之缘。这不仅是天造地设、无可变更的邻居之缘，更是文明交会之缘，这交会中伴有笙歌，也时现杀伐，而大势是文明涵化，主潮是友好相处。经济交流、尤其是文化互动，颇有益于两国发展。纵览数千年中日关系史，友好交往是主潮，战争冲突是支流，正可谓"两千年玉帛，一百载干戈"。中日两国从两千年友好交往里获益匪浅。这既指平城、平安时代以降日本人大规模汲纳中华文化精粹，也指明治维新以后中国人热切研习日本近代化经验。这种互为师生的关系，当然是中日两国社会进步之福，而战争冲突则使中日两国人民创巨痛深，历史正反两面的教训理应深刻汲取。东亚同文书院中国调查的目的是为日本的扩张侵略服务的，但也有"学术研究"和"文化交流"的某些属性。加之调查活动的时间跨度长、人员众多、调查内容和形式繁复多变，有着多重的复杂面向，需要我们"借镜观形"：将其置于东亚乃至世界史中重新加以考察，多角度审视东亚同文书院中国调查留下的文本，重返历史现场，还原历史真相，厘清影响中日关系近代转型变迁的诸多原因。①

此外，自2013年始直至先生逝世前，他一直在主持武汉大学台湾研究所工作。2022年年初，先生遴选平生学术代表作四种，即《中华元典精神》、《中华文化生态论纲》、《中国文化生成史》(上下册)、《"封建"考论》交由台北元照出版公司梓行(现前两种已出，后两种待出)。先生生前对台湾研究所工作制定之总体规划，坚持以文化交流和研究为主，他所提出之名论"中华文化是两岸交流的最大公约数"曾被媒体广泛报道，播扬海内外，颇得海峡两岸有识之士的普遍认同。其在人生中最后一年完成的这项工作，亦意在践行此理念，心系两岸和平统一，并寄望于来者。

(作者单位：武汉大学中国传统文化研究中心、武汉大学台湾研究所)

---

① 以上有关情况，主要据冯天瑜口述、姚彬彬笔录之《冯天瑜口述史》(未完稿)资料，并参见聂运伟：《东亚同文书院中国调查文献的开掘与研究》，《中国文化史研究再出发》，武汉大学出版社2021年版，第412~421页。

试论章太炎语源学理论的成就与局限*

□ 朱乐川

【摘要】章太炎一生治学广泛，其中以小学(传统语言文字之学)的成果最为丰硕，而在小学中尤以语源学的贡献最为巨大。章太炎继承并发展了前人的语源学研究成果，同时吸收了西方的相关理论，最终形成了一套有创新、有系统、有传承、有质疑、有高度的语源学理论。但因为时代和自身的原因，章太炎的语源学理论也存在着一些局限，如对于部分同源词的分析出现失误、对甲骨文基本持否定态度、对语根的建立有一定的问题、韵转理论被人质疑、部分语族过于庞大等。但瑕不掩瑜，毋庸置疑章太炎在中国语源学史中占据了极为重要的地位，而且从章太炎开始，我国的语源学研究正式进入了现代语源学的阶段。
【关键词】章太炎；语源学理论；成就；局限

章太炎(1869—1936)，名炳麟，浙江余杭人，我国著名的语言学家、民主革命家、思想家、经学家、史学家，被誉为近代史上"有学问的革命家"和"有思想的学问家"。章太炎一生治学领域广泛，其在小学、经学、史学、文学、哲学、佛学等领域都有着重要的贡献，而他的治学根基在于小学(即传统的语言文字之学)，而治小学的根基又在于语源学，因为其深知"诸言语皆有根"①，"字之未造，语言先之矣，以文字代语言，各循其声"②，只有从语源入手，才能发现汉语发展的规律。而章太炎的《文始》《新方言》《小学答问》等诸多论著以及他的《成均图》、古声纽古韵部的划分都是在探寻语源和语言的关系，从而更好地为其语源学乃至整个语言文字之学的研究服务。

可以说，章太炎的语源学理论在系统性上是高于前人的，这集中表现在章太炎的转注与假借理论、变易与孳乳理论、初文与准初文理论、音转理论、右文说理论等紧密联系，相辅相成，自成系统。当然，章太炎对语源学部分问题的解决还存在着一定的局限，它们

* 本文系国家社科基金重大项目"汉语词源学理论建设与应用研究"(17ZDA298)阶段性成果。

① 章太炎撰，庞俊、郭诚永疏证：《国故论衡疏证·语言缘起说》，中华书局 2008 年版，第 166 页。

② 章太炎撰，庞俊、郭诚永疏证：《国故论衡疏证·转注假借说》，中华书局 2008 年版，第 187 页。

有的是因为自身原因造成的，有的则是由于时代原因而造成的。但瑕不掩瑜，这些局限并不会影响章太炎在语源学史中所占据的重要地位。可以说，章太炎的语源学理论是后世学者评价其为“清代朴学最后一人，又是近代学者的第一人”①的有力佐证。

一、章太炎语源学理论的成就

章太炎语源学理论的成就无疑是巨大的，总体上来说，主要表现在以下五个方面：一是创新性、二是系统性、三是传承性、四是有质疑、五是有高度。下面我们将就这五点展开讨论。

(一)章太炎对于传统语源学理论的创新

章太炎的语源学理论之所以能优于前人，并获得丰硕的成果，最终成为“近代学者的第一人”，这是和他理论本身的创新性分不开的，而他的创新性很大程度上表现在他对西方语言理论的学习和借鉴，举例如下：

首先，在章太炎的语源学研究中采用了历史比较语言学的方法。他在《小学略说》中通过比较汉语同梵语、拉丁(罗甸)语、阿拉伯(亚罗比耶)语等语言，得出汉语不适合使用拼音的结论。可见章太炎对于语源学的着眼点已经从单一走向多元，即从本身的语言走向比较的语言，用到了历史比较语言学的方法，这在当时传统的小学界是非常少有的、也是极其珍贵的。

其次，关于语言(文字)的起源，章太炎借鉴了印度哲学中胜论派关于宇宙起源的学说，从实、德、业的角度分析了语言(文字)的起源，其中实指的是事物的本体，德指的是事物的属性，业指的是事物的作用，三者密不可分，即“实、德、业三，各不相离”②，所以章太炎认为不论是人类早期先有实，再有德、业；还是后世先有德、业，再有实，对类似事物的起名往往来源一致。这表现在语音上往往为音相近、表现在文字(汉字)上往往为表音的构件相同，这也是章太炎设立语根并通过音转来找寻汉语发展规律的重要理论依据。

再次，章太炎在韵转理论中吸纳了印度的悉昙，即：“其一侈音。印度以西皆以半摩字收之，今为谈、蒸、侵、冬、东诸部，名曰撮唇鼻音。其一弇音。印度以西皆以半那字收之，今为青、真、谆、寒诸部，名曰上舌鼻音。”③悉昙是拼音文字，“摩”是म[ma]的对音，“半摩”就是去[a]留[m]；“那”是न[na]，“半那”就是去[a]留[n]。由此可知，章太炎把韵尾收于[-m](撮唇鼻音)的称作侈音，把韵尾收于[-n](上舌鼻音)的称作弇音，以上为阳声侈弇的标准，而阴声与阳声的侈弇相互对应。这也是章太炎韵转理论中和一般音韵学上的“侈弇”关系不同的原因所在。

最后，章太炎在转注理论中对“语基”“声首”的界定，在语源学实践中对初文、准初

① 陆宗达、王宁：《训诂与训诂学》，山西教育出版社1994年版，第333页。

② 章太炎撰，庞俊、郭诚永疏证：《国故论衡疏证·语言缘起说》，中华书局2008年版，第168页。

③ 章太炎撰，庞俊、郭诚永疏证：《国故论衡疏证·成均图》，中华书局2008年版，第36页。

文的设定也一定程度上受到了西方语言学的影响。俞敏曾指出："章氏造《文始》……实出于德人牟拉(Max Mûller)之《言语学讲义》(*Lectures on the Science of Language*，1871)。持《国故论衡》之'语言缘起说'后半与牟书第二篇中论语根之语相较，承沿之迹宛然。"①"语基"(即语根)更是印欧语系的产物，而我国传统小学在之前是没有这个概念的，因为汉语是不存在形态变化的。章太炎借鉴了这一概念，并运用到实践中，虽然在具体操作中出现了问题，但他的开创之功是不能磨灭的。

另外，章太炎对于"语源"(语原)、"同源"等术语的较早使用也对语源学在中国的发展有着积极的影响。

(二)章太炎对于零散语源学理论的系统性归纳

章太炎语源学理论的系统性体现在两个方面，一是理论本身的系统性，二是其语源学著述的系统性。

1. 章氏语源学理论的系统性

章太炎的语源学方法论是自成体系的，这也是他高于前人，并且很难被超越的重要原因之一。章太炎的语源学理论主要包括转注与假借理论、变易与孳乳理论、初文与准初文理论、音转理论等方面。关于转注与假借理论，章太炎在批判与继承前人(如江声、朱骏声、戴震、段玉裁、许瀚、刘台拱等)相关理论基础上形成了自己的转注与假借理论，将转注与假借这对看似矛盾的汉字发展规律结合到一起，正所谓"二者消息相殊，正负相待，造字者以为繁省大例"②，进而进入语源学研究的范畴。关于变易与孳乳理论，其为章太炎语源学理论的重中之重，也是其系联同源词最重要的两条线索，而这两条线索也始终贯彻在章太炎语源学著作《文始》的写作中。黄侃曾对此有很经典的评论，其言："《文始》总集字学、音学之大成，譬之梵教，所谓最后了义。或者以为小学入门之书，斯失之矣。若其书中要例，惟变易、孳乳二条。"③关于初文与准初文理论，可以说是章太炎对于汉字字源的认定，章太炎"刺取《说文》独体，命以初文"，又"及合体象形、指事，与声具而形残，若同体复重者，谓之准初文"④，由上引述可见初文为独体字，准初文则为初文和合体字之间的文字，而初文和准初文都是比较简单的汉字(有时只是单独的笔画)，但正是这些简单的汉字(笔画)却变易孳乳出无数的形与义，而《文始》也正是以510个初文与准初文为起点，系联了《说文》中大量的同源词。关于音转理论，其是章太炎系联同源词的语音标准，其中以《成均图》为本作为韵转的依据(《文始》分韵部为9大类23小类)，以《纽表》为本作为判断声纽关系远近的依据(《文始》将声纽分为5大类，共计21个)。章太炎的音转理论并不是单纯地为音韵学服务，而是通过音转来分析文字的转注与假借、变易与孳乳，从而更好地为语源学、训诂学服务。

---

① 俞敏：《论古韵合帖屑没曷五部之通转》，《燕京学报》1948年第34期。

② 章太炎撰，庞俊、郭诚永疏证：《国故论衡疏证·转注假借说》，中华书局2008年版，第205页。

③ 黄侃：《黄侃论学杂著·声韵通例》，上海古籍出版社1980年版，第164页。

④ 章太炎：《章太炎全集(七)·文始》，上海人民出版社1999年版，第160页。

2. 章氏语源学著述的系统性

章太炎除了在语源学的研究方法上呈现出系统性以外，他的语源学著述也是成体系的。《小学略说》《语言缘起说》可以看作纲领性的论著，它们不纠结于字与字之间具体的意义和语音关系，而是关注于语言的一些最基本的问题，比如语言从何而来、语言的发展规律为何、不同语言之间有何异同、汉语如何造字，等等。而为了解决这些问题便出现了《文始》《新方言》《小学答问》《转注假借说》《古双声说》《二十三部音准》《成均图》等著述。它们各自独立，比如《文始》侧重于对《说文》中同源词的系统梳理，《新方言》侧重于用乡土异语来求古字古言古义，《小学答问》侧重于研究本字借字流变之轨迹，《转注假借说》侧重于同源词音义关系理论的构建，《古双声说》《二十三部音准》侧重于古声韵体系的构建，《成均图》侧重于韵转理论的构建。但是这些著述又相互联系，即为了解决《小学略说》《语言缘起说》等论著中提出关于语言发展的普遍性、规律性的问题，比如《转注假借说》的 201 组转注字，在《章太炎说文解字授课笔记》①中直接出现的就有 158 组，占比 78.6%；《文始》中的 463 条初文准初文的材料，在《笔记》中直接出现的字头就有 344 条，占比 74%。这足见章太炎语源学论著的系统性。从《转注假借说》中我们可以提炼出章太炎的转注理论和假借理论，从《成均图》中我们可以提炼出章太炎的韵转理论，从《文始》中我们可以提炼出章太炎的变易与孳乳理论、初文与准初文理论、音转理论等，而无论以上的哪一种理论都为章太炎同源词的实践作出了积极贡献。这也使得学界对汉语同源词的研究从一盘散沙而变得有系统、有规律，所以王力在《中国语言学史》中说道："章氏这种做法，令人看见了词汇不是一盘散沙，词与词之间往往有某种联系，词汇也是有条理的。"②

正如章太炎在叙述其作《新方言》《小学答问》《文始》三书的动机时所言那样："余以寡昧，属兹衰乱，悼古义之沦丧，愍民言之未理，故作《文始》以明语原，次《小学答问》以见本字，述《新方言》以一萌俗。"③虽然章太炎的语言学著述的研究目的各有偏重(如"明语原""一萌俗""见本字"等)，但是它们相互联系，相辅相成，都直接或者间接地构成了章太炎的语源学理论。

(三)章太炎的语源学理论具有传承性

"章太炎是清代朴学最后一人，又是近代学者的第一人"，这可以看作对章太炎学术具有传承性的最好注脚，而细化到语源学上表现为：他不仅继承了乾嘉学派严谨的治学态度，也继承了乾嘉学派因声求义、不限形体的治学方法，从经典性质的《说文解字》出发来研究传统的小学，并在系统性和理论性的支撑下，把小学从经学的附庸中独立出来，成为真正的语言文字之学。而从《文始》开始，原来右文说、语转说偏重其一的研究方法也有了巨大的改变，使得汉语的语源学研究慢慢走上了健康大道。

同时章太炎语源学理论的传承还在于它的启发性，在这一理论的启发下，黄侃、沈兼

---

① 为行文简明、流畅计，以下该书简称"《笔记》"。

② 王力：《中国语言学史》，复旦大学出版社 2006 年版，第 138 页。

③ 章太炎撰，庞俊、郭诚永疏证：《国故论衡疏证·成均图》，中华书局 2008 年版，第 25~26 页。

士、朱宗莱、马宗芗、杨树达、徐复、陆宗达、王力等学者使得汉语的语源学研究不停地向前发展。我们尝试制一简表，一窥近现代各位学者的语源学著作以及他们对章太炎语源学理论的传承(或商榷)，参见表1。

表1 **近现代学者的语源学著作以及对章太炎语源学理论的传承(或商榷)**

	相关语源学著作	对章太炎语源学理论的传承(或商榷)
黄侃	《论文字变易孳乳二例》《声韵通例》《说文同文》《说文略说》《尔雅音训》等	(1)对章太炎"变易""孳乳"理论的发展 (2)对《说文》和《尔雅》的重视 (3)对章太炎语源学实践的继承与发展
沈兼士	《右文说在训诂学上之沿革及其推阐》《广韵声系》《声训论》等	(1)用新材料来验证《说文》，尤其注意对《说文》小篆字形原义的探索 (2)对章太炎抛弃右文说的质疑 (3)新右文理论的创立和实践
朱宗莱	《文字学形义篇》《转注释》《文学述谊·正名篇》等	(1)对历代转注学说的介绍与分析 (2)对章太炎转注理论的商榷
马宗芗	《尔雅本字考》等	(1)深入研究章太炎对《尔雅》本字的论述 (2)利用声首的概念，求《尔雅》本字的同时系联同源词
杨树达	《积微居小学述林》《积微居小学金石论丛》等	(1)植根中国传统语言学，同时积极吸取西方的语源学理论，尤其注重对于"语根"的建立 (2)重视将甲骨文、金文材料应用到语源学研究中
徐复	《章氏〈成均图〉疏证》《方言溯源》《〈方言〉补释》《释"畐""夂"二字之语源》等	(1)对章太炎《成均图》进行疏证 (2)注重以方言求语源的治学方法 (3)对章太炎语源学实践的继承与发展
陆宗达	《论章太炎、黄季刚的〈说文〉学》《传统字源学初探》《〈说文解字〉同源字新证》等	(1)注重传统语源学在当代的重生、普及与应用 (2)秉持章太炎以《说文》为中心进行求根探源的方法 (3)在章黄的基础上对语源学理论和同源词系联作进一步的深化
王力	《同源字典》等	(1)对于章太炎语源学中音韵相转的肯定与批判 (2)对于章太炎语源学中词义系联的肯定与批判 (3)对于章太炎语源学中文字选用上的批判

除了以上所列诸家外，还有很多学者都受到了章太炎语源学理论的影响，比如汪东作《吴语》，该著述中对本字的探求多为可信，而《吴语》与章太炎《新方言》、黄侃《蕲春语》都是章门中注重对方言语源探索的代表作。又比如吴承仕作《经籍旧音辨证》，该书非常注重字与字之间的同源关系，并利用同源来校勘历代旧音中音近义通的字。所以系统地研究近现代学人的语言学(语源学)著述，不少都能发现他们对章太炎语源学理论的传承。

另外，更可贵的是近现代的诸多语言学家就像章太炎对待乾嘉学派一样，对章太炎的语源学理论有继承和发扬，也有商榷和批判，从而使得语源学理论不断更新与完善。

(四)章太炎敢于大胆质疑前人的语源学研究成果

章太炎全面继承和发展了以许慎和段玉裁为代表的《说文》之学，而学术界给章太炎的语源学研究也贴上了“笃信《说文》”的标签。其实经过对章太炎语源学理论的系统研究，我们发现章太炎其实并不是许、段的忠实信徒，而且经常对许、段之说提出质疑，比如在《笔记·臣部》中钱玄同就记录章太炎对《说文》的质疑：“钱一：《说文》训善，当非本义。《庄子》之‘臧穀’亦称‘臧获’，此是本训，奴婢也，故从臣。(奴曰臧，婢曰获。)”①章太炎认为臧的本义并非像许慎所说为“善”，而当为战争中被俘虏为奴隶的人。观臧之古文便可知章太炎的质疑是正确的，臧，甲骨文作𢦏，为以戈捉住臣貌，即抓获、俘获。章太炎的分析与甲骨文“臧”的字形多有暗合之处，这是在他不信甲骨文或没见到甲骨材料的情况下完成的，实属不易。另外在章太炎语源学的实践中，我们经常能看见“《说文》误”“段说误”“段说牵强”等语，如，《笔记·口部》：“局，《说文》‘从口在尺下复局之’亦误”；《笔记·肉部》：“膏，肥也，凡有膏油皆可称肥。段云‘肥当作脂’，非”等。章太炎这种大胆质疑，小心求证的态度是值得我们学习的，而这一治学态度也影响着其他近代学者，他们也对章的学说提出质疑并进行商榷，使得学界对《说文》的研究、对语源学的研究不断向前进步。

(五)具有高屋建瓴性质的章太炎语源学理论

不同于他人的语源学研究，章太炎的研究是具有民族性、爱国性的，章太炎曾于1906年7月15日在《东京留学生欢迎会上的演说辞》中言：

> 次说国粹。为什提倡国粹？不是要人尊信孔教，只是要人爱惜我们汉种的历史。这个历史，是就广义说的，其中可以分为三项：一是语言文字，二是典章制度，三是人物事迹。近来有一种欧化主义的人，总说中国人比西洋人所差甚远，所以自暴自弃，说中国必定灭亡，黄种必定剿绝。因为他不晓得中国的长处，见得别无可爱，就把爱国爱种的心，一日衰薄一日。若他晓得，我想就是全无心肝的人，那爱国爱种的心，必定风发泉涌，不可遏抑的。②

从这段话我们可以看出章太炎对于语言的研究不是简单停留于单纯的文字训诂，而是鼓舞起人们“爱国爱种的心”。他试图以一个民族最根本的东西来完成一个最高屋建瓴的设想，“最根本的东西”是指中国语言文字之学，而其中又以语源学作为最重要的组成部分；“最高屋建瓴的设想”是指振兴民族之文化，唤醒爱国之热情。这种高度就是“用国粹激动种性，增进爱国的热肠”，这显然是乾嘉学派所不能比拟的。虽然这一理想实现起来非常困难，但章太炎为此作出的努力和贡献是值得肯定和敬仰的。

另外，章太炎还高屋建瓴性地通过其语源学实践解决了中国近代学术的两对矛盾。我

---

① 章太炎讲授，朱希祖、钱玄同、周树人记录：《章太炎说文解字授课笔记》，中华书局2008年版，第136页。

② 马勇编：《章太炎演讲集》，河北人民出版社2004年版，第7页。

们知道，中国近代学术的主题主要可以归纳为两对矛盾，一是古今矛盾，一是中西矛盾，这两对矛盾到了19世纪末20世纪初尤为彰显。如何解决这两对矛盾，章太炎先生做出了榜样，即大力弘扬中国传统又不固步自封，积极吸收西方先进理论又不全盘西化，可以说，章太炎对沟通古今中西起到了关键作用。章太炎深刻意识到唯有立足传统，并深入研究，才能与西方平等对话。“传统”即为语言与历史，因唯有语言与历史是“不能取之域外”的。而我国语言与历史的交叉点则为传统小学，而对于小学研究最好的抓手则是语源学。经过具体的实践和时间的推移，我们越来越能肯定章太炎的这一尝试是正确的、积极的。

二、章太炎语源学理论的局限

虽然说章太炎的语源学理论有很多的成就，但毋庸讳言，其理论也存在着一些局限，其理论的局限主要表现在以下几个方面：

(一)对部分同源词分析的失误

章太炎对具体同源词的分析是存在失误的，其中很重要的原因是源自他对《说文》部分字头的理解出现了偏差，这就使得章太炎在对部分同源词进行分析时显得牵强，如：

> 朱一：千人够用之水曰汘，百人够用之水曰洦。(想当然词)(《笔记·水部》)①

按：依章太炎分析，汘、千当为同源词，百、洦当为同源词。其实不然，章太炎所说较为牵强。汘，《说文·水部》：“汘，水也。”《玉篇·水部》：“汘，水名。”洦，《说文·水部》：“洦，浅水也。”《广韵·陌韵》：“洦，水浅皃。”可见，千、汘，百、洦在意义上不相连，不应视作同源词。

> 钱一：凡从甫者皆有斜意，如鄌阁(见汉碑，有《鄌阁颂》)，斜地也；晡，日夕斜也。但鄌阁不过是斜的意思，如鄌字本义无涉。(《笔记·邑部》)②

按：章太炎认为“凡从甫者皆有斜意”，似牵强。晡确有斜义，《广韵·模韵》：“晡，申时。”申时太阳渐渐西斜。但是不是凡从甫之字皆有斜义。如浦、埔、鄌、铺、脯等从甫之字无斜义。而且甫字本身亦无斜义，甫甲骨文作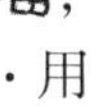，从中从田，像草从田地中长出之形，故当为圃之初文，后来甫表男子的美称，《说文·用部》：“甫，男子美称也。”这是假借，而本义则用圃字替代。故章太炎的判断是值得商榷的。

这样的例子还有很多，兹不赘述。

---

① 章太炎讲授，朱希祖、钱玄同、周树人记录：《章太炎说文解字授课笔记》，中华书局2008年版，第451页。

② 章太炎讲授，朱希祖、钱玄同、周树人记录：《章太炎说文解字授课笔记》，中华书局2008年版，第279页。

(二)对甲骨文基本持否定的态度

不信甲骨文、排斥甲骨文，确实是章太炎学术上的一大不足，他在《国故论衡》中还专门写了一篇《理惑论》来质疑甲骨文，而在他治学生涯中，不信甲骨文(亦不信金文)，笃信《说文》，沿袭许误的例子有不少，如认为“为”的本义为母猴，“也”的本义为女阴。又如：

> 朱三：东，动也。西本鸟在巢上，引申为西方，本动词而变为名词。东为日在木上，引申为动，名词变为动词。动本作东。东动西栖，东起西止。”(《笔记·东部》)①

按：东、动非同源，更不是章太炎所言“东为日在木上，引申为动，名词变为动词”，他依照《说文》旧训，而没运用甲骨材料，实属可惜。东甲骨文作，为布口袋、囊一类东西装物且被两端扎起之形，当为“橐”的初文，而后代假借为“东西方”之东。并非许慎所言“从日在木中”，章太炎依照旧训进行分析，自然得出的结果会显得牵强。又如：

> 《说文》：“丯，艸蔡也。象艸生之散乱也。”变易为蕆，芜也。为蔡，艸也。本义为乱，亦即为艸。(《文始一·阴声泰部乙》)②

按：这条亦是章太炎不信甲骨而盲从《说文》的例子。《说文》认为丯的本义是草芥，这是错误的，当为契刻。在甲骨文中，丯作、等形，于省吾在《甲骨文字释林》中说：“甲骨文的丯字，就其构形来说，中划直，三邪划作弯环之势，象以木刻齿形。”③从字形上看出“丯”非“草芥”义，在文献上也能得到支持，《孟子·万章上》：“夫公明高以孝子之心为不若是恝”，《说文》作“忦”，《说文·心部》：“忦，忽也。从心、介声。《孟子》曰：孝子之心，不若是忦。”介本义即为划，后作“界”，人为对东西进行划分得到一个区域，而区域的周边所划之处是为界。以上材料都可以证明“丯”本义为契刻，许慎在解释“丯”时发生了错误，而不信甲骨文、笃信《说文》的章太炎也跟着错了。

当然，章太炎早年全盘否定甲骨文、金文显然是不妥的，但是我们也不必过分苛求前人，前人的很多问题是由于时代造成的。比如在当时就有伪造甲骨成风的情况，李济也说：“在殷墟发掘以前，甲骨文字的真实性是假定的，就是没有章太炎派的质疑，科学的历史家也不能把它当作头等的材料看待。”④首先，在没有确定材料的真实性之前对材料本身存在质疑，这是正确的治学态度。其次，在当时无法确定甲骨文可信的情况下，这是章太炎使自己的小学体系能在可控范围内达到最严谨、最完整的最好办法。况且在章太炎中

① 章太炎讲授，朱希祖、钱玄同、周树人记录：《章太炎说文解字授课笔记》，中华书局2008年版，第257页。

② 章太炎：《章太炎全集(七)·文始》，上海人民出版社1999年版，第177页。

③ 于省吾：《甲骨文字释林》，中华书局2009年版，第354页。

④ 李济：《李济文集(卷五)》，上海人民出版社2006年版，第167页。

晚期的学术研究中，对甲骨文、金文的观点是有所改变的，这当然也是值得肯定和赞许的。

(三)关于语根的建立有一定的问题

章太炎在研究转注时认为“建类一首”即指建立一个“声首”，而声首其实与“语基”(“首者，今所谓语基”)在本质上是一致的。“语基”即“语根”，在《文始》中，章太炎以初文与准初文为语根，这显然是受到了西方语言学的影响，这是值得肯定的。然而汉语毕竟不是印欧语，它缺少形态的变化，那么哪些是语根就是一个很难确定的问题。虽然从汉字发展的规律来看，肯定是简单的字早于复杂的字，但不是所有简单的字都比复杂的字更适合作语根呢？而且章太炎所定的初文有的只是简单的笔画，是否为字都还有待商榷，到底何义也各说不一，这些是肯定不能作为语根的。许慎距离造字之时已过去了几千年，他怎么能确定孰是初文、孰是准初文、孰又是语源呢？更不要说又晚于许慎近两千年的章太炎了。所以章太炎这么笃定地确立初文与准初文，其实是很危险的。后来王力就最大限度地避免了这一问题，他在《同源字典·序》中说：“这部书之所以不叫做《语源字典》，而叫做《同源字典》，只是因为有时候某两个字，哪个是源，哪个是流，很难断定。”①而在王力之前，不少学者也注意到这一问题，如瑞典汉学家高本汉，他在《汉语词族》(1933)中就没有立“初文”，也不多说孰是源孰是流。另外，章太炎的初文、准初文多是从文字学的角度出发，与其说是“语基”，不如说“字基”，然而《文始》又是讨论语源学的专书，要解决的是词义演变发展的问题，这就有自相矛盾的嫌疑。

其次，因为语根的本义可能由两个或更多的义素组成，那么对义素选择的不同，则会带来不同核义素的语族，比如《笔记》《文始》从同一语根“乁”入手，却系联出两组不同的语族，关键在于章太炎分析“乁”的着眼点不同。乁，本义为水流动，这说明构成“乁”本义的义素有二，即：乁=/水/+/流动/。《笔记》着眼于“水”这一义素，而《文始》着眼于“移动”这一义素，自然就形成了两组同源词。这也说明了一个值得重视的问题，即同一语根可能系联出核义素不同的同源词，关键在于对核义素的提取，如果没有对这类情况引起足够的重视，而只因为语根相同就认为从这一语根变易孳乳出的所有字核义素都相同，那很可能造成错误。

(四)以《成均图》为代表的音转理论有一定的问题

章太炎的音转理论向来是为人诟病最多的，而作为他音转理论最集中的体现——《成均图》——理所当然就成了被人质疑最多的对象，而王力评价《成均图》“无所不通，无所不转，近于取巧的办法”②，便是对章太炎韵转理论最经典的质疑。从音韵学的角度出发，王力的批判显然是正确的，因为从单纯的音韵学角度去分析章太炎的《成均图》及其韵转理论会发现很多具体的问题，而且有不少是不符合韵理的。同时这样较为宽泛的韵转理论(也包括声转理论)显然是导致不少声音相差较大而只是意义偶合的字被章太炎视作同源

---

① 王力：《同源字典·序》，商务印书馆1982年版，第1页。

② 王力：《王力文集(第四卷)·汉语音韵学》，山东教育出版社1996年版，第347页。

的重要原因。① 但是如果从训诂的角度出发，则会发现章太炎音转理论的价值所在，因为章太炎的很多看似不符合音理的同源词系联实际是在有大量文献作为佐证的情况下得出的结论，应当说是可信的。所以虽然有讹音，有不合韵理者，但是如果能为训诂、为求语源服务，那么它就有自身的价值，而且这个价值是不能用传统的音韵学去衡量的。

(五)部分语族的组成过于庞大和复杂

在《文始》中，我们经常会看见一些非常庞大且复杂的语族，这类语族大致会带来以下四种问题：

(1)理论上，语族里的每个字都是从同一语根发展而来，那么如此庞大的语族中的语根能否与其中所有字都产生变易或孳乳的关系，那就值得怀疑了。比如在章太炎的语源学实践中，以“丁”为语根的同源词中出现了贞、桢、谛、媞等字；以“土”为语根的同源词中出现了赭、赫、当、党等字。这些显然都是牵强的，它们不应使用同一语根。

(2)语族越大，所提取的核义素就越抽象，如《笔记》中以“六”为语根的语族就过于庞大，结果提取的核义素为“上升”，这就比“六”(陆)本身具有的“隆起”和“跳跃”义要抽象得多。核义素越抽象就越会带来一个问题，即区分度降低，如核义素“圆”和核义素“勾曲”“圜全”“旋转”“回还”“圜全”等就很难区分，那这样的核义素还有没有意义，就值得思考了。

(3)即使在核义素较为明确的情况下，但因为语族过大，内部的同源词是否同用一个核义素也值得注意，如在分析“永”语族时，核义素明确归纳为“长”，但是长具有“距离长”和“时间长”两个语义指向②。那么这样所系联的同源词的语义指向必然是不同的，如果我们不加区分的话，其实就和《尔雅》中“初、哉、首、基、肇、祖、元、胎、俶、落、权舆，始也”这条很像了。

(4)庞大的语族必然带来为数众多的同源词，这些词是否一定为同源词也值得怀疑，因为在我们研究的过程中就发现语族越庞大，字与字音义偶合的情况就越多，那么这些就不能视作同源词，而只能视作近义词，而这种音义相近的关系就不是同源词本身的音义特征，而是同义词在音义上的偶合了。

三、结　　语

以上我们总结了章太炎语源学理论的成就与局限，其实不论是成就还是局限，我们都要把其放入当时的历史背景中去研究。不同于其他的语言学家，章太炎不是为了研究而研究的，而是在中国即将面临亡国亡种的危急时刻，选择用语言文字之学来唤醒人们爱国的

① 而在《古双声说》中则表现为部分声纽的相转亦较为牵强。

② 其实这一点也可以通过与藏语的比较来证明我们的观点。在藏语中“远”(距离长)读作 rgyang，rgyang-ma，“永远”(时间长)读作 vgar-yang，nam-yang，可见在藏语中表距离长和时间长是有明显区别的，但是它们又都共用一个语根 yang，这与汉语中表距离长的“羕”和表时间长的“永”共用一个语根“永”是非常相似的，而且永的读音与 yang 也很相似(藏语的记音来自施向东：《汉语和藏语同源体系的比较研究》，华语教学出版社 2000 年版，第 92 页)。

热情。而章太炎治语言文字之学最核心的部分就是语源学，因为语源学本身就是研究字与词起源发展的一门学问，它是我们中国固有之学，是不能取诸域外的。虽然，章太炎的语源学有其自身的局限，但这些局限很多是由当时的环境造成的，因为当时的语言学正处在新旧交替之时，很多新的理论正在涌入我国，很多新的材料也不断出现，对于这些理论和材料的接受和利用还处于初始阶段，当然不可避免地会出现很多问题。但毋庸置疑，章太炎的语源学理论的成就巨大，因为自章太炎开始，我国的语源学研究在理论和实践的双重指导下变得更加科学，同时也开始正式进入现代语源学的阶段。

（作者单位：南京师范大学国际文化教育学院）

家国之间：20 世纪 30 年代的“妇女回家”论争

□ 万军杰 王文浩

【摘要】20 世纪 30 年代的“妇女回家”论争，由 1933 年《时事新报》刊载林语堂在中西女塾的演讲文稿《婚嫁与女子职业》引发，直至全面抗战开始后才逐渐归于平息。论争主体及传播媒介构成复杂，可概分为三类：一是反对妇女“回家”，二为鼓吹妇女“回家”和安做“贤妻良母”，三则带有明显的中和色彩，倡导妇女兼顾家庭事务与社会需要。论争焦点集中在妇女的人生价值及实现途径、危局之下妇女的前途与责任、发展妇女教育的方针和路线等。此次论争内蕴着国共两党在妇女与国家建构问题上的分歧，并促动了两党妇女政策的变化和演进。

【关键词】“妇女回家”；妇女解放；社会；家庭

20 世纪 30 年代，思想文化界掀起一波鼓吹“妇女回家”的舆论浪潮，引致进步知识界和女界的强力反击，从而形成一场围绕“妇女回家”展开的社会论争。学术界对此已有所讨论，欧阳和霞①、范红霞②和美国学者阿里夫·德里克(Arif Dirlik)③等从国内国外、经济文化等多个层面分析论争引发缘由，夏蓉以两性视角考察论争主体构成④，邓红、刘海霞勾勒觉醒女性“走出家庭”的历史概貌⑤。大致而言，既有研究对于厘清论争的基本问题多有裨益，但在总体把握论争的“起承转合”方面仍欠深入，如能观照相关历史细节，梳理和概括论争的演进历程、参与主体、传播媒介与核心议题，进而揭示论争之影响，无

① 欧阳和霞：《回顾中国现代历史上“妇女回家”的四次争论》，《中华女子学院学报》2003 年第 3 期。

② 范红霞：《20 世纪以来关于“妇女回家”的论争》，《山西师大学报》(社会科学版)2011 年第 6 期。

③ Arif Dirlik, The Ideological Foundations of the New Life Movement: A Study in Counterrevolution, *The Journal of Asian Studies*, 1975, 34(4), pp. 945-980.

④ 夏蓉：《20 世纪 30 年代中期关于“妇女回家”与“贤妻良母”的论争》，《华南师范大学学报》(社会科学版)2004 年第 6 期。

⑤ 邓红、刘海霞：《觉醒：民国“新女性”婚姻家庭观之嬗变——以二十世纪二三十年代对城市女性的调查展开》，《河北大学学报》(哲学社会科学版)2007 年第 2 期。

疑会有助于增进对此次论争更为清晰的认知。

一、历程、主体与媒介：20 世纪 30 年代“妇女回家”论争概况

20 世纪 30 年代的“妇女回家”论争迁延数年，多元参与主体依托不同媒介竞相争鸣，构成各方观点交流碰撞的复杂图景。

（一）20 世纪 30 年代“妇女回家”论争的演进历程

近代以降，中国妇女冲破封建家庭禁锢，从事劳动生产和接受教育的现象呈日渐增多的趋势。20 世纪二三十年代，来自经济方面的压力纠合封建守旧的社会风气，并与多种消极因素相互串联、交汇融合，催逼妇女“回家”的聒噪此起彼伏气势汹汹，最终聚合起驱赶妇女“回家”并迫使其安于家庭一隅的舆论声浪，当然激起进步人士的不满与还击。与之相对应的是，五四运动后以“娜拉”为典范的个人主义、女权主义观念日益深入人心，马克思主义的妇女解放理论也在更广泛层次上得以传播和实践，鼓励妇女走出家庭的声音及社会力量不断壮大，与“妇女回家”论者进行激烈抗争。

20 世纪 20 年代至 30 年代初期，《妇女杂志》《新女性》等报刊陆续发表围绕妇女走出家庭和职业问题的讨论。黄石注意到妇女须承受资本主义经济剥削和以男权为中心的社会制度双重压迫的悲惨境遇，承认她们追求经济独立的正当性。① 蓬洲将有关妇女就职问题的纷争划分为从经济着眼赞成就业、以母性立论反对入职和兼顾母性适度就职三个类别，并明确支持第三类观点，断言经济独立实乃“妇女解放的根基”，同时强调母性是妇女“最大的职务”。② 镜影则以家庭“中心人物”的角色定位和负担繁重的家庭责任为由，要求妇女积极处理家务、教养儿童，进而建设“美满的新家庭”。③ 不过，这一时期有关议题所涉范围较为狭窄，在社会面引起的反响也相对孱弱。

1929 年，席卷资本主义世界的经济危机激化了业已存在的社会矛盾，以致国内两性职业竞争渐趋尖锐，伴随国际“妇女回家”论调的持续传入，社会上要求妇女退职回家的呼声迭起。1933 年 9 月 13 日，《时事新报》登载林语堂在中西女塾的演讲全文《婚嫁与女子职业》，妄言“出嫁是女子最好、最相宜、最称心的职业”④，在社会上引发轩然大波，一时间让“妇女回家”的陈词滥调迅速传播开来，成为 20 世纪 30 年代“妇女回家”论争的导引。

经此之后，关于妇女应否“回家”，以及是否要做“贤妻良母”的争论趋于激烈和尖锐，所涉问题的深度和广度远超之前规模，诸如“新贤妻良母主义”等概念和话语亦作为讨论标的进入论争场域。适逢蒋介石为稳固统治地位，掀起复古逆流，发动“新生活运动”，其力求恢复“礼义廉耻”的中心目标钳制了女性寻求解放的行为取向，实则促推妇女“回家”。1935 年 3 月 8 日，国民党《中央日报》发表《妇女节在中国之意义》的社论，妄图将

---

① 黄石：《妇女果不适于职业么》，《妇女杂志》（上海）第 10 卷第 6 号，1924 年 6 月 1 日。

② 蓬洲：《妇女就职与母性问题》，《妇女杂志》（上海）第 13 卷第 2 号，1927 年 2 月 1 日。

③ 镜影：《妇女在家庭中的任务》，《妇女杂志》（上海）第 15 卷第 10 号，1929 年 10 月 1 日。

④ 《婚嫁与女子职业——林语堂在中西女塾演讲原稿》，《时事新报》（上海），1933 年 9 月 13 日。

家庭内一切责任划归女子，以便男子在外从事经济活动，大肆鼓噪“妇女回家”①，又为论争升级推波助澜。随着日本帝国主义侵略步伐的日渐加重与民族危机的日益加深，《妇女生活》《东方杂志》等相继刊发《妇女回家庭去吗?》《中国妇女到哪里去》等系列文章，呼吁妇女共同承担社会责任，走出家庭支援抗战的声音在论争中逐渐占据上风。

至1937年，尤其是“七七事变”后，全民族抗日救亡运动高涨，愈来愈多的有识之士清醒认识到，国难当头的局势之下，再让广大妇女只管抚养子女和操持家事已大不合时宜，转而支持其投身民族解放运动，在民族解放框架内积极作为，寻求自身解放，“贤妻良母主义”的说教与言辞渐至销声匿迹，② 此次“妇女回家”论争暂告结束。以《申报》副刊《妇女专刊》为例，创刊之初发表的多是育儿经验和管理家政等方面的文章，较少关切抗日救国问题，整体上呈现出“以家庭为中心”的倾向。随着国难日重，自1936年后期开始，《妇女专刊》发文中心逐渐转移到发动和鼓励妇女应对民族危难以及走出家庭加入抗击日寇行列上来，国家民族话语渐成主流，相对压缩了“家庭生活”类文稿的比重，似可管窥舆论界对妇女问题关注焦点的变换。邓颖超说过，抗日战争全面爆发后，由于大量男子涌上前线，许多工作岗位空置下来须由女子承担，强迫妇女回家庭、进厨房的封建势力已大幅减弱，女性的政治处境与社会地位得到较大改善。③

(二)20世纪30年代“妇女回家”论争的参与主体

20世纪30年代“妇女回家”论争的牵涉面比较广泛，思想文化界、教育界及相当数量的政界名流都参与其中，观点各异，见解纷呈。

其一，支持“妇女回家”论者，以男子居多。1933年，林语堂发表倡议“妇女回家”的演讲。④ 1935年，李赋京从生理科学的角度，以女性生物特征为根据，主张妇女生育子女就是为社会服务，此即女子的天职和使命。⑤ 在新生活运动及多重社会因素的影响下，国民党和国民政府内部几乎充斥着“妇女回家”论者。1936年，南京开展纪念“三八”妇女节的活动，国民党南京市党部常委袁野秋在致辞中要求妇女回归家庭，负担起主妇的责任；南京市政府代表杨恩礼的发言不仅要女子“回家”，男子亦须“回家”参与家务分工，与妇女“合作”治家，⑥ 体现出“新贤妻良母主义”的立场。

其二，反对“妇女回家”论者，多为女子。1935年，上海中华妇女社主要成员郑锡瑜发文，对妇女专营家事而放弃社会责任的“新贤妻良母主义”进行抨击。⑦《妇女生活》主编沈兹九发声批驳“妇女回家”与“贤妻良母”论，斥责以培养“贤妻良母”为目标的女子教育方针是“法西斯麻醉妇女愚弄妇女的毒药”，在国家民族危亡之际，只会将妇女驯服为

---

① 《妇女节在中国之意义》，《中央日报》，1935年3月8日。

② 罗琼：《怎样走出家庭？走不出又怎样?》，《妇女生活》(上海)第4卷第7期，1937年4月16日。

③ 邓颖超：《对于现阶段妇女运动的意见》，《妇女生活》(上海)第5卷第6期，1938年1月5日。

④ 《婚嫁与女子职业——林语堂在中西女塾演讲原稿》，《时事新报》(上海)，1933年9月13日。

⑤ 李赋京：《无论如何女子总是女子》，《国闻周报》第12卷第9期，1935年3月11日。

⑥ 顾秀莲主编：《20世纪中国妇女运动史》上册，中国妇女出版社2008年版，第378页。

⑦ 郑锡瑜：《评新贤妻良母主义》，《妇女月报》第1卷第5期，1935年6月1日；郑锡瑜：《妇女与社会》，《妇女月报》第1卷第6期，1935年7月1日。

以待屠戮的“羔羊”，实与国家现实需要格格不入，发展以“救亡”为主题的女子教育方为上策。① 罗琼阐发了反对妇女固守家庭，而应参加社会生产，经由工作实现经济独立，并促成社会制度变革的看法。② 值得一提的是，这批声援女子走出家庭、追求解放与践行社会责任的女性后来大多加入了中国共产党。罗琼在 1938 年入党，同年参加新四军；沈兹九经邓颖超介绍，也于 1939 年入党。

其三，折中调和论者，多是自由知识分子，且以女性居多。1934 年，知名女学者陈衡哲以切身体验告诉《女声》记者，“只要社会上的人养成一个不轻视管家的妇女的观念”，女子不必担心被歧视而硬要参加力所不能及的事情，完全可结合具体情况，与男子进行内外分工。③ 1936 年，长期从事家政教育的黄季马女士接受《申报》副刊《妇女专刊》访谈，声言现代妇女若只局限于家政服务，单做家庭主妇，不为利于社会的事业贡献力量；抑或只为社会服务，鄙弃家政，陷入两个极端，对家庭和社会而言皆非幸事。应将此二者结合起来，兼顾家庭服务与社会工作。④ 是年，《申报》刊文建议妇女争取家庭与事业的两全其美，并保留女子选择以何种方式生活的自主权利。⑤

不难发现，论争中多方主体成分复杂，强调女性家庭角色，呼吁妇女回归家庭的基本为男性；而重视女子社会作用，动员妇女走出家庭者多是女性；还有部分知识女性，倡言妇女应兼顾家庭事务与社会需要。从论争主体的政治身份来看，又可划分为国共两党、自由知识分子等数个派别。中国共产党与左翼知识分子多持反对妇女回家的立场，国民党与国民政府及其御用文人则竭力怂恿和鼓动妇女“回家”，而自由知识分子一般取折中主张。不过，此种分类并非绝对，仅为基于普遍情况的概括。比如国民党妇女运动领导人之一傅岩，虽勉励妇女发扬母性照顾家庭，在家庭内应做一个贤妻良母，却也主张女子在可能范围内与男子一道参加社会事业，反对逼使妇女“放弃家庭范围外的活动”。⑥

（三）20 世纪 30 年代“妇女回家”论争的传播媒介

报纸杂志是近代中国舆论传播的重要载体和平台。活跃于 20 世纪 30 年代的“妇女回家”论争，充当传播媒介的报纸杂志主要有《妇女生活》、《女声》、《妇女共鸣》、《妇女月报》、《中央日报》副刊《妇女周刊》和《申报》副刊《妇女专刊》，以及《新运月刊》《国闻周报》《东方杂志》与《时事新报》等。按各刊风格及所持立场，可划分为与论争主体大抵对应的三种类型。

一是明确持反对妇女“回家”意见的刊物，多数与中国共产党关系密切，如《妇女生活》《女声》《妇女月报》《东方杂志》等刊物。《妇女生活》编辑及主要撰稿人曹孟君、杜君慧、王汝琪、陈修良、胡子婴和罗叔章等或为中共党员，或是同情中国共产党的进步知识分子。另有夏衍、丁玲等左翼文艺界人士为之供稿，实际成为中国共产党在国统区凝聚女

① 兹：《新妻母学校》，《妇女生活》（上海）第 2 卷第 5 期，1936 年 5 月 16 日。

② 罗琼：《怎样走出家庭？走不出又怎样？》，《妇女生活》（上海）第 4 卷第 7 期，1937 年 4 月 16 日。

③ 子冈：《陈衡哲女士访问记》，《女声》（上海）第 3 卷第 2 期，1934 年 10 月 31 日。

④ 寄萍：《郃爽秋夫人黄季马女士谈家政教育》，《申报》，1936 年 2 月 8 日。

⑤ 陆顾文淑：《巩固我们的自决权》，《申报》，1936 年 4 月 18 日。

⑥ 傅岩：《妇女的新生活》，南京正中书局 1935 年版，第 48~49 页。

界力量的前沿阵地。《妇女月报》创刊号刊载《斥“妇女专应回到家庭去”的胡说》《中国妇女的出路》《妇女解放与劳动妇女》等社评和文章，并在后续发文中，均立场鲜明地持续抨击新生活运动和“妇女回家”论，号召女子担负国家民族之责任。

二是竭力鼓吹妇女“回家”和做“贤妻良母”的刊物，大多隶属于国民党阵营，如《妇女共鸣》、《中央日报》副刊《妇女周刊》、《国闻周报》、《新运月刊》等报刊。《中央日报》作为国民党机关报自不待言，而由李峙山等国民党妇女运动专家创办的《妇女共鸣》，虽多次刊文坦承从事职业方为妇女之唯一出路，婚姻并非女子职业，却又颇为推崇所谓建立在男女平等基础之上的“新贤妻良母主义”，提倡男子去做与职业女性共建家庭的“贤夫良父”，来分担妇女压力。

三是带有明显的中和色彩，以自由知识分子所办刊物居多，如《独立评论》和《申报》副刊《妇女专刊》等。1936 年，柳亚子于《申报》撰文指出，男女皆应“以人类的资格为全人类而努力”，驳斥了“新贤妻良母主义”的观点，但文后编者按语又特意注明“本刊对于妇女问题，并无成见”，声称“一律欢迎”动员女子“入社会”或“进厨房”的两派论调。①

二、价值、责任与教育：20 世纪 30 年代“妇女回家”论争焦点

伴随着西学东渐的深化与社会生活的近代转型，一贯以匍匐姿态接受传统性别伦理结构性强制的女性之主体意识渐次觉醒，自然向压迫女子的封建男权思想展开抗争，以致舆论界有关妇女人生价值、社会责任和教育方针等议题久被讨论，成为 20 世纪 30 年代“妇女回家”论争的焦点核心。

（一）妇女的人生价值及实现途径

支持“妇女回家”论者基本以生理性别为区分，妄语谦恭顺从和“贤妻良母”即是女性全部的人生准则。1933 年，林语堂声言，社会经济制度对男女两性是极不平等的，妇女出外就业阻力较大且处境困难，从经济角度看，婚嫁实为女子维持生计的一种理想职业，而且“造一快乐家庭”对妇女而言，比一般职业，特别是男子亦参与竞争的职业，更加“才调相称”。② 1935 年，李赋京妄称，“人既是分了男女”，目的就是让女子专职“生育、繁殖和传种”，妇女生养孩子即是为社会尽责任，其他任何事项与之相比，都属次一等的，至于她们要做女诗人、女文豪和女政治家等，简直是白日做梦自不量力，视生育子女和延续种族为妇女天职。③ 部分男性以女子天生负有生育机能或相对存在某些缺陷为由，坚持妇女天性决定了她们最适宜治理家务和抚育后代，不适合社会工作，应致力把家庭治理好，免去男子后顾之忧，使之更好地服务社会。④

反对论者对假借女性生理特征来逼迫妇女“回家”操持家务的秕言谬说大加驳斥，他们更为重视女子的个人价值和社会价值。1933 年 9 月 16 日，林说刊出仅 3 天，伊凡即发

① 柳亚子：《关于妇女问题的两大营垒》，《申报》，1936 年 2 月 8 日。

② 《婚嫁与女子职业——林语堂在中西女塾演讲原稿》，《时事新报》（上海），1933 年 9 月 13 日。

③ 李赋京：《无论如何女子总是女子》，《国闻周报》第 12 卷第 9 期，1935 年 3 月 11 日。

④ 樊仲云：《旧事重提话“娜拉”》，《文化建设》第 1 卷第 11 期，1935 年 8 月 10 日。

文批驳了“我国女子最好的归宿还是婚嫁”的妄论，强调在不平等的经济制度下，妇女不应委曲求全任其摆布，乃至退回家庭，应当奋起反抗，打破这一畸形的社会制度，争得平等与解放。至于说女子的才能仅适用于“哄小孩睡觉”和“记账、抄账”等家务琐事，要求其安于家庭，则完全是以妇女过去所受歧视压迫的结果，作为将来应继续戕害她们的理由。① 罗琼指出，在原始社会中女子与男子同样参加社会劳动和生产工作，几乎没有因性别原因被要求深居家庭充当“贤妻良母”的角色，只有到了建构于私有财产制度上的男性中心社会时代，有权有势的男子才利用妇女为妻为母的特性，将之束缚于家庭之内做他们永远的奴隶，因而女性若要真正实现人生价值，第一步必须冲决家庭网罗，参加社会生产，争取独立人格，与“最进步的男子共同改革现存社会制度”，此亦为妇女比为妻为母更重要的“天职”。②

《妇女共鸣》发声支持女性独立，明确女子会做家务，绝不是天然生就，也并非天性使然，而是在后天培养中锻炼而成，实乃习惯导致。③ 郭沫若揭示，正因为家庭中的妇女“如清风明月不用一钱买”，男子才冀望并迫使她们做“贤妻良母”，目的不外乎想把女子终身拘囚，使之操持家庭一切杂务，美其名曰发展母性，实则是“母性的虐待”。④ 庐隐也高呼妇女应逃出封建家庭的囚笼枷锁，“不仅仅作个女人，还要作人”，去争得人类应有的平等生活，绝不能因家务料理和子女教养难以兼顾之弊，因噎废食滞留家中，发出“女人是人”的呐喊，强调女性的个人价值。⑤

还有一些声音对女子应否追求个人价值与社会价值，抑或专门服务家庭和抚育后代皆有所关切，整体偏于调和，没有明显或具体的倾向。1935 年，章锡琛即用相对缓和的话语言道，人类种族的延续完全系于女性的“母职”，妇女养育子女已经算是替人类尽了最大责任，不再让其从事别的职业而安之于家中，实际是对她们的尊重和保护；同时，章氏又审慎地提出，并不是所有女子都适宜养育儿童的工作，至于如何进行两性的社会与家庭分工，则需要更多的考虑和探讨，⑥ 态度较为模棱两可。陈衡哲强调，旧礼教号召女性无条件服从，推崇“无才为德”人生观，实为粗鄙的奴性教育，妇女应当兼具个性与女性的立场，在争取经济独立基础上，积极照顾子女和为国贡献，平衡发展家庭和社会两重角色与人格，既不主张每一个女子都不顾现实的羁绊，必须走出家庭从事社会工作，也不赞成“不准有智识的女子走出家庭”，迫使妇女放弃社会事业的论调。⑦

(二)危局之下妇女的前途与责任

20 世纪 30 年代，民族危机日渐加深，反对“妇女回家”的进步人士与妇女群体，已注

① 伊凡：《一个女子的意见》，《时事新报》(上海)，1933 年 9 月 16 日。

② 罗琼：《从“贤妻良母”到“贤夫良父”：读妇女共鸣贤良问题专号以后》，《妇女生活》(上海)第 2 卷第 1 期，1936 年 1 月 16 日。

③ 《婚嫁能算女子职业吗?》，《妇女共鸣》第 2 卷第 9 期，1933 年 9 月。

④ 郭沫若：《旋乾转坤论：由贤妻良母说到贤夫良父》，《妇女生活》(上海)第 4 卷第 1 期，1937 年 1 月 16 日。

⑤ 庐隐：《今后妇女的出路》，钱虹编：《庐隐选集》上册，福建人民出版社 1985 年版，第 31 页。

⑥ 章锡琛：《妇女的分工》，《妇女生活》(上海)第 1 卷第 1 期，1935 年 7 月 1 日。

⑦ 陈衡哲：《复古与独裁势力下妇女的立场》，《独立评论》第 159 号，1935 年 7 月 14 日。

意到民族解放与妇女解放间的紧密联系，并着实承担起民族救亡的重任，在抗敌御侮中发挥妇女的力量和作用。1935年9月，“华北事变”愈演愈烈，北平《妇女周刊》发刊词即对危局之下妇女的使命和前进方向加以明确，提出“女人有一条路线两重使命”，就是在反对帝国主义的民族斗争中，努力实现“个人的解放和民族的解放”。① 1936年，全国各界救国联合会成立大会通过的《抗日救国初步政治纲领》，同样对广大妇女的救亡作用给予高度重视，指出旨在消灭女子的参政志趣和自由意志，要求她们回归家庭和安于厨房，将其重新禁锢于封建礼教约束下的主张，实际会使占人口半数的女性，即战时能够动员人数的一半，远离抗日救国的前线，于己方的抗战大局不利，进而呼吁在教育、政治、经济、职业与法律等方面实施男女平等的待遇，以妇女力量充实救国阵线。②

王孝英站在民族国家的立场上，认为催逼妇女“回家”的言辞充满了滑稽矛盾的色彩，且与总理遗教相背离，鼓励女子担负起家庭和国家以及全民族的生存责任，与旧礼教和帝国主义相抗争。③ 杜君慧强调，只有实现民族的真正解放，一切社会问题的解决才具有坚实的前提和基础，妇女问题方才具有彻底解决的现实可能。④ 曹孟君揭露“妇女回家”论者的最终目的乃是让女子如绵羊般地“伏着成为废物”，而这一行径几乎会浪费掉一半的群众力量，⑤ 于国家危难之时实属不当。曹氏横向对比了德国、日本和苏联等国女性的生活处境，指出中国妇女的出路乃是跳出资产阶级女权运动的狭隘范畴，竭力去挣脱封建压迫，英勇地站到民族解放的战线上，为全中国人争生存，帮助拯救备受帝国主义掠夺的民族工商业，惟此才能切实提高自身的社会地位与生存境遇。⑥

然而，纵使在民族存亡的危急关头，社会上仍充斥着让妇女回归家庭的叫嚣。有人诡辩道，抗战爆发后男子纷纷走上战场，自然不能再担负家庭责任，妻子们若能治理家政代其负责，则可免除前线战士的后顾之忧，使之“勇于前进”。⑦ 邦彦荒谬地声称，如果女子大批地走出家庭，必然会导致家庭出现动荡，最终影响社会的稳定，只有驱赶妇女回归家庭，才能够充实家庭和求得社会发展。⑧ 铜冰诡言，如果娜拉生活在中国，哪怕明白处于家庭生活的傀儡状态，也不能不忍耐下去，否则即便得到了解放和自由，却也无幸福可言。因为娜拉出走之前，只是女子单方面受苦，待出走之后，就会演变为妇女与家庭的双方皆受苦。故而，即使已走出家庭的娜拉，此时也应该为了责任回到家庭，“与丈夫相爱以终，共策进行”，不可只顾及个人的享乐，忽视带给他人的苦痛。⑨ 这些虚妄之语不仅

---

① 中华全国妇女联合会编：《中国妇女运动史·新民主主义时期》，春秋出版社1989年版，第343页。

② 《抗日救国初步政治纲领》，周天度、孙彩霞编：《救国会史料集》，中央编译出版社2006年版，第108页。

③ 王孝英：《妇女回家庭去吗?》，《妇女生活》(上海)第1卷第1期，1935年7月1日。

④ 君慧：《现阶段我国妇女运动的动向》，《妇女生活》(上海)第2卷第1期，1936年1月16日。

⑤ 中华全国妇女联合会编：《中国妇女运动史·新民主主义时期》，春秋出版社1989年版，第344页。

⑥ 曹孟君：《妇女问题讲座：妇女地位与经济独立》，《广播周报》第92期，1936年6月27日。

⑦ 余华林：《女性的“重塑”——民国城市妇女婚姻问题研究》，商务印书馆2009年版，第129页。

⑧ 邦彦：《谁是家庭的主持者?》，《家庭星期》第1卷第23期，1936年5月3日。

⑨ 铜冰：《娜拉走后究竟怎样》，《国闻周报》第11卷第11期，1934年3月19日。

蒙蔽掉了女性的经济作用和社会价值，更有颠倒黑白、混淆视听之意图。况且，在国民经济濒临崩溃、人民贫苦化程度渐次加深的严苛环境下，除少数特权者和富有家庭能够支撑妇女回归家庭的生活开支外，绝大多数的穷困女子为求生计已是精疲力竭，根本不具备安坐家中充当“贤妻良母”的经济条件。①

正如法国学者西蒙娜·德·波伏瓦(Simone de Beauvoir)所指，只有妇女参加工作，才能保证其具体自由的实现；也只有通过工作，女子才能变革“寄生者”的处境，同时跨越与男子隔开之大部分距离。② 20世纪30年代，梅魂呼吁觉悟女性应挺身出来，与畸形的压迫妇女的男性中心社会作斗争，在反对帝国主义和封建主义双重目标下自求解放，打破不合理的社会制度，而这一诉求绝非躲在家庭里就能够实现。③ 戴莎强调，中国并不缺乏人口，且女子走上工作岗位从事社会职业的本就少之又少，因之以增加人口和救济失业为由，催逼妇女回家的说法实在没有理由，而“要妇女们回家庭为了救亡”的无稽之谈，更是如同“符咒可以抗炮火”一样，令人啼笑皆非。④ 王里和碧遥指出，女性饱受屈辱的根源在于经济不独立，“光是学娜拉那样出走是没用的”，所得之“自由”充其量仅是一块空头招牌，唯有“经济权”和养活自己的能力才是最要紧的，不仅力主妇女走出家庭，而且关切到女子走出家庭之后如何生活与保持独立的经济问题。⑤

另有相对折中的观点言道，在当时境况下妇女倘若走出家庭，不去承担处理家务和抚养婴孩等责任，既有违事实，于民族国家也不利；但如果武断地放弃职业退回家庭，又是无意义的“开倒车”行为，放弃了近代以来妇女运动的宝贵成果，显然两个方向都行不通。留给女子的最优选项，似乎是以“人”的立场，周旋于家庭和职业之间，尽力兼顾家庭责任和社会义务。⑥

(三)发展妇女教育的方针和路线

五四运动之后，妇女教育显现偏于社会服务的倾向，既往的家政指导和训练“母职”“妻职”等课程的规模与频率渐次减小，女子与男子教育方针间的差别相对淡化。⑦ 而尚不够完善的妇女教育体制在实践中屡现弊端，甚至演变为女子追求佳婿良偶的跳板，成为妇女教育饱受诟病的一个重要诱因。不少女子进入学校接受教育的目的，不过是为了在婚姻市场上累积更多筹码，企图借以抬升身价，当作仰攀高枝的手段与工具，根本不是为了增进学识智能。有的女子一经订婚，马上打算辍学以预备嫁事。⑧ 许多女学生的家长即持

① 莫湮：《中国妇女到那里去》，《东方杂志》第33卷第17号，1936年9月1日。

② [法]西蒙娜·德·波伏瓦：《第二性》，郑克鲁译，上海译文出版社2015年版，第883页。

③ 梅魂：《妇女到社会去的论据及其目标》，《妇女共鸣》第5卷第1期，1936年1月20日。

④ 戴莎：《妇女回家庭运动之检讨》，《妇女共鸣》第4卷第8期，1935年8月20日。

⑤ 参见王里：《鲁迅先生指示给我们的路》，《妇女生活》(上海)第3卷第9期，1936年11月16日；碧遥：《“薇薇”与“娜拉”》，《妇女生活》(上海)第1卷第2期，1935年8月1日。

⑥ 1935年，《北平晨报》刊发《妇女往哪里跑?》和《怎样能兼顾职业与家庭》，即以相对中和的口吻指出，妇女既不能放弃承担家庭责任，又不能果决退回家庭放弃承担社会义务，而应尽力兼顾二者。参见贺赛波：《民国时期四部英语女性成长小说中译研究》，武汉大学出版社2019年版，第69页。

⑦ 陈东原：《女子应有女子的教育》，《江苏教育》(苏州)第3卷第4期，1934年4月。

⑧ 吴若华：《上海妇女救济事业应有的改革》，《社会月刊》(上海)第1卷第2号，1929年2月。

此理念，期望女儿毕业后能攀附更高门第的姻亲，“嫁一漂亮而又多金的富家公子”。① 西安女子第一师范学校就出现了升学者不过百分之一二，服务社会者或有千分之一二，其余大多作了姨太太的荒唐情形。② 而北京的女学生则由于职位供需不匹配与家庭生活牵累，毕业后担当女教员者“寥若星辰”，大多编入“少奶的后备队”，为将来出嫁作铺垫。③

进入20世纪30年代，女子教育再度引起社会广泛关注，教育方针上已经“解决了”的问题又被重新提起讨论，诘难妇女教育的妄语甚嚣尘上。④ 在某些人眼中，毕业女子自以为受过高层次教育，地位应有所提高，不愿亦不屑于再做奴隶般的“贤妻良母”躬操家事，然她们终归要缔结婚姻组建家庭，于是便在料理家务上消极怠工，使男子“身心不能舒展”，影响了事业发展，进而批评妇女教育非但没有增进才能，反倒消解了既往所重视的贤良品德。⑤ 俞铚即言，受过教育的女子主观上忽略家庭的生活，客观上又难以在发展空间备受挤压的社会上寻得合适职业，是故陷入两难困境，既不安于治理家庭，又缺乏服务社会的能力，即便养成一定的工作技能，社会又不予以机会，家庭和社会两方面都不得利，实为当时妇女教育之一大弊端。⑥

于此背景下，“贤妻良母主义”的教育理念和敦促妇女学习家事服务的谬语沉渣泛起。陈东原认为，女子学校对家事规训的课程不够重视，且未曾指导妇女何以发展其个性的人格，导致所教育培养之女学生缺乏做“贤妻良母”的能力，大多只会关注如何资发美容，精致打扮取悦男子等蝇营小事。⑦ 向复庵声称，部分中等女子学校培养出来的摩登女学生仅有三种用途：作男子的玩具、洋货消费机和成衣店标本，建议学校增设家事、农艺、看护及卫生常识等科目，补充缝纫、烹调与洗衣等实习内容，提高妇女家政服务能力。⑧ 何子恒妄言，都市知识女性除奢靡消费外，几乎无所事事，至于管理家庭和教养子女，则“往往毫不措意，悉以委之仆佣保姆之手”，指责女子教育的实际效果，强调“生育”方为妇女之最大贡献，推崇日本“良妻贤母主义”教育。⑨ 吴国祥提出，女子教育应兼重智识培养和家事训练，使其踏入家庭之后，明了治家之术，能以“完全之主妇”谋家庭快乐美满和健康发展，革除家事服务专属“小人愚妇”所为的“陋见”。⑩ 1934年，上海务本女学校长阎振玉宣称，将以“新贤母良妻主义教育为目标”及“新生活运动为方针”，完成“理想

① 啸云：《现阶段女子教育之检讨》，《妇女生活》(上海)第2卷第5期，1936年5月16日。

② 澄我：《西安女师和易俗社》，《共进》第45期，1923年9月10日。

③ 宋化欧：《北京妇女之生活》，《妇女杂志》(上海)第12卷第10号，1926年10月1日。

④ 吴兆洪：《贤母良妻的女子教育》，《正论》(南京)第4期，1934年11月22日。

⑤ 静之：《中国女子教育的危机：完全潜伏在和社会隔绝的当中》，《江苏教育》(苏州)第3卷第4期，1934年4月；竺可桢：《论女子教育》，《竺可桢全集》第2卷，上海科技教育出版社2004年版，第384页。

⑥ 俞铚：《我的中国女子教育观》，《江苏教育》(苏州)第3卷第4期，1934年4月。

⑦ 陈东原：《女子应有女子的教育》，《江苏教育》(苏州)第3卷第4期，1934年4月。

⑧ 向复庵：《江苏女子中等教育问题之商榷》，《江苏教育》(苏州)第3卷第4期，1934年4月。

⑨ 何子恒：《中国女子教育问题之商榷》，全国妇联妇女运动历史研究室编：《从“一二·九”运动看女性的人生价值》，中国妇女出版社1988年版，第224~225页。

⑩ 吴国祥：《谈女子教育》，《振华季刊》第1卷第4号，1935年5月。

之女子教育”。①

如此倒行逆施之谬见，其实是要求学校教育为女子回归家庭作好准备，仍属逼迫“妇女回家”的话语范畴，旋即遭到大力抨击。张葆恩强调，所谓“贤母良妻”，不外乎为男子欲继续压迫女子而抛出的冠冕堂皇的说辞，同时也是统治集团巩固地位和延续政权的伎俩，用以迷惑妇女的思想，麻痹其意志，进而迫使她们服从和服务，足以割裂女性思想解放的进程。② 陈荫萱指出，提倡“新贤妻良母主义”，不过是要把许多已走出家庭的娜拉再骗回来，继续做男子忠实的奴仆，因此不能成为女子教育的导向，而应当发展有关生产教育，训练妇女的职业能力，补救衰落的国民经济。③ 俞庆棠在振华女校演讲时提出，女子教育宗旨应当以社会国家为本位取代家庭本位，实行绝对相同的男女教育，依此才可以帮助妇女发扬个性，促使她们全力奉献社会。④ 在李楚材看来，以培养“贤母良妻”为目标的教育，只会使妇女前景一片黯淡。恰当的女子教育，应当帮助她们祛除数千年来植根在心理上的依赖性，使之成为拥有独立能力的个人。⑤

而调和论者虽反对把妇女培养成“贤妻良母”的典范，但并不排斥女子才干中的“贤妻良母”成分，不赞成完全抛弃“贤妻良母主义”的妇女教育理念⑥，即不仅要将屈服于旧礼教的旧式妇女解放出来，还要把醉心自由和“误解”平等的新式女性纠正过来⑦。强调重提“贤妻良母主义”来挽救倾颓的妇女教育是十分必要的，女子应当接受最低限度的“贤妻良母”教育，同时关注其应肩负的社会责任，支持她们追求专门的学问、参加社会中的各种职业和各类工作。高君珊言称，妇女教育的方针应是训练出一个对社会有益且能够独立生存的人，同时也是家庭中的好女儿、好母亲与好妻子，能够直接或间接为社会服务。⑧ 蒋振明确女子教育应坚持四条目标取向：一是能自立的人，二是能承担家庭责任的妻与母，三是能贡献社会的分子，四是能为国家尽义务的合格国民。⑨

三、结　　语

20 世纪 30 年代的“妇女回家”论争发生于外患日亟，民族存亡堪忧的非常时期，其中妄言“妇女回家”和逼迫妇女安做“贤妻良母”的妄语，显然与“抗日救亡”这一时代最强音极不协调。反击“妇女回家”论者继承“五四”传统，于论争中呼唤并塑造女性作为“人”的主体意识，将妇女解放与社会解放、民族解放合为一体，坚决主张妇女与男子一起共同担负国民之社会责任。

---

① 《贤母良妻的教育：上海务本女学在试办中，家长对此均表赞同》，《公教周刊》第 277 期，1934 年 8 月 5 日。

② 张葆恩：《贤母良妻》，《女子月刊》第 2 卷第 11 期，1934 年 11 月 1 日。

③ 荫萱：《三谈贤妻良母主义》，《女子月刊》第 3 卷第 6 期，1935 年 6 月 9 日。

④ 华瑞芳、杨桼：《俞庆棠先生讲女子教育》，《振华季刊》第 1 卷第 2 号，1934 年 6 月。

⑤ 李楚材：《改进女子教育刍议》，《大上海教育》第 1 卷第 5 期，1933 年 9 月。

⑥ 渌影：《贤妻良母教育是否应完全打倒》，《妇女共鸣》第 21 期，1930 年 2 月 1 日。

⑦ 何景元：《新贤妻良母主义的探讨》，《社会半月刊》(上海) 第 1 卷第 3 期，1934 年 10 月 10 日。

⑧ 高君珊：《论女子教育上几种很严重的错误》，《东方杂志》第 30 卷第 4 号，1933 年 2 月 16 日。

⑨ 蒋振：《女子教育新动向》，《教育杂志》第 26 卷第 10 号，1936 年 10 月 10 日。

值得注意的是，论争中走出家庭还是回归家庭两种观点的角力，内蕴着国共两党在妇女和国家建构问题上的分歧。国民党及其舆论阵营希冀借助儒家纲常在政治上建立起一党专政，赋予“妇女回家”以维护国家统治秩序的政治意义。中国共产党及其领导的进步知识分子群体旨在建立一个没有阶级压迫、人人平等的社会主义新国家，自当帮助和敦促妇女走出家庭追求自由和解放。

而且，论争引发广泛社会反响，推动形成鼓励妇女“出走”的社会氛围，并促动国共两党妇女政策的变化和演进。在国民党方面，伴随抗日民族统一战线的建立和巩固，以及反对“妇女回家”舆论的发酵，动员妇女走出家庭参加生产活动，支援抗战渐成共识。1938 年 6 月，国民党中央妇女运动委员会颁行《妇女运动方案》，把“提倡妇女生产事业，促进经济建设，以充实抗战力量”作为妇女运动的原则,① 鼓励妇女走出家庭投身抗战建国工作。就中国共产党而言，论争中关涉家庭重要性的思想启迪到诸多妇女干部。蔡畅即认为党领导的妇女运动，曾经出现片面强调妇女个性解放的“左”的倾向，没有认识到妇女及其家庭利益的一致性。② 康克清直言，1940 年前后党的妇女工作，一方面是要帮助妇女争取在家庭中的自由权利，另一方面还要建立家庭的统一战线。③ 随着中国共产党对妇女解放认识的不断深入，片面强调妇女“出走”，“留在家里是落后，走出家庭是革命”的绝对化认知日渐消弭，通过改造家庭使之适应社会发展和妇女解放需要的主张引起更多瞩目。

事实上，妇女被排挤出生产领域，日渐脱离社会退回家庭，并非“自然的产物”，而是一种与私有制相伴相随的历史现象，实为社会分工发展的结果。恩格斯指出，在资本主义制度下的专偶制个体家庭中，丈夫大多数情形里承担维持家庭经济来源和供养家庭的责任，这种经济上的强势地位造就了“丈夫占据一种无须任何特别的法律特权加以保证的统治地位”④，妻子相对于丈夫即相当于无产阶级较之于资产者，回到家庭的妇女也就往往沦为“家庭奴隶”。由此意义而言，推动一切女性走出家庭，重新回到公共的事业中，提高劳动的社会化程度，理所当然地成为妇女解放的先决条件，而强迫“妇女回家”则无异于开历史倒车。

（作者单位：武汉大学马克思主义学院）

---

① 国民党中央妇女运动委员会：《妇女运动方案》，中华全国妇女联合会妇女运动历史研究室编：《中国妇女运动历史资料(1937—1945)》，中国妇女出版社 1991 年版，第 120 页。

② 蔡畅：《中国共产党与中国妇女》，中华全国妇女联合会编：《蔡畅、邓颖超、康克清妇女解放问题文选(1938—1987)》，人民出版社 1983 年版，第 221 页。

③ 中华全国妇女联合会编：《蔡畅、邓颖超、康克清妇女解放问题文选(1938—1987)》，人民出版社 1983 年版，第 53 页。另据[美]宁谟・韦尔斯(Nym Wales，后多译作“尼姆・韦尔斯”)《续西行漫记》(Inside Red China)(胡仲持等译，复社藏版 1936 年版，第 342~343 页)载述，康克清十五六岁时不满养父包办婚姻，于结婚前夕从养父母家中逃出，参加革命队伍。这一举动与 1940 年前后康克清有关建立“家庭的统一战线”的言论形成鲜明对比。

④ 恩格斯：《家庭、私有制和国家的起源》，《马克思恩格斯选集》第 4 卷，人民出版社 2012 年版，第 85 页。

文史考证

新出曾伯霥壶铭文所见春秋早期曾国历史与思想*

□ 黄锦前

【摘要】将京山苏家垄春秋早期曾国墓地新出曾伯霥壶与传世曾伯霥簠铭文进行分析对照，指出二者的异同，并分析其原因。进而就壶铭“余为民父母”句反映的春秋早期曾国有关历史与思想进行分析，指出当时曾国遵从和推行后来儒家的“仁”“礼”等思想理念，是西周时期德治与民本思想的继承，是传统姬周文化在南土地区传播的表征，也是后来以孔子为代表的儒家思想的来源之一。据曾伯陭钺铭，当时曾国注重和推行法制。“刑”“法”是威，“仁”“礼”是恩，恩威并施，并行不悖，二者对立统一，也符合儒家一贯的思想。簠和壶铭讲曾伯霥“慎圣元/孔武”，“慎”和“圣”应同西周金文及后世儒家的相关概念和思想理念皆有一定的联系，也是后来儒家思想的来源之一。这些思想理念的发展，为后来儒学思想在南方地区的传播奠定了基础，开辟了道路。

【关键词】仁；刑；慎；圣；儒家思想

一

2016—2017 年发掘的湖北京山苏家垄春秋早期曾国墓地，M79 出土有曾伯霥鼎、鬲、甗、簋、簠、壶及盘匜等青铜器，曾伯霥簠与传世曾伯霥簠形制、纹饰接近，铭云“曾伯霥作簠”，曾伯霥簋铭曰“曾伯霥作宝簋”①，此前，我曾有小文指出，器主与传世曾伯霥簠器主系一人，M79 的墓主应即曾伯霥，据目前的发掘情况，该地在春秋早期后段可能曾

---

* 本文为国家社科基金中国历史研究院重大历史问题研究专项重大招标项目“考古学视野下中华民族共同体意识的形成与发展研究”(22VL002)、中国历史研究院“兰台青年学者计划”项目(2022LTQN605)阶段性成果。

① 方勤、胡长清、席奇峰、李晓杨、王玉杰：《湖北京山苏家垄遗址考古收获》，《江汉考古》2017 年第 6 期，第 3~9 页；湖北省文物考古研究所：《湖北京山苏家垄墓群 M85 发掘简报》，《江汉考古》，2018 年第 1 期，第 26~33 页。

作为曾都，曾伯霥应系一代曾侯。① 现在随着发掘工作的进一步开展，确认这是一处包括墓地、居址、冶炼作坊的曾国大型城邑。发掘者指出，墓地出土的曾侯仲子斿父九鼎、埋葬七车的车马坑，以及规模宏大的聚落等，暗示这里存在作为曾国都城的可能性；大型墓M79、M88为曾伯霥及夫人墓。② 上述小文的有关结论，也因此而得到证实。

这里拟讨论的，是M79、M88墓新出曾伯霥壶铭文及有关问题。曾伯霥壶共四件（M79、M88各出土两件），材料尚未完整公布，目前仅披露了部分器物照片和铭文拓片。③ 报道云四件皆为圆壶，造型一致、铭文完全相同。据披露的照片，其形制、纹饰与传世曾伯陭壶④近同，与1966年湖北京山苏家垄出土的曾仲斿父方壶⑤也较近似，唯后者为方壶，年代应为春秋早期。

四件壶铭文相同，作：

> 唯王八月初吉庚午，曾伯霥慎圣孔武，孔武元屖，克逖淮夷。余温龏（恭）虘（且）諅（忌），余为民父母，唯延壶璋，先民之常，余是楙是则，允显允异（翼）。用其鐈镠，唯玄其良，自作尊壶，用孝用享，于我皇祖，及我文考，用锡害（匄）眉寿，子孙永宝。

对照之前传世两件曾伯霥簠铭文：

> 唯王九月初吉庚午，曾伯霥慎圣元武，元武孔黹，克逖淮夷，抑燮繁汤，金道锡行，俱既卑方。余择其吉金黄铝，余用自作旅簠，以征以行，用盛稻粱，用孝用享于我皇祖文考。天锡之福，曾伯霥遐不黄耇，万年眉寿无疆，子子孙孙永宝用之享。⑥

二者文句多有雷同之处，如铭文开始描述曾伯霥慎圣勇武，克逖淮夷之功业等句多基本相

① 拙文：《曾国青铜器的最新发现与研究》，《海岱考古》第十四辑，科学出版社2021年版，第342~370页。

② 方勤、胡长清、席奇峰、李晓杨、王玉杰：《湖北京山苏家垄遗址考古收获》，《江汉考古》2017年第6期，第3~9页；湖北省文物考古研究所：《湖北京山苏家垄发现曾国大型城邑遗址》，《中国文物报》，2018年2月23日，第5版；湖北省文物考古研究所：《湖北京山苏家垄墓群M85发掘简报》，《江汉考古》2018年第1期，第26~33页。

③ 徐颖：《考古发现曾侯乙先祖娶了楚国芈夫人》，《楚天都市报》，2018年1月17日，第2版；海冰：《2017年中国考古新发现榜单发布——京山苏家垄周代遗址入选》，《湖北日报》，2018年1月17日，第8版；海冰：《破解早期中国青铜文明密码 苏家垄遗址出土50余件周代铭文青铜器》，《湖北日报》，2018年1月17日，第8版。

④ 湖北省文物考古研究所：《曾国青铜器》，文物出版社2007年版，第119页；http://collection.imamuseum.org/artwork/32833/index.html#labeltxt。

⑤ 中国青铜器全集编辑委员会：《中国美术分类全集 中国青铜器全集》第10卷，一〇四，文物出版社1998年版；湖北省文物考古研究所：《曾国青铜器》，文物出版社2007年版，第34、37页。

⑥ 《殷周金文集成》9.4631、9.4632（中国社会科学院考古研究所：《殷周金文集成》，中华书局1984—1994年版。以下简称“集成”）；湖北省文物考古研究所：《曾国青铜器》，文物出版社2007年版，第440~441页。

同。细言之，其中描述曾伯霥慎圣勇武部分的文句，用语虽略有异，但文义近同。壶铭“孔武元犀”与簠铭“元武孔黹”相当，类似者还有随州一带出土铜器铭文如周王孙季怡戈（集成 17.11309）“周王孙季怡孔臧元武”、盅子歖簠“盅子歖孔武圣诲”①等。同样，讲曾伯霥择取吉金作器及祈福部分的套语，虽用语或措辞略异，文句也略有繁简之别，但文义基本相同。

簠铭与壶铭所不同者，主要有：一是二者作器时间不同，簠、壶作器时间分别是“唯王九月初吉庚午”“唯王八月初吉庚午”，也不排除二者是同一年所作，所谓“初吉庚午”的吉日未必是实指，而可能系虚拟。第二个不同点是簠铭“抑燮繁汤，金道锡行，俱既卑方”等句壶铭未见。推测之所以如此的原因，一是壶的制作时间较早，可能还未及曾伯霥“抑燮繁汤，金道锡行，俱既卑方”之时，还有一种可能就是壶铭在表述曾伯霥武功时有所选择地加以叙述，并非面面俱到。结合下述第三个不同点来看，第二种情况的可能性较大，即簠铭与壶铭侧重点各有不同。第三个最大的不同，是壶铭“余温龏（恭）虘（且）諅（忌），余为民父母，唯延壶璋，先民之常，余是楙是则，允显允异（翼）”等文句，为簠铭所无，这几句话也恰恰是该篇铭文的重点所在，因而值得关注和讨论。

过去我曾有小文对有关簠铭文句的理解加以分析讨论②，因此，壶铭与簠铭相近同的有关内容，兹不赘述，现主要就上述壶铭所独有的“余温龏（恭）虘（且）諅（忌），余为民父母，唯延壶璋，先民之常，余是楙是则，允显允异（翼）”等内容，加以分析和探讨。

“余温龏（恭）虘（且）諅（忌）”，类似文句又见于 2011 年 9 月随州文峰塔曾国墓地 M4 出土的曾侯钟（M4：016）铭文：

> ……徇骄壮武，佐佑楚王，弗叔是罴。穆穆曾侯，畏忌温恭，□□□□，频□□命，以忧此鳏寡，绥遗彼无□，余……③

楚太师邓辟编钟④、楚太师邓子辟编镈⑤“楚大师邓辟慎淑温龏（恭），武于戎功……既温既记（忌）”，文例与壶铭亦近。又 2009 年文峰塔墓地 M1 出土的曾侯舆编钟（M1：1、2）铭曰：

> 穆穆曾侯，壮武畏忌，恭寅斋盟，代武之堵，怀燮四方。⑥

① 吴镇烽编著：《商周青铜器铭文暨图像集成续编》第 2 卷，0502，上海古籍出版社 2016 年版，第 240 页。

② 拙文：《曾伯霥簠为姬姓曾器申论》，未刊稿。

③ 湖北省文物考古研究所、随州市博物馆：《湖北随州文峰塔墓地 M4 发掘简报》，《江汉考古》2015 年第 1 期，第 3~15 页，第 5 页拓片一、二，第 7 页图版一，第 8 页图版二、三，第 9 页图版四、五，第 10 页图版六。

④ 上海博物馆：《中国青铜器展览图录》，92，五洲传播出版社 2004 年版；周亚：《楚大师登编钟及相关问题的认识》，《上海博物馆集刊》第 11 辑，上海书画出版社 2008 年版，第 146~167 页。

⑤ 朱凤瀚：《关于以色列耶路撒冷国家博物馆所藏楚大师编镈》，罗运环主编：《楚简楚文化与先秦历史文化国际学术研讨会论文集》，湖北教育出版社 2013 年版，第 45~54 页。

⑥ 湖北省文物考古研究所、随州市博物馆：《随州文峰塔 M1（曾侯舆墓）、M2 发掘简报》，《江汉考古》2014 年第 4 期，第 3~51 页，第 15 页图版二二，第 17~25 页图版二三至三三、拓片三至一三、摹本一至六。曹锦炎：《曾侯残钟铭文考释》，《江汉考古》2014 年第 4 期，第 71 页图一、二 。

其立意和措辞皆相近。

“余为民父母”，即作民之父母，类似说法出土和传世文献屡见，详下文。

所谓“唯延壶璋，先民之常”，是说以壶、璋祭祀先祖。壶、璋皆系祭祀时常用的礼器(金、玉)，考古发掘中也常见一些将礼玉置于卣、壶等器物腹中的现象。“延”谓“陈也”，《尔雅·释诂》“陈也”，疏云“铺陈也”。或将“璋”读作“浆”，《公羊传》昭公二十五年：“国子执壶浆。”《孟子·梁惠王下》：“箪食壶浆，以迎王师。”这样理解亦未尝不可，但据上下文，似以前者为优。

“余是楙是则”，“楙”即“懋”，《说文》：“勉也。从心楙声。《虞书》曰：‘时惟懋哉。’”“则”谓“法也”(《玉篇》)。《尔雅·释诂》：“则，常也。”疏云：“谓常礼法也。”《诗·小雅·鹿鸣》：“君子是则是效。”毛传：“是则是效，言可法效也。”郭庄楚墓出土的竞孙旟也鬲①、方壶②“子孙是则”等，与此铭可对照理解。

“允显允异(翼)”，类似辞例又见于仲太师鼎③、仲太师壶④“宜鳌允异”、怀后石磬“……允异，以……”⑤、石鼓(猎碣·銮车)“吾获允异”⑥等。“异”应读作“翼”，“允显允翼”，与梁其钟“丕显皇祖考，穆穆翼翼”⑦可参照。

二

这篇铭文最值得注意的是“余为民父母”句，所谓“余为民父母”，即作民之父母，类似者如春秋晚期的宋君夫人鼎铭曰：

> 宋君夫人自作餴鼎，用般禋祀，其万年眉寿，为民父母。⑧

上海博物馆藏战国楚简《民之父母》篇，其篇首有文曰：

> 〔子〕夏问于孔子：“《诗》曰：‘凯悌君子，民之父母’，敢问何如而可谓民之父母?”孔子答曰：“民〔之〕父母乎，必达于礼乐之原，以致五至，以行三无，以横于天

① 吴镇烽编著：《商周青铜器铭文暨图像集成》第6卷，03036，上海古籍出版社2012年版(以下简称“《铭图》”)，第489页。

② 曹锦炎：《鸟虫书通考(增订版)》，上海辞书出版社2014年版，第391页，图313；曹锦炎、吴毅强：《鸟虫书字汇》，上海辞书出版社2014年版，第548页，图三一三。

③ 《铭图》第4卷，02196，上海古籍出版社2012年版，第398~399页。

④ 《铭图》第22卷，12370，上海古籍出版社2012年版，第274~276页。

⑤ 李学勤：《秦怀后磬研究》，《文物》2001年第1期，第53页；《铭图》第35卷，19817，上海古籍出版社2012年版，第422页。

⑥ 郭沫若：《石鼓文研究·诅楚文考释》(《郭沫若全集·考古编》第九卷)，科学出版社1982年版，第172~181页。

⑦ 集成1.187-192。

⑧ 张光裕：《新见宋君夫人鼎铭“为民父母”与经典诠释》，张光裕主编：《第四届国际中国古文字学研讨会论文集——新世纪的古文字学与经典诠释》，香港中文大学中文系2003年版，第107~116页；《铭图》第4卷，02222，上海古籍出版社2012年版，第439、440页。

下。四方有败，必先知之，其〔之〕谓民之父母矣。”①

类似的话，也见于今本《礼记·孔子闲居》：

> 孔子闲居，子夏侍。子夏曰：“敢问《诗》云‘凯弟君子，民之父母’，何如斯可谓民之父母矣?”孔子曰：“夫民之父母乎，必达于礼乐之原，以致五至，而行三无，以横于天下。四方有败，必先知之。此之谓民之父母矣。”

孔子是春秋晚期宋国人，其言论与前述宋君夫人鼎铭所体现的思想，应有一定的渊源关系。一般认为“为民父母”是儒家的思想内容之一，从曾伯霥簠“余为民父母”来看，这种思想应该有更早的来源，而并非儒家始创。

现在我们知道这种思想的最早表述，是见于2002年春北京保利艺术博物馆从香港古董市场购得一件西周中期的青铜器豳公盨②铭文，盨铭曰：

> 天命禹敷土，堕山浚川；乃畴方设征，降民监德；乃自作配享民，成父母，生我王、作臣。厥贵唯德，民好明德，任在天下。用厥卲好，益求懿德，康亡不懋。孝友吁明，经齐好祀，无愧心。好德，婚媾亦唯协天。敏用孝神，复用祓禄，永孚于宁。豳公曰：“民唯克用兹德，无诲!”

盨铭“成父母”，与下一句“生我王、作臣”前后相因，意即由于有功于民众，大禹得以成为民众之“父母”，亦即民众之王，而民众则为子女(即《礼记·内则》之“子事父母”)，亦即铭文的“作臣”。类似的话，亦见于《尚书·洪范》：“曰天子作民父母，以为天下王。”《大戴礼记·五帝德》：“宰我曰：‘请问禹。’孔子曰：‘……巡九州，通九道，陂九泽，度九山。为神主，为民父母。’”细绎上揭豳公盨铭，不难发现，铭文反复强调的所谓“德”，其实就是“王”(即“君”)与“臣”、“父母”与子女之间的这种秩序，亦即后来为儒家所极力倡导的“君臣”“父子”之道。简言之，所谓“德”，即爱民如子。这大概也是所谓“为民父母”的真正含义所在。据文献讲，孔子很重视周礼，他一向标榜自己“从周”。由此可见，孔子的有关思想来源，至迟应可追溯到西周中期。

据曾伯霥壶铭，当时曾国显然遵从和推行后来儒家所谓“仁”“礼”等思想理念；曾国是姬周王朝在南土地区的封国，结合豳公盨铭文，曾伯霥壶铭所反映的这种思想显然是对西周时期德治与民本思想的继承，是传统姬周文化在南土地区传播的表征，也是后来以孔子为代表的儒家思想的来源之一。

以上是需要说明的第一点。接下来想要讨论的另外一点，是该篇铭文同曾伯陭钺铭文的关系及其所反映的春秋早期曾国在政治思想和意识形态方面的一些问题。

---

① 马承源主编：《上海博物馆藏战国楚竹书(二)》，上海古籍出版社2002年版，图版第15~30页，释文考释第149~180页。

② 李学勤：《论𤔲公盨及其重要意义》，《中国历史文物》2002年第6期，第4页图版一；《铭图》第12卷，05677，上海古籍出版社2012年版，第456~458页。

曾伯陭钺系2002年湖北枣阳郭家庙曾国墓地出土(M21：9)①，年代为春秋早期。铭作②：

曾伯陭铸杀钺，用为民，刑非历，殹(繄)刑为民政。

类似可以对照的文例，又见于秦骃玉牍：

东方有土姓，为刑法民，其名曰经，洁可以为法，洁可以为政。③

对照可知，钺铭所谓“用为民”，即秦骃玉牍的“为刑法民”，“刑”谓“刑法，法度”。《说文》：“荆，罚罪也……《易》曰：井，法也。”《书·吕刑》：“王享国百年，耄荒，度作刑以诘四方。”《左传》隐公十一年：“许无刑而伐之，服而舍之。”杜预注：“刑，法也。”《说文》：“灋，刑也。平之如水，从水；廌，所以触不直者；去之，从去。法，今文省。”古书又有“法刑”，“法”“刑”同义，指法令典章，如《国语·楚语上》：“其法刑在民心而藏在王府，上之可以比先王，下之可以训后世。”“法”在此谓依法惩处。《鹖冠子·武灵王》：“喜则释罪，怒则妄杀，法民而自慎。”陆佃解：“刑民而自以为慎。”《史记·商君列传》：“卫鞅曰：‘法之不行，自上犯之。’将法太子。”古书中“刑”有时也有“以法治理”义，《周礼·秋官·序官》：“乃立秋官司寇使帅其属而掌邦禁，以佐王刑邦国。”《管子·霸言》：“以奸佞之罪，刑天下之心。”因此，牍铭的“法”与“刑”字的这种用法义近，谓以法治理，简言之，即“治理”之义。“为”亦系“治理”义。《论语·子路》：“善人为邦百年，亦可以胜残去杀矣。”皇侃疏：“为者，治也。”《国语·周语上》：“是故为川者，决之使导；为民者，宣之使言。”对照玉牍铭，钺铭“用为民”的“为”当与玉牍铭“为刑法民”的“法”语义及语位相当，所谓“用为民”，当系“用以(依法)治理民众”之义。

“刑非历”，“刑”谓惩罚，惩处。《书·康诰》：“非汝封刑人杀人，无或刑人杀人。”伪孔传：“言得刑杀罪人。”《盐铁论·疾贫》：“刑一而正百，杀一而慎万。”“刑非历”即用以惩处不善。该句与秦骃玉牍“可以为法”句相对应。“可以为法”，即“(刑)可以为法”，或“可以(之)为法”，即若有作奸犯科，则施以刑法，即钺铭所谓“刑非历”。

“殹刑为民政”，“刑”应即“刑法，法度”，该句与秦骃玉牍“可以为政”句对应。所谓“可以为法”“可以为政”，即“(刑)可以为法”“(刑)可以为政”，亦即省略主语“刑”；或可理解为省略代词“之”，即“可以(之)为法”“可以(之)为政”，所指即上文“为刑法民”的“刑”。钺铭作“殹刑为民政”，则系一个表达较为完整的句子。据玉牍铭“为刑法民……洁可以为法，洁可以为政”，“政”与“法”所处的语位相当，语义亦应相关，“政”应指政策，政令。《逸周书·命训》：“震之以政，动之以事。”朱右曾校释：“政，政令。”汉荀悦

① 襄樊市考古队、湖北省文物考古研究所、湖北孝襄高速公路考古队：《枣阳郭家庙曾国墓地》，科学出版社2005年版，第27页图二二，彩版一六；湖北省文物考古研究所：《曾国青铜器》，文物出版社2007年版，第114~117页。

② 释文改释和重新理解详拙文：《曾伯陭钺铭文新释》，未刊稿。

③ 李学勤：《秦玉牍索隐》，《故宫博物院院刊》2000年第2期，第43页图一。

《汉纪·惠帝纪》："参为相国，遵何之政"。所谓"可以为法""可以为政"，应即古书的"刑政"或"政刑"，即刑法和政令。《国语·周语下》："出令不信，刑政放纷。"《左传》隐公十一年："君子谓郑庄公失政刑矣。政以治民，刑以正邪。"可见"政"和"刑"是相辅相成的。《礼记·乐记》："故礼以道其志，乐以和其声，政以一其行，刑以防其奸。礼乐刑政，其极一也，所以同民心而出治道也……礼节民心，乐和民声，政以行之，刑以防之，礼乐刑政，四达而不悖，则王道备矣。"《荀子·致士》："川渊深而鱼鳖归之，山林茂而禽兽归之，刑政平而百姓归之，礼义备而君子归之。故礼及身而行修，义及国而政明，能以礼挟而贵名白，天下愿，令行禁止，王者之事毕矣。《诗》曰：'惠此中国，以绥四方。'此之谓也。"皆强调以"礼乐"和"刑政"相参以治民。《孔子家语·刑政》对此则有更详细的论述：

> 仲弓问于孔子曰："雍闻至刑无所用政，至政无所用刑。至刑无所用政，桀纣之世是也；至政无所用刑，成康之世是也。信乎?"孔子曰："圣人之治化也，必刑政相参焉，太上以德教民，而以礼齐之。其次以政言导民，以刑禁之，刑不刑也。化之弗变，导之弗从，伤义以败俗，于是乎用刑矣。制五刑必即天伦。行刑罚则轻无赦，刑侀也，侀成也，壹成而不可更，故君子尽心焉。"

又《汉书·匈奴传下》："或修刑政，或昭文德，远近之势异也。"韩愈《送浮屠文畅师序》："道莫大乎仁义，教莫正乎礼乐刑政。"可见以"礼乐"和"刑政"相参以治民，是古人一贯的传统。据上下文并对照玉牍铭，钺铭所谓"殹刑为民政"，即以刑法作为民众的政令，即以刑代政，治理民众。

总之，钺铭是说曾伯陭铸造用以刑杀的钺，用以(依法)治理民众，惩处不善，以刑法作为民众的政令，即以刑代政，治理民众。

钺是刑杀之器，以其作为民型，作为刑政的表征，无疑具有重要的理论意义与实践价值，作为春秋时期法家与法制思想的集中体现，其在法制思想史方面的意义自然是不言而喻的。换言之，这一时期的曾国，比较注重和推行法制。结合郑国铸刑鼎等有关史事，春秋时期，法制思想在当时的列国应该说已经形成一种风气，也是一种趋势。

据新出曾伯霥壶铭"余为民父母"等有关文字，当时曾国显然又遵从和推行后来儒家所谓"仁"和"礼"等思想理念。表面上看，这二者似乎是矛盾的，其实未必，用现在的话讲，这二者其实是对立统一的，"刑""法"是威，"仁""礼"是恩，作为统治者统治的两种手段和措施，亦即我们通常所说的恩威并施，并行而不悖，其实也并不存在什么矛盾。由上揭《孔子家语》等儒家文献所表达的以"礼乐"和"刑政"相结合以治民的思想来看，也符合儒家一贯的思想。

第三点需要说明的是，曾伯霥簠、壶铭讲曾伯霥"慎圣元武""慎圣孔武"，类似的话又见于上揭曾侯與编钟"有严曾侯，业业厥諲，亲敷武功……曾侯之灵"、盅子歁簠"盅子歁孔武圣诲"、王孙诰编钟"肃慎臧御"①及王孙遗者钟(集成 1.261)"肃慎圣武"等。众所

① 河南省文物研究所、河南省丹江库区考古发掘队、淅川县博物馆：《淅川下寺春秋楚墓》，文物出版社 1991 年版，第 140~174 页。

周知，“慎”和“圣”皆为儒家思想的重要内容之一，类似的概念和思想在西周金文中也多有体现，如西周金文就常见“慎德”一词[如师望鼎(集成 5.2812)“慎厥德”、大克鼎(集成 5.2836)“淑慎厥德”、番生簋盖(集成 8.4326)“穆穆克慎厥德”、逨盘①“桓桓克明慎厥德”，等等]，铭文所讲的曾伯霥“慎圣元/孔武”，据上下文，“慎”和“圣”应该同西周金文及后世儒家的相关概念和思想理念皆有一定的联系，也是后来儒家思想的来源之一。

从郭店楚简来看，战国中晚期儒家思想在楚地已经广为流传、深入发展，而上揭曾伯霥壶、曾伯陭钺所体现的春秋早期曾国统治阶级的一些政治思想和理念，其核心和内涵同后来的儒学思想的一些概念和思想无疑是一致的，也可以说是一脉相承的。这些思想和理念，无疑也为后来儒学思想在南方地区的传播奠定了基础，开辟了道路。

附记：小文草成后，见复旦网刊布了御简斋《曾伯黍壶铭简释》一文[复旦大学出土文献与古文字研究中心网站(http://www.gwz.fudan.edu.cn/Web/Show/4209)，2018 年 1 月 17 日]，对壶铭进行了很好的讨论，可以参看。作者曾就曾伯霥的身份问题同叶家山和文峰塔墓地的发掘者黄凤春先生交换意见，他认为，所谓“余为民父母”，春秋时期是民本时代，各国官僚都有这样的语气；无论墓坑规模、用鼎制度、编钟、编磬，都不够侯级，所以曾伯霥当非曾侯；同样，枣阳郭家庙出土的曾伯陭钺和传世曾伯陭壶的曾伯陭亦非曾侯。黄先生提出的这些意见，不无道理，也是我写作有关文章时一直在考虑的问题，但从曾伯霥簠及壶铭所体现的作器者的口气与曾侯與编钟等的铭文中曾侯的说话口气相比较来看，恐非曾侯一级莫属；从曾伯霥壶及曾伯陭钺铭文所体现的曾伯霥及曾伯陭外以征伐，内以治民的情形来看，也非如郑国子产一类卿大夫一级人物可以匹配，卿大夫一级的人物在当时恐怕还没有这样大的权力。所以，综合各方面情况，我还是坚持曾伯霥、曾伯陭皆应系曾侯的看法。

2018 年 1 月 19 日

沈培《新出曾伯霥壶铭的“元厔”与旧著录铜器铭文中相关词语考释》[复旦大学出土文献与古文字研究中心网站(http://www.gwz.fudan.edu.cn/Web/Show/4212)，2018 年 1 月 23 日]又对壶铭及有关问题进行了深入分析，可以参看。

2018 年 1 月 24 日

（作者单位：新疆大学历史学院）

① 陕西省考古研究院、宝鸡市考古研究所、眉县文化馆：《吉金铸华章——宝鸡眉县杨家村单氏青铜器窖藏》，文物出版社 2008 年版，第 184～191 页。

士族谱系与谱牒的互动共生

——以中古《王氏谱》谱系书写为例

□ 李生平

【摘要】中古时期士族谱牒对于琅邪王氏、太原王氏等家族人物谱系的书写，看似“平铺直叙”，但其中塑造“从亲”关系、“录善”亦“纪恶”的书法，则表现出王氏家族结构弹性伸缩、谱系动态变化的特征，也隐藏着士族家庭及其人物兴衰起伏的史实。通过在本家族或扩大家庭的五世服属内部塑造“从亲”关系，目的是扩大家族谱系规模，借重显宦清要人物来加持家族门第。谱牒中的“纪恶”内容，实则映射着后世人物谱系书写中的逐渐衰落甚至“断流”现象。士族谱牒文本谱系的书写，暗含着琅邪王氏、太原王氏家族门第与人物仕宦变动与中古士族社会中世家大族升降沉浮的实态。

【关键词】士族谱牒；谱系；琅邪王氏；太原王氏

中古时期士族谱牒在谱系塑造过程中，往往呈现出两个特征：一方面，士族群体重视利用家族人物中的高官厚爵者来彰显家族门第之高；另一方面，庶族群体希望跻身进入士族阶层的诉求不断强烈，开始通过不断扩大谱系，联结士族家族门第，乃至出现“伪冒世系”“攀附郡望”的现象。形成于这一时期的《王氏谱》，其谱系书写看似“平铺直叙”的静态文本结构，但其中却蕴含着包括家族人物在内的修谱者对于王氏家族在中古时期士族社会升降变动中的实际情态的“忠实记录”，一定程度可谓士族社会、士族家庭结构大图景的一种缩影。如《王氏谱》谱系中多处所见其塑造“从亲”关系的做法，即是王氏家族结构弹性伸缩、谱系动态变化的一个面向。

中古士族谱牒研究的一项重要使命即是服务于中古士族谱系的研究，关于这一问题，学界已有一定的创获，如陈爽借助汪藻《世说人名谱·陈郡阳夏谢氏谱》尝试“复原”了中古“某氏谱”体例。① 本文在前贤成果基础上，通过对以往学者鲜有措意的士族谱牒所见“从亲”关系塑造及“录善”亦“纪恶”现象的讨论，进一步探究《王氏谱》谱系书写的特点，借此深化我们对中古时期王氏家族等士族门第变动实态的认识。

---

① 陈爽：《出土墓志所见中古谱牒研究》，学林出版社 2015 年版，第 34、127~152 页。另可参范兆飞：《士族谱牒的构造及与碑志关系拾遗——从〈出土墓志所见中古谱牒研究〉谈起》，《唐研究》第 22 卷，北京大学出版社 2016 年版，第 509~540 页；陈鹏：《世系与门第：中古谱牒新论》，北京大学博士学位论文，2015 年，第 196~204 页。

一、塑造“从亲”与扩大谱系

中古士族家庭非常注重血缘与人伦亲疏，这是士族高贵性的重要保障，正所谓“士庶之际，实自天隔”，“区别士庶，于义为美”(《宋书·王弘传》)。① 因此，士族之家很注重通过“名”来定“分”，② 中古时期《王氏谱》可见“从弟”“从兄”“从父兄子”等称谓，其中都通过“从”字表示特定的亲属关系。《世说新语·忿狷》刘孝标注引《王氏谱》曰：“胡之是恬从祖兄”③，又《世说新语·赏誉》刘孝标注引《王氏谱》曰：“羲之是敦从父兄子”④。此外，《世说新语·伤逝》刘孝标注引《羊氏谱》曰：“孚即欣从祖兄”⑤，追绍四世祖羊忱。为了讨论的便利，本文概称为“从亲”，指代宗族内部表示一定血亲范围内的亲属关系。中古时期士族谱牒谱系书写的意图并非单纯地增加谱系“长度”，而是通过与本家族显宦人物联结谱系，来提升士族等级、宣扬门第。⑥ 那么，《王氏谱》等士族谱牒中所见“从亲”关系具体指何种程度的亲疏范畴？以《王氏谱》为代表的中古时期士族家庭塑造“从亲”关系又有何目的？尚有待进一步探讨。

在前揭所示《世说新语》刘孝标注引《王氏谱》有关“从亲”的两例记载，即“胡之是恬从祖兄”“羲之是敦从父兄子”，皆祖绍四世祖王览。王胡之虽然出身琅邪王氏，但其父不显，家境一般，还曾因家境贫困受到陶侃之子乌程令陶胡奴的施助。⑦ 王恬为王导子，家境和身世优于王胡之，故而王胡之攀援王恬，或亦有强化自己身世的考虑。琅邪王氏在南渡之后，其家族势力在东晋南朝政局中升降沉浮，家族内部也出现了房支间的分化，《世说新语》注引《丹阳记》曰：“乌衣之起，吴时乌衣营处所也。江左初立，琅邪诸王所居。”⑧琅邪王氏宗族到南朝初年有了马粪与乌衣之分，此时的马粪房门第稍高于乌衣房。乌衣房人物虽仍可“平流进取，坐致公卿”，但人物官爵已有所暗淡，“王氏以分枝居乌衣者，位官微减”(《南齐书·王僧虔传》)。⑨ 王彪之一支虽号称为“王氏青箱学”，但彪之、临之、讷之、准之四代，也只是维持旧职而已；且王准之虽为一流大族，却被次等士族范

① 《宋书》，中华书局 1974 年版，第 1318~1319 页。

② 《颜氏家训·风操》中即多有记述亲属称谓。参见颜之推撰，王利器集解：《颜氏家训集解》上册，中华书局 2018 年版，第 93 页。

③ 余嘉锡笺疏：《世说新语笺疏》卷下，中华书局 2015 年版，第 977 页。

④ 余嘉锡笺疏：《世说新语笺疏》卷中，中华书局 2015 年版，第 501 页。

⑤ 余嘉锡笺疏：《世说新语笺疏》卷下，中华书局 2015 年版，第 714 页。徐震堮：“孚即欣从祖——按《南城羊氏谱》，忱生楷与权。楷生绥，绥生孚；权生不疑，不疑生欣。则孚与欣乃再从兄弟。‘孚即欣从祖’下脱‘兄’字。”徐震堮：《世说新语校笺》卷下，中华书局 2001 年版，第 354 页。

⑥ 费孝通先生曾指出：“我们普通所谓大家庭和小家庭的差别绝不是在大小上，不是在社群所包含的人数上，而是结构上。”费孝通：《乡土中国·家族》，《乡土中国 生育制度 乡土重建》，商务印书馆 2011 年版，第 41 页。

⑦ 余嘉锡笺疏：《世说新语笺疏》卷中，中华书局 2015 年版，第 327 页。

⑧ 余嘉锡笺疏：《世说新语笺疏》卷中，中华书局 2015 年版，第 356 页。

⑨ 《南齐书》，中华书局 1972 年版，第 592 页。杨筠如业已指出“乌衣诸王又不及其他房的声望”，参见杨筠如：《九品中正与六朝门阀》，商务印书馆 1930 年版，第 88 页。

泰讥讽(《宋书·王准之传》)①。马粪房重质尚本而为时人所重②,"乌衣巷"自此逐渐成为旧门第的象征符号③。直至南朝灭亡、隋朝建立,王氏家族无论是马粪房还是乌衣房,"百世卿族,便是一朝而坠"(《南史·王彧传》)④,乃至琅邪王氏"曩时人物扫地尽矣"(《南史·王裕之传》)⑤。而在房支分化、门第升降之际,就更易看出《王氏谱》中王胡之联结王恬谱系、王羲之联结王敦谱系的意涵。

先秦时期家族谱系塑造重在联络三代圣贤,故而谱系很长,且只有一支垂直而下的谱系,未有旁支,如《汉书·孔光传》载孔氏谱牒自孔子至孔光共十四代的一线单传谱系。⑥但魏晋以降谱系构造则注重联合同姓同宗著名人物来制造显赫的门第,其中,塑造"从亲"关系就是重要方式之一。如《三国志》裴松之注引《陈氏谱》曰:"群之后,名位遂微。谌孙佐,官至青州刺史。佐弟坦,廷尉。佐子准,太尉,封广陵郡公。准弟戴、徵及从弟堪,并至大位。准孙逵,字林道,有誉江左,为西中郎将,追赠卫将军。"⑦此条谱文中涉及8位人物,几近汪藻《世说人名谱·颍川许昌陈氏谱》所载20位人物之一半⑧,"并至大位"表明援引这些人物的目的在于塑造家族显赫的声誉。沈刚指出,东汉时期士族对于服属以内的近世祖先,往往据实书写,而且以是否有官职为最重要的选择标准。但是在直系祖先官宦不显时,就会杂糅旁系叔父兄弟等,来充实谱系。⑨ 从这些东汉碑志中可以看出,联结"从亲"亲属都以具有清职显宦为选择标准,如《汉太尉汝南李公碑》载:"曾祖父江夏太守,伯父东郡太守,公受纯懿之姿,粹忠清之节,夙夜严栗,孝配大舜。"⑩碑文有曾祖而无祖父,又写到父辈旁系的伯父,其中原因就是伯父为东郡太守,而祖父可能无官职可书,故而略去;父亲虽然需要写上,但是因为没有官职,只好用华丽的辞藻掩饰。⑪可见,联结有官宦的"从亲",是士族家庭扩大谱牒谱系的重要方式。

但是,士族家庭扩大谱系的基础,仍然是维护"核心家庭"的紧密聚集。《世说新语·排调》注引《王氏家谱》曰:"伦[沦]字太冲,司空穆侯中子,司徒浑弟也……"⑫此处介绍王沦为"司徒浑弟",表明《王氏家谱》是以王浑为中心来延展人物谱系的。中古时期士族家族在尊奉同一祖先的基础上不断扩大家族谱系,依靠服丧体制联结服属,达到拱卫家族门第的目的。姜士彬认为:"氏族的裂变,正是服丧等级制度在发挥作用——这是控制祖先崇拜集团(ancestor-worshipping group)规模大小的基本方式。简单地说,高祖以下的子孙被

① 《宋书》,中华书局1974年版,第1624页。

② 马粪房代表人物王志为人宽厚,其族中诸人皆矜持家风,门客及时人多有赞誉。参见《梁书》,中华书局1973年版,第320页。

③ 柳向春:《简论"乌衣"的词义变化》,《南京师范大学文学院学报》2001年第2期。

④ 《南史》,中华书局1975年版,第637页。

⑤ 《南史》,中华书局1975年版,第667页。

⑥ 《汉书》,中华书局1962年版,第3352页。此处,颜师古注曰:"名鲤,字伯鱼。先言其字者,孔氏自为谱牒,示尊其先也。下皆类此。"由此可知这一世系当来自孔氏谱牒。

⑦ 《三国志》,中华书局1959年版,第642页。

⑧ 杨勇:《世说新语校笺》下册,正文书局1999年版,第175~180页。

⑨ 沈刚:《虚实相间:东汉碑刻中的祖先书写》,《中国史研究》2020年第2期,第39页。

⑩ 叶程义:《汉魏石刻文学考释》,台湾新文丰出版公司1997年版,第766页。

⑪ 沈刚:《虚实相间:东汉碑刻中的祖先书写》,《中国史研究》2020年第2期,第41页。

⑫ 余嘉锡笺疏:《世说新语笺疏》卷下,中华书局2015年版,第869页。

视作一宗，或世系群(在这种情况下我们可译作 lineage)。人们不会祭祀比高祖更遥远的祖先，因此五世以下的后裔子孙出现之时，他们将分裂而出，成为一个个崇拜共同高祖的群体。”①在五世之内尊奉共同高祖，囊括于共同的服属体系，体现到私家谱牒“某氏谱”中，就是士族扩大谱系的一般方法。这一方法可在时代稍后的唐代《裴氏相公家谱之碑》所引《裴氏家谱》中得到印证。《裴氏家谱》以东眷裴居道为起点，继而分别记述了五个支脉的谱系。但在列述各分支的主干谱系时却记述了较多的“从亲”人物，无一例外都是职宦显要者，② 可以看出家谱借助这些人物彰显家族门第的努力。

通过爬梳史料、观察《王氏谱》佚文可知，《王氏谱》中的“从亲”关系，是指五服之内的本家族成员，一般有着较为明确的世系依据。此外，从中古时期“从亲”亲属的继嗣现象，也可以观察“从亲”关系的亲疏程度。

汉魏以降，“从亲”关系的称谓逐渐发生着变化，这一趋势与汉魏之际士族扩大家族规模的风尚有关。魏晋时期，“从兄弟”的称谓逐渐向“堂兄弟”转变。汉代的“兄弟”也称为“同居”，主要是指“同产”，兄弟间的同财共居基本不出同父(母)的范围，“言本同祖，从父而别”(《汉书·荆燕吴传》)。③ 而“同堂”之称起于魏晋之时，赵翼揭橥道：“俗以同祖之兄弟为堂兄弟，按《礼经》曰从兄弟，无堂兄弟之称也。其称盖起于晋时。《晋书》：司隶荀恺有从兄丧，自表赴哀，诏未下，而恺造太傅杨骏第。傅咸因劾奏恺曰：‘死丧之威，兄弟孔怀；同堂方陨，辄行造谒。急谄媚之敬，无友于之情。’同堂之见于史者始此。”④魏晋以降，“从兄弟”逐渐为“同堂”或“同堂兄弟”所代替，至唐代则简称为“堂兄弟”，为世俗相因袭。“同堂兄弟”在称谓上与父祖一系一致，与“同产”的重母血统不同，表明了父系宗亲旁系的区分日趋细致，也是这一时期同祖兄弟的同居共财现象增多的反映。⑤ 从“从兄弟”到“堂兄弟”的演变，可以看出士族维护本氏族核心家庭的意识。

随着士族社会的发展，魏晋时期的亲属关系称谓更为精细化，“从亲”关系也出现了更为明确的称谓分化。如“叔侄”取代“父子”，以“叔伯”取代“诸父”或“从父”，以“侄”取代“从子”或“兄子”“弟子”，并以“侄”作为男性专用。⑥ 士族家庭称谓的“精细化”“规范化”过程，使得“从亲”关系的范畴更加明确，这也是士族家庭保护门第、聚拢核心服属成员的方式之一。

可见，中古时期“某氏谱”所见“从亲”关系的塑造，主要是通过在本家族或扩大家庭的五世服属内部，以追溯某位五世之内的先祖为基础来联结亲属关系，客观上达到扩大家族谱系规模，借重显宦清要人物来加持家族门第的意图。士族家庭的这些努力，实际上，就是士族谱牒私属性质的表现，易言之，也只有私属性质的士族家谱可以通过这样的方式来彰显门第，增强家族影响力。

---

① [美]姜士彬著，范兆飞、秦伊译，仇鹿鸣校：《中古中国的寡头政治》，中西书局 2016 年版，第 145 页。

② 录文参见[日]堀井裕之：《唐代政權の形成と太宗の氏族政策——金劉若虛撰〈裴氏相公家譜之碑〉所引の唐裴滔撰〈裴氏家譜〉を手掛かりに》，《史林》第 95 卷第 4 号，2012 年，第 9~12 页。

③ 《汉书》，中华书局 1962 年版，第 1899 页。

④ 赵翼：《陔餘丛考》卷 37，商务印书馆 1957 年版，第 818 页。

⑤ 参见阎爱民：《汉晋家族研究》，上海人民出版社 2005 年版，第 196~197 页。

⑥ 参见阎爱民：《汉晋家族研究》，上海人民出版社 2005 年版，第 180 页。

二、谱系"断流"与家族沉浮

中古时期《王氏谱》等"某氏谱"几近散佚殆尽，现存残句主要辑佚自《三国志》裴松之注、《世说新语》刘孝标注、《文选》李善注中①，而两宋之际汪藻所撰《世说人名谱》(简称"汪谱")，一定程度上反映了中古谱牒的基本形态②。不过，汪谱所作谱系并非"璎珞相承""严丝合缝"，间有"断裂"与"延长"，可以说，汪藻未有机会见到后世出土墓志的记载，对当时习见传世文献中的史事也未有吸收。那么，汪藻果真是"忽略"或"遗漏"了这些人物谱系吗？实际上，通过细绎史乘，就可发现汪藻试图通过谱系书写来展现当时社会与家族变动实态的意图。

以太原王氏谱系书写为例，汪谱中虽载有王慧龙，但却又就此停止，不再按汪谱通例而"谱至陈、隋"③。关于王慧龙身世，历来争讼不已，守屋美都雄就曾言此为"千载之谜"。④ 魏晋之际，太原王氏为北方一流大族，但自永嘉南渡、东晋肇始，便完全脱离北方基业。迨至王慧龙由南归北、重新入魏时，却颇不为北朝士族所纳，以至于《魏书·王慧龙传》虽赞其功业，但亦不得不称其郡望为"自云"。⑤ 太原王氏在北朝的发展历程，肇始于王慧龙，至王琼时逐渐融入北方士族社会，至王遵业兄弟时显于朝。⑥ 而王慧龙"三世一身，至琼始有四子"，且王琼又行迹不端，以至时人"疑其秽行"(《魏书·王慧龙传》)⑦，颇损在朝名望。郭祚与王琼争并州中正，即疑"琼真伪今自未辩"(《魏书·郭祚传》)⑧，加之魏收《魏书》言王慧龙郡望为"自云"之事，最终引发"秽史"风波(《北齐书·王松年传》)⑨。王慧龙作为归北南人，处境甚艰，从其归葬地选择一事即可窥一斑。⑩ 王慧龙家族以半真半假的身份，混入太原王氏的主干大房，是魏末以降旁枝末叶伪冒大姓名望之缩影。⑪ 汪谱的"审慎"态度，与北魏时期史家重视谱系真实性的做法是一致的。如

① 已有学者进行过辑佚整理，参见盛清沂：《试就〈世说新语〉管窥魏晋南北朝之谱学》，《第四届亚洲族谱学术研讨会会议记录》，联合报文化基金会国学文献馆1989年版，第249~275页。陈爽：《出土墓志所见中古谱牒研究》，学林出版社2015年版，第232~263页。

② 陈爽：《出土墓志所见中古谱牒研究》，学林出版社2015年版，第125页。范兆飞：《士族谱牒的构造及与碑志关系拾遗——从〈出土墓志所见中古谱牒研究〉谈起》，《唐研究》第22卷，北京大学出版社2016年版，第521页。

③ 杨勇：《世说新语校笺》下册，台湾正文书局1999年版，第7页。

④ 参见[日]守屋美都雄著，梁辰雪译：《六朝门阀：太原王氏家系考》，中西书局2020年版，第95~97页。亦可参陈爽：《世家大族与北朝政治》，中国社会科学出版社1998年版，第121页。

⑤ 《魏书》，中华书局1974年版，第875页。

⑥ 陈爽：《世家大族与北朝政治》，中国社会科学出版社1998年版，第5~6页。

⑦ 《魏书》，中华书局1974年版，第878页。

⑧ 《魏书》，中华书局1974年版，第1427页。

⑨ 《北齐书》，中华书局1972年版，第470页。

⑩ 《北史·王慧龙传》载，王慧龙"身殁后，乞葬河内州县之东乡，依古墓而不坟，足藏发齿而已。庶其魂而有知，犹希结草之报。'时制，南人入国者，皆葬桑乾。'晔等申遗意，诏许之"(《北史》，中华书局1974年版，第1289页)。

⑪ 范兆飞：《中古太原士族群体研究》，中华书局2014年版，第129页。

汪谱《太原晋阳王氏谱》中并不载中山王氏代表人物王叡及其后代。守屋美都雄指出中山王氏是“虚构的旁系”①,《魏书·王叡传》载王叡“自云太原晋阳人也”②,《新唐书·宰相世系表》中,“中山王氏”置于太原王氏栏下,并载其郡望形成过程曰:“中山王氏亦出晋阳。永嘉之乱,凉州参军王轨子孙因居武威姑臧。五世孙桥,字法生,侍御史、赠武威定王,生叡,封中山王,号中山王氏。后徙乐陵”③。“中山王氏”郡望显系伪托,但却得到了北魏朝廷的认可,以至于到唐代已经成为自然成立的结论。究其原因,是因为王叡在北魏朝政中逐渐获得高官显爵,太和四年便有封王之尊(《魏书·王叡传》)。④《北史·恩幸·王叡传》史载王叡子“(王)椿于宅构起厅事,极为高壮。时人忽云:‘此乃太原王宅,岂是王太原宅?’椿往为本郡,世皆呼为王太原”⑤。一如学者指出的,中山王氏自属的郡望不但为上层权贵所承认,也为下层吏民所接受。⑥ 此外,在魏齐之际还有一些由凉州入魏逐渐聚集于并州一带的王姓人物也攀援太原王氏的郡望,如北周王士良传即宣称“其先太原晋阳人也”,后因晋乱,避地凉州,其祖任平城镇司马,得以置家业于代,至王士良时已官拜并州刺史,为远近所荣(《周书·王士良传》)。⑦ 北朝盛行大家族制度,且北人重同姓,“虽三二十世,犹呼为从伯从叔”(《颜氏家训·风操》)⑧,所以北朝许多新兴的显宦之家得以通过伪冒世系、制造郡望之途跻身士流,这也就是由凉州东迁而来的“中山王氏”得以攀援“太原王氏”,甚至被时人认同的社会背景。而在汪谱中,虽仍有王慧龙,但却在此止步,未有延伸,似乎对此保有一定的审慎态度。

中古时期《王氏谱》看似谱系连缀、璎珞相承的静态文本,但其中却蕴含着丰富的动态信息,展现出家族命运兴衰、沉浮升降的动态曲线。最直观的表现就是汪藻作谱并非列举所有成员,例如《世说新语·品藻》注引《王氏谱》:“操之字子重,羲之第六子,历秘书监、侍中、尚书、豫章太守”⑨,这里强调“第六子”,即表明中古时期“某氏谱”的精神在于记载“当世冠冕”“衣冠人物”,一如姜士彬所指出的,“看起来没有担任官职的布衣祖先会被剔除在家谱之外”,且“后裔如果成为官僚,才会被载入家谱”。⑩《梁书·王志传》载王志“有五子:缉、休、諲、操、素,并知名”⑪,尤其是第三子王諲夫人为梁武帝永世公主(《南史·谢裕传》),⑫ 但汪谱《琅邪临沂王氏谱》却皆未载。究其原因,或是因为此五子皆未有显宦,仅以马粪房之门第为援。又如《梁书·王暕传》载王暕“有四子:训、承、

---

① [日]守屋美都雄著,梁辰雪译:《六朝门阀:太原王氏家系考》,中西书局2020年版,第167~174页。

② 《魏书》,中华书局1974年版,第1988页。

③ 《新唐书》,中华书局1975年版,第2648页。

④ 《魏书》,中华书局1974年版,第1988~1991页。

⑤ 《北史》,中华书局1974年版,第3021页。

⑥ 陈爽:《世家大族与北朝政治》,中国社会科学出版社1998年版,第131页。

⑦ 《周书》,中华书局1971年版,第638~639页。

⑧ 颜之推撰,王利器集解:《颜氏家训集解》上册,中华书局2018年版,第94页。

⑨ 余嘉锡笺疏:《世说新语笺疏》卷中,中华书局2015年版,第596页。

⑩ [美]姜士彬著,范兆飞、秦伊译,仇鹿鸣校:《中古中国的寡头政治》,中西书局2016年版,第137~138页。

⑪ 《梁书》,中华书局1973年版,第320页。

⑫ 《南史》,中华书局1975年版,第535页。

稺、訏，并通咸显”①，但汪谱《琅邪临沂王氏谱》只载官至东阳太守的王承、王训，并且增添了并不见于《梁书·王暕传》、官至“梁东阳太守”的“王暕子”王幼，② 而不载未有职宦的三子稺、四子訏，取舍原则很可能就在于是否仕履显达。汪谱《琅邪临沂王氏谱》第十世王泰本无子，以兄子王祁为嗣，但晚年又得一子(《梁书·王泰传》)，③ 加之王祁并无官宦，所以汪藻未载王祁。一如学人所揭橥的，在大多数墓志、谱牒中，都追溯高曾以内担任重要官职的祖先。④

此外，比对汪谱与《世说新语》刘注、《三国志》裴注所辑“某氏谱”残句，在书法上既有非常契合的方面，也有逻辑上扞格互歧的现象，或亦隐含着王氏家族门第变动的实态。如汪谱中多有“诛”“伏诛”“降爵”“不慧”等表达，似乎于常理有所不合，陈爽在对汪谱《陈郡阳夏谢氏谱》考辨时就对此现象明确指出，“古来为亲者讳，这种‘伏诛’的笔法，断然不可能是《谢氏谱》的原始文本”⑤。又如《三国志·魏书·桓二陈徐卫卢传》裴注引《陈氏谱》：“群之后，名位遂微”⑥，聂溦萌沿袭陈爽观点，认为“家谱中大概不会有‘群之后，名位遂微’这样综述性的语言，何况这还是消极色彩的综述。这句话应是注者总结《陈氏谱》的记载所得”⑦，由此直接质疑这一句并非《陈氏谱》原文。又如，其中颇为怪异的案例即汪谱《陈郡阳夏袁氏谱》中载“最……年十七以救父为齐高帝所害”⑧。袁最被皇帝杀死却称为被“害”死，这不仅对袁最本人是一种不敬，而且对皇帝更是不尊。通过这一条文例，我们推测汪藻《世说人名谱》的内容并非径录南北朝时期原谱，而是后世或即汪藻本人所撰，否则这类忤逆皇帝之辞不太可能出现于中古士族谱牒中。凡以上所举文例，皆不合避讳与谦敬语的规范，极为吊诡。但是，这类负面评价内容果真不会出现于中古“某氏谱”中吗？这些内容又当作何解呢？此处，有一个旁证或可提供一种解释。清代《四库全书》编纂者曾对南宋章定著《名贤氏族言行类稿》有批评性议论：

> 此书作于嘉定己巳，以姓氏分韵排纂、各序源流于前，而以历代名人之言行依姓分隶，盖以谱牒传记合为一书者也。案《隋书·经籍志》有贾执《姓氏英贤谱》一百卷，其书久佚，据李善《文选》注所引，前列爵里，后详事迹，其体例同于此书，定殆仿之而作欤。所列凡一千一百八十九姓内，单姓一千一百二十一，复姓六十八。所录前代诸人，时有颠倒漏略，如冯姓首春秋冯简子，次冯唐，次冯驩，既以汉人居战国人

① 《梁书》，中华书局1973年版，第323页。

② 杨勇：《世说新语校笺》下册，台湾正文书局1999年版，第27页。

③ 《梁书》，中华书局1973年版，第324页。

④ 参见范兆飞：《中古士族谱系的虚实——以太原郭氏的祖先建构为例》，《中国史研究》2017年第4期，第77~94页。这种追求祖先高官显宦谱系书写方式的形成，至少可以追溯到东汉时期人物碑志对于祖先追溯的书写，可参看沈刚：《虚实相间：东汉碑刻中的祖先书写》，《中国史研究》2020年第2期，第30~50页。

⑤ 陈爽：《出土墓志所见中古谱牒研究》，学林出版社2015年版，第130页。

⑥ 《三国志》，中华书局1959年版，第642页。

⑦ 聂溦萌：《正史与谱牒之间——论裴松之〈三国志注〉中的世系注》，《学灯》第2辑，上海古籍出版社2017年版，第135页。

⑧ 杨勇：《世说新语校笺》下册，台湾正文书局1999年版，第90页。

前，而上党守冯亭事迹章乃遗不载，又意主备笺启之用，惟录善而不纪恶，遂并杨再思之流，掩其巨慝书其小节，亦非实录然。①

清人认为《名贤氏族言行类稿》是一部类似于贾执《姓氏英贤谱》的著作，② 而它“惟录善而不纪恶”的特点也为清人所诟病，我们可就此推测清人认为此前的谱牒具有“实录”的品格。那么，“伏诛”等负面内容出现于中古士族谱牒，是否也可以此为解呢？其实，如果从汪谱公共属性视角看，或许会有新的认识。

以上所录包含负面内容的谱文出现在《世说新语注》《文选注》《三国志注》等传世的公开著作中，就意味着它可能并非一定出自“秘而不宣”的私家谱牒。如果将这些谱文视作出自为“有司选举”服务的官方谱牒，那么这些内容的出现就成了官方所需要的品评人物、分析家格的材料，并不被士族本身的意愿左右。事实上，类似的表述也出现在相近时间的其他谱牒类著作中，如《敦煌名族志》(P. 2526)载：“(索)靖少有逸群之量，与闻不应辟召，乡人号曰腐儒。”③“腐儒”一词颇为不敬，但因为是出自敦煌地区总谱性质的谱牒，便易于理解，因为这部总谱的目的就在于为界定氏族提供依据，那么，对于人物的评价自然也就是其主要的内容之一，且具有追求客观的性格。其实，在中古时期其他谱牒类著作中亦可见“伏诛”记载，如《世说新语·文学》注引《王献之别传》：“敦字处仲，琅邪临沂人，少有名理，累迁青州刺史。避地江左，历侍中、丞相、大将军、扬州牧，以罪伏诛。”④一般认为《王献之别传》是附于家谱之后的人物传记，⑤ 但若从此视角来看，《王献之别传》也很有可能是后世朝代的作者为王献之所作的传记，不必过多考虑“为贤者讳”，真实性较高。可以看出，如果超脱出“私”的属性范畴，到达“公”的领域，这些负面的人物评价内容就可得到相对合理的解释。

汪谱《琅邪临沂王氏谱》中存在“纪恶”内容，细绎其人世系，就会发现后世人物的谱系中会逐渐衰落，甚至“断流”。事实上，“伏诛”等表述自有其“阐释”谱系动态的功能，即谱文所载“伏诛”者，也就意味着直系后世人物的湮灭。如汪谱《琅邪临沂王氏谱》中言王蕴“伏诛”，检核《宋书·王蕴传》，王蕴少时家贫，后在平定桂阳王刘休范之叛中获得升迁，但因其生性“轻躁，薄于行业”，参与了沈攸之叛乱，最终兵败被斩。在这场叛乱中，只有“景文弟子孚”“独不同逆”，苟得职吏，王彧、王蕴其他后代皆未显宦于朝廷，从此落没。⑥ 而在汪谱《琅邪临沂王氏谱》中，王彧三子虽有所仕宦，但其孙辈时已无人

① 永瑢等：《四库全书总目》卷135，中华书局1965年版，第1149页。

② 关于贾执《姓氏英贤谱》(一说《姓氏英贤传》)体例与内容的考述，参见陈鹏：《贾执〈姓氏英贤谱〉辑考》，《北京大学中国古文献研究中心集刊》第17辑，北京大学出版社2018年版，第110~122页。

③ 郑炳林：《敦煌地理文书汇辑校注》，甘肃教育出版社1989年版，第112页。

④ 余嘉锡笺疏：《世说新语笺疏》卷上，中华书局2015年版，第231页。

⑤ 潘光旦：《章实斋之家谱学论》，收入潘乃穆、潘乃和编：《潘光旦文集》第8卷，北京大学出版社2000年版，第383页；《说家谱做法》，潘乃穆、潘乃和编：《潘光旦文集》第9卷，北京大学出版社2000年版，第504~505页。朱东润：《八代传叙文学述论》，复旦大学出版社2006年版，第109页。陈鹏：《世系与门第：中古谱牒新论》，北京大学博士学位论文，2015年，第208~209页。

⑥ 《宋书》，中华书局1974年版，第2184~2185页。

物，只载王缋有一子王儁，却被记为“不慧”。① 可见，谱牒文本中的“纪恶”内容，映射着士族谱系的升降沉浮。

三、结　语

在中古士族社会中，世家大族不断经历着升降沉浮，一方面，家族势力的提升能使人物仕途“平流进取”，另一方面，显赫人物的出现又会促进家族门第的提升。中古时期《王氏谱》中对于人物谱系的排布看似“平铺直叙”，实则在静态的谱系书写中，隐藏了士族家庭及其人物兴衰起伏的史实，暗含着琅邪王氏、太原王氏家族门第与人物仕宦变动的实态。

（作者单位：浙江大学历史学院）

① 杨勇：《世说新语校笺》下册，台湾正文书局1999年版，第26页。

《欧苏手简》之苏轼手简研究*

——以惠州、儋州时期为中心

□ [韩]刘美贞(유미정)著 陈庆 译

【摘要】本文是《〈欧苏手简〉苏轼黄州时期手简研究》①的续篇，重点考察《欧苏手简》中苏轼在惠州、儋州时期的75封手简，收信的43人主要是与他有过密切交往的友人，包括曾任朝廷官员的友人和地方官员中的友人，还有弟子和家族成员等。苏轼以书信描述“流落海隅”的艰难生活和对有相同遭遇的同僚的牵挂，倾吐内心的焦虑不安，表现顽强的生存意志和“可以一笑”的达观精神，还通过富有幽默感的文字向弟子、家族成员传授治学经验以及修身齐家的方法。这些书简为考察苏轼在这两地的生活境况和精神状态提供了较为丰富的一手资料。

【关键词】欧苏手简；苏轼手简；惠州；儋州

苏轼(1037—1101)曾有志于建功立业②，却被卷入意想不到的党争之中，因文字获罪，被贬黄州(1080年2月—1084年4月)、惠州(1094年6月—1097年4月)、儋州(1097年4月—1101年5月)。自1080年流放黄州开始，至1101年被赦免，大部分时间都在流配途中，没有机会施展他的政治才能。

本文是《〈欧苏手简〉苏轼黄州时期手简研究》③的续篇，重点考察《欧苏手简》中苏轼在惠州、儋州时期的75封手简，收信的43人主要是与他有过密切交往的友朋、弟子和家族成员等。与苏轼留下的全部手简④或文学作品⑤相比，这部分手简数量相对较少，却真切展示了苏轼在贬谪中获得启示的过程，为理解他的生活境遇、价值观和文学创作提供了

---

* 本文系海南省哲学社会科学规划重大专项[HNSK(ZDZX)23-08]阶段性成果。

① 刘美贞：《〈欧苏手简〉苏轼黄州时期手简研究》，(韩国)《中国人文科学》2019年第73辑。

② “为报倾城随太守，亲射虎，看孙郎。”参见苏轼：《江城子·老夫聊发少年狂》，柳永、苏轼：《乐章集·东坡乐府》，台湾世界书局1983年版，第109页。

③ 刘美贞：《〈欧苏手简〉苏轼黄州时期手简研究》，(韩国)《中国人文科学》2019年第73辑。

④ 杨家骆主编《苏东坡全集》(台湾世界书局1985年版)收录了苏轼书简1600封，收信人318名。张志烈、马德富、周裕锴主编《苏轼全集校注》(河北人民出版社2010年版)收录1245篇，收信人286位。

⑤ “苏轼一生大约创作了2800首诗和散文。”参见井波律子著，金泰完(김태완)译：《成为经典的一生》，(韩国)梅门托(메멘토)2012年版，第138页。

其他类型作品不能取代的信息。苏轼通过这些手简讲述自己的艰难处境和对有相同遭遇的同僚的牵挂，还通过富有幽默感的文字向弟子、家族成员传授治学经验以及修身齐家的方法。苏轼并未在逆境中沉沦，而是坚守道义，焕发出了作为文学家的充沛活力。

杜仁杰(1197—1282)在《欧苏手简》序中写道："至于尺牍，艺之最末者也。古人虽三十字折简，亦必起草，岂无旨哉！"①尺牍虽然是"艺之最末"，但在展示个人的真实处境以及人与人之间的真情实感方面，往往更为直白。

一、惠州、儋州时期苏轼手简的收信人

《欧苏手简》共收录苏轼书信152封，其中惠州、儋州时期书信75封，收信人43位。这些收信人可分为四类②：①曾任朝廷官员的友人；②地方官员中的友人和普通文友；③追随苏轼并向其求学的弟子门生；④家族成员。

1. 曾任朝廷官员的友人

曾任朝廷官员的友人有徐仲车、范梦得、王定国、李之仪、王幼安、陈辅之、孙叔静、程全父、周文之、钱济明、程怀立、张朝请、郑靖老等13人。

王定国因与苏轼交往甚密，在乌台诗案中受到牵连。苏轼元丰六年(1083)写的《王定国诗集叙》提及此事："今定国以余故得罪，贬海上三年，一子死贬所，一子死于家，定国亦病几死。余意其怨我甚，不敢以书相闻。"③在惠州流放期间，苏轼通过书信表达了对王定国的钦佩："君实尝云，'王定国瘴烟窟里五年，面如红玉'。不知道，遂如此乎？"④

徐仲车以孝著称，他曾向苏轼赠言："自古皆有功，独称大禹之功，自古皆有才，独称周公之才，以其有德以将之故耳。"⑤苏轼《与徐仲车》"昨日既蒙言赠，今日又荷心送，盎然有得，载之而南矣"⑥所说的"既蒙言赠"之"言"，指的就是"有德以将之"数句。

苏轼流配海南期间，钱济明寄送药品，并将苏轼完成的作品妥善保管⑦，苏轼曾许以"若遂此事，与公杖屦往还，乐此余年"⑧。因为政治迫害，钱济明被困在偏远的乡野，苏轼为此感到惋惜，并宽慰说："闻鲁直、无咎皆起，而公为猘子所啮，尚栖迟田间。圣主天纵，幽蔀毕照，公岂久废者。"⑨

---

① 夏汉宁校勘：《〈欧苏手简〉校勘》，中山大学出版社2014年版，序言。

② 本文将《欧苏手简》所收录的苏轼惠州、儋州时期的手简作了分类，并整理成表格收录在文末。

③ 苏轼：《王定国诗集叙》，孔凡礼点校：《苏轼文集》，中华书局1986年版，第318页。

④ 苏轼：《与王定国》，夏汉宁校勘：《〈欧苏手简〉校勘》，中山大学出版社2014年版，第213页。

⑤ 苏轼：《大禹周公》，华东师范大学古籍研究所点校注释：《东坡志林·仇池笔记》，华东师范大学出版社1983年版，第236页。

⑥ 苏轼：《与徐仲车》，夏汉宁校勘：《〈欧苏手简〉校勘》，中山大学出版社2014年版，第154页。

⑦ "我在海外，完成《论语说》、《书传》及《易传》等，现在全都托付于你，请暂不要让他人看到，相信三十年后，会有知者。"参见韩建伟：《苏东坡的朋友圈》，白象文化2017年版，第1024页。

⑧ 苏轼：《与钱济明十六首》，孔凡礼点校：《苏轼文集》，中华书局1986年版，第1554页。

⑨ 苏轼：《与钱济明》，夏汉宁校勘：《〈欧苏手简〉校勘》，中山大学出版社2014年版，第182~183页。

2. 地方官员的友人和普通友人

地方官员中的友人及普通文友有朱振、林天和、徐得之、任德翁、王敏仲、程公密、罗岩、刘元忠、黄敷言、程全父、欧阳知晦、萧提举、曹司勋等13人。

林天和与苏轼亲密无间，时常送酒和食物给他。绍圣三年(1096)，惠州博罗县发生大火，整个城镇都被烧成废墟，失去家园的百姓需要救助，苏轼曾写信加以劝慰①。苏轼借用陶渊明《饮酒二十首》中的“顾影独尽，忽焉复醉”②和李白《月下独酌四首》中的“花间一壶酒，独酌无相亲”③，以“数夕月色清绝，恨不同赏，想亦顾影独酌而已”④表达了对林天和的思念。

据与徐得之往来信件可知，苏轼十分挂念散居各地的家人：“某到惠已半年，凡百粗遣。既习其水土风气，绝欲息念之外，浩然无疑，殊觉安健也。……一家今作四处住，惠、筠、许、常也。”⑤其弟苏辙在筠州，苏轼的家眷多在许州，次子苏台和长子苏迈则在常州。

王敏仲在离惠州不远的广州担任太守一职，与苏轼交往甚密。他是一位关心百姓的官员，听从苏轼的建议，建立了公共医疗机构和灌溉设施，并在苏轼陷入困境时施以援手。绍圣四年(1097)苏轼被贬为琼州别驾，遣往昌华军(现儋州)，其谢表写道：“并鬼门而东骛，浮瘴海以南迁。生无还期，死有余责。”⑥并嘱托王敏仲在其过世后代为处理后事：“昨已与长子迈诀，已处置后事矣。今到海南，首当作棺，次便作墓，仍留手疏与诸子，死即葬于海外，庶几延陵季子嬴博之义。父既可施之子，子独不可施之父乎？生不挈家，死不扶柩，此亦东坡之家风也。”⑦嬴、博是春秋时代齐国的两个邑名。吴国季札出使齐国，在归来的路上，其子不幸去世，就地葬于嬴、博之间。“嬴博之义”即安葬于去世之地。苏轼离开惠州前往儋州，在经历了一连串的波折之后，自觉归乡无望，考虑将自己安葬在贬谪地。

尽管处境艰难，苏轼依旧喜爱结交文友，“穷途栖屑，获见君子，开怀抵掌，为乐未央”⑧；还曾向友人寻求药材，“彼中有粗药治病者，为致少许。此间如苍术、橘皮之类，皆不可得”⑨；因有疾在身，曾让儿子代他给朋友送行，“冲涉雨霰，万万保练。谨令儿

---

① 参见苏轼：《与林天和》，夏汉宁校勘：《〈欧苏手简〉校勘》，中山大学出版社2014年版，第242页。“火后凡百劳神用，勤民之意，计不倦也。”

② 逯钦立校注：《陶渊明集》，中华书局1979年版，第86页。

③ 瞿蜕园、朱金城校注：《李白集校注》，上海古籍出版社1980年版，第1331页。

④ 苏轼：《与林天和》，夏汉宁校勘：《〈欧苏手简〉校勘》，中山大学出版社2014年版，第245页。

⑤ 苏轼：《与徐得之》，夏汉宁校勘：《〈欧苏手简〉校勘》，中山大学出版社2014年版，第268页。

⑥ 苏轼：《到昌化军谢表》，孔凡礼点校：《苏轼文集》，中华书局1986年版，第707页。

⑦ 苏轼：《与王敏仲》，夏汉宁校勘：《〈欧苏手简〉校勘》，中山大学出版社2014年版，第303页。

⑧ 苏轼：《与程公密》，夏汉宁校勘：《〈欧苏手简〉校勘》，中山大学出版社2014年版，第153页。

⑨ 苏轼：《与罗岩秘校》，夏汉宁校勘：《〈欧苏手简〉校勘》，中山大学出版社2014年版，第242页。

子候违"①。

3. 追随苏轼并向其求学的弟子门生

追随苏轼并向其求学的弟子门生有毛泽民、萧朝奉、程秀才、孙志同、姜唐佐、廖明略、陈承务、米元章、谢明师、范元长、晦夫、胡仁修、冯祖仁、李方叔等14人。

在惠州和儋州时，不少年轻文人慕名前来拜访，苏轼与他们多有书信往来。苏轼给予建议和忠告，并鼓励他们进行创作。琼州儒生姜唐佐到儋州拜访苏轼，次年离开。苏轼为其书柳宗元《饮酒》《读书》二诗，以示离别之意。② 自担任黄州通判时就熟知的毛泽民寄来一首诗作，苏轼读后，称其"文词雅健，有超世之韵，气节端丽，无徇人之意"③，"不意复闻《韶》、《濩》之余音，喜慰之极"④。苏轼曾对廖明略说："矧公才学绝人远甚，虽欲忘世而世不我忘，晚节功名，直恐不免尔。"确信廖明略晚年一定会获得功名。苏轼担忧这种想法不被接受，宽慰道："蜂蚁之微，寻已变灭，真不足道。区区爱仰，念有以广公之意者。"⑤

元符二年(1099)苏轼还与张耒、秦观、黄庭坚、晁补之、李端叔、陈师道等有书信往来。他们都是苏轼的知己，当时正遭受政治打压。看到才华出众之人遭受磨难，苏轼在《与李方叔》中感慨："比来经涉世故，间关四方，更欲求其似，邈不可得。"⑥他对才情的爱赏，至老不衰。读到米芾的文章时，称赞其作品了得，虽然卧病在床，恨不得立刻与他促膝长谈："儿子于何处得《宝月观赋》，琅然诵之，老夫卧听之未半，蹶然而起。恨二十年相从，知元章不尽，若此赋，当过古人，不论今世也。"⑦苏轼对米芾的喜爱就如同当年的欧阳修喜爱苏轼一般。⑧

在儋州的三年间，苏轼共创作了127首诗作，182篇论文、书信、杂记，还有与儒家经典相关的学术研究著作。在给李之仪的手简中，苏轼写道："所喜者，在海南了得《易》、《书》、《论语》、《传》数十卷，似有益于骨朽后人耳目也。"⑨在与郑靖老的交流中，苏轼提及："《志林》竟未成，但草得《书传》十三卷。"⑩

---

① 苏轼：《与黄敷言》，夏汉宁校勘：《〈欧苏手简〉校勘》，中山大学出版社2014年版，第226~227页。

② "琼士姜君来儋耳，日与予相从，庚辰三月乃归。无以赠行，书柳子厚《饮酒》、《读书》二诗，以见别意。"参见苏轼撰，王松岭点校：《记养黄中》，《东坡志林》卷一，中华书局2002年版，第23页。

③ 苏轼：《荐毛滂状》，孔凡礼点校：《苏轼文集》，中华书局1986年版，第2425页。

④ 苏轼：《与毛泽民推官》，夏汉宁校勘：《〈欧苏手简〉校勘》，中山大学出版社2014年版，第155~156页。

⑤ 苏轼：《答廖明略》，夏汉宁校勘：《〈欧苏手简〉校勘》，中山大学出版社2014年版，第261页。

⑥ 苏轼：《与李方叔》，夏汉宁校勘：《〈欧苏手简〉校勘》，中山大学出版社2014年版，第149页。

⑦ 苏轼：《与米元章》，夏汉宁校勘：《〈欧苏手简〉校勘》，中山大学出版社2014年版，第280页。

⑧ 欧阳修《与梅圣俞》："读轼书，不觉汗出，快哉，快哉！老夫当避路，放他出一头地也。可喜可喜！"当时，欧阳修对文坛只重视形式而忽视内容的风气备感忧虑，看到苏轼的文章逻辑清晰、才思溢彩，不由得发出上述感叹。见夏汉宁校勘：《〈欧苏手简〉校勘》，中山大学出版社2014年版，第11页。

⑨ 苏轼：《与李之仪》，夏汉宁校勘：《〈欧苏手简〉校勘》，中山大学出版社2014年版，第295页。

⑩ 苏轼：《与郑靖老》，夏汉宁校勘：《〈欧苏手简〉校勘》，中山大学出版社2014年版，第306页。

4. 家族成员

属于苏轼家族成员的有王周彦、孙元老二人。

王庠(字周彦)是苏轼之弟苏辙的女婿，其出色的文笔受到苏轼喜爱："前后所寄高文，无不达者。每见增叹……然格力自天，要自有公论，虽欲不显扬，不可得也。"①苏轼也曾追述年轻时参加科考的情形，向他传授科举考试之道："亦有少节目文字，才尘忝后，便被举主取去，今日皆无有，然亦无用也，实无捷径必得之术。但如君高材强力，积学数年，自有可得之道。"②苏轼告诫王庠，科举考试并无捷径，就像"地之美者，同于生物，不同于所生"③一样，只要不断精进，自然能通过考试。

孙元老是苏轼的侄孙，幼时便成为孤儿。苏轼多次写信给他，敦促他努力学习、振兴家业："相见无期，惟望勉力进道，起门户为亲荣。老人僵仆海外，亦不恨也。"④"侄孙既是东坡骨肉，人所觑看。住京，凡百加关防，切祝！切祝！"⑤苏轼还与其分享生活琐事。元符二年(1099)海南遭受饥荒，连稻米都难以获得。苏轼以菜汤和牛蒡替代主食⑥，甚至连吃一顿饱饭都非易事⑦，他向孙元老描述流放地的生活说："老人与过子相对，如两苦行僧尔。然胸中亦超然自得，不改其度，知之，免忧。"⑧

二、手简讲述了苏轼"流落海隅"的艰难生活

在惠州、儋州时期的手简中，苏轼描述生活的艰辛，倾吐内心的苦闷，为考察苏轼在这两地的生活境况和精神状态提供了较为丰富的一手资料。

(一)惠州时期的艰难生活

黄州流配结束后，苏轼在朝为官十年。元祐八年(1093)皇太后去世，新党崛起。绍圣元年(1094)章惇(1035—1106)出任宰相，新党开始清算旧党，苏轼以"诬诋圣考，乖父子之恩，害君臣之义"⑨的罪名，被贬惠州，同行的只有幼子苏过和侍妾朝云。两年半之后，又在儋州流离彷徨。自流配生活开始，就无人能为他提供帮助，不安和警觉让苏轼变

---

① 苏轼:《与王周彦》，夏汉宁校勘:《〈欧苏手简〉校勘》，中山大学出版社2014年版，第166页。

② 苏轼:《与王庠五首》，孔凡礼点校:《苏轼文集》，中华书局1986年版，第1822页。

③ 苏轼:《答张文潜县丞书》，孔凡礼点校:《苏轼文集》，中华书局1986年版，第1427页。

④ 苏轼:《与孙元老》，夏汉宁校勘:《〈欧苏手简〉校勘》，中山大学出版社2014年版，第165页。

⑤ 苏轼:《与侄孙元老四首》，孔凡礼点校:《苏轼文集》，中华书局1986年版，第1841页。

⑥ 参见苏轼撰，王松岭点校:《辟谷说》，《东坡志林》卷一，中华书局2002年版，第13页。"元符二年，儋耳米贵，吾方有绝粮之忧。"

⑦ "虽一饱亦如功名富贵不可轻得也。"参见苏轼撰，王松岭点校:《人生有定分》，《东坡志林》卷一，中华书局2002年版，第21页。

⑧ 苏轼:《与侄孙元老四首》，孔凡礼点校:《苏轼文集》，中华书局1986年版，第1841页。

⑨ 周辉:《清波杂志》卷6,《续古逸丛书》。

得阴郁。这年有过一次大赦，苏轼也曾期待特赦令的下达①，但元祐党人不在赦免名单之中。深感回京无望的苏轼，只能黯然接受这一事实，写下了"吾生本无待，俯仰了此世"②的诗句。

苏轼不得不忍受身体的病痛、生活的艰难，以及接连失去亲人的痛苦："自十九郎迁逝，家门无空岁，三叔翁、大嫂继往，近日又闻柳家小姑凶讣，流落海隅，日有哀恸，此怀可知。"③绍圣二年(1095)十月，嫁入柳家的堂妹去世，苏轼"梦泪濡茵"④。绍圣三年(1096)，因"瘴疫横流"，朝云因病去世，苏轼不胜唏嘘："僵仆者不可胜计，奈何，奈何！某亦旬浃之间丧两女使。谪居牢落，又有此狼狈。"⑤苏轼常以泡影和虚幻来比喻生命的无常和脆弱。⑥

苏轼在《与钱济明》中提道："瘴乡风土，不问可知，少年或可久居，老者殊畏之。"⑦欲望可以摒除，惠州的湿气却不会消失，年轻时或许可以忍受，现在身体却已衰老，以致他在《与王敏仲》中发出了"某垂老投荒，无复生还之望"⑧的悲凉之叹。苏轼自比为"挂钩之鱼"⑨，鱼钩代表政治权利，鱼则代表自己。对政敌的怨恨和愤怒难以释怀，贬谪生活带来的内心煎熬超过了身体上的痛苦。苏轼在《与萧提举》中坦陈："到惠州，即欲上问，杜门省咎，人事俱废。"⑩《与钱济明》也说："某到贬所，阖门省愆之外，无一事也。"⑪以忏悔和反思的形象示人，乃是出于避祸的需要。

(二)儋州时期的艰难生活

苏轼于绍圣四年(1097)四月被发配至海南岛儋州，这里高温酷热，湿气浓烈，是地方流行病肆虐的亚热带地区，流放者很少生还。根据朝廷禁令，发配者不可食官粮，不得住官舍，不能签书公事。已年过六十的苏轼来到儋州，对他而言，就像判处了死刑：没有食物和住所，生病时无药可用，寒冬时没有柴火取暖，炎炎夏日也无凉泉可饮。他如此哭诉："臣孤老无托，瘴疠交攻。子孙恸哭于江边，已为死别；魑魅逢迎于海外，宁许生

① 参见苏轼：《与程正辅七十一首》，孔凡礼点校：《苏轼文集》，中华书局1986年版，第1609页。"自惟无状，恐可该此恩命。"

② 苏轼：《迁居》，王文诰辑注，孔凡礼点校：《苏轼诗集》，中华书局1982年版，第2196页。

③ 苏轼：《与王周彦》，夏汉宁校勘：《〈欧苏手简〉校勘》，中山大学出版社2014年版，第167～168页。

④ 苏轼：《祭亡妹德化县君文》，孔凡礼点校：《苏轼文集》，中华书局1986年版，第1959页。

⑤ 苏轼：《与林天和》，夏汉宁校勘：《〈欧苏手简〉校勘》，中山大学出版社2014年版，第244～245页。

⑥ 苏轼在绍圣五年(1098)写给程秀才的信中表达了对丧子之痛的理解："知有爱子之戚。襁褓泡幻，不须留恋也。"见孔凡礼点校：《苏轼文集》，中华书局1986年版，第1628页。

⑦ 苏轼：《与钱济明》，夏汉宁校勘：《〈欧苏手简〉校勘》，中山大学出版社2014年版，第185页。

⑧ 苏轼：《与王敏仲》，夏汉宁校勘：《〈欧苏手简〉校勘》，中山大学出版社2014年版，第303页。

⑨ 苏轼撰，王松龄点校：《别王子直》，《东坡志林》卷一，中华书局2002年版，第4页。

⑩ 苏轼：《与萧提举》，夏汉宁校勘：《〈欧苏手简〉校勘》，中山大学出版社2014年版，第197页。

⑪ 苏轼：《与钱济明》，夏汉宁校勘：《〈欧苏手简〉校勘》，中山大学出版社2014年版，第184页。

还。"①更难捱的是，没有一个可以倾诉流放之苦的对象："岂吾道方艰难，无适而可耶？"②

苏轼还因自己牵连了朋友感到自责："某自恨不以一身塞罪，坐累朋友，如方叔，飘然一布衣，亦几不免；淳甫、少游，又安所获罪于天，遂断弃其命。"③苏轼决意不与友人联络，以免给他们带来更多的麻烦："终不一答。非特衰病简懒之过，实以罪垢深重，不忍更以无益寒温之问，玷累知友。"④

苏轼偶尔会忆起以往经历过的风流浪漫⑤，隐约流露出北归的愿望。宋哲宗去世后，旧党重新掌握政权，苏轼终于在元符三年(1100)获赦。他在北归途中感慨："某度岭，已无问鵩之忧，行有见蝎之喜"⑥，想起西汉文人贾谊创作的《鵩鸟赋》，祈愿再无忧愁⑦；又忆起唐代文人韩愈《送文畅师北游》一诗中的"昨来得京官，照壁喜见蝎"⑧，热切期盼能早日回到京城。苏轼在《记过合浦》中写道："碇宿大海中。……所撰《书》、《易》、《论语》皆以自随，而世未有别本。抚之而叹曰，天未欲使从是也，吾辈必济。"⑨在归途中遭遇风暴，苏轼担心所撰书籍会丢失，希望能平安到达。孔子在匡地遭围时曾慨叹："天之未丧斯文也，匡人其如予何？"⑩《记过合浦》末尾发出的感慨与之极为相似：若上天愿意将我的作品留给后人，那么即使遭遇风暴，也有信心克服它们。从苏轼写给他的朋友郑公弼的信中可以看出，他是多么渴望早日离开流放之地："某亦归心所薄，匆遽就别，如何可言！"⑪

北归途中，苏轼病逝，享年六十九岁。

三、手简表现了苏轼"可以一笑"的达观精神

《欧苏手简》中苏轼在惠州和儋州时期的作品，有一个重要内容：顽强的生存意志和"可以一笑"⑫的达观精神。

---

① 苏轼：《到昌化军谢表》，孔凡礼点校：《苏轼文集》，中华书局1986年版，第707页。

② 苏轼撰，王松岭点校：《人生有定分》，《东坡志林》卷一，中华书局2002年版，第21页。

③ 苏轼：《与李方叔》，夏汉宁校勘：《〈欧苏手简〉校勘》，中山大学出版社2014年版，第150~151页。

④ 苏轼：《与李之仪》，夏汉宁校勘：《〈欧苏手简〉校勘》，中山大学出版社2014年版，第298页。

⑤ "湖上寿星院竹极伟，其傍智果院有参寥泉及新泉，皆甘冷异常，当时往一酌。"参见苏轼撰，王松岭点校：《逸人游浙东》，《东坡志林》卷一，中华书局2002年版，第1页。

⑥ 苏轼：《与程公密》，夏汉宁校勘：《〈欧苏手简〉校勘》，中山大学出版社2014年版，第153页。

⑦ "野鸟入室兮，主人将去。请问于鵩兮，予去何之？吉乎告我，凶言其灾。"鵩形似猫头鹰，古时视之为不祥之鸟。贾谊左迁之时，有鵩飞入屋内，自认为寿命已不长，暗自哀叹。参见萧统编，李善注：《文选·鵩鸟赋》，上海古籍出版社1986年版，第604~605页。

⑧ 韩愈著，钱仲联集释：《韩昌黎诗系年集释》，上海古籍出版社1984年版，第584页。

⑨ 苏轼撰，王松岭点校：《记过合浦》，《东坡志林》卷一，中华书局2002年版，第1页。

⑩ 程树德撰，程俊英、蒋见元点校：《论语集释》，中华书局1990年版，第579页。

⑪ 苏轼：《与程公密》，夏汉宁校勘：《〈欧苏手简〉校勘》，中山大学出版社2014年版，第153页。

⑫ "口众食贫，向之孤寂，未必不佳也。可以一笑。"苏轼：《与林天和》，夏汉宁校勘：《〈欧苏手简〉校勘》，中山大学出版社2014年版，第247页。

苏轼曾在朝中担任要职，风光无限；也曾度过多年的流配生活，在困顿中时时担忧生存安危，需要做好心理的自我调节。对苏轼而言，儒家思想是他作为官员兢兢业业为百姓服务的指南，而佛家和道家思想则是他在困境中的精神支柱。特别是在贬谪时期，他更加专注佛家和道家思想，进一步领悟其精髓，掌握了金丹道、呼吸法、食疗等养生技巧："唯绝嗜欲、节饮食，可以不死。此言已书之绅矣，余则信命而已"①，"御瘴之术惟绝欲练气"②。"杜门默坐"③是他养气的方法之一。打坐参禅，可以超脱人世，无所思虑。④苏轼借用《庄子》中的寓言⑤指出："彼数子者何故，独先朝露，吾侪皆可庆，宁复戚戚于既往哉！公议皎然，荣辱竟安在？其余梦幻去来，何啻蚊虻之过目前也。"⑥无足轻重的世事就像眼前飞过的蚊子，生命的荣枯盛衰是一个不断循环的过程，人生的起伏没有什么大不了的。他甚至感慨："非谪居海外，安得此庆耶"⑦，"坎坷识天意，淹留见人情"⑧。所谓"南来万里真良图"⑨，也就是将流放生活视为一种万幸。每日的生活，除与百姓交往之外，只是"宴坐夕照"⑩，超然于名利和羁绊之外，简单而宁静。"杜门食淡，不饮酒，亦粗有味也。"⑪苏轼以轻松的口吻讲述他贫乏单调的日常生活。

绍圣四年(1097)，家人前来流放地探望苏轼，他在与林天和的通信中提及一事："幼累已到城，流寓中一喜事。然老稚纷纷，口众食贫，向之孤寂，未必不佳也。可以一笑。"⑫与长子和幼子两家聚在一起，苏轼十分喜悦，只是人多了，吃饭就成了难题。妙在苏轼依然那么轻松："可以一笑。"他写给程全父的信件中也提及："困厄之中，亦何所不有，置之不足道也，聊为一笑而已。"⑬苏轼的涵养让他做到了以豁达之心对待生活："天壤之内，山川草木鱼虫之类，皆吾作乐事也。"⑭苏轼于绍圣元年(1094)所作《题嘉祐寺壁》说："得江楼廓彻之观，而失幽深窈窕之趣，未见所欣戚也。峤南岭北，亦何以异

---

① 苏轼：《与钱济明》，夏汉宁校勘：《〈欧苏手简〉校勘》，中山大学出版社2014年版，第185页。

② 苏轼：《与王定国》，夏汉宁校勘：《〈欧苏手简〉校勘》，中山大学出版社2014年版，第213页。

③ 苏轼：《与张朝请》，夏汉宁校勘：《〈欧苏手简〉校勘》，中山大学出版社2014年版，第250页。

④ "吾尝湛然无思，寓此觉于物表。"参见苏轼：《书海南风土》，孔凡礼点校：《苏轼文集》，中华书局1986年版，第2275页。

⑤ "彼视三釜三千钟，如观雀蚊虻相过乎前也。"参见郭庆藩撰，王孝鱼点校：《庄子集释》，中华书局1961年版，第955页。

⑥ 苏轼：《答廖明略》，夏汉宁校勘：《〈欧苏手简〉校勘》，中山大学出版社2014年版，第261页。

⑦ 苏轼撰，王松岭点校：《记养黄中》，《东坡志林》卷一，中华书局2002年版，第14页。

⑧ 苏轼：《和陶九日闲居》，王文诰辑注，孔凡礼点校：《苏轼诗集》，中华书局1982年版，第2260页。

⑨ 苏轼：《十月二日初到惠州》，王文诰辑注，孔凡礼点校：《苏轼诗集》，中华书局1982年版，第2071页。

⑩ 苏轼：《与王敏仲》，夏汉宁校勘：《〈欧苏手简〉校勘》，中山大学出版社2014年版，第303页。

⑪ 苏轼：《与王周彦》，夏汉宁校勘：《〈欧苏手简〉校勘》，中山大学出版社2014年版，第166页。

⑫ 苏轼：《与林天和》，夏汉宁校勘：《〈欧苏手简〉校勘》，中山大学出版社2014年版，第247页。

⑬ 苏轼：《与程全父推官》，夏汉宁校勘：《〈欧苏手简〉校勘》，中山大学出版社2014年版，第171页。

⑭ 苏轼：《与子由》，夏汉宁校勘：《〈欧苏手简〉校勘》，中山大学出版社2014年版，第170页。

此？”①他将惠州视为自己的故乡，以为“丰湖有藤菜，似可敌莼羹”②。“罗浮山下四时春，卢橘杨梅次第新”③的美景，“杖履所及，鸡犬相识”④的日常，也不时带来乐趣。他头戴竹笠，哼着小曲，沿着田野小路漫步。苏轼之所以能在贬谪生涯中悠然自得，是因为他放弃了对权力、财富、荣誉等的欲望，从“吾辈学道人，不欲有所留恋”⑤“平生学道，专以待外物之变”⑥等话语，可以看出他的内在修养。幼子苏过“到此，抄得《唐书》一部，又借得《前汉》欲抄”，苏轼如获珍宝：“若了此二书，便是穷儿暴富也。呵呵。”⑦一日，苏轼给惠州博罗县县令林天和写信：“闻山姜花欲出，录梦得诗去，庶致此馈也。呵呵。”⑧唐代诗人刘禹锡《崔元受少府自贬所还，遗山姜花，以诗答之》中有“故人博罗尉，遗我山姜花”⑨，苏轼借用该句表达自己的期盼，字里行间满是幽默和真诚。

苏轼将流放地看作“父老相携迎此翁”⑩之地。在惠州，苏轼为百姓修建杵臼，向县令建议以杵臼磨米、磨面，推广秧马等农具，还制药治病，帮助百姓改善生产和生活条件。正如苏辙在《亡兄子瞻端明墓志铭》中所说：“疾苦者畀之药，殒毙者纳之竁。又率众为二桥以济病涉者，惠人爱敬之。”⑪在儋州，与当地村落的农夫来往密切，友好相处。当他被官吏驱赶，需要自己修建房屋时，当地的年轻书生会前来帮忙。⑫“林行婆当健，有香与之。”他为邻居林行婆赊账借酒⑬；弟子前来学习，会一起吃饭、饮茶⑭。

苏轼一如既往地热爱写作和学术研究。因文字牵连而深陷困境的苏轼，曾愤激地说：“以此常欲焚弃笔砚，为喑默人。”⑮而平静下来的苏轼，想法迥然不同。在写给吴秀才的书简中，苏轼说：“留示珠玉，正快如九鼎之珍，徒咀嚼一脔，宛转而不忍下咽也。”⑯在写给米芾的书简中，谈到其文章的“凌云之气”，感慨说：“清雄绝世之文，超妙入神之

---

① 苏轼：《题嘉祐寺壁》，孔凡礼点校：《苏轼文集》，中华书局1986年版，第2271页。

② 苏轼：《新年四首》其二，王文诰辑注，孔凡礼点校：《苏轼诗集》，中华书局1982年版，第2182页。

③ 苏轼：《食荔支二首》其二，王文诰辑注，孔凡礼点校：《苏轼诗集》，中华书局1982年版，第2194页。

④ 苏轼撰，王松岭点校：《别王子直》，《东坡志林》卷一，中华书局2002年版，第22页。

⑤ 苏轼：《与孙志同》，夏汉宁校勘：《〈欧苏手简〉校勘》，中山大学出版社2014年版，第206页。

⑥ 苏轼：《与腾达道》，夏汉宁校勘：《〈欧苏手简〉校勘》，中山大学出版社2014年版，第220页。

⑦ 苏轼：《与程秀才》，夏汉宁校勘：《〈欧苏手简〉校勘》，中山大学出版社2014年版，第179页。

⑧ 苏轼：《与林天和》，夏汉宁校勘：《〈欧苏手简〉校勘》，中山大学出版社2014年版，第243页。

⑨ 《御定全唐诗》卷355，《摛藻堂四库全书荟要》本。

⑩ 苏轼：《十月二日初到惠州》，王文诰辑注，孔凡礼点校：《苏轼诗集》，中华书局1982年版，第2071页。

⑪ 苏辙著，曾枣庄、马德富点校：《栾城集》，上海古籍出版社1987年版，第1420~1421页。

⑫ “赖十数学生助工作，躬泥水之役。”参见苏轼：《与程秀才三首》，孔凡礼点校：《苏轼文集》，中华书局1986年版，第1628页。

⑬ 参见苏轼：《与周文之》，夏汉宁校勘：《〈欧苏手简〉校勘》，中山大学出版社2014年版，第180页。

⑭ “今日雨霁，尤可喜。食已，当取天庆观乳泉泼建茶之精者，念非君莫与共之。”参见苏轼：《与姜唐佐秀才》，夏汉宁校勘：《〈欧苏手简〉校勘》，中山大学出版社2014年版，第240页。

⑮ 苏轼：《答刘沔都曹书》，孔凡礼点校：《苏轼文集》，中华书局1986年版，第1430页。

⑯ 苏轼：《与吴秀才》，夏汉宁校勘：《〈欧苏手简〉校勘》，中山大学出版社2014年版，第225页。

字，何时见之，以洗我积岁瘴毒耶!”①这是对他人文辞的珍惜。元符三年(1100)，在写给刘沔的信中，苏轼说：“以此知文章如金玉珠贝，未易鄙弃也。”②则是对文章价值的普遍认可。一个乐观对待生活的人，他是不会浪费自己的才情和学识的。

当年轻的儒生前来请教学问，苏轼乐意传授自己的知识。《与毛国镇别纸》中的“国镇从予求书，且曰：‘当于林下展玩。’故书陶潜《归去来》以遗之”③，《与程全父推官》中的“怀想清游，时诵佳句，以解牢落”④，都是很好的例证。在一封写给李无悔的信中，苏轼教导他：“今岁科举，闻且就乡里。承示喻，进取之意甚倦。盛时美才，何遽如此？且勉之，决取为望。”⑤劝李无悔坚定学业志向。苏轼还赠诗参加科举考试的姜唐佐：“沧海何曾断地脉，白袍端合破天荒”⑥，祝愿他顺利登科。

自元丰年间开始到元符三年(1100)的二十余年间，苏轼将其日常生活、人生感悟、民间风俗等记录成册，形成了《东坡志林》；黄州流配时期，撰写了《易传》九卷⑦、《论语说》五卷；儋州流配时期，完成了《书传》十三卷。他还创作了《和陶诗》一卷⑧，并在晚年专注于书法⑨。

四、结　语

本文对《欧苏手简》中苏轼在惠州、儋州时的手简作了较为详尽的分析。此时的苏轼遭遇了人生道路上的巨大挫折，对未来多有担忧和恐惧，但字里行间，又蕴含着顽强的生命意志。他以更广阔的视角看待世界，悟到人生是“离合既循环，忧喜迭相攻”⑩，摆脱了悲观失望的情绪。通过手简，可以充分了解苏轼“流落海隅”的艰难生活和他“可以一笑”的达观精神。

“流落海隅”的艰难生活由激烈的政治斗争引起。元丰八年(1085)旧党掌权，苏轼结

---

① 苏轼：《与米元章》，夏汉宁校勘：《〈欧苏手简〉校勘》，中山大学出版社2014年版，第277页。

② 苏轼：《答刘沔都曹书》，孔凡礼点校：《苏轼文集》，中华书局1986年版，第1430页。

③ 苏轼：《与毛国镇别纸》，夏汉宁校勘：《〈欧苏手简〉校勘》，中山大学出版社2014年版，第201页。

④ 苏轼：《与程全父推官》，夏汉宁校勘：《〈欧苏手简〉校勘》，中山大学出版社2014年版，第171页。

⑤ 苏轼：《与李无悔》，夏汉宁校勘：《〈欧苏手简〉校勘》，中山大学出版社2014年版，第223页。

⑥ 苏辙：《补子瞻赠姜唐佐秀才》，陈宏天、高秀芳点校：《苏辙集》，中华书局1990年版，第909页。

⑦ 关于《周易》，苏轼曾提道：“然近日亦粗留意，此书常患不能尽通，得此全编，为赐甚重。且乞暂借，反复详味，庶几有所自入。”见苏轼：《与公仪大夫》，夏汉宁校勘：《〈欧苏手简〉校勘》，中山大学出版社2014年版，第207页。

⑧ 苏轼曾这样评价陶渊明的诗作：“君之诗清厚静深，如其为人。”见苏轼：《晁君成诗集引》，孔凡礼点校：《苏轼文集》，中华书局1986年版，第320页。

⑨ 苏轼：《与参寥子二十一首》，孔凡礼点校：《苏轼文集》，中华书局1986年版，第1865页。“不免时时弄笔。”

⑩ 苏轼：《颍州初别子由二首》，王文诰辑注，孔凡礼点校：《苏轼诗集》，中华书局1982年版，第281页。

束了在黄州的贬谪生活；元祐八年(1093)新党得势，苏轼遭受排挤流放岭海，经惠州至儋州。这一时期的书简展现了苏轼对自身处境的感慨以及克服困难的过程。

“可以一笑”的达观精神得益于苏轼的乐天性格，也与多次流放的后天修炼有关：凡事退一步想，不纠结于琐事，将眼光放远，洞察生命真谛。深陷政治旋涡之中也能爽朗地欢笑；怀才不遇时也能随缘自适；在物质和精神食粮都极为匮乏的岭海之地，仍能苦中作乐。他的手简真诚朴实，常以幽默的语言结尾，使收信人感到愉悦。

苏轼手简的收信人，主要是他的朋友，包括曾任朝廷官员的朋友和地方官员中的朋友，也有弟子和家族成员，包括黄庭坚、张耒、晁补之、秦观等“苏门学士”，以及李端叔、米芾、姜唐佐、程秀才等后学，苏轼在当时文坛的巨大影响由此可见。

附　　**《欧苏手简》中苏轼惠州、儋州时期的手简分类**

分　类	收信人	数量(封)	书信时间
曾任朝廷官员的友人	徐仲车	2	绍圣元年(1094)
	范梦得	1	绍圣元年
	王定国	1	绍圣元年
	李之仪	3	元符三年(1100)1封 建中靖国元年(1101)2封
	王幼安	2	建中靖国元年
	陈辅之	1	建中靖国二年(1102)
	孙淑静	1	元符三年
	程全父	1	元符元年(1098)
	周文之	1	元符二年(1099)
	钱济明	3	绍圣二年(1095)1封 建中靖国元年　2封
	程怀立	1	元符三年
	张朝请	5	绍圣四年(1097)4封 元符元年　1封
	郑靖老	1	元符三年
地方官员中的友人和普通文友	封守朱振	1	绍圣年间(1094—1098)
	林天和	7	绍圣二年 绍圣三年(1096) 绍圣四年
	徐得之	1	绍圣二年
	任德翁	1	绍圣元年
	王敏仲	2	绍圣四年

续表

分　　类	收信人	数量(封)	书 信 时 间
地方官员中的友人和普通文友	程公密	2	元符元年 建中靖国元年
	刘元忠	1	元符三年
	黄敷言	1	元符三年
	程全父	5	绍圣年间 绍圣二年 绍圣三年
	欧阳知晦	1	绍圣年间
	萧提举	1	绍圣元年
	罗岩秘校	2	绍圣二年 元符三年
	曹司勋	2	绍圣元年 绍圣二年
弟子门生	毛泽民	1	绍圣三年
	萧朝奉	1	绍圣四年
	程秀才	1	元符二年
	孙志同	1	建中靖国元年
	姜唐佐	3	元符二年
	廖明略	1	建中靖国元年
	陈承务	2	建中靖国元年
	米元章	3	建中靖国元年
	谢民师	1	元符三年
	范元长	2	元符元年 元符二年
	晦夫	1	元符三年
	胡仁修	1	建中靖国元年
	冯祖仁	2	元符三年 建中靖国元年
	李方叔	2	元符三年 建中靖国元年

续表

分　类	收信人	数量(封)	书信时间
家族成员	王周彦	2	绍圣二年
	孙元老	1	元符元年
总计	43 名	75	

（作者单位：韩国全南大学汉文典籍翻译系；海南大学海南省东坡文化研究与传播中心）

论清代殿试策的衡文标准*

□ 潘志刚

【摘要】与明代“对策称旨”的衡文要求一脉相承，清代殿试策注重“明体达用”“文义醇茂”。“明体达用”是对殿试策的根本要求。“明体”重在辨体，要求贡士谨遵殿试策的文章规范；“达用”重在功能，要求贡士发挥殿试策应有的经邦济世的作用。“文义醇茂”是对殿试策的具体行文要求，“文”指的是词章，“义”指的是义理，而“醇茂”指的是风格特征。清代殿试读卷官主要围绕上述两方面的要求进行阅卷。清代殿试策的衡文标准，同清代八股文的衡文标准一道，构成清代科举文学评鉴体系的主要部分。需要注意的是，清代殿试看重书法，但书法自有其评价标准，无论从本质上还是功能上，书法无法越界成为殿试策的衡文标准。
【关键词】清代殿试策；衡文标准；“明体达用”；“文义醇茂”；书法

自清代覆亡以来，有关清代殿试的情况一直受到关注。曾担任民国教育总长的傅增湘(1872—1949)，不仅从内阁收藏了一批殿试卷，而且撰有《清代殿试考略》，交代了清代殿试运作的流程。① 清末最后一科探花商衍鎏(1875—1963)撰有《清代科举考试述录及有关著作》，内中“进士及关于进士系内之各种考试”等情况，② 深化了人们对殿试的认识。张舜徽(1911—1992)在《学林脞录》中，也对清代殿试规制作了简要的说明。③ 此后，如黄光亮、王德昭、李世愉、胡平、王日根、刘海峰等学者，对清代殿试制度作了较为详细的梳理。④ 近年来，如王学深、赵彦梅、刘正武、谭小华等人，进一步探讨了清代殿试阅

---

* 本文为国家社会科学基金青年项目“清代鼎甲策整理与研究”(22CZW033)、国家社会科学基金重大项目“中国历代书院文学活动编年史”(21&ZD253)、国家社会科学基金冷门“绝学”和国别史等研究专项“多伦多大学馆藏怀履光档案研究”(19VJX025)阶段性成果。

① 傅增湘：《清代殿试考略》，天津大公报社 1933 年版。

② 商衍鎏：《清代科举考试述录及有关著作》，百花文艺出版社 2003 年版。

③ 张舜徽：《爱晚庐随笔 学林脞录 艺苑丛话》，湖南教育出版社 1991 年版。

④ 相关代表性的学人论著有黄光亮：《清代科举制度之研究》，台湾嘉新水泥公司文化基金会 1976 年版；王德昭：《清代科举制度研究》，中华书局 1984 年版；李世愉、胡平：《中国科举制度通史(清代卷)》，上海人民出版社 2015 年版；王日根、刘海峰：《中国科举通史(清代卷)》，人民出版社 2020 年版，等等。

卷符号、殿试卷文本、殿试出题等更为细微的问题。① 此外，《法兰西学院汉学研究所藏清代殿试卷》《清代巴蜀籍考生殿试卷选粹》等出版，② 推进了清代殿试的研究。经过百余年的探讨，人们深刻地认识到清代科举殿试的价值所在。

殿试运作的核心是贡士撰写的殿试策，殿试策在政治文化价值观念的认同、国家治理谋略的提出以及人才甄选等方面，发挥着巨大的作用，③ 而朝廷秉持的是"凭文去取"的原则，故清代殿试策的衡文标准问题，关系重大。尽管上述代表论作对清代殿试阅卷的情况有所涉及，但多从制度角度出发，而不是从文学角度进行的探究。即便如邹鑫提出："对殿试策文的评判是一个整体的把握，如行文的规范、知识的掌握、文章的架构、语言的文采、策对的详明等，而不是深究语句对错、漏字别字等细节，力求瑕不掩瑜，把真正有才识的人才选拔出来。"④其观点指向的是阅卷的评判方向，这样的评判方向也适用于八股文、表、判、诰等考试文体。再如陈佳认为，"在选择人才参与国家统治管理时，科举童试的县、府、院试，乡试、会试、殿试都遵循'清真雅正'的衡文标准，书法上强调字画端楷，与衡文标准对应"⑤，则将清代八股文的衡文标准，当作所有科举考试的衡文准则。这显然失之偏颇。简言之，现有研究虽然涉及殿试策衡文的文学因素，但并没有在文章学范畴内，准确指出殿试策的衡文标准是什么。尤其在学界提出明清八股文衡文标准、明代殿试衡文标准的背景下，⑥ 更有必要对清代殿试策的衡文标准作清晰的说明。

一、"明体达用"：清代殿试衡文的根本要求

明清殿试策的评阅有两道环节，先由皇帝钦命的殿试读卷官评阅，并拟选前十名殿试策呈送给皇帝，由皇帝御览、钦定。皇帝评阅，这是殿试衡文的最后环节，也是最重要的环节。与明代"对策称旨"的殿试衡文要求一脉相承，清代殿试衡文注重"明体达用""文义醇茂"。"明体达用"是清代皇帝对殿试策的根本性要求。"明体"重在辨体，要求贡士谨遵

---

① 如王学深：《清代殿试阅卷标识符号释义》，《历史档案》2017 年第 2 期；赵彦梅：《清姚大宁、高鹗殿试卷笺释》，《新世纪图书馆》2018 年第 7 期；刘正武：《清代殿试策问的分期及其与学术的互动》，《浙江学刊》2020 年第 3 期；谭小华：《近代藏书大家傅增湘科举试卷探析》，《西华师范大学学报》（哲学社会科学版）2022 年第 2 期，等等。

② 如法兰西学院汉学研究所编：《法兰西学院汉学研究所藏清代殿试卷》，中华书局 2015 年版；任竞主编：《清代巴蜀籍考生殿试卷选粹》，重庆出版社 2017 年版；马庆洲：《清代历科状元策汇编》，北京大学出版社 2021 年版，等等。

③ 陈文新、潘志刚：《中国古代殿试策的社会学考察》，《人文论丛》2018 年第 1 辑，武汉大学出版社 2018 年版。

④ 邹鑫：《法兰西学院汉学研究所藏清代殿试卷概述》，《孔庙国子监论丛》，中国社会科学出版社 2019 年版，第 11~26 页。

⑤ 陈佳：《清代朝廷书法研究》，吉林大学博士学位论文，2013 年，第 17 页。

⑥ 相关代表性的论作有龚延明、高明扬：《清代科举八股文的衡文标准》，《中国社会科学》2005 年第 4 期；程嫩生、范婧媛：《清真雅正与清代书院八股文教育》，《湖南大学学报》（社会科学版）2015 年第 2 期；潘志刚、张文华：《论明代殿试衡文标准》，《黄冈师范学院学报》2020 年第 2 期；潘务正、吴伟：《"清真雅正"衡文标准与清代文风的官方建构》，《湖南师范大学社会科学学报》2022 年第 4 期，等等。

殿试策的文章规范；“达用”重在功能，要求贡士所写的殿试策，发挥其应有的经邦济世的作用。

清代以“明体达用”作为殿试策的衡文标准，跟晚明以来的文体、文风有关。明朝灭亡后，晚明文体不正、文风衰败的余波，影响清初社会的发展。不惟顾炎武、黄宗羲等思想大家对晚明文风有所批评，清人的抨击则更为严厉：“明二百余年……隆万以机法为贵，渐趋佻巧，至于启祯，警辟奇杰之气日胜，而驳杂不醇。猖狂自恣者，亦遂错出于其间。于是启横议之风，长倾诐之习，文体戾而士习弥坏，士习坏而国运亦随之矣。”①清人将明朝灭亡的原因，归结到士人破坏文体、文风不正等习气上。

清政府吸取前朝教训，自建国以来，举国上下都在纠正不良的文风和文体。诚如张德建所指出的，“正文体是中国古代重建思想秩序的重要手段，本身是为纠正科举文体的弊端”，“更重要的是，正文体作为一种政治策略和手段，是国家意识形态建设的重要内容”。② 为了稳固政府的统治，清代皇帝采取了颇多措施。顺治朝在南明政权还未被消灭的背景下，恢复了科举考试。康熙帝编选《古文渊鉴》教化士人，并将御制的训饬士子文颁发给礼部，令勒石太学以警士子：“文章归于醇雅，毋事浮华；轨度式于规绳，最防荡轶。”③雍正帝则严谕科甲出身官员曰：“国家设科取士，原欲得读书明理之人，列于庶位，俾皆公忠体国，实心任事，于国计民生，均有裨益，此科甲之所以可重也。……尔等翰林，自以文章为职业，但须为经世之文、华国之文，一切风云月露之词何所用之？……盖文章政治，理本相通，事无旁贷，急所当务，方为尽职。至于赋诗饮酒，自附于晋人风流，此种恶习所当深戒而痛绝者也。”④乾隆帝则刊刻《钦定四书文》《御选唐宋文醇》等图书，以示天下正轨。清代前期，上自朝廷大臣，下到普通士子，政府对文风的规训做到了全国性的覆盖。

科场文风至关重要，清政府历来都很重视。自顺治朝开始，一系列整治不良文风、文体的措施得到了落实。顺治二年(1645)，朝廷规定：“文有正体。凡篇内字句，务求典雅纯粹，不许故摭一家言，饰为宏博。”⑤

八股文非同小可，雍正帝告诫考官，“所拔之文，务令‘雅正清真，理法兼备’”⑥，明确提出了国朝八股文的衡文标准。乾隆时期整改的举措最多，也最为有力。乾隆帝登基不久，即令方苞编撰《钦定四书文》，选择明、清最具有代表性的八股文，作为天下士人学习的模范。此后，他屡次警告要注意科场文风：“乡会两试乃士子进身阶梯……为学政者果能以清真雅正为宗，一切好尚奇诡之徒无从幸售，文章自归醇正。……自应随时训励整顿，务去佻巧僻涩之浇风，将能为清真雅正之文，而其人亦可望为醇茂端谨之士……而

① 永瑢等：《四库全书总目》卷190，中华书局1965年版，第1729页。

② 张德建：《正文体与明代的思想秩序重建》，《文学遗产》2019年第1期。

③ 《圣祖仁皇帝实录》卷208“康熙四十一年六月戊午”，《清实录》第6册，中华书局1985年版，第116页。

④ 《世宗宪皇帝实录》卷87“雍正七年十月乙丑”，《清实录》第8册，中华书局1985年版，第171~174页。

⑤ 奎润纂修，李兵、袁建辉点校：《钦定科场条例》，岳麓书社2020年版，第289页。

⑥ 《世宗宪皇帝实录》卷121“雍正十年七月壬子”，《清实录》第8册，中华书局1985年版，第602页。

学臣亦不负文衡之任。”①同时，他也强调了不能矫枉过正：“不得因有是旨，徒以字句疵纇，易为磨勘指摘，遂专取貌似先正之文，于传注无所发明，至相率而归于空疏浅陋，此又所谓矫枉过正，救弊适以滋弊，不独舆论难诬。”②

殿试策的问题，更需要订正。“明体”针对明代中后期以来，殿试策写作趋同八股文以及格式不规范等问题提出。试策文和八股文是体式不同的散文，二者都是科场重要的功令文章，但在明清乡、会试重头场而轻后两场的格局下，试策文不可避免地受到了八股文的影响③。尽管类似的“破体”现象在宋代科举程文中已经出现④，但试策文被八股文“感染”，则出现在明代。张涛指出，晚明出现了士人以时文为古文的现象，“在创作古文过程中也逐渐形成一种比较固定的八股文逻辑思维模式，有时也在古文行文中无意识‘借用’八股文的股股相对法”⑤。一个典型的表征就是明末清初的殿试策，极为喜用股股相对的四六骈体格式。兹各举晚明、清初一份殿试策为例：

> 臣对：臣闻帝王之经理宇内也，必有肃然画一之法，显与一世为动荡，然后风恬俗美，而国脉永享其灵长；又必有悚然振刷之神，默与一世为绾结，然后政立化行，而国势不虞于颓敝。法以维众，则纪纲实首操之，为事之系，为物之准，廓焉合人心世道，而独居其会，不可一日废焉者也。神以维法，则上下且分任之，握事之繁，挈物之总，穆焉先立纲陈纪，而密转其机，不可一日弛焉者也。（万历四十七年己未科状元庄际昌殿试策）⑥
>
> 臣对：臣闻帝王之平治天下也，必有开天辟地之奇，无一日不赫声濯灵，而后天下仰圣人之大略；必有监古订今之算，无一人不洗心涤虑，而后天下服圣人之深心。何谓大略？设官分职，旧章兴举，俾大小相维，内外互绾者是已。大臣调元赞化，群工分猷宣力，以一人之恩德布兆众，不识经纬之何从。何谓深心？征实核绩，新典丕章，俾公尔忘私，国尔忘家者是已。情面化为肝胆，顾盼转作担当，以四海之鼓荡效天子，主见纲纪之俱整。（顺治三年丙戌科状元傅以渐殿试策）⑦

以上选取的是明代庄际昌（1577—1629）、清代傅以渐（1609—1665）两人状元策的策冒部分。他们在殿试策的开头部分采用了股对格式，前后句形成对仗，极为整饬。尤其是傅以渐的文章，四六句式运用得非常娴熟，做到了句外和句内的对仗。他的殿试策股股相对，无丝毫不工整之处。如果没有“臣对”“臣闻”等殿试策格式规范的提醒，称

① 《高宗纯皇帝实录》卷602“乾隆二十四年十二月辛巳”，《清实录》第16册，中华书局1985年版，第754页。

② 《高宗纯皇帝实录》卷602“乾隆二十四年十二月辛巳”，《清实录》第16册，中华书局1985年版，第754~755页。

③ 试策文早于八股文，近来学界提出，八股文的形成也受到了试策文的影响。参见慈波：《问对之术：〈策学绳尺〉与宋末科举策试》，《文学遗产》2021年第4期。

④ 许瑶丽：《宋代程文互通与“破体为文”》，《社会科学研究》2014年第1期。

⑤ 张涛：《论明末科举文风的文学效应》，《南京师大学报》（社会科学版）2007年第5期。

⑥ 邓洪波、龚抗云主编：《中国状元殿试卷大全》，上海教育出版社2006年版，第1261页。

⑦ 邓洪波、龚抗云主编：《中国状元殿试卷大全》，上海教育出版社2006年版，第1324~1325页。

这些文章为八股文，亦未尝不可。特别是清代的殿试规定，策冒要“切定策题本义立论”①。这就要求贡士在创作殿试策时，也要顺应破题、承题、起讲的八股文写作思维模式。

而清代皇帝禁止贡士用四六格式撰写殿试策，也禁止使用“套词”“旧式”，力图改变殿试策旧有的文章弊病。在清代第二科殿试，即顺治四年殿试策问中，皇帝明令要求贡士不用四六格式作文：“尔多士家修廷献，正在今日，务各出己见，逐条献策，勿用四六，不限长短。毋得预诵套词，拘泥旧式，重拂朕意。”②此外，殿试策的颂联问题也极为突出，不仅突破了殿试策的文章格式规范，而且骈偶化现象更为严重。乾隆帝曾屡次下令整改，“前因殿试对策，贡士等多用颂联，甚非先资拜献之道，屡经降旨饬禁”③，但收效有限。正因为如此，清朝历代皇帝常以“明体达用”“文义醇茂”告诫读卷官们认真衡文④。

从文章文体规范层面，将殿试策与八股文区别开来的原因有很多，除了规训贡士规范行文、公平选拔人才外，深层次的原因在于，通过改变科场文风来改变晚明以来衰颓的文风，重建清人风气，从而维护清朝国运，巩固政府的统治。

“达用”则针对殿试策泛泛不实的内容而提出。策文体产生于战国，它为世、为时、为事而写作，“主要是针对当下现实问题提出解决方案”，“具有极为明确的现实针对性”。⑤ 汉文帝将策文作为一种选拔人才的途径后，作为考试文体，试策一直沿用至清末才被废除。清代殿试所考的策题，每一道都关乎国家社稷。如顺治三年殿试，考问革除社会弊病、吏治弊病、满汉一统、选拔人才的方针政策；康熙二十年殿试，考问选才、吏治、兵农等问题的解决方法；雍正元年殿试，考问解决君臣关系、人才选拔、士人孝廉、民生风俗等问题的途径；等等。国家最高层级的殿试，其考问的内容涉及国家政治、民族、民生、军事、文化、财政、教育、刑法等各方面重大的问题。这需要士子具备充足的人文社会科学等知识，才能够在殿试策中表达真知灼见，为政府管理提供建议、参考。

在清代历科殿试策问中，皇帝对贡士写作殿试策，总是充满了期待与鼓励：“悉心以对，毋猥毋泛，毋畏毋隐，明著于篇，朕将亲览焉”，“朕寤寐真才，不啻饥渴，多士宜深体恪遵，明切敷对，朕将亲览焉”，“尔多士志学已久，当有确见于中。其各抒夙抱，详切敷陈，朕将亲览焉”，“尔多士盱衡古今，于民生士习得失之数，筹之熟矣。其各抒

① 奎润纂修，李兵、袁建辉点校：《钦定科场条例》，岳麓书社2020年版，第1055页。

② 邓洪波、龚抗云主编：《中国状元殿试卷大全》，上海教育出版社2006年版，第1331页。

③ 《高宗纯皇帝实录》卷883“乾隆三十六年四月甲午”，《清实录》第19册，中华书局1985年版，第832页。

④ 如道光三十年讨论殿试策衡文时，秉持的是要将“明体达用、文义醇茂之卷拔置上第，以备他日之用”。见《文宗显皇帝实录》卷6“道光三十年三月庚申”，《清实录》第40册，中华书局1985年版，第127页。又如光绪二十四年七月甲寅谕内阁：“现在变通科举……殿试一场为通籍之始，典礼至重。朕临轩发策，虚衷采纳，自必遴取明体达用之才。”见《德宗景皇帝实录》卷423“光绪二十四年七月甲寅”，《清实录》第57册，中华书局1985年版，第538页。

⑤ 陈文新、潘志刚：《策文体的生成路径及其与考试制度的互动关系》，《厦门大学学报》（哲学社会科学版）2019年第3期。

所学，以裨教养之隆。朕将亲览焉”,① 等等。皇帝在殿试以策咨政，求取治国之良谋。为敦促准进士悉心作答，乾隆帝甚至亲自撰写了乾隆四年(1739)己未科、乾隆七年(1742)壬戌科和乾隆十年(1745)乙丑科三科殿试的策题。② 然而晚明以来，贡士撰写的殿试策，泛泛而谈的习气很严重，未能发挥殿试策应有的经世治国功能。乾隆帝曾指出殿试策不佳的原因是：“近来士子，于散体古文俱不甚留心，至会试中式之后，方读天人三策以应试耳。然风檐寸晷，得此殊亦不易。”③鉴于此，清代统治者以“达用”标准来纠正殿试策写作中的不良弊病，期待能收到像晁错、董仲舒、苏轼等那样“历朝流传诵习之文”④。

清代皇帝对“明体达用”标准的执行力度，可以从他们衡文的相关情况中看到：

康熙二十七年三月……酉时，上御乾清宫东厢便殿殿试……上顾大学士等曰：“诸卷皆佳。”……上曰：“试日风甚大，第一卷无一懈笔，可嘉，第其文不若次卷之**警拔**耳。”……因取五卷细阅，久之，顾大学士等曰：“第二卷**文气好**，可第一。第五卷**虽有错落，然条对精详**，可第二。尔等以为何如?”⑤

雍正十一年四月壬子朔谕：今日诸臣进殿试卷，朕阅至第五本，字画端楷，**策内“公忠体国”一条**云：“僚采之际，善则相劝，过则相规，无诈无虞，必诚必信，则同官一体也，内外亦一体也，广而至于百司庶职，何莫非臂指手足之相关”，**数语极为恳挚，颇得古大臣之风**，因拔置一甲三名。⑥

乾隆七年四月壬辰谕大学士等：今科殿试制策内**羡余一条，系时事中之切要者**，读卷官务须留心阅看，以觇士子**平素之学问经济，不得仅以文理通畅**，字画端楷，遂列前茅。如果能**确有所见，恺切敷陈，可备采择者，朕将见诸施行，即字画不甚工致，亦应拔取进呈**，以备亲览，可传谕读卷诸臣知之。⑦

乾隆三十六年四月甲午谕：……今日读卷诸臣将拟定十卷进呈，阅其文词，仍未**免颂多规少，其间且有语涉瑞应者**，朕意深为不取。夫文章华实不同，即关系士习淳漓之辨。贡士等进身伊始，若徒挦扯肤辞，习为谀颂，岂敦尚实学本意。现就各卷中择其**立言稍知体段、不至过事铺张者拔列前茅**。其**措词近浮及引用字句失当之卷酌量**

① 邓洪波、龚抗云主编：《中国状元殿试卷大全》，上海教育出版社2006年版，第1322、1331、1389、1422页。

② 乾隆：《御制文初集》，《清代诗文集汇编》第330册，上海古籍出版社2010年版，第127~130页。

③ 《高宗纯皇帝实录》卷16“乾隆元年四月戊辰”，《清实录》第9册，中华书局1985年版，第431页。

④ 崑冈等：《钦定大清会典事例》卷361，《续修四库全书》第803册，上海古籍出版社1996年版，第630页。

⑤ 徐尚定标点：《康熙起居注》第4册，东方出版社2014年版，第45~46页。

⑥ 《世宗宪皇帝实录》卷130“雍正十一年四月壬子”，《清实录》第8册，中华书局1985年版，第686页。

⑦ 《高宗纯皇帝实录》卷164“乾隆七年四月壬辰”，《清实录》第11册，中华书局1985年版，第65页。

抑置，以昭激劝，并将此旨通行晓谕知之。①

同治元年三月丁酉谕内阁：**贡士射策，原以觇其经济学问**，乃近科以来，专务缮写，相习成风。**嗣后着仍遵旧例，不必拘以字数，最短者以千字为率，其不及者，以不入格论。各贡士从容条对**，不必专事缮写，自可拔取真才。②

清代皇帝批阅殿试策十分详细，极为重视对策内容。康熙帝认为“第一卷无一懈笔”固然可嘉，但他指出第二卷比第一卷更为“警拔”，而且“文气好”，于是将第二卷选为状元卷。康熙帝指出第五卷虽有字句书写上的“错落”，不过针对皇帝所问，该卷能够“条对精详”，内容上更为出众，遂将第五卷选为榜眼卷。雍正帝对该科第五卷内“公忠体国”的理解和阐释非常满意。由文及人，他猜想作者颇有“古大臣之风”，对作者的思想、人格给予了充分的肯定，计划将该卷拔擢为探花卷。乾隆、同治等皇帝，也均以测试贡士的“经济学问”为目的，期待准进士提供治国良方，在意殿试策是否“恺切敷陈，可备采择者”。

从清代皇帝的批语来看，他们特别重视殿试策反映出的进士素养。进士的素养关系到朝廷新进官员的质量，决定了他们未来任职后，是否具备工作的能力。这些素养包含进士的智慧谋略、品德涵养、知识储备、时务经济等内容。当然，进士的素养是通过殿试策表现出来的，殿试策的词章、风格等“明体”层面的内容也是皇帝所关注的。不过相较于文章“明体”规范，皇帝更为看重文章的“达用”功效。“明体”“达用”是清代殿试策的衡文标准和写作准则，但“明体”的最终结果，是为“达用”的治国策略服务的。

二、“文义醇茂”：殿试读卷官衡文批语的落脚点

具体阅卷时，清代殿试读卷官根据皇帝“明体达用”的衡文标准，围绕“文义醇茂”的要求来评鉴殿试策。“文义醇茂”是清代贡士写作殿试策的具体行文要求。“文”指的是词章，包括字句、技巧、篇幅、格式规范等；“义”指的是义理，包含对策内容、思想理念、政治原则等；而“醇茂”指的是文章的风格特征，由“文”“义”形成，即要求殿试策写得淳厚丰茂，务实而不浮泛。

“文义醇茂”由乾隆皇帝提出，并得到朝臣的商议和一致的同意。据《清高宗实录》记载，乾隆二十五年谕：“……如果文义醇茂，字画端楷，自属文字兼优，固为及格之选。着大学士、九卿，将嗣后读卷官如何参核文字，务令取择适中，并作何住居、监察、刻期竣事之处一并详悉议奏，以协朕期于名实俱副，肃清衡校之至意。”③“寻议，廷试读卷，

① 《高宗纯皇帝实录》卷883“乾隆三十六年四月甲午”，《清实录》第19册，中华书局1985年版，第832页。

② 《穆宗毅皇帝实录》卷22“同治元年三月丁酉”，《清实录》第45册，中华书局1985年版，第600~601页。

③ 《高宗纯皇帝实录》卷612“乾隆二十五年五月辛亥”，《清实录》第16册，中华书局1985年版，第880页。

自应取文义醇茂者，拔置上第，若策对全无根据，即书法可观，亦不得入选。”①乾隆帝指出，必须是“文义醇茂”“字画端楷”皆备的殿试卷，才能被选为殿试前三名，并要求大学士、九卿等官员商议。经过朝臣的讨论后，一致认同皇帝的建议，而且提出需更加注重对策的内容。在经过皇帝与朝臣的商议后，清代读卷官进一步明确了殿试策的衡文标准和要求。

在殿试策评鉴方面，清代殿试读卷官以“成绩符号+衡文批语”的方式来阅卷，形成了公允的衡文规范。清代殿试读卷，以“○”“△”“、”“丨”“×”这5种符号评定殿试卷的成绩。“○”代表成绩最好，其次是“△”，继之为“、”为“丨”，最末一等是“×”。清代采取“转桌”的阅卷方法，每位读卷官都需要批阅所有的殿试策。阅卷结束后，读卷官通过统计每卷所得的阅卷符号，就可以确定贡士的成绩。读卷官将这些阅卷符号与衡文批语结合在一起，为评定每份殿试策的成绩，提供了客观的依据。清代殿试阅卷采用量化的方式确定考试成绩，保证了殿试衡文的公平性和科学性。②

清代读卷官撰写衡文评语的传统，一直从顺治朝延续至光绪朝，稍有变化的是批语的位置，从签批在读卷官姓名下，转写在签票上。在现存的部分清代殿试卷上，保留了一些读卷官衡文时的阅卷符号和衡文批语。从商衍鎏《清代科举考试述录及有关著作》所附的殿试卷中③，可以看到顺治、康熙时期，读卷官们都倾向于作批语。从《法兰西学院汉学研究所藏清代殿试卷》《清代巴蜀籍考生殿试卷选粹》等刊印的殿试卷上（详情见表1），可以看到，清代读卷官一直将“文义醇茂”要求，作为他们殿试衡文的落脚点。

具体来看，词章方面，清代读卷官所作的批语有：“语杂”（蔡时田卷）、“文与字多不谨饬”（蔡时田卷）、“圣心圣明单抬头错题”（蔡时田卷）、“语较宽泛，当平顺”（李化楠卷）、“文太短”（林中麟卷）、“窘短”（林中麟卷）等。如李芝卷，读卷官在语言表达方面提出了很多问题：“将见好恶之源；偶有微和；朝廷顶摅”“三风于臣邻”“使淤泥、不离两岸二语未明晰”“兀侄三风于臣邻；王省为岁、为月、为日中三条未清”。李芝措辞表达不清，严重影响了他殿试策的成绩。义理方面，读卷官所作的批语有：“自有所见”（蔡时田卷）、“舜必不能为朱、极□耗羡、成王必不能为纣归□之效”（顾汝修卷）、“耗羡同”（李化楠卷）、“有作意”（蒋雍植卷）、“对策整饬”（孙士毅卷）、“亦见梳栉，不同泛泛”（蒋雍植卷）、“逐条具略见疏义，文气亦融洽”（蒋雍植卷）、“策对详明”（汪廷珍卷）等。而林中麟卷，读卷官从对策内容上提出的问题比较多，有“通首空疏，无警策□□”“耗羡见与人同，题立限民名田之法”“耗羡无发挥”等批语。林中麟未能在对策中解决“耗羡”问题，被众多读卷官都指了出来，故其殿试成绩很低。风格方面，读卷官所作的批语有：“平常”（李化楠卷）、“浮泛”（李化楠卷）、“字法不恶，文稍弱平”（李芝卷）、“字画端楷，文笔顺明”（李芝卷）、“气体谨严”（孙士毅卷）、“风格端凝”（孙士毅卷）、“文笔雅驯，字亦圆整”（孙士毅卷）、“亦见梳栉，不同泛泛”（蒋雍植卷）、“逐条具略，见疏义，

① 《高宗纯皇帝实录》卷612“乾隆二十五年五月辛亥”，《清实录》第16册，中华书局1985年版，第880页。

② 潘志刚、陈志平：《清代殿试阅卷的科学性及其历史特征》，《人文论丛》2021年第2辑，武汉大学出版社2021年版。

③ 商衍鎏：《清代科举考试述录及有关著作》，百花文艺出版社2003年版，第140页。

表 1 **乾隆朝所见殿试卷上的成绩符号与衡文批语**[1]

殿试	姓名	名次	读卷官评定													
壬戌科	蔡时田	2甲36名	张（、、、语杂）	蒋（、）	徐（、、、）	梁（、、、）	查	德（、、、文与字俱多不谨饬）	三	吴（、、、）	陈（、、）	钱（、、、）语欠醇）	阿（△自有所见）	周（、圣心圣明单抬头错题）		
	顾汝修	2甲71名	张（、、）	蒋（、、）	徐（、、舜必不能为朱；极□耗羡；成王必不能为纣归□之效）	梁（、、）	查	德（△）	三	吴（△）	陈（、、）	钱（△）	阿（、、）	周（、、）		
	李化楠	3甲70名	张（、平常）	蒋（、）	徐（、浮泛）	梁（、）	查	德（、耗羡同）	三()	吴（、）	陈（、）	钱（、语较宽泛，当平顺）	阿（、）	周（、）		
	林中麟	3甲206名	张（、文太短）	蒋（、通首空疏，无警策□□）	徐（、）	梁（、窘短）	查	德（、耗羡见与人同，题立限民名田之法）	三	吴（、）	陈（、）	钱（、、）	阿（、）	周（、耗羡无发挥）		

① 本表材料来源于法兰西学院汉学研究所编：《法兰西学院汉学研究所藏清代殿试卷》，中华书局 2015 年版；任竞主编：《清代巴蜀籍考生殿试卷选粹》，重庆出版社 2017 年版。另，《清代巴蜀籍考生殿试卷选粹》中蔡时田、李化楠、林中麟三卷，其批语辨识有误，均已改正。

续表

殿试	姓名	名次	读卷官评定													
戊辰科	李芝	3甲 12名	张(、、)	傅	陈(、、)	汪(、、、字法不恶,文稍弱平)	德(、)	归(、、、)	王(、、将见好恶之源;偶有微和;朝廷顶摅)	庄(、、三风于臣邻)	勒(、、、字画端楷,文笔顺明)	钟(、、)	张(、、)	梅(、)	嵇(、、、使淤泥、不离两岸二语未明晰)	金(、、兀侄三风于臣邻;王省为岁、为月、为日中三条未清)
辛巳科	蒋雍植	2甲 1名	来(△)	鄂(△)	刘(△)	梁(○)	尹(△)	秦(△有作意)	刘(△亦见梳栉,不同泛泛)	观(△)	钱(○逐条具略,见疏义,文气亦融洽)					
辛巳科	孙士毅	2甲 4名	来(△)	鄂(△)	刘(△)	梁(○)	尹(△)	秦(○气体谨严)	刘(○风格端凝)	观(△对策整饬)	钱(○文笔雅驯,字亦圆整)					
己酉科	汪廷珍	1甲 第2名	嵇(○)	和(△)	彭(△)	李(○)	邹(○)	姜(○)	图(○)	窦(△)						签条批语:策对详明,字画拙滞

文气亦融洽”（蒋雍植卷）等。此外，《红楼梦》整理者高鹗，其殿试卷上的两条批语云：“亦误聿”“臣伏愿祉祚流衍下无抬头”①。这显示出，读卷官也从“文义醇茂”的要求来评鉴高鹗文章的质量。

不难看到，清代殿试读卷官从文章角度提出的衡文批语，涵盖了殿试策的形式、技巧、内容、思想、风格等多个方面，在文学范畴内建构起了立体式的衡文体系。有的读卷官关注文章的规范格式，指出殿试策的抬头错误，如高鹗卷等；有的读卷官注意语言表达，不仅纠正错别字，而且揪出错误的表述，如蔡时田卷等；有的读卷官关注文章的篇幅长度，要求文章不能太短，如林中麟卷等；有的读卷官注意文章内容的价值，对于没有回答策问问题，或是见解空疏、无新意，乃至雷同的，评价都不高，如李化楠卷、林中麟卷等；有的读卷官则从思想层面作出批评，对能够体现经史素养的文章则给予好评，如蒋雍植卷等；有的读卷官则从文章的整体风格来把握，对风格“弱平”的卷子打分很低，如李芝卷等。反之，如果殿试策做到了“端凝”“雅驯”“融洽”的境界，打分最高，如孙士毅卷、蒋雍植卷等。当然，有的读卷官会结合多个方面来评鉴殿试策，这显示出读卷官阅卷时可以自由发挥。

三、书法不是殿试策的衡文标准

清代的殿试，文章和书法构成了殿试卷的一体两面。由于殿试没有誊录环节，呈现在殿试读卷官和皇帝面前的，是贡士在一天之内完成的殿试卷。如表 1 读卷官的批语所示，卷面书法字迹的好坏，先天性地介入殿试卷的评判中。

清代皇帝和殿试读卷官在评阅殿试卷时，大多会从书法和文章两个维度考察，既评书法的高低，也评文章的好坏。② 康熙帝曾对臣下指出，“殿试虽兼重字，然毕竟以文为主”③，即是对殿试卷评判的完整要求。然而，在清政府重文政策和皇帝嗜好书法等影响下，书法在殿试选才中一度发挥了举足轻重的作用，极大地削弱了阅卷者对于文章的关注。即便贤明如康熙帝，他晚年也提出了“殿试先论其字，次论其文”④的观点。有清一代，对于殿试卷的评判，出现了重字还是重文的争议。当下有关清代殿试卷评判的研究，也多从书法角度出发，或指出清代殿试以文为主，或指出清代殿试重字抑文，或说明清代殿试注重书法的程度，等等。⑤ 通过这些讨论，可以肯定的是：书法的影响确实很大，但书法同文章一样，都是统治者殿试选才的一个维度，书法并不能越界成为殿试策的衡文标准。

作为考试，强调书法的规范性是历代政府的硬性规定。清朝统治者对于书法规范性的

---

① 赵彦梅：《高鹗殿试试卷探析》，《东南文化》2014 年第 6 期。

② 慈禧主政期间，以书法作为殿试卷唯一评判标准的情况时有发生。见翁同龢著，陈义杰整理：《翁同龢日记》第 4 册，中华书局 2006 年版，第 2018～2019 页。

③ 徐尚定标点：《康熙起居注》第 4 册，东方出版社 2014 年版，第 46 页。

④ 徐尚定标点：《康熙起居注》第 7 册，东方出版社 2014 年版，第 203 页。

⑤ 代表性的论作有李国荣：《清代殿试抑文重字之弊》，《历史档案》1998 年第 2 期；李泊潭：《清康熙朝“以书取士”现象研究》，《书法》2018 年第 4 期；贺超：《“以书取士，启于乾隆之世”之误——清代科举重书程度的真相探究》，《南京艺术学院学报（美术与设计）》2023 年第 2 期，等等。

要求极为严格，但他们并没有将书法作为文章的衡文标准，而是同文章一样，当作朝廷的一种政治手段。据《清史稿 · 选举志三》记载，“试卷题字错落，真草不全，越幅、曳白，涂抹、污染太甚”者，“以违式论，贴出”①，书写差的卷子，相当于违反了朝廷的体式，处罚的结果是取消考生的考试资格。郭良实指出，“汉字是书法艺术的载体，其字形符号规范与否直接关系到书法的‘合法性’”②。书法的合法性，对于清政府而言，即是文化、政治的合法性。康熙帝曾对诸皇子道：“书法为六艺之一，而游艺为圣学之成功，以其为心体所寓也。朕自幼嗜书法，凡见古人墨迹，必临一过，所临之条幅手卷将及万余，赏赐人者不下数千。”③作为少数民族建立的政府，清朝统治者既需要接受规范的汉字来融入汉民族文化，同时，也希望借助汉字书法来吸引士人的支持。

清代皇帝极其重视书法，如顺治、康熙、雍正、乾隆、嘉庆、道光等，均有其喜爱的书体风尚。上行下效，皇帝对某种书体的喜好，不仅吸引臣下跟风学习，也影响到对殿试卷的评阅。康有为《广艺舟双辑》云：“国朝列圣宸翰，皆工妙绝伦，而高庙尤精。承平时，南斋供奉，皆争妍笔札，以邀睿赏。”④在皇帝的嗜好下，官员们竞相模仿学习，甚至以之求宠。在殿试上，不少人凭借出色的书法，赢得了读卷官、皇帝的青睐。顺治帝喜欢“欧体”，世传邹忠倚、孙承恩等人善书，遂被拔为状元。⑤ 康熙三十年(1691)殿试，戴有祺因书法尤嘉，被皇帝擢为状元。⑥ 乾隆自小临摹众家，举凡颜真卿《多宝塔碑》、王羲之《乐毅论》、赵构《毛诗》、董其昌《接拜帖》等，均有学习，且以楷书为主，尤爱“赵体”。⑦ 王杰因为书写出众，于是被乾隆皇帝钦定为状元。⑧ 皇帝重视书法，对殿试阅卷的影响巨大。

在朝廷制度和皇帝的引导下，“台阁体”(亦称“馆阁体”)书法蔚然兴起。被任命为殿试读卷官的大臣，几乎都是“台阁体”书写者。在读卷过程中，他们将这种书法风尚作为评判要求，甚至发挥到了极致。据陈康祺《郎潜纪闻二笔》记载：“读卷诸公，评骘楷法，又苛求之点画之间。”⑨有些读卷官只认书法而罔顾文章：“新进士殿试用大卷，朝考用白折，阅卷者偏重楷法，乃置文字而不问，一字之破体，一点之污损，皆足以失翰林。”⑩对于不符合楷体书写风尚的，读卷官会在卷面贴票签，拒绝选为优卷。陆以湉指出：“朝考殿试最重书法，大要以黑、光、匀为主，并不可有破体字。犯此者，读卷官票签为识，不得在前列。”⑪不少贡士的名次不佳，并不是楷书写得不行，而可能是在书法风格方面，未

① 赵尔巽等:《清史稿》第 12 册，中华书局 1976 年版，第 3148 页。

② 郭良实:《古代书写规范成因探析》,《中国书法》2017 年第 13 期。

③ 康熙著，唐汉译注:《康熙教子庭训格言》，中国社会科学出版社 2004 年版，第 152 页。

④ 康有为:《广艺舟双辑》卷 6，上海广艺书局 1916 年版，第 133 页。

⑤ 车吉心主编:《中国状元全传(第 6 卷)》，山东教育出版社 2007 年版，第 1215 页。

⑥ 徐达河:《徽州书法》，安徽人民出版社 2017 年版，第 177 页。

⑦ 王亦旻:《弘历的书法课：乾隆皇帝皇子时期的书法教育特色》,《紫禁城》2019 年第 8 期。

⑧ 阮元:《王文端公年谱》,《北京图书馆藏珍本年谱丛刊》第 105 册，北京图书馆出版社 1999 年版，第 45 页。

⑨ 陈康祺撰，晋石点校:《郎潜纪闻初笔二笔三笔》，中华书局 1984 年版，第 522 页。

⑩ 徐珂:《清稗类钞》第 5 册，商务印书馆 1917 年版，第 114 页。

⑪ 陆以湉撰，崔凡芝点校:《冷庐杂识》卷 4，中华书局 1984 年版，第 189 页。

能赢得读卷官或者皇帝的青睐。这恰好说明，即便是馆阁体书法，其风尚也有很多。如果越界将书法艺术作为文章的衡文标准，则殿试策的衡文标准未免太多，显然有悖于文章的写作宗旨。文章的评价标准，尤其是规范化的考场文章，不能也不会随社会风尚的改变而改变，但书法艺术却可以。正如龚延明等人所指出，清代八股文的衡文标准有且只有一个，即“清真雅正”①。

清政府借书法来评选人才，达到了他们统治的目的。上自皇帝、国家重臣，下至普通的士人，皆以学好书法为目标，书法在读书人中间形成了强大的凝聚力。王炳照等人指出，清代状元策的“馆阁体”书法发挥了教化作用。② 道光年间，进士徐恩庄擅书，影响很大，被称为“徐派”。曾国藩(1811—1872)想让其爱子曾纪泽学习徐恩庄的书法。③ 姚文田未中进士时，借助内阁中书身份，“常至阁取历科状元试卷观之，日必书卷一本”④，后来考中嘉庆己未科状元。陆以湉在《冷庐杂识》中记载了一位叫丁元采的士人，这名读书人将历科殿试卷的书法作为学习对象：“吾里丁掇英先生元采，先伯父彡石公乡举同年也。刻苦好学，尤耽楷书。生平书殿试卷不下二千本，十上公车不第，赋诗志感云：‘十度长安客，途穷眼孰青？风尘徒自苦，文字竟无灵。对镜悲双鬓，挑灯伴一经。故交挥泪别，从此老林坰。’后司铎秀水二十年，乃告归，卒于家。”⑤丁元采哭诉他曾十次作“长安客”，而“文字竟无灵”。这个故事道出了一个极其现实的问题：如果考场上有文而无字，万万行不通。像丁元采这样的读书人，在清代不计其数。由此可见清代殿试书法的辐射力和影响力。

殿试由皇帝亲自主持，具有无比的崇高性和权威性。在殿试中利用楷书的规范性，可以规训即将赴任到职的新进官员，使他们无论在中央还是地方，无论官位是大还是小，都能认同朝廷的政治文化理念，维护政府的统治。清代皇帝的书法思想、书法风格、书法创作等，实则都具有政治性的动机和功能。贺电指出，康熙帝通过强调“书宗正统”，使“朝廷确立了儒家‘中庸思想’、程朱理学的正统地位”，同时，“改变了清王朝‘不懂教化’的蛮夷之邦文化形象”，“缓和了激烈的民族矛盾”。⑥ 在清代皇帝引领下形成的“馆阁体”，具有鲜明的政治导向，而通过层层选拔的新进士，他们是“天子门生”，代表着朝廷，成为普通士人的模范。清政府做到了将文字书法与皇权意志融于一体，最大限度地实现了朝廷的文化理念和国家的统治意志。⑦

尽管书法具有独特的政治属性，但对读卷官只看书法而不关注文章的行为，清代皇帝一直保持着警醒。康熙帝曾告诫读卷官马齐等人道：“较定前后名次，必须凭文论定。”⑧雍正帝也曾教诲道：“夫文行原无二理，岂有文艺优通而品行卑劣者，况国家以文章取

① 龚延明、高明扬：《清代科举八股文的衡文标准》，《中国社会科学》2005年第4期。

② 王炳照、石焕霞：《清代状元策中教化作用的彰显》，《北京联合大学学报》(人文社会科学版)2010年第1期。

③ 徐珂：《清稗类钞》第30册，商务印书馆1917年版，第37页。

④ 陆以湉撰，崔凡芝点校：《冷庐杂识》卷6，中华书局1984年版，第299页。

⑤ 陆以湉撰，崔凡芝点校：《冷庐杂识》卷2，中华书局1984年版，第72页。

⑥ 贺电：《清代书法与政治研究》，吉林大学博士学位论文，2017年，第51页。

⑦ 贺电：《清代书法与政治研究》，吉林大学博士学位论文，2017年，第1页。

⑧ 徐尚定标点：《康熙起居注》第7册，东方出版社2014年版，第112页。

士，尔等以文章发科，今膺鉴衡之任，若文优而行劣，使天下之人谓文章一道全无足凭，则是读书通籍之人，贻玷于名教，国法尚可容乎？”①至乾隆朝，读卷官重书法而轻文章的弊病较为严重。乾隆二十五年谕：“廷试士子，为抡才大典，向来读卷诸臣，率多偏重书法，而于策文则惟取其中无疵颣、不碍充选而已。敷奏以言，特为拜献先资。而就文与字较，则对策自重于书法。”②乾隆明确提出“对策自重于书法”，就是告诫读卷官：评阅殿试卷，衡文比评书更重要。降至道光、同治、光绪等朝，朝廷依旧坚持从文章、书法两个维度来评判殿试卷，禁止只评书法而不衡文的违规做法。③

四、余　论

明清时期为科举发展的兴盛期，殿试都只考一篇试策文。明代殿试衡文的标准是“对策称旨”，而清代为“明体达用”。二者具有帝王之学的同质性，不过，表述不同，它们的内涵和影响也有所不同。

明代皇帝强调“对策称旨”，明代贡士在写作殿试策时，理解何为“旨”、什么“旨”、谁的“旨”，这很重要。明代对殿试策的基本要求是“惟务直述”④，殿试策必须回答皇帝提出的所有问题，不能跑题，也不能离题。读卷官在此基础上选出的佳卷，则由皇帝来评阅。然而，由于明代动荡的政治环境，“皇帝从加强国家治理和强化皇权出发，会与殿试读卷官产生一定的冲突，他们之间的政治较量或显或隐”⑤，造成明代殿试产生了很多的角力斗争。在殿试钦定环节，明代皇帝会考虑殿试策中的忠君思想，是否直言时务策略，并不完全是他们核心的评判依据。而能否言中皇帝不便明说的意旨，这才是明代皇帝评判对策“称旨”的最高标准。⑥

清代提出“明体达用”，同明代的衡文标准有一脉相承之处，但清代衡文标准具有内涵明确、指向性强、易于操作的特点。“明体达用”衡文标准，由清代皇帝从殿试策的文章属性提炼出来，准确地概括了策文体的价值与功能。就国家层面而言，此标准既符合清代重视文教的治国理念，也实现了政府对程朱理学“实学”思想的尊崇与利用。就朝廷政

---

① 《世宗宪皇帝实录》卷43“雍正四年四月丁丑”，《清实录》第7册，中华书局1985年版，第633页。

② 《高宗纯皇帝实录》卷612“乾隆二十五年五月辛亥”，《清实录》第16册，中华书局1985年版，第880页。

③ 道光朝，御史戴絅孙上奏，殿试为抡才巨典，不宜专尚楷字。道光帝令臣下查阅旧例，再次强调殿试“务令取择适中，除条对精详、楷法庄雅者尽登上选外，其有缮录不能甚工，而援据典确，晓畅事务，即为有本有用之才”。见《宣宗成皇帝实录》卷6“道光三十年三月庚申”，《清实录》第40册，中华书局1985年版，第127~128页。同治元年三月、同治元年十月，朝廷多次要求内阁遵行旨意：“各贡士从容条对，不必专事缮写，自可拔取真才”，“贡士策问……准其敷陈政事阙失，无庸避忌，并不准专取楷法”。见《穆宗毅皇帝实录》，《清实录》第45册，中华书局1985年版，第600~601、1228页。光绪二十七年，光绪帝谕内阁，“策论均应切实敷陈，不得仍前空衍剽窃”。见《德宗景皇帝实录》卷485“光绪二十七年七月”，《清实录》第58册，中华书局1985年版，第412页。

④ 李东阳等撰，申时行等重修：《大明会典》第3册，广陵书社2007年版，第1236页。

⑤ 潘志刚、方正：《明代殿试的角力：政治、标准与公平》，《江汉论坛》2021年第9期。

⑥ 潘志刚、张文华：《论明代殿试衡文标准》，《黄冈师范学院学报》2020年第2期。

治成员而言，此标准将皇帝与读卷大臣的职责与权力分开，更有助于维护皇帝在殿试中的主体性权威，使得皇帝与大臣在殿试层面达到“君臣一体”的效果。就科举考试而言，在“明体达用”的总体准则之下，读卷官围绕“文义醇茂”要求评阅殿试策，从辨体角度，将殿试策与其他考试文体区别开来，强化了策文体的独立性，推动了策文体的发展。总之，清代殿试策的衡文标准，同清代八股文的衡文标准一道，构建起了清代科举文学评鉴体系的主要部分，推动了清代科举文学的发展与兴盛。

至于清代殿试有关重字、重文的现象，需要注意的是，书法和文章是清代殿试卷的一体两面，分属两个不同的领域。书法自有其评价标准。无论从本质上还是功能上，书法无法越界成为殿试策的衡文标准。将书法作为殿试策的衡文标准，既不合逻辑，也不符合清代殿试的事实。

（作者单位：黄冈师范学院文学院）

杨树达佚札所见《词诠》出版过程考略

□ 鲁超杰

【摘要】通过介绍几通杨树达致财政经济出版社的未刊信札，涉及中华书局1954年版《词诠》的出版发行情况，可与部分杨树达日记相对照，提供了有关《词诠》出版及重印的诸多细节。结合此一时期杨树达与王力、陶孟和等友朋的通信，可大致梳理中华书局版《词诠》的出版发行过程，对考察杨树达等学人思想以及新中国成立后学术著作的出版情况皆具一定学术与史料价值。

【关键词】杨树达；《词诠》；信札；学术史

杨树达(1885—1956)，湖南长沙人，字遇夫，号积微，我国近现代著名语言文字学家。先生一生著述宏富，在文言语法、文字训诂、古文献研究等领域成就卓著，蜚声中外。《词诠》，是先生所著关于古汉语虚词研究的一部经典论著，是我国第一部文法与训诂相结合的文言虚词工具书①，是其在现代学术框架下所开展的语言学研究中重要的“文法三书”之一②。1928年，该书由商务印书馆出版发行。新中国成立以后，中华书局以商务本为底本进行了重印，尔后一版再版，印数多达几十万册，1986年上海古籍出版社所出《杨树达文集》收录的《词诠》即是以中华书局1978年上海第二版为底本重印的。③ 检视学界有关《词诠》的研究成果，多据中华书局本进行校议勘误，可见该本对研究《词诠》以及杨先生的学术体系、学术思想有着重要价值。

近来，笔者因缘得见几通杨树达致出版社的佚札，从信中内容看，中华书局版《词诠》的出版尚有一个曲折的过程，函中所记也可与此一时期的杨树达日记相对照，对了解中华书局版《词诠》的出版过程颇有裨益，也能借此管窥此一时期语文辞书的发行与畅销程度，亦能为相关学术史和文献学的研究略作添补，故整理成文，并略为疏解如次。

---

① 汤可敬：《〈词诠〉述评》，《杨树达诞辰百周年纪念集》，湖南教育出版社1985年版，第194页。
② 杨树达：《积微居小学金石论丛·自序》(增订本)，科学出版社1955年版，第13页。
③ 上海古籍出版社1986年版《词诠·后记》。

一

2021 年 1 月和 2022 年 6 月，广东崇正 2020 秋季拍卖会“纸上性情 · 百年文人墨迹写本”专场和中国嘉德 2022 春季拍卖会“笔墨文章——信札写本专场”披露了一份杨树达致财政经济出版社的信函，涉及《词诠》出版事宜：

财政经济出版社：

顷由京转到你社六月二日大示，具悉拙著原由商务出版之《词诠》《古书句读释例》二书，你社拟予重印，至表赞同。该二书闻要买者颇多，诚如大示所云有迫切需要。鄙意最好即用原有纸型付印。《词诠》附录二之二与胡适之信，似可不删去。如嫌胡适之反动刺眼，可改为“某某某”三字。附录三论所字之词性下面“此稿俟补”四字，可改为“已载入《马氏文通刊误》”九字。达因病尚未赴京任科学院职，以后联系，请函寄“长沙岳麓山湖南师范学院”达手收为荷。二书即出以后，仍望各寄赠若干册以便分赠同人，此时达手中已无一册矣。敬礼

杨树达

五四、六、廿三①

函中抬头之“财政经济出版社”，是 1954 年由中华书局接受全面公私合营后改组而成的出版机构。当时由于中华书局历史悠久，所出版的书籍涵盖面广，且又存在海外机构，因此在接受全面公私合营之初，出版总署就接受了中华书局的申请，保留其名称，加挂“财政经济出版社”牌号，一套账册、一个机构、两块招牌，财经类的书籍以财政经济出版社的名义出版，而古籍、文史、地图等不适合新出版机构的书籍仍以中华书局名义出版。② 所以在 1954 年所出《词诠》的版权页上，刊印的出版机构依然是“中华书局”。

由函可知，出版社于 6 月 2 日致信杨树达，表示希望能够重印《词诠》和《古书句读释例》二书。当时，中华书局刚刚完成公私合营，古籍和文史书籍的编辑任务由第四编辑室担任，除了组织出版新著外，还规划利用当时旧存的《四部备要》纸型和商务印书馆的《国学基本丛书》《万有文库》等纸型选印一批学术界急需的古籍和参考工具书。③ 此次来信即与此事有关。杨树达在 1954 年中华书局出版的《古书句读释例》的序言中也写道：“今者

① 广东崇正 2020 秋季拍卖会“纸上性情 · 百年文人墨迹写本”专场，2021 年 1 月 7 日，编号 0646；中国嘉德 2022 春季拍卖会“笔墨文章——信札写本专场”，2022 年 6 月 27 日，编号 1976。两页信虽分见于不同的拍卖会，但内容上衔接无碍，该信第一页左侧盖有一方红色的“财编收文”章，编号 1071，钤盖日期为“54 年 6 月 29 日”，说明该信从长沙寄出至出版社共耗时 6 日，与下文将引到的信函邮寄耗时大致相同，可见这两页信亦符合时间逻辑，是同一份信的上下两部分。

② 参看《出版总署、中华书局董事会关于中华书局全面公私合营问题第一次会议纪要（1954 年 1 月 15 日）》，《中华人民共和国出版史料（1954）》，中国书籍出版社 1999 年版，第 38～44 页；钱炳寰编：《中华书局大事纪要（1912—1954）》，中华书局 2002 年版，第 267～271 页。

③ 俞筱尧：《社会主义改造时期的中华书局》，《编辑学刊》1993 年第 2 期。

中华书局为适应读者需要，以重印此书为请。”①适可与上揭信函合观。此信是杨树达的回信。查1928年商务印书馆出版的《词诠》，附录二为“与钱玄同、胡适之论《诗经》‘于以’书”，附录三为“论‘所’字之词性(此稿俟补)”，正可与此信相对照。从函中内容看，杨树达对财经出版社提议重印二书表示赞同，并建议使用原有纸型。此次应是双方首次通信，因此回信中还特意告知了当时的通信地址，方便之后联系。

写完该信的第二天，他又有一信致出版社：

财经出版社：

昨得二日大示，尚复一缄，望《词诠》及《古书句读释例》可以由贵社付印，想已先到矣。遇夫在科学院出书四种，其中二种系去年九月以后出版，由院与我订有合同，规定双方义务及权利。贵社新由旧中华局改组成立，闻出版署对于合同一节曾有指示，可□拟请你社速将合同(两种书)寄下，以便了解情况，商洽一切。因旧日出版人(即商务)与著作人约定之租赁契约在今日已不适用，决不能继续有效也。昨缄忘及此事，故今补□之。乞示以为荷。敬礼

杨遇夫

一九五四、六、廿四②

上款之“财经出版社”即系财政经济出版社。他在6月24日再次致信出版社，商讨有关出版合同的事宜。信中所言的“昨缄”，即指前引6月23日一信。函中所提及的“科学院出书四种”，是指1952年至1954年陆续在中国科学院出版的《积微居金文说》《淮南子证闻》《积微居小学述林》《积微居甲文说》四书。1954年1月8日，杨树达在日记中写道：“编局寄《小学述林》、《甲文说》合同两份来，随签字寄还。云当豫付部分稿费，合同期限明年底止，基本印数三千部，超过此数再付稿费。”③函中所云的“由院与我订有合同”大概就指日记所载的两书的合同。

1954年6月5日，语言学家王力曾有一信致杨树达，值得注意，函中提及：

承询商务、中华出版事，最近在京承出版总署叶圣陶副署长以情况见告，谨为转述以供参考。商务、中华均已改为公私合营。商务改组为高等教育出版社(?)，中华改组为财政经济出版社，但若不属于高等学校教材与财经方面之书籍，则仍用商务、

① 杨树达：《古书句读释例·再版序》，中华书局1954年版，第1页。

② 两页信分见中国嘉德国际拍卖有限公司嘉德四季第二十九期拍卖会“古籍善本”专场，2012年3月24日，编号4865；中国嘉德2022春季拍卖会“笔墨文章——信札写本专场”，2022年6月27日，编号1976。信左侧钤有红色“财编收文”章，标记收文日期为1954年6月29日。值得说明的是，该信的第一页与下文将引到的杨树达7月16日致财经出版社信的下半部分一同见于此次拍卖会，并且又同时于2012、2013、2019等年出现在各拍卖会，各信内容一致，但信笺用纸、内容排布、印章位置都略有不同，其间或有伪作。比勘本文所引诸信的纸张，中国嘉德“古籍善本”专场所拍两信的纸张与诸信比较接近，右侧都有两个圆形穿孔，其他信纸似未见此类穿孔。

③ 杨树达：《杨树达日记(1948—1954)》，杨柳岸整理，中华书局2021年版，第197页。

中华名义出版。尊著各书大约即以商务或中华名义重印。既属公私合营，则不必顾虑其有弊端也。

版税办法亦有改变。新办法不复按百分率，亦不复按季清算。①

可见，此前杨树达曾致信王力问及商务印书馆和中华书局出版图书一事，所以王力以在北京期间所听闻的情况相告，并安慰其不必有太多顾虑。因此，杨树达很有可能是从王力的来信中了解到有关中华书局改组一事及出版总署的相关规定，其在6月8日的日记中也记载了此事。② 所以他在致财经出版社的信中提到，以往的租赁契约已经不合时宜，希望出版社能够尽快寄来新的合同。

7月16日，杨树达又有一信致财经出版社：

财经出版社：

□寄一信，因贵社对于我询问出版条件事无答复，故有撤回同意出版《词诠》及《古书句读》之说。顷间湖师图书馆见示中华广告，已开列此两种书，如我坚持撤回之说，必使中华失信于人，亦觉不妥。今特通函相告，二书仍同意中华付印。不过有二事须奉告者，此二书因商务久不发行，故我曾送科学院请求审查出版。科学院业已通过。不过我此时狠忙，不能改正，故一时难于出版。但今日虽同意中华付印，而改正后交院出版之权利仍应保留，不能因此而丧失。(二)版税结算时期与方法如何？望仍见告。敬礼

杨遇夫

七、十六③

信的左侧钤有一方红色的“财编收文”章，其上标记收文时间为1954年7月22日。与该信一同见于拍卖会的还有一张“收发文联合登记卡”，其上标记的时间亦为此日，“来文者”为“杨遇夫”，来函摘要为“同意再版《词诠》，并希告知版税结稿时期及办法”。

由于询问出版条件一事久未得到答复，故而杨树达曾有放弃出版的想法，因此寄去一信，希望撤回书稿，但后来见到了中华书局的广告，考虑撤稿似乎不妥，故在7月16日去信表示仍然同意交由中华书局出版。信中所言之“出版条件”可能就包含前引6月24日信中所提及的出版合同。函中还提及，两书最初准备交由中国科学院出版。他在日记中曾记载过此事，1953年10月10日，其在日记中写道：“在商务出版各书，商务已不再印

① 杨逢彬整理：《积微居友朋书札》，湖南教育出版社1986年版，第85~87页。

② 杨树达：《积微翁回忆录》，上海古籍出版社2013年版，第386页。

③ 广东崇正拍卖有限公司2020秋季拍卖会“纸上性情·百年文人墨迹写本”，2021年1月17日，编号0646；中国嘉德国际拍卖有限公司嘉德四季第二十九期拍卖会“古籍善本”专场，2012年3月24日，编号4865。这两页信虽分见不同的拍卖会，但行文语气及内容前后关联紧密，尤其是后者所涉及的内容、落款与前者所附“收发文联合登记卡”所记之作者、来函摘要密切相合，亦符合两地信件往来之时间逻辑，因此这两页信应是同一份信函的上下两部分。

行，因取《国文法》、《词诠》、《文通刊误》、《汉婚丧考》、《句读释例》五种寄科学院请审查。”①因商务印书馆不再重印《词诠》和《古书句读释例》，所以他准备交由中国科学院出版发行，与信中所言一致。1954 年 1 月 10 日，科学院编译局来信，告知“《高等国文法》、《词诠》三书暂存局待交代，定后再告”②。可见直到此时，《词诠》在科学院出版一事尚无确切消息。

5 月 26 日，科学院主管编辑出版工作的陶孟和致信杨树达，告知各书的审查进展，信中提到，因为版权的问题，《词诠》等书虽然通过了科学院的审查，但还需与商务印书馆协商。③ 信中还提及，出版总署指示中华书局等出版机构“有计划地重版有价值的学术论著” ④，这可能就是上述财经出版社来信表示希望重版《词诠》和《古书句读释例》二书的缘由。5 月 30 日，杨树达在接到陶孟和的来信后，“作与商务书，问其详情”⑤，其间所问之事，就包含《词诠》等书的版权及重印一事。这封信曾经出现过，内容如下：

商务编译部：

遇夫前在贵馆以租赁版权关系出书多种，因贵馆近年将之停止发行，故遇夫曾将《高等国文法》、《词诠》、《小学金石论丛》、《马氏文通刊误》、《古书句读释例》各种送请科学院审查出版。今日接陶孟和先生来书，云《国文法》、《词诠》、《小学金石论丛》(改订本将《积微居文录》并入)业已审毕，认为可以重印。而《文通刊误》及《古书句读释例》两种亦前经编局来书，云修正后可以付印。但陶先生书又云近日出版署有指令给贵馆，嘱以重印前此出版较好之书，故此时编局不便与贵馆交涉版权云云。不知贵馆究竟是否奉到署令，对于拙著各种，是否拟全部重印，抑部分重印，希为逐一示知。如能重印最佳，如有不印者，希示知以便另行设法出版付印。想贵馆素以宣传文化为事，必能剀切见告，不至使文化著作有所阻碍不能问世也。敬礼。

杨遇夫

五、卅⑥

对读前引日记和陶孟和信，函中所言正好与之相合。从一些线索看，商务印书馆接到此信后曾拟有一封回函，信中云《词诠》等书前两年交由上海广益书局代销，但销量不佳，尚有存书，需要向发行单位查明存量后再根据市场需要考虑重印，之前的版税也要等发行单位报告发行数后再结算。⑦ 言下之意，重印各书大概尚需等待，并不确定。

---

① 杨树达：《杨树达日记(1948—1954)》，杨柳岸整理，中华书局 2021 年版，第 175 页。

② 杨树达：《杨树达日记(1948—1954)》，杨柳岸整理，中华书局 2021 年版，第 197 页。

③ 参见杨逢彬整理：《积微居友朋书札》，湖南教育出版社 1986 年版，第 228~230 页。

④ 杨逢彬整理：《积微居友朋书札》，湖南教育出版社 1986 年版，第 228 页。

⑤ 杨树达：《积微翁回忆录》，上海古籍出版社 2013 年版，第 385 页。

⑥ 三页信分见中国嘉德第四十二期文物艺术品网络拍卖会“笔墨文章里的大家小品(一)”专场第 13211 号和中国嘉德 2023 春季拍卖会“笔墨文章——信札写本专场”第 1929 号。

⑦ 商务印书馆致杨氏的原信目前尚未见到，不过中国嘉德 2023 春季拍卖会“笔墨文章——信札写本专场”披露了一份商务印书馆相关部门草拟回函的底稿(图录号 1929)，可大致了解回信的主要内容。

7月2日，陶孟和又有一信致杨树达，函告有关其著作出版情况，信中说道：

大作出版事，编翻局经考虑后决定如下：一、《论语疏证》及增删本《积微居小学论丛》由科学院出版。二、《中国修辞学》由行将成立的中国科学出版社出版(此社乃科学院的出版社)。三、《高等国文法》及《词诠》由高等教育出版社出版。①

杨树达7月5日日记记载："编局书告，《国文法》、《词诠》，高教社出版；《论疏》、《金石论丛》，科学院出版；《修辞学》由科学院新设之科学出版社出版。"②即指此信。由函可见，科学院决定将《词诠》交给新由商务印书馆经公私合营后改组而成的高等教育出版社出版。不过，从前引佚信来看，杨树达后来仍决定将《词诠》和《古书句读释例》交由中华书局出版，可见在此期间，此事尚有转折。

二

7月26日，杨树达写有一信致财经出版社，函中透露了《词诠》交由该社出版的具体原因，内容如下：

财经出版社：

昨日接到七月廿一日大示，悉一切。答复如下：

1、校表已细阅，有些改正。表上添了一些活动的意见，因恐怕挖加或重排字太多或太少不方便的缘故，这些可以斟酌办理。

2、《句读释例》本由科学院审查完毕通过，但寄来加括弧，要我再寄去付印。因此再看了一遍，发现其中有错误，业已改正了几处。因我在科学院审查通过的书还有四五种要印，他们不能一时都印，所以还书，将原本寄回去。前因外间需要急，你社承印，可照原纸型印，故同意你社付印。现在既然发现错误，我意原书不要再发行，应该重排新版。如你社同意，得信后当将改正本原书寄上(改正后变动甚大，原纸型决难全部就用)。

3、重印小序，不日写好寄来。

4、《词诠》也本由科学院审查通过出版的，但因前述原因，不能快出，所以我同意你社出版。最近我的《汉书窥管》，由科学院寄来草合同，每千字十五万元，基数五千册，你社公私合营，自不能像国家机关。但是六万元与十五万似乎又相差太远。我今提出十五万的约半数八万元，不知可以同意否？乞示及(此二书我不等科学院慢慢印而交你社印，当然是为文化观点而自己牺牲，这一点请了解)。

5、出书事望多多通信联系，前此因你社老不回信，故尔发生小小误会也(报酬

---

① 杨逢彬整理：《积微居友朋书札》，湖南教育出版社1986年版，第230~231页。

② 杨树达：《积微翁回忆录》，上海古籍出版社2013年版，第387~388页。

事一时未能定，亦可据实相告，我前此误会你社漠视著作人权益，今始了解或彼时未确定也）。

敬礼

杨遇夫

七、廿六①

该函的披露对解答上述疑问颇有助益。函中提到，《词诠》等书最初准备交由科学院出版，并已审查通过，但因为出书较多，且部分书稿需要校改，出版尚须时日，故而同意转交财经出版社出版。与前引书信、日记以及陶孟和信所言正好相合。函中还提及，因双方通信出现了一些小问题，在报酬一事上尚有不统一的意见，所以引起了一些误会。此中所指，应即前揭 7 月 16 日一信中所提到的撤稿一事。

从出版社的“收发文联合登记卡”来看，该信在 8 月 2 日寄到出版社。不过，出版社对于此信的回复要迟至 8 月底。② 2023 年 1 月，中国嘉德第四十三期文物艺术品网络拍卖会“笔墨文章里的大家小品(一)”专场披露了一份出版社相关部门草拟回函的底稿，内容如下：

遇夫先生：

本月初接您七月廿六日回信并附“《词诠》挖改重排表”均敬悉。因您信中提示的各问题，顷和各有关方面研究，近皆得到解决，兹分别奉答于下：

一、大著《词诠》的稿酬，敬遂照您信指示的每千字捌万元(额定印数壹万册)致酬。兹附上出版合同一式两份，收到后，请签字盖章一并寄还，俟我社填妥签章后，再以一份寄奉存执。

二、《词诠》重印工作，系在沪厂进行。其挖改重排面数近据沪办事处报告，共重排十四面，挖改□百七十七面(内有十一面重排改为挖改)。所改文字前已列表寄上，不赘陈。

三、《词诠》已付印，其“重印说明”如能从速寄来，希望来得及加入。

四、您著《古书句读释例》一书，发行单位已来印数。依目前出版惯例，发行单位已通知印数之书，即顷自通知之日起，于一个月内印出供应；否则即顷取消印数。您书可否根据旧纸型重印，以便按照计划进行。如以改动甚大，必须重排；则请先将改正本寄下，以便和有关方面联系后，再当奉告。您的意见怎样？请拨冗赐复！致以

敬礼③

---

① 中国嘉德第四十三期文物艺术品网络拍卖会“笔墨文章里的大家小品(一)”专场，2023 年 1 月 10 日，编号 13004。

② 在此期间，双方似仍有通信往来。2021 年，刘格文先生披露了一份其收藏的财经出版社“收发文联合登记卡”，卡上标记收文时间为 1954 年 8 月 12 日，“来文者”为“杨遇夫(树达)”，来函的摘要是“请寄还《词诠》”，卡中“主办部门意见”一栏批注：“已于 7 月 27 日寄还”。参见刘格文：《训诂学大师杨树达的一封信和两本书》，《集邮博览》2021 年第 2 期。

③ 中国嘉德第四十三期文物艺术品网络拍卖会“笔墨文章里的大家小品(一)”专场，2023 年 1 月 10 日，编号 13004。

底稿上标注拟稿时间是“八月廿八日”，缮写日期为“八月卅日”，并在同日由相关部门发出。因此，杨树达接到此信应该是在九月初。由函可知，出版社同意了杨树达所提的稿酬要求，随信寄去了出版合同，并告知了《词诠》出版的最新进展。

前引杨树达6月23日一信中，出版社所钤盖的“财编收文”章下方写有一行细笔小字：“请另写一篇《词诠》序文”，从笔迹看，疑是收文部门所写，前揭杨树达7月26日一信中也透露他本打算为新版《词诠》写一序文。不过从1954年中华书局出版的第一版《词诠》来看，正文前只有与商务版《词诠》相同的“序例”，并没有“再版序”，个中原因或许正如此次出版社的回信所言，因书稿已准备付印而未来得及加入。最终，中华书局版《词诠》经中华书局上海印刷厂印刷，由新华书店上海发行所为总经售，正式出版，售往全国。书名页标注“本书系用商务印书馆原版重印”，版权页上注明纸型为“商务型”，与杨树达在6月23日信中所提建议一致。

不过，书中虽然标注是根据商务印书馆版《词诠》原版重印的，但细细比勘二书，还是有不少改动的。比如，原版三篇“附录”新版已全部删去，前引6月23日一信中已有提及，或许跟当时胡适被大陆列为反动文人有关。尔后一版再版的中华书局版和上海古籍版《词诠》以及2008年出版并被收入《湖湘文库》的湖南教育版也未再加入这三篇附录，从学术史的角度看，是颇为可惜的。就文本内容来看，新版也有不小改动，如字词和标点的修改、错字勘误、例句增补、引文出处修改等。对读新旧两个版本，可以发现改动处不少。因此，正如上引信函中所言，即使是原版重印，还是有很多挖改修补的地方，这也使得重印工作更加复杂缓慢。值得称道的是，此时的杨先生已年近七十，仍孜孜于学术研究与著作修订，至勤至谨，令人感佩。①

三

令人欣喜的是，中华书局版《词诠》甫一发行就十分畅销。2019年6月，北京春季书刊资料文物拍卖会“近现代名人书札 · 手稿专场”拍卖了一份杨树达致财经出版社的信函，其中涉及中华书局版《词诠》的发行情况，具体内容如下：

财经出版社：

昨日我家有人过长沙新华书店，据店人说，《词诠》到了四十几部，两三天销售一空，续来求者仍多，无以应之矣。长沙有中学及同等学校二十多所，每所语文教员二十多人。我学生伍铖在一中学教书，前□日来言，他有一商务本《词诠》，同事借

① 常有学人称赞杨树达治学之笃勤，如1944年曹典球在祝寿诗中云：“夙谢芬华独饮冰，若君劬学见无曾。”（曹典球：《和杨遇夫六十述怀五首》，丁平一编校：《曹典球辑》，民主与建设出版社2017年版，第191页）1947年周祖谟在写给杨树达的信中说：“以先生之高年，仍如此勤于述作，既速且精，诚令人钦仰赞叹！”（杨逢彬整理：《积微居友朋书札》，湖南教育出版社1986年版，第174页）胡厚宣在《五十年甲骨学论著目》的序言中公开称赞其“以六十几岁的老先生，最后写文章最多，不失为五十年来甲骨学研究中最努力的一人”（胡厚宣：《五十年甲骨学论著目 · 序》，复旦大学出版社2015年版，第116页）。

阅无虚日，皆视为鸿宝。一地如此，他处可知。贵社此次只印二千册①，实觉估计过低。资本不充耶？小胆不肯放手耶？我意长沙再来三四百册，决不至销不完。特告。望速再印为望。敬礼

杨遇夫

二、一

湖南长沙岳麓山②

信的左下方分别钤盖了一方蓝色的归档章和收文章，应是出版社中相关部门在收到该信后所加盖的。收文章上标记的时间是 1955 年 2 月 8 日，与该信一同见于拍卖会的还有一张“收发文联合登记卡”③，卡中标记的收文时间也是 1955 年 2 月 8 日，“来文者”为“杨遇夫”，来函内容摘要是叙述“买《词诠》一书苦难由”，两相印证，可见函中落款之“二、一”当指 1955 年的 2 月 1 日。

由信可知，杨树达时居长沙，从家人口中得知《词诠》在新华书店十分畅销，结合此前学生伍铖向他提及的同事借阅情况，遂决定致函出版社，希望能够再印《词诠》。据《积微翁回忆录》，杨树达在当天的日记中也记载了此事，他写道：“作信与财经社，告以长沙新华书店《词诠》销售之速，四十余册二日即空，促其速印。”④适可与此信相对照。

两日之间销售了四十余部，足见当时《词诠》的畅销程度。这其中大概有内外两方面的原因：一方面，该书条理清晰、体例科学，又引例丰富、释义全面且辨析精微⑤，于文祖先生谓：“在当时，《词诠》不失为一种解释周、秦、两汉古书虚词的水平较高的工具书”⑥，故而成了文史学者常用书籍，所以甫一出版发行，就在长沙地区销售一空；另一方面，新中国成立以后，随着社会文化的发展，民众对文史书籍的需求逐渐增多，曾在中华书局工作的金兆梓先生在回忆当时的情况时说：“到处听见有‘买不到书’的呼声。”⑦足见当时民众对知识的渴求。杨树达在 1954 年 1 月 31 日的日记中也写道：

编局书告《淮南证闻》印八百部，现只存二十二部。售出之多如此，非所料也。士喜读书，殊可喜也。⑧

---

① 从中华书局出版的第一版《词诠》(1954 年版)的版权页上看，此版《词诠》第一次印刷的实际印数为 2500 册。

② 北京海王村拍卖公司 2019 年春季书刊资料文物拍卖会“近现代名人书札 · 手稿专场”，2019 年 6 月 1 日，编号 0849；又见北京保利国际拍卖有限公司北京保利 2021 秋季拍卖会“百年风云——世界名人字札”，2021 年 12 月 5 日，编号 13134。

③ 北京保利国际拍卖有限公司北京保利 2021 秋季拍卖会“百年风云——世界名人字札”，2021 年 12 月 5 日，编号 13134。

④ 杨树达：《积微翁回忆录》，上海古籍出版社 2013 年版，第 396 页。

⑤ 杨树达著，王术加、范进军校注：《词诠校注 · 前言》，岳麓书社 1996 年版，第 5~7 页。

⑥ 见中华书局 1965 年版《词诠 · 重印说明》。

⑦ 金兆梓：《我在中华书局的三十年》，中华书局编辑部编：《回忆中华书局(1912—1987)》，中华书局 1987 年版，第 233 页。

⑧ 杨树达：《杨树达日记(1948—1954)》，杨柳岸整理，中华书局 2021 年版，第 202 页。

据《杨树达日记(1948—1954)》,《淮南子证闻》一书于1953年9月出版,短短5月间售出了七百多部,受欢迎程度出乎其意料,故而为民众热爱读书感到高兴。语言学家王力对此也有同感,他在1954年6月5日致杨树达的信中说:"吾人以前所出诸书,能售出数千册即属万幸。今者人民文化水平提高,士多悦学,书籍销路激增,销数辄在万册以上。"①可见当时社会民众对文化知识的渴求程度。

总的来说,以上书信的出现,相对清晰地呈现了《词诠》一书在中华书局出版的完整过程,具有较高的史料价值,有助于弥补相关学术史研究的缺环和空白。新中国成立以后,杨树达有多种著作在科学院出版发行,而此次出版《词诠》没有等待科学院,转而选择中华书局,如其所言是希望自己的著作早日面世,"是为文化观点而自己牺牲",足见一代学人的广阔襟怀与豁达风范。以上佚信所呈现的诸多细节,或可看作20世纪50年代学术著作出版与畅销的一个侧面,对研究此一时期的学术史、出版史以及社会文化等问题都颇具价值。

(作者单位:吉林大学考古学院)

① 杨逢彬整理:《积微居友朋书札》,湖南教育出版社1986年版,第86页。

清代学术与文化

读惠栋《周易述》札记十则

□ 漆永祥

【摘要】惠栋是清中叶考据学家之首庸与代表人物，而《周易述》系列又是其学术成就的代表作。惠氏标榜汉学，以汉儒荀爽、虞翻之说为据，抛开王弼、韩康伯之注与唐人义疏，自为注而自疏之，开清儒十三经新疏之先河，具有革新图变的划时代意义。他将《周易》诠释为“赞化育”之书，并纳入儒家《礼》学系统与“中庸”思想以释《易》，力图恢复上古明堂之制与禘祀之礼，来体现自己的治国政行理念，既“学思兼致”，亦“寓治国理政之策于经典训诂之中”，是其学术成就与思想义理的高度体现。

【关键词】惠栋；《周易述》；汉学；宋学；以《礼》释《易》；学术史；思想史

东吴惠氏，为清江南吴县(今属苏州)人。自惠周惕父有声(1608—1677)始，即好汉学，独开蹊径；至惠周惕(1641—1697)、士奇(1671—1741)父子，而其家学渐显；终至惠栋(1697—1758)而集其大成，为清中叶考据学派之首庸与代表人物。今以读惠栋《周易述》之闻思所及，摘为札记十条，以见其《易》成就与学术思想之一斑。

一、“四世传经”之说的背景与言外之意

惠栋治学述古，追溯原委，屡言其家“四世传经”。其友顾栋高亦曰：“盖先生经学，得之半农先生士奇，半农得之砚溪先生周惕，研溪得之朴斋先生有声，历世讲求，始得家法，亦云艰矣。”①又王昶撰钱大昕《墓志铭》称，“君在书院时，吴江沈冠云、元和惠定宇两君，方以经术称吴中。惠君三世传经，其学必求之《十三经注疏》暨《方言》《释名》《释文》诸书，而一衷于许氏《说文》，以洗宋、元来庸熟鄙陋。君推而广之，错综贯串，更多前贤未到之处”②。张舜徽先生论惠氏“三世传经，而栋则昌言四世。自述生平治《易》与《左传》，皆必上溯渊源于其曾祖朴庵公，所谓朴庵公者，名有声，以教授乡里终其身，乃明末一塾师耳。栋标榜家学，必高远其所从来，不能无溢美之辞，斯亦通人一病”③。

---

① 顾栋高：《周易述叙》，《万卷楼文稿》第四册，中国国家图书馆藏清钞本。

② 王昶：《詹事府少詹事钱君墓志铭》，《春融堂集》卷55，《清代诗文集汇编》第358册，上海古籍出版社2010年版，第549页。

③ 张舜徽：《清人文集别录》上册，中华书局1963年版，第143页。

惠栋论学，多有称引有声之说者，故未必皆为标榜家学。清儒治学，喜言家学渊源与师法家法，如江都焦氏（循）、仪征刘氏（台拱）、嘉定钱氏（大昕）、绩溪胡氏（培翚）等，或四世传经，或举族治史，此为清学特质，不特惠氏如此。宋明理学，讲求道统，自朱熹《伊洛渊源录》始，更追叙源流，树旗立帜，横居要路。而清儒自惠栋始，蔑视理学，卑弃道统，采用“放开大路，占领两厢”之策，溯源“学统”，追至孔子、子夏，主张恢复汉学，倡导师承家法。故惠氏等标榜四世传经者，即以“师承家学”与“学统脉络”相呼应尔。

二、惠栋汉《易》之辑佚与提倡师承家法之学

汉儒师法家法之学，魏晋以来，日渐湮没。惠栋以为清初顾炎武、毛奇龄等人治《易》是“非汉非宋，皆思而不学者也”①。又云：“汉人传《易》，各有源流。余尝撰《汉易学》七卷，其说略备。识得汉《易》源流，乃可用汉学解经，否则如朱汉上之《易传》、毛西河之《仲氏易》，鲜不为识者所笑。”②惠氏辑考汉《易》诸家，卷一、二为孟喜，卷三为虞翻，卷四、五为京房附干宝，卷六为郑玄，卷七为荀爽，并别汉《易》为三支。《四库总目》论其意云：“以虞翻次孟喜者，以翻《别传》自称五世传孟氏《易》；以郑玄次京房者，以《后汉书》称玄通京氏《易》也；荀爽别为一卷，则费氏《易》之流派矣。”③惠氏解《易》，以荀爽升降说与虞翻卦变说为主，其曰：“今幸东汉之《易》犹存，荀、虞之说具在，用申师法，以明大义，以溯微言，二千年绝学，庶几未坠。其在兹乎！其在兹乎！”④

惠栋反复三叹，强调师法之重要性，经其辑考，汉《易》梗概略显，对当时学术界的影响极大。如焦循称“东吴惠氏，四世传经；至于征士，学古益精；弼、康告退，荀、虞列庭；例明派别，祛蔽开冥；学者知古，惟君是程”⑤。又《四库总目》论惠栋《九经古义》“曰古义者，汉儒专门训诂之学，得以考见于今者也”⑥。而惠氏《九曜斋笔记》中更辑汉儒之论列“师法”“家法”二条，以供后学者参稽，其家四世传经，相延不绝，更是对这种风气的直接继承。“汉学”旗号，至此打响，从者如云，蔚为显学矣。

三、惠栋对宋代经学之评价：宋儒之祸甚于秦灰

惠栋欲举汉学之大纛，则必降下宋学之旌幡；欲建汉儒之高坛，则必拆宋儒之泥胎。

① 惠栋：《九曜斋笔记》卷2“本朝经学”条，《丛书集成续编》第92册，上海书店出版社1994年版，第514页。

② 惠栋：《九曜斋笔记》卷2“趋庭录”条，《丛书集成续编》第92册，上海书店出版社1994年版，第525~526页。

③ 永瑢等：《四库全书总目》上册，中华书局1965年版，第44页。

④ 惠栋著，郑耕万点校：《易例》卷上“元亨利贞大义”条，中华书局2007年版，第652页。

⑤ 焦循著，刘建臻点校：《读书三十二赞》，《雕菰楼集》卷6，《焦循诗文集》上册，广陵书社2009年版，第115页。

⑥ 永瑢等：《四库全书总目》上册，中华书局1965年版，第277页。

故惠氏对宋代经学进行全面攻驳，第一，认为宋儒不重小学训诂，即“宋儒不识字”①。第二，他认为“汉有经师，宋无经师，汉儒浅而有本，宋儒深而无本”②。第三，惠栋认为宋儒以理释经，凿空无据。如他批评朱熹云：“子曰‘盖有不知而作者’，不知谓不从见闻中所得而凿空妄造者，朱子谓不知其理，郢书燕说，何尝无理！”③第四，惠栋批评宋儒援释道入儒，淆乱六经，如其父士奇所谓“宋人取之，援释入儒，吾无取焉”④。又谓“《三传》幸存，《三礼》残阙，后之学者，不能信而好之，择其善而从之，疑则阙之，徒据《孟子》‘尽信书则不如无书’之说，于是力排而痛诋，以为《礼记》皆汉人伪造，以求购金，则《大学》《中庸》皆不足信，后世俗儒之议论，甚于秦灰矣。呜呼！”⑤惠栋继其父之后，对宋代经学大加排斥，亦称“栋则以为，宋儒之祸甚于秦灰”⑥。此说与后来戴震“酷吏以法杀人，后儒以理杀人”遥相呼应。

就《周易》而论，惠栋以为“辅嗣《易》行无汉学”，“王辅嗣以假像说《易》，根本黄老，而汉经师之义荡然无复有存者矣”⑦。故将精力集中在汉《易》的辑考与研究上，继胡渭之后辨图书之伪甚力。他大声疾呼“说经无以伪乱真，舍《河图》《洛书》《先天图》而后可以言《易》矣，舍‘十六字心传’而后可以言《书》矣”⑧。正因为如此，惠栋后半生倾全力撰著《周易述》一书，在王弼、韩康伯之注与唐人义疏外，自为注而自疏之，开清儒十三经新疏之先河，具有革新图变的划时代意义。

四、惠栋引《礼》解《易》：《易》为“赞化育”之书

关于伏羲画八卦，文王演《易》、孔子作《十翼》，惠栋并无异义，但他不同意《易》为卜筮之书的观点，以为“伏羲用蓍而作八卦，而筮法亦由之而始，后人专谓筮法者，非也。作八卦者，所以赞化育，圣人幽赞于神明而生蓍，赞化育之本也”⑨。又曰：“《易》者，赞化育之书也。其次为寡过，夫子以《易》赞化育（其义详于《中庸》），而言无大过者，谦辞。”⑩又于《说卦传》“昔者圣人之作《易》也，幽赞于神明而生蓍”句疏云：“《说

① 惠栋：《松崖笔记》卷1“主一无适”条，《丛书集成续编》第92册，上海书店出版社1994年版，第474页。

② 惠栋：《九曜斋笔记》卷2“趋庭录”条，《丛书集成续编》第92册，上海书店出版社1994年版，第526页。

③ 惠栋：《九曜斋笔记》卷2“不知而作”条，《丛书集成续编》第92册，上海书店出版社1994年版，第513页。

④ 惠栋：《松崖笔记》卷1“诞先登于岸”条引惠士奇语，《丛书集成续编》第92册，上海书店出版社1994年版，第470页。

⑤ 惠士奇：《半农先生春秋说》卷3，清乾隆吴氏璜川书屋刻本，第37页a~b。

⑥ 李集：《敬堂鹤征录》卷3“惠周惕”条注引惠栋语，《四库未收书辑刊》第2辑第23册，北京出版社1997年版，第596页。

⑦ 惠栋著，郑万耕点校：《易汉学》原序，中华书局2007年版，第513页。

⑧ 惠栋：《九曜斋笔记》卷2“趋庭录”条，《丛书集成续编》第92册，上海书店出版社1994年版，第526页。

⑨ 惠栋著，郑耕万点校：《易例》卷上“伏羲作《易》大义”条，中华书局2007年版，第648页。

⑩ 惠栋著，郑耕万点校：《易例》“易”条，中华书局2007年版，第646页。

卦》先说蓍数、卦爻、重卦之义，二篇次及消息、六子以明《易》之为逆数，然后叙明堂之法，而终之以《既济》，圣人作《易》以赞化育，其义已尽。”①

赞者，助之义；赞化育，即助化育。所谓圣人作《易》，即为助天地、万物、人事之化育，此为作《易》之本，亦即他所说“圣人之作《易》，其始也，幽赞于神明；其终也，明赞于天地”②。《易》为赞化育之书，亦即治国理政之大法，为政治教科书矣。

五、《易》道尚“时中”说

惠栋治汉《易》，在虞翻“乾升坤降”说的基础上，选择了《易》尚“时中”说。其云：“《易》道深矣，一言以蔽之曰：时中。……盖时者举一卦所取之义而言之也，中者举一爻所适之位而言之也。时无定而位有定，故《象》言中不言时，然六位又谓之六虚，唯爻适变，则爻之中亦无定也。位之中者，惟二与五者，汉儒谓之中和。愚谓孔子晚而好《易》，读之韦编三绝而为之传，盖深有味于六十四卦三百八十四爻时中之位，故于《彖》《象》二传言之重词之复。子思作《中庸》，述孔子之意而曰：君子而时中。《孟子》亦曰：孔子圣之时。夫执中之训，肇于中天；时中之义，明于孔子。乃尧、舜以来相传之心法也(据《论语·尧曰》章)。其在《丰》彖曰：天地盈盈，与时消息。在《剥》曰：君子尚消息盈虚，天行也。《文言》曰：知进退存亡而不失其正者，惟圣人乎。皆时中之义也。知时中之义，其于《易》也，思过半矣！”③此说为惠栋论《易》之核心，他还引用其他经典之文以证成其说。如《乾·文言》“君子行此四德者。故曰：乾，元亨利贞”。惠氏疏云：“一阴一阳之谓道。元、亨、利、贞，皆道也。《中庸》曰：苟不至德至道，不凝焉。故云人行之则为德。‘中庸’即中和也。《易》尚中和，君子之德合于中和，故能行此四者以赞化育，与天地合德也。”④

惠栋引《中庸》以证《易》有中和之道，并释“中庸”即“中和”。同时，惠氏还极重卦爻之位是否当位与相应，即他所谓“《易》重当位，其次重应”⑤。《易》尚时中，亦重相应，但并非恒常不动之义，而是在变动之中求得居中与当位，只有通权变，才能行时中，这又与“易”即“变易”之义相一致，故惠栋之“时中”说与卦象中的阴阳、消息、刚柔、升降、飞伏、正反等密切联系，互相为用。不仅如此，惠栋还将其说推广开来，如他认为《诗》尚中和、礼乐尚中和、君道尚中和、建国尚中和、《春秋》尚中和等。⑥ 他还论虞周为“既济”之世，正是“用中”之结果。所谓“大舜执其两端，用其中于民，周公设官分职以为民

---

① 惠栋著，郑耕万点校：《周易述》卷20，中华书局2007年版，第384页。

② 惠栋著，郑耕万点校：《易微言》卷下“幽赞”条，中华书局2007年版，第467页。

③ 惠栋著，郑耕万点校：《易汉学》卷7《荀慈明易·易尚时中说》，中华书局2007年版，第625~626页。

④ 惠栋著，郑耕万点校：《周易述》卷19《文言传》疏，中华书局2007年版，第348页。

⑤ 惠栋著，郑耕万点校：《易例》“易”卷上“当位不当位”条，中华书局2007年版，第673页。

⑥ 惠栋之说，见其《易例》卷上“《诗》尚中和”“礼乐尚中和”“君道尚中和”“建国尚中和”“《春秋》尚中和”“中和”“君道中和”诸条。又《周易述》卷11《象传》上疏云：“子路问强，夫子反诘之曰抑而强与？而，女也。因告之曰：君子和而不流，强哉矫！中立而不倚，强哉矫！是强有中和之义。”

极。极，中也。虞周皆既济之世，赞化育之功同也”①。在惠氏看来，“时中”之说不仅为《易》学甚或儒学之最高准则，亦为经世济民之最重法宝。

正因为如此，惠栋创造性地将《礼记》之《中庸》《礼运》两篇称为《易大义》并为之注(《礼运》注未成)。惠氏以为“子游《礼运》、子思《中庸》，纯是《易》理”②。其在《中庸注》篇题“中庸”二字下即注云：“此仲尼之微言大义，子思传其家学者为此书，非明《易》不能通此书也。”惠氏将《易》之性质依汉儒之说定为赞化育之书，又借《中庸》《礼运》解释其义，这为他将《易》按儒家“中庸”思想作进一步发挥奠定了基础。

六、惠栋《周易述》系列之结构与其“微言大义”

惠栋一生著述繁富，今所存者多达30余种，而尤加致力者则为《周易述》40卷，包括《周易述》21卷、《易微言》2卷、《易大义》3卷、《易例》2卷、《易法》1卷(阙)、《易正讹》1卷(阙)、《明堂大道录》8卷与《禘说》2卷。

惠栋此系列著述，其中《周易述》为全书的核心，彻底抛开王弼、韩康伯之注，以汉儒荀爽、虞翻之说为主，兼采汉魏诸家之说，自为注而自疏之。《易微言》汇辑先秦两汉诸家论说与《易》相契者，逐条列举，以区别于宋儒之义理，“大抵上卷言天道，下卷言人道，所谓义理存乎故训，故训当本汉儒，而周秦诸子可以为之旁证也”③。《易大义》实即《中庸注》2卷与《礼运注》1卷，因为“子游《礼运》、子思《中庸》，纯是《易》理”④。《易例》明《易》之由始，考汉儒传《易》渊流与解释汉儒《易》学原理。大抵上卷明《易》之由来及性质、内容，下卷明汉儒解《易》诸例。《易法》，阙。当为明汉儒释《易》之本例法则。《易正讹》，阙。当为校勘是正文字之作。惠栋认为上古明堂为大教之宫，而禘祀之礼行于其中，其制详载于《周礼·冬官》，《冬官》亡而明堂之法失，然尚寓于《说卦》及汉儒解《易》书中，故著《明堂大道录》《禘说》二书以考明之。书名《大道录》是因为“大道者，取诸《礼运》，盖其道本乎《易》而制寓于明堂，故以署其篇云”⑤。又“因学《易》而得明堂之法，因明堂而知禘之说，于是刺六经为《禘说》，使后之学者知所考焉”⑥。

由以上考辨可知，惠栋诸书绝非率尔之作，而是他久虑在心的系列著述：《周易述》以汉儒之说为主另立新疏，《易微言》《易大义》明《易》之“微言大意”，《易例》《易法》明圣人作《易》之源及汉儒解《易》之本例法则，《易正讹》校历代相沿之讹文误字以复古本之旧，《明堂大道录》与《禘说》钩稽明堂之法与禘礼之制以证《易》为军国大政之用。诸书相互发明，交相为用，融贯一体，不可或缺，为惠栋精心结撰之系列著述。

---

① 惠栋著，郑耕万点校：《易微言》卷下“中”条，中华书局2007年版，第474页。

② 惠栋：《松崖文钞》卷1《上制军尹元长先生书》，《清代诗文集汇编》第284册，上海古籍出版社2010年版，第55页。

③ 钱穆：《中国近三百年学术史》，中华书局1986年版，第325页。

④ 惠栋：《松崖文钞》卷1《上制军尹元长先生书》，《清代诗文集汇编》第284册，上海古籍出版社2010年版，第55页。

⑤ 惠栋：《明堂大道录》卷1《明堂总论》，《续修四库全书》第108册，上海古籍出版社2002年版，第546页。

⑥ 惠栋：《禘说》卷上《叙首》，《续修四库全书》第108册，上海古籍出版社2002年版，第529页。

因惠栋早逝，诸书或阙或杂，刊行于世也先后不一，又少序跋之文以明其旨，故当时人便对惠氏之意不甚了了，妄加论断。如《四库总目》谓《易微言》“皆杂录旧说以备参考，他时葳事，则此为当弃之糟粕，非欲别勒一篇附诸注疏之末。故其文皆随得随书，未经诠次，栋没之后，其门人过尊师说，并未定残稿而刻之，实非栋本意也”。又论《易例》乃“随手题识，笔之于册，以储作论之材”①。这种臆断之词适与惠栋之意相反。即惠氏弟子江藩虽刻其太夫子之书，然对惠栋本意也并不明了，故误读误传，以至于今也。

七、惠栋校刊本《周易集解》与自撰《周易述》之改字

惠栋为卢见曾校刻雅雨堂本《周易集解》及自撰《周易述》，改字颇多。惠氏谓“《释文》所载古文，皆薛、虞、傅氏之说，必有据。依郑康成《传》，费氏《易》多得古字，云其称《易》，孟氏皆古文。虞仲翔五世传孟氏《易》，故所采三家说为多。诸家异同，动盈数百，然此七十余字皆卓然无疑当改正者。”②其所改易，如《小畜》九三“舆说辐”为“腹”，《泰》六四“翩翩”为“偏偏”，《同人》九四“乘其墉”为“庸”，《咸》初六“咸其拇”为“母”，《明夷》六五“箕子之明夷”为“其子”，《睽》上九“后说之弧”为“壶”，《井》“羸其瓶”为“累”等，实不止七十余字。后来学者臧庸曾驳惠氏“好用古字，顿改前人面目，以致疑惑来者，亦非小失，伊所校刻李鼎祚《易集解》，其经与开成石刻、孔氏《正义》往往互异，初以为有本，后乃疑之，何其与古多合。近在吴门，得一明刻板勘对，始知《雅雨堂丛书》不足据。李《易》本与今本不殊，其异者皆惠所私改，向为所欺，至今斯觉，意当世必有同受病者，不敢不为一告也”③。又陈澧亦曾论曰：“江氏(声)好改经字，乃惠定宇之派。虽云好古，而适足以为病也。”④

惠栋所改之字，多为改今文从古文，或改俗字从古字，究实而论，多不必改。然惠氏坚称“卓然无疑当改正者”，乃改宋从汉，改《易》从《礼》，改周公而从文王，改卜筮之术为理政之策，若徒以字之正误评骘其改字之由，是读惠氏之书而未悟其深意耳。

八、“伏羲”“箕子”之诂解及用意

惠栋释“伏羲”之义云：“庖牺，孟、京作伏戏。许慎以《易》孟氏为古文，故知古文作伏戏。伏读为服，戏读为化，古训音与义并举，故云伏，服也；戏，化也。伏戏为太昊有天下之号，伏戏画八卦以治天下，始于幽赞，终于赞化育，故天下伏而化之。”⑤

又关于爻辞，孔颖达《正义》据马融、陆绩之说，以为周公所作。证据为《明夷·六

① 永瑢等：《四库全书总目》上册，中华书局1965年版，第44页。

② 惠栋：《九经古义》卷2《周易古义》下，《丛书集成初编》第254册，第18~20页。

③ 臧庸：《拜经日记》卷8“私改周易集解”条，《续修四库全书》第1158册，上海古籍出版社2002年版，第123页。

④ 陈澧：《东塾读书记》卷5《尚书》，生活·读书·新知三联书店1998年版，第94页。

⑤ 惠栋著，郑耕万点校：《周易述》卷17《系辞下传》，中华书局2007年版，第305页。

五》“箕子”，《升·六四》“王用享于岐山”等语皆指文王以后事。惠栋从郑玄说，以为爻辞为文王作。其云：“蜀才从古文作‘其子’，今从之。‘其’古音‘亥’，亦作‘萁’。刘向曰：今《易》‘萁子’作‘荄兹’。荀爽据以为说。盖读‘萁子’为‘荄兹’，古文作‘萁子’，‘其’与‘亥’，‘子’与‘兹’，字异而音义同。……马融俗儒，不识七十子传《易》之大义，以《彖传》有箕子之文，遂以箕子当五。寻五为天子位，箕子，臣也，而当君位，乖于《易》例，逆孰大焉。谬种流传，兆于西汉！”①惠栋又引用《淮南子》《三统历》等书为证，并驳马融说不合《易》例。

惠栋释词，貌似因音求义，实则拘形索义，望文生训。考伏戏，或作伏羲、宓羲、庖牺、包牺等。戏、羲、牺古属歌部，伏、庖并母字，包，帮母字，皆读重唇，故字异而音同，然绝无“伏而化之”之义。又郑玄读“箕子”为“荄兹”，王应麟就批评“其说近乎凿”，讥刺“喜新厌常，其不为‘荄兹’者几稀”②。惠栋对王氏之说并非不知，但还是遵信郑义。嘉庆时学者张澍亦驳惠氏“此说大谬”。王引之《经义述闻·尚书上》中批评惠栋等曰：“古字通用，存乎声音，今之学者不求诸声而但求诸形，固宜其说之多谬也。”

就清代小学之发展而论，惠栋之时，虽前有顾炎武等人离析古韵，但大规模的更革尚要待江永、戴震、钱大昕、段玉裁等人来开辟，因此惠氏以小学治经，水平与成就不及戴、钱诸家，然其以“伏羲”为“伏而化之”，是为其进一步解释《周易》乃“赞化育”之书服务；而释“箕子”为“其子”为“荄兹”，则为将爻辞之创作权归之文王服务。其训释之选择，皆具别意，不如此则不能通贯其说，所谓以小学训诂之法而借寓其解《易》之理耳。

九、惠栋《易》学中之大同世界：复原明堂制度与禘祭礼式之目的

惠栋《明堂总论》：“明堂为天子大庙，禘祭、宗祀、朝觐、耕籍、养老、尊贤、飨射、献俘、治历、望气、告朔、行政，皆行于其中，故为大教之宫。”③又其《说卦传》“帝出乎震……成言乎艮”句注曰：“王者行大享之礼于明堂，谓之禘、郊、祖、宗四大祭，而总谓之禘者，禘其祖之所自出也。一帝配天，功臣从祀。圣人居天子之位，以一德贯三才，行配天之祭，推人道以接天，天神降，地示出，人鬼格。夫然而阴阳和，风雨顺，五谷熟，草木茂，民无鄙恶，物无疵厉，群生咸遂，各尽其气，威厉不试，风俗纯美，四夷宾服，诸物之福，可致之详，无不毕至，所谓《既济》定也。庖牺画八卦以赞化育，其道如此。”

惠栋撰《明道大道录》与《禘说》，本为治《礼》著作，然他归入《周易述》系列，即因为他认为明堂与禘祭关系朝章国典甚大，明堂几乎是国家最高权力机关的议事中心和办公大厅，与国家兴衰和百姓福祉有着密不可分的关系，其中寓有其理想之社会。惠栋描绘了一

① 惠栋著，郑耕万点校：《周易述》卷5《明夷》，中华书局2007年版，第102页。

② 王应麟：《郑氏周易注》序，《丛书集成初编》第383册，第1页。

③ 惠栋：《明堂大道录》卷1《明堂总论》，《续修四库全书》第108册，上海古籍出版社2002年版，第545页。

幅天人合一、万物咸熙的人间太平盛世景象，令人心驰而神往！毫无疑问，“雅不欲仅以经师自命”的他力图恢复上古明堂之制与禘祀之礼①，有着浓厚的复古致用思想，其研究汉《易》的学术目的后面，隐藏着同样浓厚的治世致用思想与经世济民之策。

一〇、屁股总会偏向板凳的一头：象数与义理之虚实与矛盾

惠栋治《易》，在自《易传》以来的象数与义理之争中毫无保留地选择了象数，原因除了东汉学者治象数外，他还认为象数实而义理虚。继惠栋之后精研虞翻《易》的张惠言亦云：“夫理者无迹，而象者可依。舍象而言理，虽姬、孔靡所据以辩言证词，而况多歧之说哉！设使汉之师儒，比事合象，推爻附卦，明示后之学者，有所依逐，至于今，曲学之响，千喙一沸，或不至此。虽然，夫《易》，广矣，大矣。象无所不具，而事著于一端，则吾未见汉儒之言之略也。”②既然“象无所不具而事著于一端”，则依象释义就是理所当然的了。例如荀九家逸象五十一种，见于《经典释文》，而虞翻八卦取象又十倍于九家，即乾象一门，如乾为王、为神、为人、为圣人，等等，多达三百二十余类，惠栋皆深信不疑，并引据以解《易》。如其释《井》卦卦象曰：“《泰》初之五，与《噬嗑》旁通，《坎》为水，《巽》木为桔槔，《离》为瓶，《兑》为泉口。桔槔引瓶下入泉口，汲水而出，《井》之象。”③此注殆同天语，皆本虞翻、郑玄之说。今试释之：所谓《泰》初之五，是说《泰》(䷊)初爻升至五位，五爻降至初位则成《井》(䷯)，此言卦象之所从来。《井》与《噬嗑》(䷔)爻象相反，为旁通卦。《井》外卦为《坎》(☵)，《坎》为水之象；内卦为《巽》(☴)，《巽》为木之象，爻象后重前轻为桔槔状。又《井》之二三四爻组成《兑》(☱)，三四五爻组成《离》(☲)，《离》《兑》合成《睽》(䷥)，为《井》之互体卦。《离》之爻象外坚中虚为瓶，《兑》之爻象上虚下实为暗泽泉口。《井》之卦象自内向外为桔槔引瓶下入泉口，汲水而出之样态，故此卦名为《井》卦。如此释卦，貌似援象释卦，实有据依，但实际上同宋儒以理释卦其实没有什么大的区别，同归虚妄而已。

惠栋为清中叶考据学之先导大师，其学影响后来甚大。汉学炽盛，宋学衰微，考据学成为显学，一时如长江大河，莫之能御。近现代以来，如梁启超、胡适、杜维运、金观涛等学者，受西学浸染与胁持，将清代考据学与西方学术作比较，认为考据学家有历史眼光、科学方法、注重证据并作归纳与推理相结合的研究，因此证其确有科学精神，甚或以为与19世纪德国史学家兰克及其学派相近。但美国学者艾尔曼认为，清代考据学家对自然界和数学充满了好奇，但是支配了他们学术的语言学偏见，并没有独立支持对自然界按部就班地加以量化的研究和实验。余英时以为儒家智识主义逐渐流为文献主义的过程中，只有戴震和章学诚的思想蕴藏着明显的义理脉络。从“学思兼致”的角度说，清儒更像是

---

① 陈黄中：《惠征君墓志铭》，钱仪吉纂，靳斯校点：《碑传集》第11册，中华书局1993年版，第3983页。

② 张惠言：《茗柯文二编》卷上《〈周易虞氏易〉序》，《清代诗文集汇编》第466册，上海古籍出版社2010年版，第483页。

③ 惠栋著，郑耕万点校：《周易述》卷5《井卦》，中华书局2007年版，第136页。

"寓思于学"。①

清代考据学家标榜汉学，反对宋学，提倡学统，卑视道统，抛开宋明，直承两汉；又蔑弃释道，视如异端。即惠栋治《易》，遵从汉学，于象数、义理二者，择象数而弃义理；而象数之中，又以象释卦而不言数。即此可知，考据学家之治学，已是偏中又偏，充满门户之见，与其倡导的"实事求是"与"不设门阈"之旨相悬万里。故梁启超等所论"纯任客观"，已是打上了大大的问号。就考据学家成就最大的文字、音韵、训诂之学，也是在带有底色基础上的"客观"选择，而非真正的实事求是。任何时代之任何学者，其屁股皆不可能坐在板凳之正中间，随其好恶终会偏向一头，惠栋诸人，也概莫能免。

就惠栋的《易》学研究而论，他坚执汉《易》，既有对宋代经学的反感，又有强烈的现实针对性。他将《周易》理解为"赞化育"之书，并纳入儒家《礼》学系统以释《易》，用"中庸"思想、明堂之制与禘祀之礼来表达自己的治国理政观念，既"学思兼致"，更"寓治国理政之策于经典训诂之中"，是其学术成就与《易》学思想的高度体现，在清代学术史与思想史上，应有其重要的地位。后人不读惠栋之书，不能察其心志，仅凭梁启超评价其"凡汉皆好""凡古皆真"，即给惠氏戴上"两个凡是"之帽子，认为其汲汲乎辑佚考据，甚无义理思想可言，实为极大之不公！

（作者单位：北京大学中国语言文学系）

① 诸家所论，详参胡适《戴东原的哲学》，梁启超《清代学术概论》，杜维运《清代史学与史家》，丘为君《戴震学的形成：知识论述在近代中国的诞生》，艾尔曼著、原祖杰等译《科学在中国(1550—1900)》，余英时《论戴震与章学诚：清代中期学术思想史研究》诸书相关论述。又参杨念群：《清代考据学的科学解释与现代想象》，《史学史研究》2019 年第 2 期，第 47~60 页。

戴震科举仕宦问题考察与思考

□ 潘定武

【摘要】戴震的科举仕宦之路可谓艰难曲折，考察戴震的人生历程与其所处的学术文化环境，可以看到，遭受身心巨大压力的戴震一生未曾放弃科举仕宦，但又绝非热衷于科举功名。戴震始终没有因为屡踬科场而随波逐流，迎合时俗；戴震晚年所著《孟子字义疏证》，更不是为迎合乾隆意旨，而是为批判“今之治人者”，为“正人心”而作。

【关键词】戴震；科举；仕宦；功名

在学者云集的乾嘉时期，戴震(1724—1777)因其在文字、音韵、训诂、考据、经学以及天文历算、地理、数学等自然科学方面取得的杰出成就而被视为学坛领袖，又以《孟子字义疏证》《原善》《绪言》等著作而成为清代乃至中国古代杰出的思想家。

荣格认为：“人的心理是一切科学和艺术赖以产生的母体。”①综观戴震的一生，贫寒小商人的家庭出身使其意志在早年即得到磨炼，并熟知民间疾苦；徽州理学氤氲的大环境中，相对自由的家庭环境，培养了戴震不羁以至不合世俗的思想；家境的艰难，使戴震虽早年即有志于闻道，求学路径与科举之途渐行渐远，而仍始终希冀于科举以改变自身及家庭的困境。从治学经历看，戴震自十七岁即有志闻道，在早期颇受朱子理学思想和治学理路的影响，随着眼界的扩展与思想的深入，对理学流弊认识渐深且予以激烈批判。尤为值得注意的是，戴震借疏证《孟子》字义批判理学，其着眼点实在现实，在“今之治人者”。戴震试图通过“以字通词，以词通道”的路径，在拨正旧理学的基础上建立体情遂欲、通达民情的新理学。深入了解戴震的科举仕宦等人生困境及其在困境中形成的复杂心理，对于认识戴震的为人、为学与其思想无疑都十分必要。

一、坎坷的科举仕宦之路

宋、元、明、清以来，徽州文风馥郁，明中叶以后，巨贾遍地，戴震生于休宁隆阜一个贫寒的小布商家庭。因无力聘请私塾，戴震十岁时方入村塾读书，十八岁时，又不得不

① ［瑞士］荣格：《心理学与文学》，冯川、苏克译，生活·读书·新知三联书店 1987 年版，第 124 页。

随父经商，赴赣、闽一带。二十岁回乡后，有幸得到同邑前辈程恂的赏识，在程恂的引荐下，又得以结识并师从徽州婺源大儒江永，后又与方矩、郑牧、程瑶田等同师江永于歙县西溪汪梧凤之不疏园。乾隆十九年(1754)，已过而立之年的戴震因祖坟纠纷得罪乡里豪强，只身远赴京师。因很快结交新科进士钱大昕、纪昀等人，戴震不久即以其渊博学识获誉于京师，跻身京师乃至全国学术名流，但当时身份仅为一介秀才。钱大昕《戴先生震传》载："年三十余，策蹇至京师，困于逆旅，饘粥几不继，人皆目为狂生。一日，携其所著书过予斋，谈论竟日，既去，予目送之，叹曰：'天下奇才也！'"①段玉裁《戴东原先生年谱》更曰："(先生)乃脱身挟策入都，行李衣服无有也。寄旅于歙县会馆，饘粥或不继，而歌声出金石。是时纪太史昀、王太史鸣盛、钱太史大昕、王中翰昶、朱太史筠，俱甲戌进士，以学问名一时，耳先生名，往访之。叩其学，听其言，观其书，莫不击节叹赏。于是声重京师，名公卿争相交焉。"②

戴震虽因其学识而令京师学者叹赏，但贫困的处境，低微的出身，使其始终与钱大昕、纪昀等有着巨大的落差，心理处于巨大的压力之中，其狂傲的表现毋宁说是遭受物质和精神双重重压的反弹。虽有秦蕙田延其与纂《五礼通考》，纪昀、王安国先后请为家教，解决一时衣食，但大多情况下仍居无定所，更无稳定的经济来源。缺少进士的光环，一夜成名的戴震并没有也绝无可能获得与纪昀、王昶等人同等尊贵的社会地位。随后约二十年中，戴震往来奔波于燕、晋、鲁、吴、赣、越等地，在为衣食所驱而奔走劳顿的同时，竟没有放弃一次会试的机会，前后参加会试达六次之多，而其高足段玉裁仅两次会试落第后即彻底告别科场。了解到戴震长期所受的巨大的身心压力，也就能够明白乾隆三十八年(1773)当纪昀等人推荐其入四库全书馆时，戴震内心对此所寄的期望。戴震在馆，虽以超人的勤奋整理校订文献，却仍然不能改变其拮据的困境，不但居无定所，而且收入极为微薄。除戴震等寥寥数人属征召入馆外，其余四库馆臣均来自翰林院等朝廷机构，虽官衔不一，但皆享有俸禄，入馆后俸禄不变。而戴震入馆前并无一官半职，无法享受与其他四库馆臣相同的待遇。

关于戴震主校的官校本《水经注》的争执，二百余年来可谓尘埃屡起，竟酿成一桩学术重案。贬戴者如魏源、王国维、孟森等纷纷指责其伪托《永乐大典》，窃据赵一清《水经注释》成果而成之；现代以来，胡适等人反复论证戴震并无剿袭赵一清之动机与事实，但仍无法完全释疑；近来又有学者分析认为，官校本《水经注》早为乾隆定调，故戴震只能被谕旨"痛苦地牵着鼻子走"③，可谓切中要害。但仔细分析，戴震在被动之中又并不排除主动的成分。戴震于乾隆三十八年仲秋入馆，三十九年二月方正式接手整理《水经注》，当年十月即将40卷《水经注》校毕，整理之勤勉、高效可见一斑。然据于敏中《于文襄手札》之三十四札云："耳山(按：陆锡熊字健男，号耳山)年兄上报曾有字否，记匆冗时一阅，欲留俟下报再复，今日遍检不得，不知所言云何，下报寄知，并复。接读手教，得悉种种，《意林》一事容俟从容再复。顷接李少司空(按：即李友棠，时任《四库全书》副总

① 钱大昕：《潜研堂集》，上海古籍出版社2009年版，第711页。

② 段玉裁：《戴东原先生年谱》，《戴震文集》附录，中华书局1980年版，第221页。

③ 杨应芹：《御用之作与独立研究的终极成果——戴震两种不同版本的〈水经注〉》，《文史哲》2014年第2期，第97~106页。

裁)札，以《水经注》尚有可商者，不可不酌，求其是。愚学殖浅薄，不敢轻议，且相隔甚远，尤难彼此折中。此事知东园(按：即东原)深费苦心，且向曾探讨及此，自当有所依据，其中或尚有应行酌定者，不妨再为复核。大农处亦有札致李公原书并希于便中检阅。”①且据庞鸿书《读水经注小识·叙略》记载：“闻之戴氏之入四库馆，于馆中诸公为后进。戴性又傲，不肯下人，诸公颇齮龁之，其所校勘不尽从也。纪文达虽与戴善，而议论亦时有异同(原注：见之《文达集》中)。故《水经注》武英殿本卷首题要虽题东原之名，而校录时实杂出诸公之手，已非戴氏之旧。以书经乙览，自后遂无敢异词。”庞氏又言：“此说先祖得之歙程春海先生。程于戴为同郡后进，其语固可信矣。”②庞氏所记可见戴震在馆及校勘《水经注》并不顺利，甚至身处痛苦之中。总之，当时关于《水经注》校勘，四库馆中意见分歧较大，且一度引起矛盾，致使总裁于敏中不得不出面调停。更主要的是，一方面戴震在受召入馆之后，的确甚为勤勉主动，特别是因之前长期关注、研究《水经注》，其主动承揽确在情理之中。而另一方面，戴震虽为主纂人，非但不能左右意见，而且遭受颇大的压力③，几乎完全身不由己，而又不得不勉力为之。在如此的压力之下，戴震仍高效地主持完成了《水经注》纂修，主因当是为了摆脱其身份和经济上的巨大困境。

据《清高宗实录》，乾隆三十八年七月十一日戊辰，“又谕：前据办理四库全书总裁奏请将进士邵晋涵、周永年、余集，举人戴震、杨昌霖调取来京，同司校勘，业经降旨允行。但念伊等见在尚无职任，自当予以登进士之途，以示鼓励。着该总裁等留心试看年余，如果行走勤勉，实于办书有益，其进士出身者，准其与壬辰科庶吉士一体散馆；举人则准其与下科新进士一体殿试，候朕酌量降旨录用。钦此”④。可见戴震入馆之初，实属试用察看，其能否留馆乃至能否进身，全看自身表现是否勤勉与合格。戴震虽学识渊博，但出身低微，长期困顿，多年出入科场，年入不惑方始中举，其后十数年间，五次会试而落第，身心无疑备受压抑与煎熬。知命之年获召进京入馆，这对戴震来说既是蒙幸，更是难得的进身良机，何况编纂《四库全书》本是空前的文化盛举，故他绝对小心珍重并表现异常勤勉，以期获得乾隆首肯而得以留用并晋升。同时，戴震也努力赢得四库馆总裁等人的好感。乾隆三十八年，总裁裘日修不幸病逝，戴震代总裁于敏中为裘日修撰作墓志铭；乾隆四十一年(1776)，于敏中因平定两金川之乱有功，乾隆特予恩赐，戴震则作《于公敏中颂》，极力称颂于氏其德其能，文辞典重而华美。

戴震正是由于入馆后表现优异，故于乾隆四十年第六次会试再遭落第后，得以奉命与乙未科贡士一体殿试，终获赐同进士出身，并授翰林院庶吉士。而因心怀感激，乾隆四十一年春，两金川平定捷报传至四库馆之时，戴震撰作《平定两金川大功告成颂》⑤，宏扬圣德，亦属欣然命笔，诚如其《颂》中所言：“职当歌咏，敢作颂声，以播休美。”

---

① 于敏中：《于文襄公手札》，国家图书馆出版社2012年手稿影印本。

② 庞鸿书：《读水经注小识》卷首《叙略》，光绪三十年石印本。

③ 这种压力首先是四库馆臣全体遭受于皇帝而又传导给戴震，当也有戴震自身被特召入馆、处境艰难，不得不勉力自保而引起。

④ 《高宗纯皇帝实录》卷938，《清实录》第20册，中华书局1986年版，第654页。

⑤ 戴震等：《平定两金川大功告成颂并纪》，奏折本，吉林省图书馆藏。

二、对戴震科举仕宦问题的思考

戴震作为乾嘉学术的代表，亦是卓绝一世的思想家，虽出生于文化底蕴深厚的徽州，而所受的却是非常规式的教育。布衣小贩的家庭，相对自由的学习氛围，造就了戴震独立思考、敢于怀疑的能力，然亦养成其“介特，多与物忤，落落不自得”①的个性。但戴震绝非盲目自大、恃才傲物之流，弱冠的戴震获知于程恂，得其嘉许和勉励，又因程恂而拜识大儒江永。年轻的戴震一面积极准备应试，一面与江永、程瑶田、金榜等师友密切交游，砥砺琢磨，相得甚欢。在江永诸弟子中，戴震无疑最得真传，故皖派朴学，江永导路，而戴震纛旗。早期戴震在以歙县汪梧凤不疏园为中心而形成的第一个学术圈，无疑是其下一个更大、层次更高学术圈的坚实基础。入京之后，因精博的学识与“孤介”的性格，戴震一方面赢得了众多京师学人的青睐，一方面也与部分学者产生摩擦甚至较深的矛盾。无论如何，戴震积极融入并立足京师高级学术圈的愿望是不言而喻的。但是，既无正规出身(戴震年近而立方才补县学生，入京时尚未中举)，又无家族势力的一介贫儒，想要立足京师谈何容易。故戴震虽赢得了颇高的学术声誉，而仍不得不为衣食等奔波。如果说戴震入京之前未必真正关注科举仕进，入京后的经历无疑向他传达了科举的重要性。主要因为无正规出身而难以立足京师，更无法进入权力政治圈中，所以，对戴震来说，学术圈的扩大、文化空间的开放，一方面是一次重要的自我提升，一方面也给他带来空前的内外压力。

在中国传统文化环境中，文化学术与权力政治之间并非只有矛盾而无一致，也许正是这种文化与权力之间的张力，更加吸引了无数传统的学者文人苦苦寻找进身阶梯，乃至不惜沉浮于宦海恶浪之中。经过近廿年游走的戴震终于名正言顺地被召入京，其积极把握时机并企图获得进身的努力可谓显而易见，其精心结撰、欣然进奏《平定两金川大功告成颂》和热烈颂美总裁于敏中也就完全可以理解。然而，尽管戴震似乎获得了恩遇，被授翰林院庶吉士并继续从事《四库全书》编校工作，但微薄的收入使他仍然摆脱不了困苦的折磨，无法承受家庭重担，不得不依赖早时弟子汪灼(按：汪梧凤次子)的接济。艰难的处境迅速消耗了戴震的身体，入馆不足四年，一代大儒竟溘然病卒于京师。

纵观戴震一生，弱冠之后即应县考，年近而立方补县学生；后经历多次北闱、江南乡试，不惑之年终成举人；而后六次会试，竟赖乾隆特赐方成进士，其科场之困顿可想而知。戴震自十七岁即有志闻道，故其执着科考当非因热衷功名，但现实的残酷，处境的无奈，使他深知其中三昧。王国维作《聚珍本戴校〈水经注〉跋》谓“东原学问才力，固自横绝一世，然自视过高，骛名亦甚”②，未必属实。孟森谓戴震所以窃据赵一清《水经注释》，乃因其睹乾隆下谕而动心，急欲办一大著作而获得乾隆赏识，③ 考察戴震彼时处境，此种分析确有一定合理成分。

然而，矢志追求“其得于学，不以人蔽己，不以己自蔽；不为一时之名，亦不期后世

① 钱大昕：《潜研堂集》，上海古籍出版社 2009 年版，第 711 页。

② 王国维：《观堂集林》，河北教育出版社 2001 年版，第 366~367 页。

③ 孟森：《畿辅安澜志与赵戴两书公案》，《读书季刊》1936 年第 12 期。

之名”(戴震《答郑丈用牧书》)的戴震，定然不会因为屡踬科场而随波逐流，迎合时俗。胡虔《柿叶轩笔记》记载：“戴东原(震)数应礼部试，分校者争欲致之门下，每于三场五策中物色之不可得。既乃知其对策甚空，诸公以戴淹雅精卓无伦比，而策则如无学者，大是异事。钱辛楣詹事(按：钱大昕)曰：‘此东原之所以为东原也。’戴中壬午江南乡试，年四十矣，出青田韩锡胙房。其文诘诎，几不可句读。后以征修四库书得庶吉士。”①此则笔记正从侧面揭示了戴震的为人，也揭示了戴震科场不顺的重要原因。

稍前于戴震的吴敬梓，科场失意后以辛辣而又悲凉之笔写尽当时科举之弊，戴震则经过深刻的思考，将批判之矛直指制度背后的文化思想。然而，尽管戴震具有如此深刻的批评精神，自身却深陷科举功名的困境，其身后横生巨大的争议亦与此不无关系。我们虽然理解并同情戴震的境遇，并深知戴震与追名逐利之辈截然有着天壤之别，但却无法一扫笼罩于戴震生前身后的种种疑云。

三、戴震“热衷科举功名”等问题辨析

祝总斌先生曾撰文批评戴震“终生热衷科举功名”，并称戴震为此不惜“吹捧清帝为关心民瘼的‘圣天子’”②。近期，乔治忠先生著文，则称戴震乾隆十九年所谓为避难而赴京纯属敷衍其师江永之词，实质是戴震早有赴京追求功名之念；因戴震“丢掉初心，曲学阿世”，江永与之断绝师生关系云云。③ 对于以上二位先生的论断，似乎有必要略作分析。

如前所述，戴震赴京之后，身心始终承受着巨大的压力，因此，对科举始终没有放弃追求，他数次参加乡试，尤其是六次参加会试，确是明证。但戴震是否“终生热衷科举功名”，仍值得商讨。

首先，早年的戴震矢志求学，尤其是在汪梧凤不疏园中与江永等师友论学时期，几乎淡忘于科举，确如洪榜《戴先生行状》称：“先生学日进而遇日益穷，年近三十乃补县学生，用是绝志举子业，覃思著述，家屡空而励志愈专。”④至于戴震于乾隆十九年赴京，则确因避难，段玉裁《戴东原先生年谱》所述暂且勿论，卢文弨《与程致堂以道进士书》最可证明，卢氏书曰：“贵乡戴东原兄，仆重其学问，与之定交。今闻其因祖坟事与贤从兄弟将生嫌郤，此固戴氏不肖子孙为之，然其群子姓中，苟少有人心者，自不容见其先世百余年藏魄之所，一旦受侵削震惊之患，亦漠然袖手缄口，不一校计。此在常情尚不出此，况于贤者。在贵族初买之时，必不知为戴氏祖坟之地，今则已知之矣，卜地以葬，求其安吾亲也……是在我方欲求福，乃反以之招怨而犯怒，讦讼由之而起，衅仇由之而深，恐亦非贵族之利也。年兄天属相关，诚宜及早调处，如其昭然远见，举地相让，以安两家之先灵，此其于仁智孝慈之道，兼备无憾。戴氏子孙，宜何如感戢也!”⑤乾隆二十三年

① 胡虔：《柿叶轩笔记》，《续修四库全书》第1158册，上海古籍出版社2002年版，第38页。

② 祝总斌：《试论戴震理欲说与其人品的关系》，《北大史学》15，北京大学出版社2010年版，第182页。

③ 乔治忠：《戴震“背师”问题析论》，《史学月刊》2022年第12期，第120页。

④ 洪榜：《初堂遗稿》卷1，《清代诗文集汇编》第410册，上海古籍出版社2010年版，第95页。

⑤ 卢文弨：《抱经堂文集》卷18，《续修四库全书》第1432册，上海古籍出版社2002年版，第701~702页。

(1758)，戴震欲自扬州返乡，好友卢文弨致信休宁进士程以道。据卢氏所述可知，当初，因戴氏族人私自出售祖坟与程氏，戴震获知，力争之，反被诬告，势单力薄的戴震无奈之下被迫远走京师。戴震为避祸而背井离乡之事实甚明，因此，乔先生称所谓“避难赴京”乃是戴震为追求功名而敷衍其师，似属失考；而称江永因此与戴震断绝师生关系，似更未达一间。江永晚年有《答戴生东原书》曰：“暮年得两知己，天资敏妙，志识不凡，可与剧谈天地古今，甚慰平生夙愿。聚首两三日，未罄鄙怀，相距非遥，所欲言者，笔札可代。”①江永始终以得到戴震这样的弟子为欣慰，恐并未与其断绝师生关系。而江永甫一逝世，戴震即撰《江慎修先生事略状》数千字长文，并精心整理江永遗著以俟传诸后世，于此亦可反观江、戴之师生关系。

其次，戴震后期虽始终不放弃科考，但与热衷追求功名之徒并非同流。如前所论，戴震始终不愿为科考而改变自己的学术志趣，甚至不愿为迎合时俗而暂时勉强自己。戴震乾隆二十七年参加江南乡试的三篇制义即颇能说明问题，此三篇制义并不刻意遵循程式，而议论高古，其房师韩锡胙感叹：“直写胸中所见，竟似汉人经疏，若论制艺体裁，原应如此。惜难为帖括者道也。”②至于祝先生所谓戴震文字中称乾隆为“圣天子”，尽人皆知，封建时代对当朝帝王最为普遍的通称即“圣天子”或“明天子”，即便再有微词，也得口诵“圣主明君”，此与是否巴结逢迎其实无涉。反之，戴震所著《原善》《孟子字义疏证》等，屡屡批判“今之治人者”罔顾民生疾苦，虽非完全指向当今帝王，但无疑是隐含着当今帝王的。而我们看同时代著名学者章学诚，于其《丙辰札记》中大倡其言：“自唐虞三代以还，得天下之正者，未有如我大清。魏、晋、唐、宋之禅让固无论矣，即汉与元，皆是征诛而得天下。然汉自灭秦，而元自灭宋，虽未尝不正，而鼎革相接，则新朝史官之视胜国，犹不能无仇敌之嫌。惟我朝以讨贼入关，继绝兴废，褒忠录义，天与人归。而于故明但有存恤之德，毫无鼎革之嫌。”③章氏为颂扬今朝，几乎罔顾事实，至欲令故明感戴今朝。章学诚与戴震均困顿一生，而为学总体实事求是，如此颂美清朝，颇令人费解。

再者，戴震于乾隆三十八年被特召入四库全书馆，确曾有荣幸和蒙恩之感。其入馆之后，也甚为勤勉，至乾隆四十一年春两金川之乱平定，戴震欣然撰作《平定两金川大功告成颂》，均能见出戴震对仕进的期盼。但入馆后俸禄的稀薄，尤其是老父离京返乡，使戴震在乾隆三十九年冬即已蒙生辞去馆事、离京南下以赡养双亲之念；翌年，戴震罹患足疾，南下之念愈来愈烈。④ 祝总斌先生谓：“以他强烈的功名利禄心推测，戴震原本当以为还有很长寿命可活，因而力图通过再一次会试取得功名，由学术向政治上发展。”⑤如按祝先生所言，戴震断不会有远离京师政治中心，尤其是远离帝王左右之念。祝先生治史严

---

① 江永：《善余堂文集》，《清代诗文集汇编》第248册，上海古籍出版社2010年版，第419页。

② 参见潘定武：《戴震乡试制艺三篇述略》，《黄山学院学报》2019年第2期。戴震制艺文见《乾隆壬午科江南乡试诗四房同门录》，清刻本，温州市图书馆藏。

③ 章学诚：《乙卯札记·丙辰札记·知非日札》，中华书局1986年版，第67页。

④ 段玉裁辑：《戴东原先生札册》，杨应芹、诸伟奇主编：《戴震全书》修订本第六册，黄山书社2010年版，第525~534页。

⑤ 祝总斌：《试论戴震理欲说与其人品的关系》，《北大史学》15，北京大学出版社2010年版，第198~199页。

谨，然于此点未免失之主观。

祝总斌先生又说，戴震晚年著《孟子字义疏证》(简称《疏证》)，乃是“希望配合乾隆政治上指斥、从思想文化方面对程朱落井下石，以邀‘圣眷’”，并据《疏证》“其(按：程朱)所谓欲，乃帝王之所尽心于民”之语，断定戴震著《疏证》纯为邀功邀宠于乾隆。① 我们且不论乾隆对程朱理学虽有所不满，但绝不代表其完全否定乃至打倒程朱，② 也不论《疏证》之中屡次批判“今之治人者”是否会触怒当朝，更不论《疏证》一出，即遭到彭绍升、朱筠、章学诚乃至戴震至交纪昀等的反对(彭、朱、章、纪等人均为清廷维护者，纪昀更是忠心于乾隆之人)，但就祝先生所引《疏证》之前后，即可看出端倪。《疏证》卷下曰：“古之言理也，就人之情欲求之，使无疵之为理；今之言理也，离人之情欲求之，使之忍而不顾之为理。此理欲之辨，适以穷天下之人尽转移为欺伪之人，为祸何可胜言也哉！其所谓欲，乃帝王之所尽心于民；其所谓理，非古圣贤之所谓理。”③众所周知，戴震所以视《孟子字义疏证》为其生平著述之最大且不得不作之书，乃因为“此正人心之要。今人无论正邪，尽以意见误名之曰理，而祸斯民，故《疏证》不得不作”④。显而易见，《疏证》撰作的真正目的，是批判“当今”“今人”，尤其是“今之治人者”，而非数百年前的程朱；其所谓“正人心”，更显然为正“今人”之心，而非数百年前古人之心。《疏证》之中，处处将“今”与“古(古圣贤)”对照，其批判锋向昭然若揭。正因如此，《疏证》一出，彭绍升辈竭力批驳。祝先生仅就“其所谓欲，乃帝王之所尽心于民”一语，即判定戴震旨在邀宠乾隆，似乎忽视了此语乃与“其所谓理，非古圣贤之所谓理”对举。审视《疏证》，此“帝王”似可指当今帝王，实则为圣贤古帝，是“古贤圣体民之情，遂民之欲”的古代帝王。戴震著《孟子字义疏证》，借疏证孟子字义批判理学之流弊，借推崇古贤圣而“今之治人者”其着眼点实在当今，在“今人”。只是在当时的政治与文化环境中，戴震不得不通过“以字通词，以词通道”的路径，为“今之治人者”、也为当时学人究明合乎人情之“天理”，或可称之为戴震建立的体情遂欲、通达民情的新理学。

乔治忠先生说：“当今的学术研究和学术史书写，必须不打折扣地贯彻实事求是的准则，客观、认真地剖析每一研究对象，坚决避免用非学术化因素扭曲学术的价值观。”⑤诚哉斯言！我们今天之所以仍要阐扬乾嘉学术的价值意义，重要原因也正在此。要真正做到实事求是，确实需要对研究对象持以客观、认真的态度，还要具有孟子倡言的“知人论世”，亦即陈寅恪先生所说的对历史的“了解的同情”。如何避免非学术化？愚以为首先需要避免主观片面，要努力深入地了解历史，全面地掌握事实材料，并使结论建立在事实材料和对材料客观、细致分析的基础之上。纵观戴震一生，贫寒的出身既丰富了他的阅历，

---

① 祝总斌：《试论戴震理欲说与其人品的关系》，《北大史学》15，北京大学出版社 2010 年版，第 197~198 页。

② 刘桂林《乾隆皇帝与理学》：“乾隆皇帝在重视经学发展的同时，并没有放弃对理学的重视。他立异于朱子的举动，只是在个别的词意句意的理解上，而没有下意识地去推翻理学的价值体系。就封建社会的社会性质来说，这也是不可能的。”(曲阜师范大学硕士学位论文，2010 年，第 31 页)

③ 戴震：《孟子字义疏证》，中华书局 1961 年版，第 59 页。

④ 戴震：《致段懋堂第十札》，杨应芹、诸伟奇主编：《戴震全书》修订本第六册，黄山书社 2010 年版，第 533 页。

⑤ 乔治忠：《戴震“背师”问题析论》，《史学月刊》2022 年第 12 期，第 122 页。

磨炼了他的意志，也增加了他人生历程的坎坷，加之狂狷性格和求道精神，更平添了他科举仕宦的颠簸困顿。对于戴震，学识的增长与学术境遇的改善，客观上未能给其自身及家庭境遇带来真正的改观，更多的是增加了他努力改变自身及家庭境遇的压力。这种情况的确使他难以放弃科举仕宦，但戴震毕竟非名利之徒，亦不肯苟合时俗，所以其科举表现与当时主流要求往往难以合辙，也与其自身的仕进愿望时时相违。戴震科举仕宦的困境无疑给他带来更多更深入的人生与社会思考，尤其是关于理欲等的思考，并且推己及人，发出“体民之情、遂民之欲”的热切呼声。

（作者单位：黄山学院文学院、徽学研究中心黄山学院分中心）

日常生活史视域下清诗史料特点及其价值论析

□ 曹志敏

【摘要】史学研究新领域的开拓，使一些长期存在却被忽视的边缘史料焕发新生，清诗史料即是如此，它是推进日常生活史研究不可或缺的新史料。生活史研究“以人为中心”，清诗则是记录清人日常生活与情感世界的重要文本，属于“在场者”视角的独特史料，在提供历史参与者的个人活动、情感、感受、心态、认知等方面有着其他史料无法比拟的优势。而清诗一大特色在于叙事性、纪实性增强，反映在诗歌形式上即是长诗题、诗序使用与诗中加注的普及，使诗歌记述内容的真实可靠性加强，为史家利用清诗深化日常生活史研究提供诸多便利。真实是史学的生命，作为文学作品的诗歌难免存在夸张想象成分，清诗入史必须剔除虚构失实的成分，多种史料相互参证。

【关键词】清诗；日常生活史；史料价值

史料是史学研究的生命线，史学研究新领域的开拓需要新的史料来源。目前日常生活史研究兴起，诸多史家进行了相关理论探讨。① 常建华认为，日常生活应当成为文化史、社会史、历史人类学研究的基础，是这些研究领域不可或缺的组成部分，而社会文化史应更加明确、自觉地把日常生活作为研究的基本内容。② 此论显示出日常生活研究在诸多学术领域的重要地位。关于日常生活史研究的主要内容，余新忠总结说：“日常生活史关注的是一定时空中具体的个人，是对个体生活的全面呈现，不仅包括社会生活，也包括情爱、消闲、家庭生活等私人生活。……通过对个人生活方方面面的呈现，来分析概括出一个时代和地域中人们生活的‘常识’，并从‘常识’来透视一个国家或地区的时代风貌和特

① 中国学术界有关日常生活史的理论探讨，代表性论著有，刘新成：《日常生活史：一个新的研究领域》，《光明日报》(理论周刊)，2006 年 2 月 14 日；常建华：《从社会生活到日常生活——中国社会史研究再出发》，《人民日报》(理论版)，2011 年 3 月 31 日；梁景和：《生活质量：社会文化史研究的新维度》，《近代史研究》2014 年第 4 期；李小东：《理论与实践的反思：为什么研究日常生活史》，《史学理论研究》2020 年第 6 期；秦颖、刘合波：《中国当代日常生活史研究的缘起、现状与展望》，《齐鲁学刊》2021 年第 2 期。

② 常建华：《生活与制度：中国社会史的新探索》，《历史教学(下半月刊)》2021 年第 1 期。

性。……日常生活史也更在意一定时空中个人的生活体验和感受，以及这些体验和感受的差异性与独特性。”①清诗作为清史研究史料之一，早已用于清史著述，各种清史史料学论著亦将诗歌词曲列为史料的一种。目前日常生活史研究兴起，清诗作为推进清代日常生活史研究的新史料，价值日益凸显。

清诗之所以成为日常生活史书写的重要资料，在于诗人以近乎写实之笔，记述自身的仕宦交游与人生的喜怒哀乐，以及亲见亲闻的时事政局、社会生活、国族大事、民生苦难与风土人情，深刻反映出清人日常生活的多重面相，蕴含着丰富多彩的情感表达，对于拓宽清代日常生活史研究的史料利用范围，具有重要意义。清诗不仅创作主体数量庞大，而且诗歌浩繁，题材多样，内容丰富，作为史料具有突出的优势。此外，反映清人日常生活的史料还有信札、笔记、野史、年谱、家谱、碑传集等，但有关日常生活的内容仅一鳞半爪，难成体系；清人日记包括丰富的日常生活史料，但日记留存远不如诗集普遍。常建华注重刑科题本的日常生活史史料价值，认为“可以通过刑科题本记载普通人的生活情况来写普通人的历史”②。清代刑科题本数量较大，涉及地域广，但皆为与诉讼案件相关的内容，且多涉及社会底层民众，在反映常态日常生活、社会其他阶层生活方面略显不足。就涉及生活面相多样、内容丰富而言，清诗史料的优势为其他史料所不及，但学界对清代诗歌之于日常生活史研究的史料价值缺乏理论探讨。③ 有鉴于此，本文主要探析清诗所见清人日常生活的主要内容、史料特点、史料价值及其运用问题，以期拓宽日常生活史的史料运用范围。

一、清诗所见清人日常生活的主要内容

清诗涉及清人日常生活的内容非常广泛，上自帝王皇室、达官贵人、官僚士大夫，下至工农商贾、贩夫走卒、妇女僧道，其衣食住行、婚丧嫁娶、喜怒哀乐与人生百态在清诗中皆有充分展现。以清帝御制诗而论，艺术水平或许不高，但以史料视之亦弥足珍贵，可用为帝王日常生活史研究。戴逸认为乾隆帝诗歌中“有大量的游览作品，抒写山川名胜，反映江南塞北的各种风光；有歌咏亭台楼阁、离宫别苑的诗，对于研究古建筑和园林建置很有价值；有治理黄、淮、运河的诗，可以窥见当时的自然灾害和水利工程；有欣赏音乐戏曲、描写骑射冰嬉的诗，反映当时的艺术活动和体育风尚；有品评书画、鉴赏文玩、题写版本刻石的诗，显示了皇家的丰富藏品和乾隆帝个人的爱好和文化素养；还有记载他自

---

① 余新忠、郝晓丽：《在具象而个性的日常生活中发现历史——清代日常生活史研究述评》，《中国社会科学评价》2017 年第 2 期。

② 常建华：《“人的历史”与清代的“打工人”》，《历史教学(下半月刊)》2021 年第 9 期。

③ 史学界探讨清诗史料价值的代表论著有，戴逸：《我国最多产的一位诗人——乾隆帝》，《吉林大学社会科学学报》1985 年第 5 期；戴逸：《龙庭亦是豪游地，海月边霜未觉愁——〈清代东北流人诗选注〉序言》(张玉兴选注：《清代东北流人诗选注》，辽沈书社 1988 年版)；戴逸：《开启清代诗文集宝藏的钥匙——〈清集通录〉序言》，《文献》1989 年第 1 期；三文皆收入《当代学者自选文库 · 戴逸卷》，安徽教育出版社 1999 年版；冯尔康：《清代人物传记史料研究》，天津教育出版社 2005 年版；冯尔康：《史料学研究》，天津人民出版社 2019 年版；小田：《竹枝词之社会史意义——以江南为例》，《学术月刊》2007 年第 5 期；崔岩：《乾隆帝御制诗史学价值探微》，《求是学刊》2008 年第 5 期。

己的日常生活，听政、批折、召见、祭祀、读书、作画、写字、行围”①等，因此乾隆御制诗对研究中国18世纪历史和乾隆帝一生的活动、思想，皆为不可缺少的珍贵资料，可补官书档案的不足。综合而论，清诗所见清人日常生活的内容，最为大宗的是关于士人生活的描写，最具特色的是关于灾民生活的记述。

(一)士人日常生活的多面书写

清诗多记士人读书藏书生活。乾嘉藏书家黄丕烈每得古籍金石、印章碑拓，则请友朋聚饮赏析，绘图征诗以作纪念：“手中叶展奇真绝，心上花开喜欲颠。”②嗜书之情跃然纸上。自嘉庆六年(1801)起，黄氏效仿唐代诗人贾岛岁终祭诗之举，每至岁末召集名儒雅士举行祭书活动，在饮酒、赋诗、绘图的同时赏析古书。叶昌炽称：“得书图共祭书诗，但见咸宜绝妙词。翁不死时书不死，似魔似佞又如痴。”③黄丕烈晚年喜与同人唱和，道光三年至四年间(1823—1824)先后雅集唱和17次，刻印《同人唱和集》。这些诗歌述其读书治学、购书藏书、修补古书、校勘刻印以及借书故事，可以窥见清代士人的读书生活及其敬畏学术的情感基调。

交游雅集亦为清诗记述的重要内容。清代京都士人经常设宴聚饮，投壶雅歌，他们邀集三五同好，悠游于陶然亭、花之寺、西山吟诗联句，留下诸多诗歌描写士人雅集、聚饮、饯春、赏菊、消寒等情形。有一次龚自珍在红泥寺观赏雨中丁香，衣服湿透在所不惜：“弱冠寻芳数岁华，玲珑万玉嫭交加。难忘细雨红泥寺，湿透春裘倚此花。”④士人雅集作诗，相互牵缀姓名，以图留名后世：“尝谓吾辈将来人各有集，传不传未可知。惟彼此牵缀姓氏于诸集，百年以后，一人传而皆传矣。文人好名结习难忘如是。”⑤一些记述京师风俗掌故、名胜古迹的笔记史料，如戴璐《藤阴杂记》、震钧《天咫偶闻》、邓云乡《燕京乡土记》《宣南秉烛谈》亦大量引用清诗。

清诗史料还展现士人交游方式的多样性。游山游园、赏春观花之外，纪念东汉经学家郑玄诞辰，宋人欧阳修、苏轼生日亦为常见雅集名目，一些名儒宿学、文坛领袖往往借雅集宣传学术主张。乾隆三十八年(1773)，翁方纲购得宋版《施顾注苏诗》残本，在京师发起持续几十年的“为东坡寿”雅集，令人观摩珍本秘籍，摹写苏轼画像，分韵赋诗，请人题写序跋。朱筠作为主持学术风会的领军人物，亦乐于结交天下学者：“所居之室名曰椒花吟舫，乱草不除，杂花满径，聚书数万卷，碑版文字千卷，终年吟啸其中，足不诣权贵门，惟与好友及门弟子考古讲学，酾酒尽醉而已。”⑥朱筠与青年学子高谈经史，他们即兴而作的诗歌，成为复原交游场景的一手资料。

日常生活中的庭院种竹、乔迁新居、友朋聚会、节日家人聚饮亦被诗人记录。清代汉

① 戴逸：《我国最多产的诗人乾隆帝》，《当代学者自选文库·戴逸卷》，安徽教育出版社1999年版；第404页。

② 黄丕烈著，屠友祥校注：《荛圃藏书题识》卷5《砚笺四卷(旧抄本)》，上海远东出版社1999年版，第320页。

③ 叶昌炽：《藏书纪事诗》卷5《黄丕烈绍甫》，北京燕山出版社2008年版，第461页。

④ 刘逸生：《龚自珍已亥杂诗注》第207首，中华书局1980年版，第274页。

⑤ 阮葵生：《茶余客话》卷11《文人好名》，中华书局1960年版，第253页。

⑥ 江藩：《国朝汉学师承记》卷4《朱笥河先生》，中华书局1983年版，第68页。

族京官大多在宣南赁屋而居，迁徙无常成为生活常态。嘉庆二十四年(1819)，身为翰林的程恩泽乔迁新居，搬家时老母妻儿，锅碗瓢盆，书籍笔砚，可谓繁琐凌乱。本年刚中状元的陈沆作诗记述："积雨乍霁纤埃无，翰林主人移新居。奉太夫人登板舆，梁家少妇左右扶。奴子三五，背负鼎臼，琴尊壶架书匣砚，副以双驴车。"程恩泽自娱自乐，亲自种花栽竹："种花莳竹手把鸦嘴锄，寿母见之一轩渠。以此自乐良非迂，秋来佳日不可辜。"①这些生活细节呈现出京官的居住状况与程恩泽的精神世界。

(二)灾民群体的特殊生活场景

清代自然灾害在全国各地频发，灾黎遍地成为社会生活中时常发生的特殊场景。清初不但天灾不断，兵祸亦此起彼伏，且朝廷弊政极多，圈地、兵饷加派、强抢民女、搜捕逃人不胜枚举。官修史书对此隐讳不言，民生时艰对士人震感极大，耳闻目睹的暴政与天灾人祸皆形之于诗："盖兵革之事，未尝一日或息。……兵饷不济，胥吏苛求，更若水旱地震之灾，奢侈贪黩之习，商贾之操纵赢绌，巨室之为患乡里，是时兵、刑、河、漕，号为大政，而不能无得失利病。……书史但称是时之盛，民生疾苦，不能尽知，唯诗人咏叹，一时流露，读其诗而时事大略可睹。"②清人吟咏社会现实，凡时政利病、水旱灾害、民生疾苦、风土人情无不见诸诗歌，成为研究民众生活的重要资料。

同情民间疾苦、记录灾民生活是诸多诗人的一贯做法。嘉庆十九年(1814)春，出身名门望族的诗人陈沆出京路过河南，见灾民遭遇悲惨，写下《河南道上乐府四章》，即《卖儿女》《狗食人》《吃草根》《逃饥荒》。其中《卖儿女》写道："河南一片荒荒土，满眼流离风又雨。年荒父母竟无恩，卖尽田地卖儿女。……往年生儿如得田，今年生儿不值钱。卖女可得青蚨千，卖儿不足供一餐。"③诗歌描写河南灾民悲惨处境，控诉地方官玩视民瘼。嘉庆二十四年(1819)，陈沆高中状元，人生境遇可谓"运际休明，出入侍从，盎然春温而醇醲?"其诗风"宜其以福掩慧，以廊庙易山林"，但魏源深感其诗依旧"清深肃括之际，常有忧勤惕厉之思"④。陈沆仕途顺利，身在官场却心系百姓，在诗歌作品中多有反映。

自然灾害发生时，饿殍遍野使清代诗人哀叹民生多艰，他们或亲历灾害而饱受其苦，或参与救灾目睹灾民惨象，或闻听灾害事件而感慨唏嘘，因此作诗"表达民瘼，思考生命的价值，激发人文情怀，是诗人的责任；用诗歌承载历史事件，贮存可能失去的记忆，发挥文学的社会功能，是诗人的使命"⑤。每次灾害发生，皆有能文擅诗之辈以诗歌加以吟咏，形成数量浩繁的灾害诗，散布于清人诗集与各种灾荒文献中。

相比而言，清代官修史书对灾民生活记载较为简略，仅以寥寥数语一笔带过；地方志记录稍详，但对灾民状况多是"鹄面鸠形"之类的套话；而官员奏疏着重记述赈灾情形，

---

① 陈沆：《移居诗贺程云芬前辈》，《简学斋诗存》卷之四，《陈沆集》，湖北教育出版社 2016 年版，第 46 页。

② 邓之诚：《清诗纪事初编·序》，上海古籍出版社 2013 年版，第 3 页。

③ 陈沆：《河南道上乐府四章》，《简学斋诗存》卷之二，《陈沆集》，湖北教育出版社 2016 年版，第 22 页。

④ 魏源：《〈简学斋诗集〉序》，《古微堂外集》卷三，《魏源全集》第 12 册，岳麓书社 2004 年版，第 236 页。

⑤ 罗时进：《清代自然灾难事件的诗体叙事》，《文学遗产》2021 年第 1 期。

从而宣扬朝廷德政；荒政丛书则侧重于救灾策略，为地方官办理荒政出谋划策。在连篇累牍的文字背后，是无数生命痛苦哀号的历史场景被遮蔽。清代诗人以亲身经历的自然灾害为题材，创作一系列灾害诗歌，详细记录灾害发生时间、持续状态以及灾害对人们心理的冲击。灾民风餐露宿、无衣无食无居的艰难处境，困于洪水、葬身波涛的悲惨命运，无不见诸诗歌，成为研究清代灾害史的重要资料，其中官书避而不谈的灾民日常生活场景是灾害诗歌着墨最多的地方。

1823年发生的癸未大水造成严重的“道光萧条”，成为清代由盛转衰的重大灾害事件，但官修史书、地方志对此次水灾记载简略。目睹水灾的文人墨客则以“癸未大水”为题，创作一系列灾害诗歌，成为重要的灾害史资料。如张维屏《黄梅大水行》，蒋宝龄《水灾纪事图诗》，王之佐《水灾纪事诗》《癸未大水行》，赵奎昌《癸未水灾杂感十首》，清恒《润州风潮纪事》，齐彦槐《大水行》《后大水行》《七夕雨》，柳树芳《大水行》《后大水行》，姚椿《水灾新乐府》，朱绶《雨不止》等，详细记录雨涝发生时间、持续状态与灾民处境的悲惨，王之佐选辑时人描写癸未大水的众多诗作，编为《绘水集》。身为江苏按察使的林则徐作序说：“癸未水灾……是年所作《悯灾》诸诗，绘图征咏，东南士大夫凡目睹颠连之状，耳闻呼号之声者，莫不振触怀抱，形诸篇章，积时既多，遂成巨册，题曰《绘水集》。……方水灾时……颠连之状，呼号之声，目不忍于睹而所睹皆是也，耳不忍于闻而所闻皆是也。”①这些诗歌记述水灾之下灾民的具体生活场景，成为重构清代灾害史的重要史料。

二、清诗作为日常生活研究史料的主要特点

诗歌史料是深化日常生活史研究必不可少的重要资料，最大特点是为史家揭示具有私密性的个人生活与内心情感提供了“在场者”维度的史料，在记述丰富多彩的情感表达方面，为其他史料所不及。正如冯尔康所说：“诗词所描述的人和事，这人必是亲朋好友，也包括自己，所以能够留下这些人物的生活片断资料，而且感情真切，能给读者形象的感受，用以作人物传记的资料别具生动的作用，为其他文体资料所不及。”②此外，与前代诗歌相比，清诗具有叙事性、纪实性特色，大型组诗不断涌现，其中所蕴含的日常生活史史料的真实性、丰富性大为提升。

(一)记录生活与表达情感的即时性、在场性

诗歌多为即兴而作，有感而发，或描摹所见所闻之事，或刻画亲历场景，或直接抒发个人情感，或记录日常生活感受，这使诗歌所描绘的日常生活场景具有身临其境的画面感，其史料价值的独特性在于具有“在场性”维度、即时性特色与情感表达的丰富性，此为诗歌史料与其他史料的重要区别。

情感表达是日常生活史研究的重要维度，而诗歌是中国人表达情感的重要媒质，可以窥视诗人的内心活动与情感世界。对此缪钺指出：“文中之情，贵真，贵深，贵博。情至于博，至矣尽矣，蔑以加矣。故伟大作家，率皆深入世间，阅历宏富，伤时忧世，悲天悯

① 林则徐：《〈绘水集〉序》，《林则徐全集》第5册，海峡文艺出版社2002年版，第2676页。

② 冯尔康：《清代人物传记史料研究》，天津教育出版社2005年版，第311页。

人。举凡国家治乱，世俗隆污，生民疾苦，边防安危，莫不动其心怀，形诸吟咏。……然又有一种作者……所歌咏者，不外家人亲故之间，身世寥落之苦，而灵心善感，一往情深，花下酒边，别有怀抱。"①诗歌所表达的心怀天下情感与个人生活的喜怒哀乐，比其他文本更为情真意切，为学界深化日常生活史研究提供具有特殊价值的史料。此外，认识和探寻士人阶层的精神状态与心灵底蕴，亦可依靠同为文学作品的小说或戏曲史料，但诗歌史料的情感研究价值超过小说和戏曲，因为小说、戏曲中的人物属于文学虚构，而诗歌所抒发的人物情感属于现实历史人物的情感。

乾嘉汉学家郝懿行、王照圆为伉俪学者，他们以诗歌唱和，共同治经，时有"高邮王父子，栖霞郝夫妻"②之誉，成为学术史上的千秋佳话。郝氏夫妇读经相与析疑的生活场景，在清人笔记、文集、年谱资料中亦有体现，但相对比较简略，缺乏具体生动的细腻描写，但二人相互唱和的诗集《和鸣集》却有丰富多彩的展现。洞房花烛之夜，郝懿行诗兴大发："妆阁烧银烛，良宵宝篆熏。君才娴咏雪，我意慕凌云。花点齐眉案，香飘赋茗文。早知谙女诫，万鹿谢殷勤。"③赞美妻子有咏絮才与举案齐眉之德。新婚夜夫妻二人一起阅看《毛诗》，王照圆欣然作诗："千里良缘彩线牵，三冬谷旦结团圆。挑灯最喜亲风雅，先说周南第一篇。"④

郝氏常在诗中描写和妻子一起煮茗、作诗与下棋的闺阁之乐："卷帘煮茗炉烟袅，才罢诗笺更着棋。"⑤而王照圆则希望丈夫有蟾宫折桂、著书立说之志："丈夫立志慕龙光，观国用宾逢圣王。莲漏朝天辉彩笔，桂花满树现文章。"⑥王照圆志存高远，郝氏多次公开赞美妻子的才德："不信佳人非国士，方知妇女是英雄"；"看取朝天挥彩笔，当年举案笑梁鸿"。⑦ 诗词唱和中王照圆才思敏捷，出口成章，令身为七尺男儿的郝懿行有些难为情。在月明良辰郝氏因未在限时内完成诗作而被罚酒，就戏谑说："仆既愚钝，颇为闺中口实，故相激发，期雪斯言。"发誓一定博取科名："得失寸心只自知，文章憎命我终疑。来年同览月中桂，各向蟾宫折一枝。"⑧可见，夫妻唱和不仅表现文人生活情趣，更是激励郝氏在学术上不断进取的精神动力。

理学作为官方正统学术，讲究修身养性与惩忿窒欲，让读书士人的情感塑造具有深厚的文化渊源。清代礼教要求夫妻相敬如宾，和而有礼："闺门之内，肃若朝廷。皆言敬也。此处能敬，便是真工夫，真学问……朱子有言，闺门衽席之间，一息断绝，则天命不

① 缪钺：《黄仲则逝世百五十年纪念》，《缪钺全集》第2卷，河北教育出版社2004年版，第183页。

② "高邮王父子"指乾嘉汉学家王念孙、王引之父子。

③ 郝懿行：《和鸣集·却扇二首》，《郝懿行集》第7册，齐鲁书社2010年版，第6067页。

④ 王照圆：《和鸣集·前题》，《郝懿行集》第7册，齐鲁书社2010年版，第6068页。

⑤ 郝懿行：《和鸣集·拟西昆体赠瑞玉》，《郝懿行集》第7册，齐鲁书社2010年版，第6069页。

⑥ 王照圆：《和鸣集·邦家之光》，《郝懿行集》第7册，齐鲁书社2010年版，第6072页。

⑦ 郝懿行：《和鸣集·拟西昆体赠瑞玉》，《郝懿行集》第7册，齐鲁书社2010年版，第6069页。

⑧ 郝懿行：《晒书堂诗钞·花烛词次韵赵桐阳》，《郝懿行集》第7册，齐鲁书社2010年版，第6015页。

行。"①在此一观念影响下，夫妻在人前亲昵是非礼之举，士人以诗词赞美妻子更不合时宜。郝懿行是乾嘉汉学家当中夸赞妻子最多的一位。对于婚后生活，郝氏有"凤凰于飞，和鸣锵锵"之感。纵观二人诗词唱和的内容，多为王照圆激励丈夫研经治史，至于交游娱乐、柴米油盐、亲友往来等日常记述，亦多为安贫乐道、鼓励丈夫治经的内容，郝氏夫妇所为完全符合礼教要求。但对王照圆的衣着时尚、个体相貌，郝懿行诗歌基本未涉及，王照圆阅读《诗经》之前洗手，是他对妻子生活习惯的唯一记述。"至于女人的情欲，在盛清时期的中国，罕有直接的表述"②，郝氏对妻子的记述亦不例外。利用诗歌史料研究士人的家庭生活与夫妻情感，应特别注意隐藏其后的文化理念。

(二)与前代诗歌相比，清诗更具叙事性、纪实性特色

纪实性、叙事性是清诗最大的特色，钱仲联认为中国古典诗歌历来重抒情而不重叙事，此一情形直到清代才得以改观，以诗歌述说时政、反映社会现实成为清代诗坛风气。对此钱仲联说："从钱谦益、吴伟业、顾炎武、钱秉镫等人以易代之际政治历史为主题的叙事诗歌，到施闰章、赵执信、胡天游、蒋士铨等人以抨击敝政、留心民瘼为主题的作品，到朱琦、鲁一同、姚燮等人以鸦片战争为主题的作品，乃至黄遵宪、丘逢甲、康有为、梁启超等人以清末朝政和国际时事为主题的作品，以诗歌叙说时政、反映现实成为有清诗坛总的风气。十朝大事往往在诗中得到表现，长篇大作动辄百韵以上。作品之多，题材之广，篇制之巨，都达到了前所未有的水平。"③清诗不仅纪事诗增多，而且篇幅较长，长篇诗歌或大型组诗在清人诗集中随处可见，利于史家以诗证史，表现在诗歌形式上是诗题拟定、诗序撰写、小注运用与前代大不相同。语言整齐划一使诗歌在叙事层面无法充分展开，为使读者了解诗歌创作的背景、人物与时地，诗人采用"长诗题""诗序结合""诗中加注"等方式，来增强诗歌的叙事功能，为史家准确理解诗意、了解诗本事提供了便利。

1. 关于诗题

吴承学认为："中国古代诗歌经过从无题到有题、诗题由简单到复杂、由质朴到讲求艺术性的演变过程，总之，诗题制作有一定的时代风格。"④《诗经》诗题并非诗人自拟，而是选编者添加，使诗篇作者与创作年代莫衷一是，给史家以诗证史造成诸多困难。魏晋时期，诗人有意识地利用诗题阐释创作缘起、歌咏对象与作诗场合，诗题具备叙事方面的补充功能。至宋代，"诗史"观念席卷诗坛，诗人倾向于将叙事集中于诗题、诗序、自注、跋语等副文本，从而减轻诗歌本身的叙事压力，长诗题、诗序与诗注开始流行。但唐、宋、元、明时期叙事诗数量较少，长篇叙事诗更少，诗歌以抒情言志为主，篇幅较短。清诗纪实性、叙事性增强，首先表现为诗题字数增加，使诗歌所涉时间、地点、人物与相关

---

① 陆世仪：《思辨录》，陈宏谋：《五种遗规·训俗遗规》卷2，线装书局2015年版，第227~228页。

② 曼素恩：《缀珍录——十八世纪及其前后的中国妇女》，定宜庄、严宜葳译，江苏人民出版社2005年版，第16页。

③ 钱仲联主编：《清诗纪事》，凤凰出版社2004年版，"前言"第4页。

④ 吴承学：《中国古代文体形态研究》，中山大学出版社2000年版，第65页。

背景一目了然，其中康有为的诗歌最为典型。

左鹏军曾对晚清维新派领袖康有为的诗歌进行过研究，认为在诗题制作、诗序写作和诗注运用方面，康诗表现出明显的文章化、纪实化倾向，在诗歌创作中突出政治意识和诗史精神，长题诗主要集中于有关政治活动特别是戊戌变法的诗作，还有描写海外社会风情的诗作。① 如康有为所作诗歌《戊戌春花地筑室成，吾留京师，未一归见，而八月籍没矣。往者无住，无住而住，只有随顺，非力能为。今京师又破，士夫无家，但吾先之耳。感赋》《槟榔屿英节署前道，遍植大树似榕，经年皆花，时时换叶，花在树顶，黄细如伞，花时望如黄云，惟一日即落。吾席地其下，花满襟袖，遍地皆黄，可惜光景太短，名为一日黄》②诗题较长，可视为一篇小短文，不但诗歌所述内容可以入史，甚至诗题亦为珍贵史料。

2. 关于诗序

诗人撰写诗序，自述写作缘起与创作主旨，是对诗题的有益补充，成为读者了解诗歌背景的重要依据，为史家以诗证史提供了便利条件，甚至诗序本身就有史料价值。1847年，魏源游历香港和澳门。在澳门参观一处私家花园时女主人按谱弹琴，魏源听完挥笔而作《澳门花园听夷女洋琴歌》，诗序长达 177 字，记述澳门景观："园亭楼阁，如游海外。怪石古木，珍禽上下，多海外种。"诗歌则极力赞美女主人琴技："有时变节非丝竹，忽又无声任剥啄。雨雨风风海上来，萧萧落落灯前簇。突并千声归一声，关山一雁寥天独。万籁无声海不波，银河转上西南屋。"③诗歌与诗序成为描写近代澳门城市风景和西洋音乐文化的宝贵史料，因而被广泛征引。游历香港时，魏源作《香港岛观海市歌》，诗序描绘其在香港岛观海市的情形，海市景象空灵瑰丽，魏源不禁感叹："幻矣哉！扩我奇怀，醒我尘梦，生平未有也。"④魏源一生喜好游山玩水，其诗"十诗九山水"，在山水诗标题之下常缀以小序。这些诗序连同诗歌一起成为研究魏源行旅生活的重要史料。

在诗歌涉及时人时事时，康有为亦经常使用诗序，如《侍连州公登城北画不如楼》一诗序云："先祖讳赞修，以举人官连州训导，赠教授，祀昭忠祠。吾少孤，携于官舍，教之圣哲大义高行，暇则从游山水。此楼为唐刘梦得遗迹，俯视郭外，山石松泉至佳胜。时年十二，始学为诗。有观竞渡二十韵，失矣，仅存此，以记祖训。"⑤诗序可以视为康有为家世的自述史料。

3. 关于诗注

诗歌语言讲求对仗工整，导致诗中所述人名、地名、事件，需要加上小注才能清晰明了，因此清诗当中诗注颇为普遍。对此陈恭禄指出："诗歌本身有不可克服的缺点，由于

---

① 左鹏军：《康有为的诗题、诗序和诗注》，《广东社会科学》2009 年第 5 期。

② 《康有为全集》第 12 集《康南海先生诗集》，中国人民大学出版社 2020 年版，第 209、211 页。

③ 魏源：《澳门花园听夷女洋琴歌》，《魏源全集》第 12 册，岳麓书社 2004 年版，第 630~631 页。

④ 魏源：《香港岛观海市歌》，《魏源全集》第 12 册，岳麓书社 2004 年版，第 631 页。

⑤ 康有为：《侍连州公登城北画不如楼》，《康有为全集》第 12 集《康南海先生诗集》，中国人民大学出版社 2020 年版，第 141~142 页。

它太整齐，缺少变化，表达方面，或措辞含浑，或词句不够明确，非有注释不能使读者了解具体情状。诗人认识其缺陷，往往自作附注，成为重要的记载。”①诗注有的补充诗中所言人名、地名，有些补充相关史实，颇具史料价值。

龚自珍《己亥杂诗》是由315首七言绝句联缀而成的大型组诗，缪钺认为其“杂记行程，兼述旧事，一时耳闻目见，志怀心感，及平生出处抱负，著述交游，无不写入其中，作龚氏年谱行状读可也，即借以考道光间国情世风亦可也”②。《己亥杂诗》既记述旅途交游、见闻和感受，又回忆生平往事，总结一生治学道路，因此既有自传诗特色，又为旅行日记，且绝大多数诗篇附以小注，自述家世出身、仕宦经历、师友交游、平生著述以及南归途中社会见闻，既为诗歌入史扫清障碍，同时诗注本身亦为珍贵史料。

诗注除诗人自注外，还有师友弟子笺注。陈寅恪《柳如是别传》通过笺释钱谦益、柳如是诗词，以诗证史来勾稽柳如是姓氏名字、生平姻缘、复明运动及其与同时代人物关系等，亦依赖钱遵王笺注：“牧斋之诗，有钱遵王曾所注《初学集》《有学集》。遵王与牧斋关系密切，虽抵触时禁，宜有所讳。又深恶河东君(指柳如是)，自不著其与牧斋有关事迹。然综观两《集》之注，其有关本事者，亦颇不少。”③没有作者小注或他人笺注，史家对诗词本事不知所云，则难以入史。因此史家利用诗歌史料，离不开诗题、诗序与诗注所提供的相关史实。

三、清诗在日常生活史研究中的史料价值与应用问题

清人诗文集包含丰富的史料，研究清代政治大事、经济生活、风土民情、地理环境、边疆史地、自然灾害、日常生活、思想文化，皆可引用诗歌史料。在日常生活史领域，清诗史料在深化其研究的同时，亦可丰富、纠正学界对某些史实、人物的认识。此外，以诗证史应剥落诗歌当中的文学夸饰成分，提取真实有效的历史信息。

(一)清诗史料与日常生活史研究的深化

清诗当中有关士人日常生活与交游活动的史料最为丰富，目前诸多清人年谱如郑幸《袁枚年谱新编》(上海古籍出版社2011年版)、许隽超《黄仲则年谱考略》(上海古籍出版社2008年版)、李金松《洪亮吉年谱》(人民出版社2015年版)、樊克政《龚自珍年谱考略》(商务印书馆2004年版)、施立业《姚莹年谱》(黄山书社2004年版)大量利用诗歌史料，勾画谱主一生事功行谊与学术活动，为诗歌史料的深度利用创造条件。在学术研究实践方面，曹志敏《龚自珍的学术交游与生活世界》(商务印书馆2021年版)采用以诗词证史的方法，将龚自珍由一位激烈抨击君主专制、宣传启蒙思想的“荷戈斗士”，还原为有血有肉、有情有欲的读书士子，同时以龚氏为个案，展现嘉道士人的整体精神风貌，是利用诗词史料研究清代士人日常生活史的有益尝试。

---

① 陈恭禄著，陈良栋整理：《中国近代史资料概述》，中华书局1982年版，第257页。

② 缪钺：《龚自珍诞生百四十年纪念》，《缪钺全集》第2卷，河北教育出版社2004年版，第187页。

③ 陈寅恪：《柳如是别传》，长江文艺出版社2021年版，第5页。

灾荒频仍成为困扰清代社会的严重问题，灾害诗歌书写多侧重表达人对灾害的体验感受，勾勒灾民生活的具体情形，具有鲜明的画面感与“在场性”特征，史家可以利用诗歌来展现灾民的生活样态与社会镜像。李文海指出，灾害诗歌“既有对洪波巨浸汹涌澎湃的自然描写，又有对被灾人民或葬身鱼腹、或颠沛流离、或卖儿鬻女的创巨痛深与少数富贵人家灾中赏雨这样尖锐对比的社会众生相的生动写真。就艺术性而言，固然不见得是可以传诵千古的佳品，但就其现实主义的思想内容来说，应该说是上乘之作的”①。李先生敏锐意识到诗歌在灾民生活史研究方面的独特价值。

目前，灾害史研究在取得巨大成就的同时，亦面临一些有待改进的问题。夏明方所言灾害史研究的非人文倾向，即为重要方面：“(灾害史)主要集中在如何描叙环境的变化以及灾害的规律，对人在其中所起的作用以及这些变化对人类社会的影响往往语焉不详；甚至连他们整理的资料，其有关社会反应的部分也常常被舍弃了。”②2019 年 11 月，王利华组织题为“生命的意义：从历史到未来”的学术研讨会，希望灾害史专家夏明方研究“诸如饥荒、瘟疫或其他重大灾难爆发的所谓‘非正常状态’中人对于生命的特殊体验。这当然是一个极具学术价值和人文关怀的话题，也是灾害史研究者自始至终都必须直面的沉重而又严肃的话题”③。研究灾民在灾害发生时的生命体验，无疑是一个新颖的视角，对于消解灾害史研究的“非人文化”颇有意义。

灾害史研究的新视角需要发掘新史料，朱浒意识到诗歌、歌谣与小说史料的重要性：“一大批以灾荒诗、灾荒小说、灾荒歌谣为代表的文学性历史文献，长期以来始终没有得到过灾害史学界的重视，而新文化史的观照下，这类文献显然能够深化对相关时代灾害观及社会意识的变化等问题的理解，从而充分发挥人文学者的特长，有力推动灾害史研究向人文化、集约型方向的发展。”④诗歌史料对于大灾之下生命体验的研究大有裨益，学界可以利用灾害诗歌史料，阐述灾民群体与灾后社会生活错综复杂的多变面相，以此深入理解自然灾害纠缠下的清代社会变迁。

(二)清诗史料的补缺纠谬价值

有清一代文字狱屡兴，无论是官方史籍还是私家著述，忌讳颇多，因此某些历史真相往往见于诗人讽喻，夏孙桐指出：“有清三百年，国史备矣，而载笔綦严，官中档籍之外，不得泛涉。又屡兴文字之狱，私家著述，忌讳孔多，不及前代野史之夥。惟是诗人讽喻，言隐志微，虽非尽据事直书，或感时述志，或引古譬今，其足以补佚闻而资定论，视他纪载转多可据。”⑤由于诗歌语言隐晦，一些无法明言的史事多见之于诗，冯尔康也说：“相信运用以诗证史的方法将诗词歌赋所咏的事物，与人物的活动联系起来考察，可以证实人物的一些事情，也能够发现一些鲜为人知的事实。”⑥在日常生活史研究中，清诗史料

① 李文海：《晚清诗歌中的灾荒描写》，《清史研究》1992 年第 4 期。

② 夏明方：《中国灾害史研究的非人文化倾向》，《史学月刊》2004 年第 3 期。

③ 夏明方：《文明的“双相”：灾害与历史的缠绕》，广西人民出版社 2020 年版，“前言”第 1 页。

④ 朱浒：《中国灾害史研究的历程、取向及走向》，《北京大学学报》(哲学社会科学版)2018 年第 6 期。

⑤ 龙顾山人：《十朝诗乘》，福建人民出版社 2000 年版，夏孙桐“序”第 1 页。

⑥ 冯尔康：《清代人物传记史料研究》，天津教育出版社 2005 年版，第 310 页。

可补其他史料记述之缺，亦可纠正对某些历史人物的错误、模糊认识。

龚自珍曾阅读清初反清义士屈大均的诗文集，屈氏诗文雍正年间开始查禁，乾隆年间查禁更严。龚氏为了避祸，以《番禺集》代称其文集，曾作诗云："奇士不可杀，杀之成天神；奇文不可读，读之伤天民。"①龚自珍认为，统治者不能以屠杀对待天下"奇士"。在文字狱高压下，龚氏不顾朝廷禁令，偷读禁书，并对反清义士寄予深切同情，充分显示其性格的叛逆。此事不见于其他文献记载，惟见于龚氏诗歌。

嘉庆四年(1799)正月，和珅被抄家赐死，此后无论官方正史还是私家著述，皆视其为贪官典型。但审视和珅叙事的书写材料，不难发现和珅完全处于"失语"状态，因为论著依据《清实录》《清史稿》《清史列传》以及清人文集、笔记、野史写成，属于他者言说的文本。和珅著有《嘉乐堂诗集》，足以令人窥见和珅的情感世界、日常生活与宦海沉浮，从而揭示权臣和珅私域生活的另一面相，可惜学界引用不多。嘉庆帝宣布和珅二十大罪，其中两条是嘉庆三年(1798)正月，"皇考在圆明园召见和珅，伊竟骑马直进左门，过正大光明殿至寿山口。无父无君，莫此为甚"，"又因腿疾，乘坐椅轿抬入大内，肩舆出入神武门，众目共睹，毫无忌惮"。② 从和珅诗歌《病中作》诗序可见，自乾隆五十四年(1789)以来，和珅腿病日益严重，每当发病整夜难眠，以致第二天无法上朝。乾隆帝允其请假休息，并派人慰问，和珅作诗感激涕零："朝朝侍从忽睽离，恍似婴儿离慈母。有时愤恨不欲生，泪浮枕簟心意忼。"③患有腿病将近十年的和珅，嘉庆三年正月在圆明园骑马，在皇宫大内乘坐椅轿，应是出自乾隆帝恩许。同年春，妻子冯氏去世，和珅作诗哀悼，有"追思病时言，尚祝余足好"④之语，说明当时和珅腿疾颇为严重。在此，笔者无意为和珅获罪翻案，只想说明诗歌史料可以展现历史人物的多重面相。

(三)清诗史料的利用及其局限性

较早利用诗词研究人物心理的是潘光旦。1929 年，社会学家潘光旦作《冯小青：一件影恋之研究》，通过冯小青诗词所见心理、情感、精神的消极词语进行量化分析，探讨其心理变态与情绪郁结问题，据统计在 230 余首词中，意义消极的字竟在 1600 字以上，每 70 字中消极之字竟多达 6.9 字，约占 1/10，"翻阅《销魂词》，意欲坐实中国女子郁结状态之普遍，故但知摘录与郁结状态有关之字，其他则不在注意范围之内" ⑤。潘光旦利用诗词史料进行变态心理学研究，取得巨大成功。

---

① 龚自珍：《夜读番禺集，书其尾》，刘逸生、周锡䪖校注：《龚自珍诗集编年校注》(上)，上海古籍出版社 2013 年版，第 126 页。

② 《仁宗睿皇帝实录》卷 37"嘉庆四年春正月"，《清实录》第 28 册，中华书局 1986 年版，第 428 页。

③ 和珅：《嘉乐堂诗集 · 病中作》，《清代诗文集汇编》第 426 册，上海古籍出版社 2010 年版，第 668 页。

④ 和珅：《嘉乐堂诗集 · 悼亡六首》，《清代诗文集汇编》第 426 册，上海古籍出版社 2010 年版，第 674 页。

⑤ 潘乃穆、潘乃和编：《潘光旦文集》第 1 卷，北京大学出版社 2000 年版，第 62~63 页。

但是，需要在此指出，比兴手法的运用、夸张想象的修辞、香草美人的寄托，使诗歌确实存在失真问题，对此清人袁枚说："诗赋为文人兴到之作，不可为典要。上林不产卢橘，而相如赋有之。甘泉不产玉树，而扬雄赋有之。简文《雁门太守行》而云：'日逐康居与月氏。'萧子晖《陇头水》而云：'北注黄河，东流白马。'皆非题中所有之地。苏武诗，有'俯看江汉流'之句。其时武在长安，安得有江汉？"①诗歌入史必须剔除其中记述不实成分。罗志田指出，不能将诗歌视为"自述的信史，与'实录'无异"，因为"诗涉风流为昔人惯例，历代诗赋虽多'风流'之笔，其属于'比兴'范围者诚众，大约也是不争的事实。后之读者倘均视其为'实录'，或许就有点自作多情"。② 诗人常以香草美人自喻高洁，不能武断坐实其事。张耕华亦指出："诗人创作虽也有真人真事为创作之素材，但一旦经过艺术之加工，其人事的时空定位便模糊不清了，拿来证史说史，难避其中的'风险'。诗如此，集部、子部等的其他史料也是如此。"③因此以诗歌史料补正史乘，需要一定史学功底和对诗歌的领悟力，运用得当可以深化日常生活史研究，运用不好可能会因求之过深而穿凿附会。

竹枝词以生动活泼、通俗易懂的语言，记录各地民众的生活状况、生活习惯、生产劳作、人际交往、爱情婚姻、喜庆节日、婚丧嫁娶等。"竹枝词者，本一地之土宜民俗，事必求其新，体不嫌其杂，言不妨其俚，无取缘饰为也"④，成为研究区域民众生活的重要史料。王笛利用竹枝词研究 19 世纪成都都市生活，认为竹枝词是城市日常生活的真实记录，同时指出"城市的日常生活比这些竹枝词中所描述的更加复杂，因此，用竹枝词来展现公众生活会有一定局限性，比如，作者可能不会十分慎重地对待他们的作品，也不那么在意描述的准确性、细节和全面性，因为他们创作竹枝词可能只是用来消遣。同时，还很有可能城市生活某个非常重要的面向在其中从来没被涉及"⑤。因此以多种史料互证来研究日常生活史，尤为重要。

此外，对于流人诗，赵园《诗文中清初流人的"殊方"经验》一文指出，诗歌"更适于表达对生活的情感态度，包括怨望或期待。……尤其与其日常生存有关的细节，可供你在数百年后据以想象其生存的物质环境，衣食住行种种"。对流人情感与日常生活的生动记述是流人诗的最大特色，但亦有夸大失实问题："其时士人关于宁古塔自然条件之恶劣，形容未免太过，纪实与想象往往混淆；即使久于其地者，也不免袭用现成的形容，未必均系自己的实感。他们熟稔迁客骚人的那一套修辞，写个人境遇而能翻新出奇，也就不易。"⑥此论对于利用诗歌研究流人的日常生活，颇有启发意义。

---

① 袁枚：《随园诗话》卷 15，第 28 则，浙江古籍出版社 2016 年版，第 271 页。

② 罗志田：《"诗史"倾向与怎样解读历史上的诗与诗人》，《社会科学研究》2000 年第 4 期。

③ 张耕华：《"以诗证史"与史事坐实的复杂性——以陈寅恪〈元白诗笺证稿〉为例》，《华东师范大学学报》（哲学社会科学版）2006 年第 5 期。

④ 张芝田：《梅州竹枝词自序》，钟山、潘超、孙忠铨编：《广东竹枝词》，广东高等教育出版社 2010 年版，第 356 页。

⑤ 王笛：《城市之韵：19 世纪竹枝词里的成都日常生活》，《社会科学战线》2019 年第 5 期。

⑥ 赵园：《家人父子：由人伦探访明清之际士大夫的生活世界》，北京大学出版社 2015 年版，第 106、100 页。

四、结　　语

清代日常生活史研究的推进与深化，需要占有丰富的一手资料，其中诗歌史料是颇为重要、独特的一类。从乾隆朝开始，清代各级科举考试增加试律诗，诗歌创作成为读书士子的必备才能，诸多士人的诗歌创作伴随一生，且诗集多按创作年份编纂，可视为记录诗人一生行谊的诗体日记，在日常生活史研究中有其他史料无法比拟的优势。诗歌真实记录诗人的心理活动、情感世界与心灵蕴藉，在研究清人情感表达方面价值独特。此外，清诗亦可丰富历史人物的形象解读，补缺纠谬，澄清某些错误、模糊的认识。当然，清代日常生活史的书写并非仅凭诗歌史料，必须采用多种文献资料相互参证，才能使其书写焕发光彩。

（作者单位：天津师范大学历史文化学院）

郝敬学术接受史与明清学术嬗变*

□ 蔡智力

【摘要】郝敬被黄宗羲等大儒推为经学宗师，于反思理学、复归经典等问题皆为清学先行者。黄宗炎、胡渭、阎若璩等清初一流学者均受其启发。明末清初学界对郝敬的接受呈现辩证的张力：既赞许其创解又批判其立异，既赞许其识见又批判其臆断。这体现当时学术的多元性与包容性。乾嘉以后，在实证精神驱动下，明清之际的学术多元性渐被以客观性为单一追求的新典范取代，学界对主观创造渐少包容。在注重客观性的朴学典范下，乾嘉学界对郝敬的接受渐倒向批判一面，其曾备受推重的创解与识见反而成为被批判的标靶。在清学典范建构过程中，即使曾对清学有引导之功的明儒也难免成为佐证清学优越性的垫脚石。

【关键词】郝敬；接受史；明清学术；乾嘉学术；清学

郝敬字仲舆，号楚望，湖北京山人，对明清学术嬗变影响深远，可谓清学鼻祖。影响所至远及日本古学派，① 却极少受近代学界关注。近代以来，最先关注郝敬的是日本学界。② 中国学界对郝敬的研究始于台湾地区，如蒋秋华、张晓生对郝敬生平著述研究均有开创之功。③ 大陆的郝敬研究虽然后起，从系统性看却有后来居上之势，如董玲曾对郝敬学术思想作系统研究。④ 这些关注对于被黄宗羲誉为经学巨擘的郝敬而言仍远远不足。事实上，郝敬逐渐淡出学术主流要追溯至清代中叶。对此，蒋秋华与香港学者谢茂松均曾涉及，但因其不以郝敬学术接受史为主旨，所以只能粗描“清初推扬、乾嘉贬抑”的梗概，未能揭示复杂的历史脉动。

---

* 本文是湖北省教育厅哲学社会科学研究项目“湖北经学家郝敬《春秋》学研究”(20Q015)、湖北省高校人文社科重点研究基地湖北当代文化研究中心资助项目“湖北经学文献研究”(19002)阶段性成果。

① 冈田武彦：《王阳明与明末儒学》，吴光等译，上海古籍出版社2000年版，第286页。

② 董玲：《郝敬思想研究综述》，《武汉科技大学学报》(社会科学版)2006年第3期。

③ 蒋秋华：《郝敬著作考》，《张以仁先生七秩寿庆论文集》，台湾学生书局1998年版，第602~680页。张晓生：《郝楚望生平考述》，《书目季刊》2002年第3期。

④ 董玲：《郝敬思想研究》，中国社会科学出版社2011年版。

一、清学的先行者与启蒙者

学术史演进自有规律，不会因政治断代而骤然断裂。清儒对明代学术虽多有批判，但也从中大量汲取养分。在明清学术嬗变过程中，荆楚大儒郝敬发挥举足轻重的作用。清学核心命题如反思理学、复归经典等，郝敬均已开先河。

应对佛教挑战是理学与郝敬共同的问题意识。传统理学从《四书》阐发儒学隐含的性理内涵，以开展儒佛对话。性理之学不断推进便难免存在“六经注我”的反经验知识论。因此，宋明儒与经典渐行渐远，以致王学末流空谈心性，束书不观。传统理学虽有辟佛动机，但其取径心性之学的策略在郝敬看来无异于使儒学佛化。他说：“今浮屠教行，怪缪者不足论。其近者舍下学而求上达，荒荡空寂，遗世伤化。儒者欲反经，而乃单举诚意正心，又何以异于浮屠之空寂也。”他认为，经学之所以式微，宋明儒辟佛而不得其道难辞其咎，此类儒者实即“儒身而佛尾，儒貌而佛心”①。

因此，郝敬辟佛从纯化儒学入手，其策略便是复归经典，从原典中求证圣人意志。经学在嘉靖年间便有复兴迹象，在心学主流外，明儒在考据、辨伪等领域取得开创性成就。② 但明儒未有如郝敬那样，以遍注九经的魄力济渡经学于衰溺。此前号称遍注群经的仅郑玄、孔颖达等少数硕儒，连朱熹亦未注《尚书》《春秋》。郝敬著《九经解》遍及《易》《书》《诗》《春秋》《三礼》与《论》《孟》。如此规模，可见他欲一举裁正前代经说的野心。李维桢论其注经动机说：“病汉儒之解经详于博物而失之诬，宋儒之解经详于说意而失之凿。”郝敬注经确实屡与前贤辩难，认为“郑康成解《礼》多穿凿，而俗士诧为辩博，小有异同则云学问未到康成地，焉敢高声议汉儒”，“朱子诋前人师说为凿空，抑不知己之改作又何所据，犹之凿空耳”。③

在晚明学术语境下，朱熹恐怕是郝敬更直接的假想敌。他将《学》《庸》抽离《四书》体系，使其复归《礼记》，从而解构理学的诠释系统，④ 便彰显他对朱子权威的挑战。郝敬欲复归经典，以经学全面取代理学。他对朱子的全面树异，远远超轶王阳明仅标榜致良知的局部树异。⑤ 跨越宋儒乃至汉儒，郝敬实欲借由复归经典，进而复原孔孟的儒家原貌。这样的思想线索贯穿整个清代经学史。在反思理学、纯化儒学、复归经典等问题上，郝敬是清学的先行者。清学的崛起确实从郝敬那里汲取大量养分。

郝敬于万历二十年(1592)刊刻《知言》，代表作《九经解》刻竣于万历四十七年(1619)，天启、崇祯间又刊行《山草堂集》。这些著作刊行不久便引起轰动，成为不少学者的案头读物。费元禄(1575—?)年逾三十时自述其案头除先儒语录外便有郝敬《知言》，

---

① 郝敬：《小山草》，《四库全书存目丛书》补编第53册，齐鲁书社2001年版，第16、164页。

② 林庆彰：《晚明经学的复兴运动》，《明代经学研究论集》，华东师范大学出版社2015年版，第95~161页。

③ 郝敬：《谈经》，《续修四库全书》第171册，上海古籍出版社2002年版，第637、669、705页。

④ 黄羽璿：《郝敬的〈礼记〉学》，《汉学研究》2017年第3期。

⑤ 谢茂松：《明儒郝敬之儒学志业及其对清代经学之影响》，香港中文大学博士学位论文，2012年，第400页。

“俱不可一日去手”①。可见最晚到17世纪前十年，郝敬学术便引起学界关注。学者不但自读其书，还交相推荐。费氏所言著于《训子计》，便有训诫子孙读郝著之意。钱澄之初受经时，其父便以《九经解》教授。② 张溥亦曾向学子推荐《九经解》。③ 李颙口授弟子读书次第，历代经学著作仅荐22种，《九经解》便在其中。④ 其轰动效应可以想见。

阅读郝敬著作风气最盛且影响最深远的莫过于浙东学子。黄宗炎习《易》，无论读朱子《本义》还是读王注、程传，均无所得于心，后读郝敬《九经解》始感佩其“融会贯通，一洗前人训诂之习”，“遂有白首穷经之约”。⑤ 万斯同等聚为甬上讲经会，“穷搜宋元来之传注”分头诵习，⑥ 研习书目中便有《九经解》。讲经会所讲者乃“黄先生所授说经诸书”⑦，故甬上诸子接触郝敬学术应得自黄宗羲引导。万氏后来将讲经会移至北京，并在北京讲经会结识胡渭、阎若璩等人。⑧ 后来胡、阎对郝敬学术的采用，乃至郝氏在清初被尊为经学宗师，或发轫于甬上讲经会。

因为有庞大的读者群，郝敬的学术成果也被学者广泛征引。据《四库全书总目》，明末清初重点参考郝敬学术的著作不下十余种，如钱澄之《田间诗学》、陈子龙《诗问略》等，或“惟推尊郝敬之书”，或“学从郝敬入”。⑨《四库》修书以前征引郝敬成果超过100处的学者至少有8人，包括何楷(110处)、王志长(125处)、朱鹤龄(101处)、钱澄之(174处)、姚际恒(472处)、秦蕙田(397处)、蔡德晋(248处)、盛世佐(1290处)。⑩

清初很多一流学者的重要学说都受郝敬启发，甚至直接参取于郝敬。阎若璩《古文尚书》辨伪不满吴棫、朱熹之疏简，感叹至郝敬始“大畅厥旨，底蕴毕露”，故将其《尚书辨解》纲领性的《读书》“详录其三之二”。⑪ 姚际恒《九经通论》规模与《九经解》相当，其各经通论以《论旨》冠篇端被认为是效仿郝敬《经解绪言》。⑫ 姚氏推崇郝敬《仪礼节解》“为《仪礼》第一书”，“优于《仪礼注疏》多矣”，故“取其十之五六”。⑬《诗经》古本以《毛诗序》超冠经前，郝敬《毛诗原解》始“移序从经”，朱鹤龄以为“最为得体”而从之。⑭ 胡渭对郝敬论《易》数极赞许，其论学《易》正宗大量征引郝敬。⑮

---

① 费元禄：《甲秀园集》卷45，《明别集丛刊》第5辑第19册，黄山书社2015年版，第460页。

② 钱澄之：《田间诗学》，黄山书社2005年版，第6页。

③ 张溥：《七录斋合集》，齐鲁书社2015年版，第278~279页。

④ 李颙：《二曲集》，中华书局1996年版，第61页。

⑤ 黄宗炎：《周易寻门余论》，《丛书集成续编》第2册，上海书店出版社1994年版，第491页。

⑥ 黄宗羲：《南雷诗文集》，《黄宗羲全集》第10册，浙江古籍出版社1985年版，第661页。

⑦ 李邺嗣：《杲堂诗文集》，浙江古籍出版社1988年版，第448页。

⑧ 王汎森：《清初的讲经会》，《权力的毛细管作用：清代的思想、学术与心态》，台湾联经出版事业有限公司2014年版，第176页。

⑨《四库全书总目》，中华书局2016年版，第77、131、143页。

⑩ 此乃根据“中国基本古籍库”统计之近似数，亦可观其大概。

⑪ 阎若璩：《尚书古文疏证》，上海古籍出版社1987年版，第1143~1153页。

⑫ 张晓生：《郝楚望生平考述》，《书目季刊》2002年第3期，第68页。

⑬ 姚际恒：《仪礼通论》，中国社会科学出版社1998年版，第14页。

⑭ 朱鹤龄：《诗经通义》卷首，《丛书集成续编》第107册，台湾新文丰出版公司1989年版，第4页。

⑮ 胡渭：《易图明辨》，巴蜀书社1991年版，第253~256页。

凡此诸人，或于当时或于后世，享誉学林，开创清学新气象。他们的学术王国正是在深入吸收郝敬学术基础上建筑而起的。郝敬学术对早期清学中流砥柱起到启蒙作用。可见，清学与其说是对宋明学术的反动，毋宁说由晚明学术自觉拨正并转化发展而来。

二、非誉交争：经学宗师与六经蠹贼

郝敬虽然客观上对明末清初学术产生深远影响，但当时学者对他的评价却非誉交争：誉之者推为经学宗师，毁之者斥为六经蠹贼。

崇祯年间，京山知县请以郝敬从祀孔庙便盛誉郝氏："我明三百年"，"含经味道，羽翼圣真，有谁居本宦之右者哉"。类似赞誉常见于各种方志、传记，他们将郝敬与孔安国、郑玄等千古名儒媲美，认为郝敬亦"千古一舌"。① 这些不尽是乡曲吹嘘之誉。黄宗羲亦称誉郝敬："明代穷经之士，先生实为巨擘。"②他列举"百年以来穷经之士"，郝敬、何楷与其师黄道周并列。③ 万斯同赞誉郝敬"不袭先儒成说，穷经者尽宗之"④。全祖望论明代三百年经师，以郝敬、季本"称为雄霸"⑤。清初一流学者都推尊其为经学宗师，《江阴县志》称"郝公之重望，天下仰之"，潘世恩称"一时通经之士，咸推重之"，确为当时实情。⑥

明末清初学者推崇郝敬的原因，首先在于他对理学的挑战颠覆了程朱的学术权威，为寻求学术革新的学界提供了以经典为依据的思路。陈子龙说："余于《集传》不尽惬，而莫敢异也。及读郝氏书，乃知经学不必专泥朱子也。"⑦这是当时学子对程朱理学的普遍心态：不尽惬意却莫敢异同。如此一来，一旦有一人举旗反朱，势必天下影从。在如此风气下，郝敬与朱子树异的创解便给学界带来新气象。姚际恒采纳郝敬学术即往往因其说"特新"。⑧ 陶士偰推许郝敬为"紫阳之功臣"，亦在于认为其学术"美矣备矣，紫阳之说未能精微及此"。⑨ 李颙之所以向弟子推荐郝著，也因为郝能"辟古今拘曲之见，妙发心得，过于诸家远矣"，所谓诸家当然包括甚至主要便指朱熹。

一旦拨开朱子权威的迷雾直抵经典，郝敬经说便更能彰显其识见。陆世仪论郝敬说：

---

① 《(光绪)京山县志》卷13，《中国地方志集成·湖北省府县志辑》，江苏古籍出版社2001年版，第405~409页。邹漪：《启祯野乘》卷7，《明代传记丛刊》第127册，台湾明文书局1991年版，第266页。查继佐：《罪惟录》，浙江古籍出版社1988年版，第2342页。

② 黄宗羲：《明儒学案》，《黄宗羲全集》第8册，浙江古籍出版社1985年版，第654页。

③ 黄宗羲：《思旧录》，《黄宗羲全集》第1册，浙江古籍出版社1985年版，第356~357页。

④ 万斯同：《明史》卷385，《续修四库全书》第331册，上海古籍出版社2002年版，第126页。

⑤ 全祖望：《全祖望集汇校集注》，上海古籍出版社2000年版，第1282页。

⑥ 《(乾隆)江阴县志》卷15，《无锡文库》第1辑，凤凰出版社2011年版，第307页。潘世恩：《正学编》卷8，《续修四库全书》第951册，上海古籍出版社2002年版，第779页。结合下文其他证据，他们所描述的应是清初状况。

⑦ 陈子龙：《陈子龙文集》，华东师范大学出版社1988年版，第1页。

⑧ 杭世骏：《续礼记集说》，《续修四库全书》第102册，上海古籍出版社2002年版，第81、83页。

⑨ 陶士偰：《运甓轩文集》，《四库未收书辑刊》第9辑第22册，北京出版社1998年版，第696、700页。

“大抵以别出手眼为高，然其中识见亦尽有开辟不可及处。”①阎若璩赞誉郝敬也说：“其不可磨灭处，的非庸人。且读得古今文字，分析如烛照物，如刃劈朽木。”②这些别出手眼的心得之说，在推求作经本意的经学思维下显得更合圣人意旨。郝敬论《春秋》未尝摈楚，陆次云便以为“千秋之特见”，“真得圣人之心”③。明末清初社会剧变，学界对理学展开反思，试图破除朱子的学术权威。在此思潮中，郝敬首发时代先声，从而被推尊为经学宗师。

然而，在郝敬最受推重之时，他也受到同样力度的攻驳。④ 钱谦益对郝敬的贬斥为人熟知，他认为郝敬经学“踳驳支蔓”，对学者推重郝敬极为不解。⑤ 这只是当时批评郝敬的冰山一角。吊诡的是，此时郝敬的批评者有不少同时是他的追随者。阎若璩便推许钱氏对郝敬的批评，并指出郝敬掊击《古文尚书》“语或过甚”。⑥ 黄宗炎《易》学寻门于郝敬，但亦知其“可指摘之处颇多”；他因郝敬萌生白首穷经之志，除绍述之意外，更有匡正之意。万斯同对郝敬《尚书》辨伪亦不以为然，斥为“病狂丧心之人”，深恐后人阅其书而“徒蹈于狂妄”。⑦

阎若璩等人评价的矛盾说明郝敬学术在明末清初呈现两面性：郝敬的创见确实给学界带来耳目一新的气象，吸引一众青年学者；但经后学反复咀嚼后，其创解之纰漏难免渐次显露。雍乾间盛世佐说：“郝说初读之似有理，及细考之亦非。”⑧此虽就其解《仪礼》“举爵三作”而发，盖亦当时读者的共同感受。陆世仪已洞察郝敬经解之不足，故希望学者“取而论正之”。⑨ 当时学者确实广泛地予以论正。毛奇龄的批评最具概括性：“其解诸经似亦有见而苦于无据，及有据则又一往悖诞，借古经为证而无一不错。”⑩

郝敬最为当时学者诟病的乃其标新立异取向，即毛氏所谓“似亦有见”。阎若璩批评郝敬刻意求异于旧说：“余尝爱黄楚望注经，于先儒旧说可从者拳拳尊信，不敢轻肆臆说，以相是非。尹和靖云：‘解经而欲新奇，何所不至？’朱子至读之汗下，将合是二说为郝氏告焉。”⑪吕留良甚至因郝敬“以翻古人成说为高”，而以“六经之蟊贼”斥之。⑫ 对此，

---

① 陆世仪：《思辨录辑要》卷33，《景印文渊阁四库全书》第724册，台湾“商务印书馆”1986年版，第314页。

② 阎若璩：《尚书古文疏证》，上海古籍出版社1987年版，第1153页。

③ 陆次云：《尚论持平》卷1，《续修四库全书》第1136册，上海古籍出版社2002年版，第188页。

④ 谢茂松认为郝敬的“全面性影响”持续至雍正朝，至乾嘉学派兴起才有变化。这忽略了清初学界对郝敬的批评，错失思想史的复杂性。谢茂松：《明儒郝敬之儒学志业及其对清代经学之影响》，香港中文大学博士学位论文，2012年，第411~431页。

⑤ 钱谦益：《牧斋初学集》，上海古籍出版社1985年版，第1707页。

⑥ 阎若璩：《尚书古文疏证》，上海古籍出版社1987年版，第1153页。

⑦ 万斯同：《群书疑辨》卷1，《续修四库全书》第1145册，上海古籍出版社2002年版，第480页。

⑧ 盛世佐：《仪礼集编》卷7，《景印文渊阁四库全书》第110册，台湾“商务印书馆”1986年版，第294页。

⑨ 陆世仪：《思辨录辑要》卷33，《景印文渊阁四库全书》第724册，台湾“商务印书馆”1986年版，第314页。

⑩ 毛奇龄：《经问》卷6，《毛奇龄全集》第19册，学苑出版社2015年版，第200页。

⑪ 阎若璩：《尚书古文疏证》，上海古籍出版社1987年版，第1008页。

⑫ 吕留良：《四书讲义》，中华书局2017年版，第135页。

全祖望的分析颇深刻，他指出郝敬“不肯苟同于先儒”，“其可传处以此，其不可为训处亦以此”；既然立异于先儒便难免“豫储参商之见以相寻于口舌”之嫌，从而难免“经学之贼”之讥。①

郝敬立异的主要论敌是朱子，清初学者批评他好异常有为朱子辩护之意。当时申朱难郝最得力者当数顾栋高。顾氏认为“朱子舍序言《诗》，直断去千古葛藤”，郝敬辟《集传》而依《诗序》便是“舍其简直而从其迂曲”，“京山好为立异”非平心之论，“其可取者十不一二”，故其《毛诗订诂》专门节录郝氏“偏枯害理”之论予以驳斥。② 姚际恒也认为“郝氏佞《序》最属可恨”，其“遵《序》之意全在敌朱”，故称其《毛诗原解》“一览可掷”。③ 郝敬在明末清初之毁与誉均以树异朱子为关键。这种矛盾态度不仅针对郝敬，更针对朱熹：一方面，学界并未一致反朱，部分学者仍尊朱子；另一方面，反思程朱的学者也不接受毫无条件的反朱，而对反朱提出学理要求。

因此，当时学界批评郝敬又着眼于其学理依据，臆断、牵强等术语成为此中关键词，即毛氏所谓“苦于无据”。毛奇龄、徐乾学等人便常批评他“纯用武断”“欲求新异而创无稽之说”。④ 郝敬“每以臆见测古礼”，姚际恒、盛世佐更批驳再四，认为“古礼以今人心眼求之多有不合”，郝敬“以俗情测之”“不能无悬揣臆度之病”。⑤ 面对“古书残阙，多不可晓”局面，好古阙疑的实证精神至明末清初渐受重视，心学思潮下“以心证理，以理证经”的解经方法渐被修正。

郝敬大张复归经典旗帜，一时振聋发聩，明末清初学子纷纷响应。然而，当学者在其影响下重读经典，却发现其经说多不合经意，此即毛氏所谓“悖诞”。郝敬浸染心学风潮，常以己意论经。他认为乡射却手覆手礼“强世而行”，盛世佐便斥其“哓哓焉訾圣人之礼之失，其为经害也甚”⑥。学者甚至在郝敬经说中发现异教思想残余。前述陆世仪期望学者对郝著予以论正，便在于他认为郝敬“论经处多援引佛经互证，虽名为辟佛，其实推墨附儒”，“大约三王之余，卓吾之次”。可见，纯化儒学运动从明末至清初不断深入，以致后学常以更纯粹的儒学标准挑剔纯化运动的先驱郝敬。

清学虽建构于晚明学术基础之上，但又有自立典范的强烈意识。清初学者很多重要理念都启发于郝敬，但在接纳郝敬学术的同时，他们又有强烈的批判意识。当时学界对郝敬的批评呈现辩证的张力：既赞许其创解又批判其立异，既赞许其识见又批判其臆断——创解与立异，识见与臆断，仅一念之差。这是学术嬗变过程中学术多元性与包容性的体现。

---

① 全祖望：《全祖望集汇校集注》，上海古籍出版社 2000 年版，第 1282 页。

② 顾栋高：《毛诗订诂》，《四库未收书辑刊》第 1 辑第 4 册，北京出版社 1998 年版，第 660、722、760、783~784 页。

③ 姚际恒：《诗经通论》，中华书局 1958 年版，第 5、253、312 页。

④ 毛奇龄：《经问》卷 4，《毛奇龄全集》第 19 册，学苑出版社 2015 年版，第 127~128 页。徐乾学：《读礼通考》卷 10，《景印文渊阁四库全书》第 112 册，台湾“商务印书馆”1986 年版，第 261 页。

⑤ 杭世骏：《续礼记集说》卷 55，《续修四库全书》第 102 册，上海古籍出版社 2002 年版，第 57 页。盛世佐：《仪礼集编》，《景印文渊阁四库全书》第 110 册，台湾“商务印书馆”1986 年版，第 173、234 页。

⑥ 盛世佐：《仪礼集编》，《景印文渊阁四库全书》第 110 册，台湾“商务印书馆”1986 年版，第 341 页。

乾嘉以后，学界对郝敬的接受便逐渐倒向批判一面，这是清学典范深入建构的表征。

三、郝敬热的消退与清学实证典范的建构

乾嘉以后，学界对郝敬并非全然贬抑，推扬之辞时而可见。章学诚便称郝敬“于诸经极有苦心，实能见前人之所未及”，并推许其“识力孤绝”。① 郝敬作《春秋非左》指摘《左传》，也被焦循誉为不刊之论。② 然而，此时学界对郝敬的赞誉虽未必如蒋秋华所谓凤毛麟角，③ 但较之此前的盛况亦可谓一落千丈。

乾嘉以后郝敬热的消退在文献征引上表现最为显著。此时期征引郝敬学说超过 20 处的仅黄淦(20 处)、周柄中(29 处)、胡承珙(30 处)、黄以周(70 处)等寥寥数人，数量最多是胡培翚 352 处，但其中相当部分引自盛世佐等人。当时学术泰斗如惠栋、戴震以及经学大家洪亮吉、孙星衍、孙诒让等人的著作均已罕及郝敬。可见，郝敬正逐渐淡出学界视野。作为荐书书目，《书目答问》于历代经注经说荐书 400 余种，却只字不提郝敬。对比李颙对郝敬的重荐不可同日而语。张之洞并非刻意打压郝敬，而是对明代经学的整体遗忘，并着意标榜清学典范。其所荐 400 余种经学著作中，清人多达 300 余种，明代仅 9 种。皮锡瑞所谓“三朝之经学，元不及宋，明又不及元”，惟“至国朝，经学昌明，乃再盛而骎骎复古”，④ 早成学界共识。乾嘉以后学者便在这种思维意识下对郝敬展开批评。

明末清初兴起的实证精神是此时学术嬗变的内在动力，学术典范逐渐向学术客观性转移。当学者以更严谨的求实精神审视郝敬，其学术的主观性便逐渐突显。乾隆朝修《四库全书》，郝敬著作无一著录，《总目》对他的批评便着眼于穿凿臆断：“敬之解经，无不以私意穿凿”，“大抵影响揣摩，横生臆见”。⑤《总目》代表清廷官方意志，其之贬抑影响了后世对郝氏的接受。此外，章学诚也批评郝敬“避实趋虚，多凭渺索，求之太至，则不免于凿”⑥。江藩、皮锡瑞等人贬抑郝敬亦均着眼于其穿凿臆断。⑦

明末清初心学余绪涤除未净，学界虽不满郝敬主观臆断，但对他的创解与识见仍予肯定。当客观性成为学术新典范时，其“妙发心得”的创解便被理解为立异，罕获学者赞许，反而成为批判的标靶。四库馆臣贬抑郝敬也缘于其标新立异。《总目》每以“轻诋先儒”“务胜古人”为词，⑧ 批评其标新立异的主观创解。凌廷堪也批评其《九经解》“舍传注之文而别伸其见”，故“学者咸以诡异视之”。⑨ 胡培翚也屡斥他“自立新说，尤于经无当”。⑩ 可

---

① 章学诚：《湖北通志检存稿》，湖北教育出版社 2002 年版，第 87 页。

② 焦循：《春秋左传补疏》，上海古籍出版社 2016 年版，第 43 页。

③ 蒋秋华：《郝敬的诗经学》，台湾《中国文哲研究集刊》1998 年第 12 期，第 290 页。

④ 皮锡瑞：《经学历史》，中华书局 1981 年版，第 283~290 页。

⑤ 《四库全书总目》，中华书局 2016 年版，第 111、163 页。

⑥ 章学诚：《湖北通志检存稿》，湖北教育出版社 2002 年版，第 87 页。

⑦ 江藩：《国朝汉学师承记》，中华书局 1983 年版，第 142 页。皮锡瑞：《经学历史》，中华书局 1981 年版，第 283 页。

⑧ 《四库全书总目》，中华书局 2016 年版，第 183、189 页。

⑨ 凌廷堪：《校礼堂文集》，《凌廷堪全集》第 3 册，黄山书社 2009 年版，第 197 页。

⑩ 胡培翚：《仪礼正义》，江苏古籍出版社 1993 年版，第 436 页。

见，彰显客观实证的乾嘉学术对学术的主观创造已少有包容，与之一同被贬抑的还有不易实证的识见。明末清初的学术多元性与包容性，已被以客观性为单一追求的新典范取代。典范的重建意味着多元性与包容性的消解。

学术典范转移伴随着学术偶像的转变。乾嘉学界的学术偶像逐渐转向郑玄。因此，学界批判郝敬好异的动机也由捍卫朱熹转向捍卫郑玄。这是复杂的演进过程。雍乾间杭世骏与盛世佐已启其端，认为郝敬“居心难郑”，“其诬郑公也实甚”。①至乾嘉时之《总目》，对郑玄更推崇备至，认为“郑义皆援据精详无可驳诘”，王肃学识百倍于郝敬，终其一生与郑玄辩难“迄不能夺康成之席”，郝敬乃“不量力而与之角”，故“动辄自败”。②凌曙也认为郑玄“深有功于经学”，而“郝氏未解文义”，“种种不明而置其狂喙”。③胡培翚亦屡责郝氏“有意违郑而不知说之难通”④。

学术偶像由朱熹转向郑玄，这本身便是实证思潮不断深化的结果。明末清初拨反心学，在理学与心学辩证下，理学意味着征实，部分学者不满郝敬反朱而捍卫朱熹。当实证主义推进至经学论域，理学转为虚泛，汉学考据方为征实，⑤郝敬攻郑便不能容于学界。讽刺的是，郝敬本身便是反思理学的先驱，引导清学复归经典，但当经学进入以考据为典范的实证时代，郝敬以理测经的经解游离于时代潮流。

在标榜本朝文治心态的支配下，清儒在祖述郑学的同时开始有意识地建构清学典范。在清学典范的建构过程中，包括郝敬在内的“胜朝”学者成为攻击对象。郝敬《尚书》辨伪启发阎若璩等人，但在乾嘉学者看来，郝敬以文词体格为依据的辨伪方法不得要领，他们推重的是“国朝”阎若璩等人，认为他们始能“发其伪作之迹、剿窃之源”。⑥实证主义的方法论优越性仍是清人标榜清学典范的关键。在焦循看来，郝敬质疑郑玄《仪礼注》固然“不为传注所拘牵”，然而他仅“凭执空论，无有确证”，未能核诸全经，惟有清儒程瑶田始“一以经文为本”予以考订，堪称治经典范。⑦在清学典范面前，汉学并非不容置疑。清儒重提汉学的深层用意在于建构清学典范，标榜汉学乃以与宋学抗衡。张之洞《书目答问》已可见出此深意。

四、结　　语

学术史上“汉学”“宋学”等概念都是主观建构的。尽管宋明之学与清人之学在整体上确实体现不同范式，然而典范转移从来不会一蹴而就，尤其不会因为政权鼎革而顷刻改弦易辙。郝敬学术接受史是学术典范转移极好的样本。在明代，郝敬以客观的经典验证宋明理学，已经蕴含后来清学实证主义典范的思想因子。在明清之际的历史实践中，这些思想

① 杭世骏：《杭世骏集》，浙江古籍出版社 2014 年版，第 54 页。盛世佐：《仪礼集编》，《景印文渊阁四库全书》第 110 册，台湾“商务印书馆”1986 年版，第 338 页。

② 《四库全书总目》，中华书局 2016 年版，第 194 页。

③ 凌曙：《礼说》卷 2，《续修四库全书》第 220 册，上海古籍出版社 2002 年版，第 523 页。

④ 胡培翚：《仪礼正义》，江苏古籍出版社 1993 年版，第 1340 页。

⑤ 蔡智力：《〈四库全书总目〉虚实论的辩证结构》，《清史研究》2020 年第 2 期。

⑥ 江藩：《国朝汉学师承记》，中华书局 1983 年版，第 34 页。

⑦ 焦循：《雕菰集》，《焦循全集》，广陵书社 2016 年版，第 5922～5925 页。

因子成为清学的启蒙元素。但郝敬浸染于心学风气中，毕竟带有心学思想印记。因此，随着清学典范的逐渐确立，郝敬的学术形象也发生变化：从明末清初学者推崇的经学宗师转变为以理测经的妄人。郝敬形象从明末清初到乾嘉时期的变化，预示着清学典范从初建到确立的过程。在清学典范初建时，清初学者尚能兼收并蓄；至典范确立后，乾嘉学者便无法容许任何异调，曾经对清学有引导之功的郝敬也成为新典范的垫脚石而备受攻击。

（作者单位：湖北大学历史文化学院）

程晋芳《诗经》学著述考论

□ 朱宏胜

【摘要】乾嘉学人程晋芳推崇宋学，以义理之学为本，考据之学为末，治学并不阿附乾嘉学风，故其学术颇遭时人非议，亦不为后学所重。然观其《毛郑异同考》，汉宋兼采，惟是是从，所作考论不仅有便于后学在浩如烟海的《诗经》学著述中兼收并取，且颇具方法论意义。

【关键词】程晋芳；《毛郑异同考》；宋学；汉宋兼采

程晋芳（1718—1784），清乾隆时期诗人、藏书家、经学家。先名志钥，又名廷镄，字鱼门，号蕺园，祖籍安徽歙县，寄籍扬州。晋芳出身盐商巨富家庭，学有成而屡试不第，曾参与纂修《四库全书》，书成，升为翰林院编修。晋芳与好友吴敬梓一样，好接宾客，乐善好施，挥金如土而不善治产业，在乾嘉学人中，最具名士风范。晚年债务缠身，竟至“不能举火”，1784年客死陕西毕沅巡抚衙门。生平著述甚丰，然多未梓而佚，今有《勉行堂诗文集》行世。

学界对程晋芳桂宧藏书、刊刻推介吴敬梓《儒林外史》之功乃至参与《四库》编纂活动等，皆颇为重视，而于其具体的学术成就则较少瞩目。究其原因，首先与其学风与乾嘉朴学大异其趣而颇遭鄙弃有关，其次与其学术著作多草成未就，且长期以来较少传播不无关系。本文拟以其《毛郑异同考》为中心做些探讨，意在抛砖引玉，引发学界关注。

一、程晋芳《诗经》学著述

晋芳于诸经多有研究，其《诗经》学著述，今可知的主要有：

（1）《读关雎》一篇。为仅364字的短文，收入《勉行堂文集》卷四。文章认同刺诗说，认为《关雎》为乐官所作，用为房中乐。且以为，“后妃乐得淑女以配君子”说不合情，“偕行者不足以匹配君子，舍此而他求”说不合理，“徒以不妒为首称，何见之小也”。①

（2）《诸经答问》十二卷。翁方纲《蕺园程君墓志铭》《清史稿·文苑》著录，佚。

（3）《读诗疏笺抄》不分卷，有上海图书馆藏稿本存世。是书先录《诗谱》序、《周南召南谱》以及《诗经》相关经文；然后低一格则或抄毛《传》、或抄郑《笺》、或抄孔颖达《正

① 程晋芳：《读关雎》，魏世民校点：《勉行堂诗文集》，黄山书社2012年版，第761~762页。

义》；天头上间有附注，注明《说文》本字或《释文》所载异文。有人疑其为《毛郑异同考》初稿。然比对二书，抄录内容与《毛郑异同考》出入较大，且几乎没有任何有关于异同比较的文字，故初稿之说不成立。从该书题名和内容来看，当仅为晋芳读书笔记而已。虽然抄录取舍体现了程氏《诗》学观，但总体来说，学术价值不大。

(4)《毛郑异同考》十卷，有北京大学图书馆藏十卷本、国家图书馆藏楷字本、浙江省图书馆藏清高翻抄本。其中，国图本因《续修四库全书》影印而广为流行。

乾嘉时期，以毛、郑《诗》为对象给予考辨且影响较大的有戴震所撰《毛郑诗考正》。周中孚评介道："是书于毛《传》、郑《笺》无所专主，多自以己意考证。或兼摘传笺考证之，或专摘一家考证之，或止摘经文考证之，大都俱本古训，惟求其是，而仍以辅翼《传》《笺》为主，非若宋人说《诗》诸书，专以驳斥毛、郑而别名一家也。"①与戴震不同，程晋芳先抄录《诗经》篇名；再分条抄录需考辨异同的诗句；然后择要抄录毛《传》、郑《笺》，旁及孔《疏》及诸家说之有益于考察论断毛郑异同优劣者；最后加以案断，论定毛郑异同优劣。

晋芳自述著作缘起云："今年近五十，思欲有所撰述，以发吾胸中之蕴。""惟《毛诗》，先儒论说，各执一是，鲜能相通；足下《青溪诗说》，持论至精，而结体尚略，愚殆将从事于此。京华虽号尘海，苟减应酬，尚可有为，五六载间，将可成书，未知天果假我以年否也?"②是书列毛、郑相异之处四五百条，论其得失，杂取宋人之说加以辩证，并断以己意。书虽名"毛郑异同考"，然于毛、郑同而是者一概不录，唯其同而未确者方取而辨之。又因著者以为孔颖达之《正义》袒护郑说者多，故多有驳正。江翰云："其凡例有云：程氏作此书不仅欲辨毛郑得失，兼欲学者博观宋以降书。故凡有裨于二家者咸载之。盖有鉴于乾嘉诸儒之失，因有是言。"③足以发明程氏著作之意。

二、《毛郑异同考》国图本及其主要内容

国图本抄录人未知，字迹工整，版本完整，然亦存在一些抄录错误。主要有漏字错字、漏抄篇名、诗句误抄入他篇、诗句顺序错乱四类。漏字错字，拟另撰文详述；其他三类错误详情如次：

(1)"崇朝其雨"条前漏抄篇名"《蝃蝀》"，导致该条窜入《定之方中》篇；

(2)原抄将"《王(风)》"抄录在《伯兮》条之前，从而导致《伯兮》篇窜入《王风》，成为《王风》之篇什；

(3)原抄漏"《敝笱》"，因而导致"其从如云　其从如雨　其从如水"条、"其鱼唯唯"条窜入《卢令》；

(4)原抄"《四牡》"篇名抄在"示我周行"条前，导致《鹿鸣》篇之"示我周行"窜入《四牡》篇中；

① 周中孚：《郑堂读书记》卷八，转引自戴震著，杨应芹、诸伟奇主编：《戴震全书》(修订本)第一册，黄山书社2010年版，第567页。

② 程晋芳：《与家绵庄书一》，魏世民校点：《勉行堂诗文集》，黄山书社2012年版，第7752页。

③ 《续修四库全书总目提要》(经部上册)，中华书局1993年版，第334页。

(5)《采薇》篇之“彼尔维何”“小人所腓”“象弭鱼服”三条以及《出车》篇“雨雪载涂”条，原抄误抄录至《南有嘉鱼》篇“烝然罩罩”条后，《南山有台》篇“遐不眉寿”条前；

(6)原抄《出车》篇“雨雪载涂”条所抄录“当从众义”起至“于此章但为众义可也”为《南有嘉鱼》“烝然罩罩”条内容之窜入；

(7)原抄《四月》篇名后，直接抄录《传》《笺》并加以案断，漏抄“匪鹑匪鸢，翰飞戾天。匪鳣匪鲔，潜逃于渊”；

(8)《皇矣》篇“侵阮徂共”条原抄误抄录至“王赫斯怒”条之后；

(9)《皇矣》篇“依其在京”条原抄误抄录至“度其鲜原”条之后；

(10)《大雅·荡之什》之“曾是强御”条前，漏抄篇名“荡”；

(11)《云汉》篇“后稷不克”条原抄误抄录至本篇“宁丁我躬”“先祖于摧”条之间；

(12)《雝》篇“相维辟公”条原抄误抄录至“介以繁祉”之后，《有客》篇“亦白其马”条之前；

(13)《载芟》篇“振古如兹”条为本篇末章之句，原抄不仅漏抄，且抄录者以小字补抄在“俶载南亩”“实函斯活”二条之间的天头上；

(14)《丝衣》篇“鼐鼎及鼒”条原抄误抄录至本篇“不吴不敖”之后，《酌》篇“遵养时晦”之前；

(15)《閟宫》篇“龙旂承祀”条原抄误抄至本篇“牺尊将将”条后，“三寿作朋”条前；

(16)《那》篇“庸鼓有斁”条，原抄误抄录至《烈祖》篇“汤孙之将”条后；

(17)《烈祖》篇“赉我思成”条，原抄误抄录至《玄鸟》篇之前，本篇“汤孙之将”条之后；

(18)《玄鸟》篇“肇域彼四海”条，原抄误抄录至本篇“景员维河”条后。

纵观全书，考辨内容有以下几个方面值得注意：

第一，由于程氏于毛、郑相同且无异议的一概不录，故本书合计抄录并考辨数目为226篇653条。其中《国风》104篇201条，二《雅》92篇358条，三《颂》31篇94条。具体分布见表1：

表1

<table>
<tr><th colspan="2">分 类</th><th>篇数条数</th><th>合 计</th></tr>
<tr><td colspan="2">《国风》</td><td>周南5篇11条；召南11篇15条；邶鄘卫32篇71条；王风4篇7条；郑风11篇20条；齐风6篇17条；魏风5篇6条；唐风9篇14条；秦风5篇7条；陈风4篇6条；桧风2篇3条；曹风3篇4条；豳风7篇20条</td><td>104篇201条</td></tr>
<tr><td rowspan="2">二雅</td><td>《小雅》</td><td>鹿鸣之什9篇19条；南有嘉鱼之什9篇18条；鸿雁之什7篇20条；节南山之什9篇37条；谷风之什10篇30条；甫田之什9篇23条；鱼藻之什10篇30条</td><td>63篇177条</td></tr>
<tr><td>《大雅》</td><td>文王之什9篇55条；生民之什9篇61条；荡之什11篇65条</td><td>29篇181条</td></tr>
</table>

续表

分类		篇数条数	合计
三颂	《周颂》	清庙之什9篇18条；臣工之什6篇10条；闵予小子之什8篇21条	23篇49条
	《鲁颂》		3篇20条
	《商颂》		5篇25条
总计			227篇653条

第二，考辨对象，毛无传的共48条、郑不为笺共10条。程晋芳对毛、郑不为传、笺的原因也做了一些探讨，具体情形见表2：

表2

分类		内容	数量
毛无传	义所共见不烦训	《羔羊》“退食自公”；《扬之水》“怀哉怀哉”；《女曰鸡鸣》“宜言饮酒，与子偕老”；《出车》“雨雪载涂”；《巧言》“遇犬获之”；《何人斯》“二人从行”；《北山》“陟彼北山，言采其杞”；《白华》“俾我独兮”“念彼硕人”；《皇矣》“王赫斯怒”；《生民》“实覃实訏，厥声载路”；《卷阿》“亦集爰止”；《板》“天之方难”“无独斯畏”；《荡》“曾是强御”；《瞻卬》“懿厥哲妇”；《臣工》“奄观銍艾”；《玄鸟》“有虔秉钺”	18
	他篇有传	《定之方中》“秉心塞渊”；《出车》“喓喓草虫，趯趯阜螽”；《南山有台》“遐不眉寿”；《既醉》“介尔景福”；《抑》“子孙绳绳”	5
	未知原因	《柏舟》“静言思之”；《北门》“政事一埤益我”；《氓》“靡室劳矣”；《东山》“烝在栗薪”；《节南山》“憯莫惩嗟”“不自为政，卒劳百姓”；《雨无正》“鼠思泣血”；《小宛》“我日斯迈，而月斯征”；《巷伯》“巷伯”；《蓼莪》“昊天罔极”；《大东》“小东大东”；《甫田》“攘其左右”；《角弓》“如酌孔取”；《隰桑》“遐不谓矣”；《绵》“亦不陨厥问”；《文王有声》“遹骏有声”；《生民》“载谋载惟”；《假乐》“保右命之”；《卷阿》“如圭如璋”；《桑柔》“其何能淑，载胥及溺”“大风有隧”；《云汉》“后稷不克”；《臣工》“嗟嗟保介”；《敬之》“命不易哉”；《閟宫》“致天之届”	25
	合计		48
郑不为笺	意同毛	《燕燕》“其心塞渊”；《栢舟》“母也天只，不谅人只”；《墙有茨》“墙有茨，不可扫也”；《杕杜》“其业湑湑”；《蜉蝣》“采采衣服”	5
	引证推定	《式微》“胡为乎中露”“胡为乎泥中”	1
	未知原因	《卷耳》“采采卷耳，不盈顷筐”；《绸缪》“见此邂逅”；《绸缪》“见此粲者”；《白驹》“尔公尔侯，逸豫无期”	4
	合计		10
合计			58

第三，虽有考辨，却没有案断的共58条：

(1)只列《传》《笺》而无案4条：《江有汜》“江有汜”，《新台》“籧篨不鲜”，《素冠》“庶见素冠兮”，《东山》“其旧如之何”；

(2)以孔《疏》为案14条：《绿衣》“绿衣”，《东山》“我东曰归，我心西悲”，《狼跋》“赤舄几几”，《伐木》“无酒酤我”，《正月》“靡人弗胜”，《甫田》“攘其左右”“如茨如梁”，《车舝》“景行行止”，《宾之初筵》“左右秩秩”，《生民》“实方实苞”，《卷阿》“纯嘏尔常矣”，《民劳》“汔可小休”，《有客》“亦白其马”，《閟宫》“实始翦商”；

(3)以陈启源之说为案34条：《燕燕》“秉心塞渊”，《简兮》“简兮简兮，方将万舞”，《出其东门》“匪我思存”，《卢令》“其鱼鲂鳏”，《素冠》“庶见素衣兮”，《常棣》“鄂不韡韡”，《鸿雁》“百堵皆作”“谓我宣骄”，《庭燎》“夜未央”，《斯干》“哙哙其正，哕哕其冥”，《节南山》“有实其猗”，《甫田》“攸介攸止”，《思齐》“刑于寡妻”“古之人无斁，誉髦斯士”，《皇矣》“诞先登于岸”“询尔仇方”“崇墉言言　崇墉仡仡”，《生民》“实种实褎”“实颖实栗”“即有邰家室”“以归肇祀”，《既醉》“室家之壶”，《笃公刘》“芮鞫之即”，《民劳》“柔远能迩”，《荡》“流言以对”，《抑》“无言不雠”，《韩奕》“鞗革金厄”，《江汉》“秬鬯一卣”，《召旻》“彼疏斯粺”，《昊天有成命》“于缉熙”，《丝衣》“不吴不敖”，《閟宫》“龙旂承祀”，《那》“置我鞉鼓”，《长发》“何天之龙”；

(4)以严粲之说为案2条：《著》“尚之以琼华乎而；尚之以琼莹乎而；尚之以琼英乎而”，《常棣》“鹡鸰在原”；

(5)以陆奎勋之说为案1条：《斯干》“君子攸芋”；

(6)以朱鹤龄之说为案2条：《宾之初筵》“宾载手仇，室人入又”，《旱麓》“黄流在中”；

(7)以欧阳修之说为案1条：《凫鹥》。

第四，通过考辨，明确指出毛义为长、《传》胜《笺》的共50条：

《关雎》“寤寐思服”；《葛覃》“害澣害否”；《谷风》“不我能慉”；《二子乘舟》“不瑕有害”；《考槃》“硕人之轴”；《硕人》“说于农郊”；《溱洧》“方涣涣兮”；《南山》“曷又鞠止”；《猗嗟》“射则贯兮”；《绸缪》“三星在天”；《小戎》“蒙伐有苑”；《七月》“亟其乘屋”；《东山》“九十其仪”；《六月》“饮御诸友”；《吉日》“麀鹿麌麌”；《鹤鸣》“乐彼之园”；《斯干》“载衣之裳，载弄之璋”“无非无仪”；《正月》“又窘阴雨”；《雨无正》“无言不疾”；《大东》“无浸获薪”；《桑扈》“君子乐胥”；《宾之初筵》“俾出童羖”；《采菽》“绋纚维之”“亦是戾矣”；《菀柳》“俾予靖之”；《白华》“英英白云，露彼菅茅”；《渐渐之石》“山川悠远，维其劳矣”“维其卒矣”“有豕白蹢”；《思齐》“不显亦临，无射亦保”；《皇矣》“维彼四国”“串夷载路”“奄有四方”“侵阮徂共”；《生民》“载震载夙”“先生如达”“或舂或揄，或簸或蹂”“载燔载烈”；《民劳》“以谨惽怓”；《抑》“用逿蛮方”；《桑柔》“职凉善背”；《常武》“王犹允塞”；《瞻卬》“藐藐昊天”；《清庙》“不显不承”；《雝》“相维辟公”；《般》“于皇时周”；《閟宫》“閟宫有侐”；《玄鸟》“景员维河”；《殷武》“汤孙之绪”。

第五，明确指出《笺》义为长、《笺》胜《传》的共95条：

《樛木》“福履将之”；《羔羊》“委蛇委蛇”；《燕燕》“远于将之”“仲氏任只”；《谷风》“何有何亡”；《简兮》“简兮简兮，方将万舞”；《北风》“莫赤匪狐，莫黑匪乌”；《相鼠》“人而无止”；《芄兰》“容兮遂兮”；《伯兮》“伯兮朅兮”；《邱中有麻》“将其来食”；《清人》“左旋右抽，中军作好”；《出其东门》“匪我思存”“聊乐我员”；《南山》“雄狐绥绥”“曷又极止”；《猗嗟》“舞则选兮”；《伐檀》“胡取禾三百亿兮”；《硕鼠》“爰得我直”；《葛生》“归于其室”；《黄鸟》“百夫之防”；《东山》“我东曰归，我心西悲”；《狼跋》“赤舄几几”；《常棣》“鄂不韡韡”；《天保》“俾尔单厚”；《杕杜》“卜筮偕止，会言近止”；《菁菁者莪》“载沉载浮”；《车攻》“决拾既佽”；《鹤鸣》“鱼潜在渊，或在于渚”；《斯干》“无相犹矣”；《节南山》“覆怨其正”；《正月》“靡人弗胜”；《小旻》“维迩言是听，维迩言是争”；《小宛》“交交桑扈，率场啄啄”；《巷伯》“哆兮侈兮”“杨园之道，猗于亩邱”；《大东》“尚可载也”；《四月》“滔滔江汉，南国之纪”“匪鹑匪鸢，翰飞戾天。匪鳣匪鲔，潜逃于渊 ”；《楚茨》“或肆或将”“或燔或炙”；《頍弁》“先集维霰”；《都人士》“绸直如发”；《采绿》“终朝采绿，不盈一匊”“五日为期，六日不詹”；《文王》“永言配命”；《大明》“明明在下”“曰嫔于京”“肆伐大商”“会朝清明”；《思齐》“惠于宗公”“以御于家邦”；《皇矣》“以对天下”“是伐是肆”；《生民》“实种实褎”“实发实秀”；《行苇》“序宾以贤”；《既醉》“昭明有融，高朗令终”“永锡尔类”；《笃公刘》“思辑用光”“既顺乃宣”；《卷阿》“有卷者阿，飘风自南”“矢诗不多”；《民劳》“汔可小康”；《板》“为犹不远”“大宗维翰”；《抑》“远犹辰告”“淑慎尔止”；《桑柔》“倬彼昊天”“既之阴女，反予来赫”；《烝民》“我仪图之”；《韩奕》“虔共尔位”；《常武》“南仲大祖，大师皇父”“三事既绪”；《瞻卬》“舍尔介狄”“维其几矣”；《维天之命》“于穆不已”“文王之德之纯”；《我将》“我将我享”“日靖四方”；《噫嘻》“噫嘻成王”；《雝》“介以繁祉”；《武》“嗣武受之”；《闵予小子》“闵予小子”“遭家不造”；《敬之》“佛时仔肩”；《载芟》“烝畀祖妣，以洽百礼”；《丝衣》“鼐鼎及鼒”；《駉》“思马斯作”；《閟宫》“无贰无虞”；《那》“庸鼓有斁”；《长发》“幅陨既长”“为下国缀旒”“受小共大共”“昔在中叶，有震且业”。

第六，明确指出《传》《笺》皆误的共 90 条：

《葛覃》“言告师氏”；《樛木》“宜其室家”；《泉水》“出宿于干，饮饯于言”；《君子偕老》“不屑髢也”；《邱中有麻》“将其来施施”；《缁衣》“予授子之粲兮”；《清人》“二矛重英”；《出其东门》“有女如女荼”；《着》“充耳以素乎而”；《南山》“葛屦五两，冠緌双止”；《卢令》“其鱼鲂鳏”；《猗嗟》“猗嗟昌兮”；《陟岵》“上慎旃哉”；《蟋蟀》“职思其外”；《蒹葭》“白露为霜”；《终南》“有条有梅”；《无衣》“与子同泽”；《泽陂》“有蒲与荷”；《羔裘》“羔裘逍遥，狐裘以朝”；《蜉蝣》“蜉蝣掘阅”；《鳲鸠》“其弁伊骐”；《七月》“殆及公子同归”“四月秀葽”“朋酒斯飨”；《破斧》“既破我斧，又缺我斨”“四国是遒”；《伐柯》“匪媒不得”；《九罭》“衮衣绣裳”；《狼跋》“狼跋其胡，载疐其尾”；《皇皇者华》“每怀靡及”；《常棣》“鹡鸰在原”“虽有兄弟，不如友生”；《伐木》“鸟鸣嘤嘤”；《天保》“俾尔戬谷”；《南山有台》“遐不眉寿”；《彤弓》“受言藏之”；《车攻》“之子于苗”；《庭燎》“夜未央”“夜未艾”；《黄鸟》“复我诸兄”；《斯干》“君子攸芋”；《节南山》“不吊昊天”；《正月》“瞻乌爰止，于谁之屋”“夭夭是椓”；《十月之交》“抑此皇父”；《雨无正》“听言则答，谮言则退”“鼠思泣血”；《小旻》“国虽靡止”；《何人斯》“云何其盱”；《巷伯》“既其女迁”；《谷风》“无草不死，无木不萎”；《蓼莪》“缾之罄矣，维罍之耻”；《四月》“爰其适归”；《鼓钟》“其德不犹”；《頍弁》“有頍者弁，实维伊何”；《宾之初筵》“有壬有林”；《角弓》“毋教猱升木，如涂涂附”；《菀柳》“后予极焉”；《白华》“天步艰难，之子不犹”；《文王》“思皇多士”“其丽不亿”；《大明》“造舟为梁”；《旱麓》“干禄岂弟”；

《皇矣》“诞先登于岸”；《生民》“姜嫄”；《行苇》“以祈黄耇”；《既醉》“室家之壶”；《公刘》“其军三单”；《板》“出话不然”“怀德维宁”；《抑》“无言不雠”；《桑柔》“孔棘我圉”；《云汉》“先祖于摧”；《常武》“匪绍匪游”“徐方绎骚”“截彼淮浦”；《瞻卬》“时维妇寺”；《召旻》“昏椓靡共”“如彼栖苴”；《烈文》“维王其崇之”“继序其皇之”；《访落》“继犹判涣”“未堪家多难”；《载芟》“实函斯活”；《酌》“遵养时晦”；《泮水》“烝烝皇皇”；《閟宫》“牺尊将将”“三寿作朋”“新庙奕奕”；《殷武》“挞彼殷武”。

三、《毛郑异同考》的考辨特色

程晋芳治学宗旨，可由其《正学论》探知。其云：

> 由汉及唐，孔、孟之真传不显，而其学行一，默与古合者，亦代不乏人。及宋贤出，而圣学大明，修齐治平之理较然为一，如周、程、张、游、杨、李、朱子诸人，既小试之事，而无不治矣，使大用之而有不胜任者哉！①

可见其心仪宋学，治学一以宋学为指归。程氏又云：

> 海内儒家昌言汉学者几四十年矣，其大旨谓唐以前书，皆寸珠尺璧，无一不可贵，由唐以推之汉，由汉以之周秦，而九经、《史》、《汉》注疏为之根本，宋以后可置勿论也。呜呼，为宋学者，未尝弃汉、唐也！为汉学者，独可弃宋、元以降乎？②

宋学不曾摈弃汉学，汉学也不应该摈弃宋学。当古今齐举，汉宋并重，兼收并蓄，融会贯通。基于此，程氏进一步指出：

> 窃谓士君子治经之道，必巨细弗遗，本末该贯，而后其学成。③

程氏所谓“巨”“本”指圣人之道，“细”“末”指文字音韵、典章制度等考据之学。在程氏看来，二者都极为重要，只有“无遗”“该贯”而后才“其学成”。就这样，程氏以其理论自觉，打通了宋学和汉学壁垒，形成了既与乾嘉朴学家一样重视名物训诂，又积极合理吸收宋代义理之学的新学风。正因为如此，晋芳坚决反对为考据而考据，他说：

> 经术正而人心正，所关于世道者诚不小也。④
>
> 夫金石文字之足以资助史学，夫人而知之矣。然不过订日月、校职官、证琐事，

---

① 程晋芳：《正学论一》，魏世民校点：《勉行堂诗文集》，黄山书社 2012 年版，第 689 页。
② 程晋芳：《正学论四》，魏世民校点：《勉行堂诗文集》，黄山书社 2012 年版，第 694 页。
③ 程晋芳：《尚书今文释义序》，魏世民校点：《勉行堂诗文集》，黄山书社 2012 年版，第 715 页。
④ 程晋芳：《图学辨惑跋》，魏世民校点：《勉行堂诗文集》，黄山书社 2012 年版，第 776 页。

而于制度云为安危治乱之端，其所系者终小。①

总而言之，程晋芳“综览百家，出入贯穿于汉宋诸儒之说，未始不以程朱为职志也”②。其宗宋学的同时并不摒弃汉学，治经坚持以考据为手段，以阐发圣人之道为宗旨，汉宋兼采，经世致用。晋芳经学，虽曾获“所得不深”③之评，却也时有独得之见，尤其是《毛郑异同考》“考毛、郑异同，颇多允当”④。

从前引可知，程晋芳50岁始致力于《诗》，专治《诗经》有学术上另辟蹊径的考虑；而特别专注于考辨毛郑异同，还有通过引宋学成果，弥补毛郑不足，从而发明宋学成就，暴露否定宋学的错误，达到拯救偏颇学风的目的。

在程晋芳看来，《诗经》汉学有两不足：一是稍知读注疏，就不尽从事宋学；二是不辨注疏异同得失，模棱两可，混淆是非。而《诗经》宋学虽有“苦于澜翻”“好为臆断”等缺点，但是“去取毛、郑之间，亦间有合者；而自出新义，有夐出毛、郑之外，足以胜之者”。因此，“士人或泥古以疑今，或是今而弃古，皆未可为平心善学者也”。面对偏颇学风，程晋芳忧心忡忡，“欲告人以学经之法，不可专执一家”，故而“以暇日浏览说《诗》诸家，因即毛、郑《传》《笺》条其同异，杂取诸家辨正，复断以己意”。⑤

为了张扬宋学考证功力，揭示出汉学家尽弃宋学的荒谬，程晋芳《毛郑异同考》直接抄录或提到宋以降诸家之说达到351条之多。包括欧阳修、王安石、苏辙、刘彝、刘敞、李樗、吕大临、曹粹中、范处义、吕祖谦、朱熹、刘勉之、胡宪、刘子翚、严粲、姚舜牧、唐汝谔、皇甫汸、谢枋得、徐光启、秦松龄、蔡德晋、姚炳、朱道行、毛奇龄、陆奎勋、陈启源、程廷祚、王应麟、姚震佐、朱鹤龄等30多家。而且，在引证过程中，明确指出“汉、唐诸解，有待宋始明者”“宋人似更胜”“当从某某（宋人）”的不少于80多条。譬如，其考《关雎》“悠哉悠哉”，先指出“毛、郑皆训‘悠’为思，无可易，而训诂未有以悠为思者”，然后引王安石“悠者，思之长也”之训，以为“义乃完足”，最后则大声宣称：“宋人讲解，俱有可取，大率类此。”⑥

再如其考《卷耳》“采采卷耳，不盈顷筐”，先指出毛《传》、孔《疏》“皆未合”，然后引朱子“采采，非一采也”之说，最后论断道，“汉、唐诸解，有待宋始明者，此类是也”。⑦

其考《破斧》“既破我斧，又缺我斨”，则明确指出，“义似浅直而最确切，宋贤说经岂可尽废耶？”⑧考《击鼓》“爰居爰处，爰丧其马”，谓“经生勿以汉学骄人，而谓宋贤无可依

① 程晋芳：《正学论四》，魏世民校点：《勉行堂诗文集》，黄山书社2012年版，第694页。
② 翁方纲：《蕺园程君墓志铭》，转引自魏世民校点：《勉行堂诗文集》，黄山书社2012年版，第845页。
③ 张舜徽：《清人文集别录》卷六，中华书局1963年版，第179页。
④ 《续修四库全书总目提要》（经部上册），中华书局1993年版，第340页。
⑤ 程晋芳：《毛郑异同考序》，魏世民校点：《勉行堂诗文集》，黄山书社2012年版，第717页。
⑥ 程晋芳：《毛郑异同考》，《续修四库全书》第1433册，上海古籍出版社2002年版，第371页。
⑦ 程晋芳：《毛郑异同考》，《续修四库全书》第1433册，上海古籍出版社2002年版，第373页。
⑧ 程晋芳：《毛郑异同考》，《续修四库全书》第1433册，上海古籍出版社2002年版，第423页。

傍也"①，考《七月》"朋酒斯飨"，则谓"自以宋义为归，未敢高言汉学"②。

"近好古之儒，力主《传》《笺》，攻击王、朱，似觉过甚。"(《小毖》"莫予荓蜂"条)③因为好古而力主《传》《笺》，尽弃宋儒说经优秀成果，非客观治学之道，并不利于《诗经》学研究的深入和发展，晋芳对此深为不满。

不过，程晋芳虽心仪宋学，却以是为归，从不盲从。如其于《生民》"实发实秀"条就曾明确指出"宋贤好因古人成说，略变其文以为已解而去古已远，非释经正体也"。④ 其于《板》"无然谑谑"指出宋贤就一字解经，"不知古人重字，即不与一字同"；《板》"无然宪宪"则指出宋贤释经有"好武断"的毛病⑤，如此等等，可见其治学态度。

四、结　论

综而言之，程氏主张治经之道在于"拒(巨)细无遗，本末该贯"，以"义理"之学为本，考据之学为末。其在汉学如日中天而宋学颇遭鄙弃的学风中，认为程、朱不可轻议，且以恪守程、朱为己任，较之其他乾嘉学者颇为不同，学风上接江永。正是由于程氏学风与乾嘉学人格格不入，故其学术遭到时人非议，亦不为后学所重。然观其《毛郑异同考》，汉宋兼采，惟是是从，其考论不仅便于后学在浩如烟海的《诗经》学著述中兼收并取，且颇具方法论意义。

(作者单位：黄山学院文学院、中国诗学中心黄山学院分中心)

① 程晋芳:《毛郑异同考》,《续修四库全书》第1433册，上海古籍出版社2002年版，第381页。
② 程晋芳:《毛郑异同考》,《续修四库全书》第1433册，上海古籍出版社2002年版，第421页。
③ 程晋芳:《毛郑异同考》,《续修四库全书》第1433册，上海古籍出版社2002年版，第535页。
④ 程晋芳:《毛郑异同考》,《续修四库全书》第1433册，上海古籍出版社2002年版，第491页。
⑤ 程晋芳:《毛郑异同考》,《续修四库全书》第1433册，上海古籍出版社2002年版，第506页。

山地开发与区域发展

相其阴阳：中国古代对山地坡向的认识和利用*

□ 张建民 李伊波

【摘要】在中国古代认知体系中，背阴、向阳的山地地貌皆可被称作“阴坡”“阳坡”，而非仅指介于山顶与山麓间的山坡朝向。同一山体不同坡向的气温、地貌、水文、物产、物候等自然要素差异显著，历史时期农、林、牧业及山地社会生活等人类活动与山地阴、阳坡向也关联密切。中国古代对山地阴阳坡向的认识和利用，体现着先贤对生物习性与光照资源分布的了解和理解，内含着丰富的生存智慧和生态理念，也因此沉淀了深厚的历史意蕴。

【关键词】坡向；阴坡；阳坡；光照；人类活动

坡向是影响山地生态和资源禀赋的重要因素，其核心变量是光照。学界对历史时期风、热、水、土等环境、生态因子已有较多研究，但对以山地坡向为代表的光照问题却关注不够。① 山地坡向最基本的区分即阴阳，而阴阳又是中国古代哲学的一对抽象概念，蕴含着朴素的辩证法思想。学界此前对阴阳的研究主要集中在“形而上”的哲学层面，且常和五行并谈。与此相关的还有农学、医学等所涉的阴阳观念，也受到较多关注。虽说“形而上者谓之道，形而下者谓之器”②，“形而上”层面的阴阳固然需要重视，“形而下”层面的阴阳也值得关注。山地阴、阳坡恰是“形而下”层面阴阳的主要体现。本文立足于此，

* 本文为教育部哲学社会科学研究重大课题攻关项目“中国山区开发与发展的历史研究”（13JZD038）、武汉大学历史学院研究生科研创新计划项目“中国古代山地生态与山区环境研究——以坡向与水土病为例”阶段性成果。

① 相关领域，柴国生对古代的风能利用进行了考察；萧正洪探讨了热量、水分资源、地形与土壤对清代西部地区农业技术选择的影响；何婷立梳理了古代太阳能利用的几种形式；林超、李昌文对当代地理意义上的山地阴、阳坡作了富有价值的研究，只是历史时期的内容略显简单。参见柴国生：《中国古代风能利用研究》，郑州大学硕士学位论文，2007年；萧正洪：《环境与技术选择——清代中国西部地区农业技术地理研究》，中国社会科学出版社1998年版；何婷立：《中国古代对太阳能的利用》，《三门峡职业技术学院学报》2011年第3期；林超、李昌文：《阴阳坡在山地地理研究中的意义》，《地理学报》1985年第1期。

② 阮元校刻：《周易正义》卷7《系辞上》，中华书局2009年版，第171页。

探讨中国古代关于山地坡向的认识和利用，以期对山区史研究有所推进。

一、山地阴、阳坡向的概念

现代地理学认为，山坡是山地重要构成要素，介于山顶与山麓间。山坡有朝向，亦即坡向，如就方位而言的东、南、西、北，前、后等，但最重要的无疑是阴、阳。山坡分阴阳，以向阳与否得名。根据向阳程度，山坡有阳坡、阴坡、半阳坡、半阴坡之称。在中国古代的地理认知体系中，已有对山地坡向的丰富认识，可集中体现为“相其阴阳”。

阴阳初指日光向背，向日为阳，背日为阴，后演化为一种地理方位表示法。《穀梁传》所载“水北为阳，山南为阳”①，正是基于“日之所照曰阳”。唐李吉甫释咸阳之名曰：“山南曰阳，水北曰阳。在北山之南、渭水之北，故曰咸阳。”②南宋程大昌指出：“古语曰：‘山南曰阳，水北曰阳。’阳，日也。日出天东，曬景斜射，凡山之南面，水之北崖，皆先受照。故山以南为阳，水以北为阳。”③对于山地坡向，《尔雅·释山》称“山西曰夕阳，暮乃见日。山东曰朝阳，旦即见日”④，已含山地阴、阳坡的意蕴。五代蜀人毛文锡提到“宣城县有丫山……其山东为朝日所烛，号曰阳坡”⑤，将山之东坡称作“阳坡”，以此可类推山西(向)为“阴坡”。山坡阴阳，归根结底是地形升降与走向变化的结果。东西走向的山，南北坡向一般是全阳全阴；南北走向的山，东西坡向一般是半阳半阴，因为它们早上和下午各自都有(或没有)受太阳照射。此外，山前、山后也有阳坡、阴坡之意。明人徐增注杜诗“阴阳割昏晓”句称：“山后为阴，日光不到，故易昏；山前为阳，日光先临，故易晓。”⑥《(民国)西丰县志》释谚语“前不栽杨，后不栽柳”有云：“杨树喜阴，宜栽山之后坡或房后；柳树喜阳，宜栽山前房前或水岸；反之不甚发育。”⑦总之，山坡阴阳的关键，在于阳光有无或到来早迟。如《(民国)新城县志·地俗篇·释山水》所言：“向日谓之阳坡，背则谓之阴坡……乡俗呼向阳者为阳坡。”除直称“阴坡”“阳坡”外，因“山北”“山南”与“山阴”“山阳”指向一致，故“山北”“山南”“山西”“山东”“山后”“山前”等，在古代认知体系中含有阴、阳坡之意。同样，“北坡”“南坡”与阴坡、阳坡内涵基本一样。

历史文献中“阳坡”“阴坡”记载颇多，坡向意义上的“阳坡”一词，今见最早应出于唐杜甫《秦州杂诗二十首》“瘦地翻宜粟，阳坡可种瓜”句。⑧ 此后，文献中“阳坡”遂多。“阴坡”一词最早应出自唐王旻《山居录》“种茶……大都宜山中阴坡”句。⑨ 阴、阳坡在文献中还有其他表述，南宋赵次公注杜诗“阳坡可种瓜”云：“阳坡，向阳之坡，如所谓

---

① 阮元校刻：《春秋穀梁传注疏》卷9，中华书局2009年版，第5213页。

② 刘纬毅等辑校：《汉唐地理总志钩沉》，北京图书馆出版社2016年版，第424页。

③ 程大昌撰，杨恩成、康万武点校：《雍录》卷1，陕西师范大学出版社1996年版，第14页。

④ 郭璞注，王世伟校点：《尔雅》，上海古籍出版社2015年版，第117页。

⑤ 毛文锡：《茶谱》，徐海荣主编：《中国茶事大典》，华夏出版社2000年版，第102页。

⑥ 仇兆鳌详注：《杜诗详注》，上海古籍出版社1992年版，第4页。

⑦ 《(民国)西丰县志》卷20《礼俗》。

⑧ 杜甫撰，谢思炜校注：《杜甫集校注》，上海古籍出版社2015年版，第1651页。

⑨ 王旻：《山居录·种茶》，《居家必用事类全集·戊集》，转引自曾雄生：《中国农学史》，福建人民出版社2008年版，第358页。

阳崖、阳冈、阳陆、阳林也。”①古代文献中阴冈、阴崖、阴岭、阴巇等称呼，常与阳坡对应，有阴坡之意。可见，阴、阳坡在传统认知体系中范围较广，溢出现代地理学的山坡概念，背阴、向阳的山地地貌，皆可称作“阴坡”“阳坡”，非仅指介于山顶与山麓间的山坡朝向。

综上，古代之阴、阳坡概念，以“阴坡”“阳坡”为主，包括“北坡”“南坡”，涵盖部分“山阴”“山阳”“山北”“山南”“山西”“山东”“山前”“山后”等表述，旁涉“阴冈”“阴崖”“阴岩”“阴岭”“阴巇”“阴壑”“阳岑”“阳崖”“阳冈”“阳陆”“阳林”等名称。必须还要明确的是，自然界任何事物或现象都包含着既相互对立，又互根互用的两个方面，所谓“无阳则阴无以生，无阴则阳无以化”，山地的阴阳坡向正是这样。“如言山有阴阳，即表物之两面。虽两面，其为物是一。”②二者相互依存，无法截然分隔，更非绝对对立。

二、山地阴、阳坡向的自然义项

（一）气温与地貌

阴、阳坡之于山区乃普遍存在，坡向不同，影响到大气状况，包括光照、气温、降水、风力等气候要素。其间造成分异的核心是光照，即以阳光有无或到来早迟划分。前揭《尔雅·释山》以阳光到来的早迟界定“阳坡”“阴坡”，程大昌也以山之南面先受阳光照射称“阳坡”，毛文锡以丫山东面早晨即受阳光照射称“阳坡”，徐增以阳光照射早迟与有无照射称“阳坡”“阴坡”，《（民国）新城县志》以向阳与否称“阳坡”“阴坡”。此外，历代诗作不乏“雨径莓苔积，阳坡草木明”③“阴壑漱灵乳，阳坡占晴景”④等语，皆体现阳坡日光的明朗。同一山体，阳坡光照条件优于阴坡。以南京方山为例，阳坡光照不仅远高于阴坡（多67%），也多于平地（多20%）。⑤

同一山体，阳坡所受光照多于阴坡，故阳坡气温也高于阴坡，气温的差异，正所谓“山有阴阳，气分寒燠”⑥“山分阴阳，故地之寒暄判然不同”⑦。“阳坡风暖”“阳坡日暖”“阳坡春暖”“阳坡冬不寒”等阳坡感知，每见于时人诗作。与此相应，“风冷”“日寒”“春冷”“冬寒”则为时人对阴坡的体验。“阳坡散初柳，阴曲峙寒雪，只此判气候，岂必殊燕粤”“日朗泞阳坡，气寒冻阴巇”⑧，显现阴、阳坡气候差别之大。近代地理考察发现：“即在同一高度内，山阴山阳亦有显著之差异，如当元月中旬吾人翻越城固境内之光山梁

① 赵次公注，林继中辑校：《杜诗赵次公先后解辑校》，上海古籍出版社2012年版，第318页。

② 马一浮编：《复性书院讲录》卷5《洪范约义二》，民国二十八年刻复性书院丛刊本，第13页。

③ 谢翱：《散策》，《天地间集》，清抄本，第3页。

④ 王吉武：《祖鸣玉司马以龙山茶见遗》，汪学金辑：《娄东诗派》卷17，嘉庆刻本，第13页。

⑤ 林超、李昌文：《阴阳坡在山地地理研究中的意义》，《地理学报》1985年第1期。

⑥ 《（乾隆）洵阳县志》卷11《物产》。

⑦ 张穆：《蒙古游牧记》卷1《科尔沁》，同治六年刻本，第13页。

⑧ 《（康熙）阳武县志》卷7《艺文志》；爱新觉罗·弘历：《遣闷》，那彦成编：《阿文成公年谱》卷12，嘉庆十八年刻本，第5页。

时，南坡较干暖，不见冰霜……北坡则冰霜夹道，数见不鲜，远较南坡寒湿。”①现代气象学证明：坡向对温度的影响表现在气温和土温两方面，无论是土温还是气温，是高温还是低温，是平均温度还是某一时间的温度，都是阳坡高于阴坡……故阳坡为暖(热)坡，阴坡为凉(冷)坡。② 以南京方山为例，“冬天的日平均气温和最高气温，在150厘米高度处，南坡比北坡分别高1℃和2℃；在5厘米高度处则分别高3℃和8℃……南坡气温高于北坡，且近地面的地方差别更显著”③。

阴坡和阳坡气候及相关自然条件的差异，甚至影响到地貌，如因为不同强度的坡面侵蚀剥蚀，“使阳坡变得陡短，阴坡相对来说坡面较长和坡度平缓，最终造成山坡不对称”④。阴山便是典型例证，南坡山势陡峭，北坡较为平缓。明清以至民国，时人对山地阴、阳坡的陡缓差异也有感知。明人王临亨“度梅岭。其阴，石径蛇行，屈曲而多委；其阳，峭壁林立，深秀而多致”⑤，可见梅岭阳坡比阴坡更陡峭险峻。南郑县“邑南北皆山……北山连终南，势陡竣”⑥，从南郑北望，“势陡峻”之北山，实为该山之阳坡。祁连山高山区、泰山等，山体形态大多为阳坡陡峻，阴坡较缓。

(二)积雪与水系

山地阴、阳坡积雪分布的差异，早为古人观察到。高山之阴坡常有终年积雪，中纬度地区如燕山山脉的“伏凌山，山高峻……阴崖积雪，凝冰夏结”⑦。高纬度地区如长白山“阴崖积雪，经夏犹存”⑧，山海关附近“茶盘山高冠诸山……阴崖积雪，历夏不消”⑨。低纬度地区点苍山“阴崖积雪，盛夏不消”⑩，“小巴山……阴崖积雪，盛夏不消”⑪。可见，高山阴坡终年积雪的分布，遍于南北。“阴崖积雪”成一盛景，多为历代诗人所吟咏：“终南阴岭秀，积雪浮云端”(秦岭)，“阴崖积雪射寒光”(衡山)，“阴崖积雪当千古”“阴崖积雪夏生寒”(五台山)，“阴崖积雪，终古之风吹不落”(嵩山)，“峨眉之山高插天，阴崖积雪无穷年”(峨眉山)等。相较而言，阳坡积雪易融：“阳坡风暖雪初融，度谷遥看积翠重”“阴崖积犹深，阳坡释将浅”“阳坡散初柳，阴曲峙寒雪”即是例证。⑫ 清嘉庆年间，那彦成提到秦岭深处“老林密树遮蔽，十丈以外目力即不能见……草厚寸许。阳坡虽遇晴

① 王德基等撰，张西虎等编：《汉中盆地地理考察报告》，三秦出版社2016年版，第306页。

② 张巧琴：《山地阴阳坡生态因子的分析》，《湖南林业科技》1982年第2期，第28页。

③ 林超、李昌文：《阴阳坡在山地地理研究中的意义》，《地理学报》1985年第1期。

④ 山地阴、阳坡这种地貌差异须限定于小尺度类型的土地范围内，即适合在小地貌基础上进行讨论，中地貌或大地貌是不适用的。参见林超、李昌文：《阴阳坡在山地地理研究中的意义》，《地理学报》1985年第1期，第24、27页。

⑤ 王临亨：《粤剑编》卷4《纪行一》，中华书局1987年版，第96页。

⑥ 《(民国)续修南郑县志》卷5《风土志·水土》。

⑦ 郦道元撰，陈桥驿点校：《水经注》卷14《鲍丘水》，上海古籍出版社1990年版，第280页。

⑧ 房俐主编：《档案吉林·省档案馆卷》，吉林出版集团股份有限公司2014年版，第22页。

⑨ 《(民国)临榆县志》卷7《舆地编三·胜境》。

⑩ 方国瑜主编：《云南史料丛刊》第13卷，云南大学出版社2001年版，第77页。

⑪ 《四川保宁府南江县备造新编志书清册》，乾隆年间抄本。

⑫ 王安石：《王文公文集》卷77，上海人民出版社1974年版，第830页；许有壬：《至正集》卷6，文渊阁四库全书本，第3页；《(康熙)阳武县志》卷7《艺文志》。

霁而树中雾气蒸湿，淋滴衣上；阴坡则天气苦寒，积雪至有数尺”①，清楚地道出阴、阳坡积雪分布的差异。

山之阴、阳坡常有水系发育，区分阴、阳坡的山脊成为分水岭。姚鼐写道：“泰山之阳，汶水西流；其阴，济水东流。阳谷皆入汶，阴谷皆入济。”②山之阴、阳坡，因流水侵蚀，会有水潭发育。如“温州雁荡山……山南有芙蓉峰……山顶有大池……下有二潭水，以为龙湫”，龙湫“原其理”乃“水凿之穴”。③ 浙江箬阳巘“高入云表，阴崖积雪，经春不消，上有三断水出其间，为龙湫”④。据研究，水文受坡向气候差异的影响，主要表现在地表径流方面，高山地区冬季山坡上有雪覆盖，翌年春天因阴、阳坡气候的明显差异，造成阳坡水流较急，渗入土层中的水量较少。阴坡的情况恰好相反，因此径流系数是阳坡大于阴坡。⑤ 民国学者就观察到秦岭南北两坡河流之水量大不相同。⑥

(三)物产与物候

山地阴、阳坡的物产大体可分为植物、动物和矿物三类。自然条件下，阴、阳坡的植物分布有着显著差别。林木作为山地主要植物，其在阴、阳坡分布差异明显。生物学上有阳生植物与阴生植物之分，林木有阳木与阴木之别，至迟东汉时已有明确记载。“阳木，生山南者；阴木，生山北者。”⑦“松、杉、榉、落叶松等称阳树，必受日光之处；扁柏、花[柏](疑缺“柏”字——引者按)、罗汉松、枞等称阴树，宜阴处也。”⑧阴、阳坡的植物分异，勒内·格鲁塞有详细描摹，(博格多乌拉山)“这里的群山大部分都被茂密的森林覆盖着，然而，这些森林只是广袤的西伯利亚泰加森林的延伸，这些森林的阴坡，长着抗寒的落叶松，阳坡生长着松树。这种亚高山带的植物可以长到海拔1900米，甚至2200米的地方”⑨。

山地阴、阳坡因气候、植被等的差异，塑造了独特的动物景观，于时人留下的诸多描述中，可窥当时认识水平。首先，阳坡因其暖适的环境，是野生动物的乐土。“阳坡软草厚如织，因与鹿麛相伴眠”⑩，阳坡可谓鹿类动物休憩的场所，颂者颇众。⑪ “阳坡草软人稀到，时有青猿曝背来”“坛前狐兔窜阳坡”，⑫ 阳坡也是猿、狐等活动的乐园。阴坡动物

① 那彦成：《那文毅公奏议》卷2，道光十四年刻本，第30页。

② 姚鼐撰，刘季高标校：《惜抱轩诗文集》卷14，第220页。

③ 沈括撰，施适校点：《梦溪笔谈》卷24《杂志一》，上海古籍出版社2015年版，第158页。

④ 顾炎武：《肇域志·浙江二》，清代抄本。

⑤ 林超、李昌文：《阴阳坡在山地地理研究中的意义》，《地理学报》1985年第1期。

⑥ 王德基等撰，张西虎等编：《汉中盆地地理考察报告》，三秦出版社2016年版，第25页。

⑦ 贾思勰撰，缪启愉校释：《齐民要术校释》，农业出版社1982年版，第274页。

⑧ 陈恢吾：《农学纂要》卷3，光绪二十八年刻本，第1页。

⑨ [法]勒内·格鲁塞：《成吉思汗传》，周瑛译，长江文艺出版社2011年版，第2页。

⑩ 卢纶撰，刘初棠校注：《卢纶诗集校注》，上海古籍出版社1989年版，第442页。

⑪ 如“阳坡细草马随鹿”“阳坡草暖鹿为群”“草香驯鹿食阳坡”“鹿知寒下向阳坡”等，皆是例证。

⑫ 孟淳：《白云山》，熊子臣编：《万历栝苍汇纪》卷7《地理纪》，万历七年刻本，第5页；桑调元：《弢甫集·泰山集》卷中，乾隆年间刻本，第19页。

分布却显寥落，且多蛰伏。如“秦龟……生山之阴土中”“水暖游鱼出阴涧”“阴岭宿山魈”。① 可谓山分阴阳，动静有别。《(民国)新城县志》载：“阳坡草木蕃茂，禽虫建美。余昔山居，十月间犹闻虫鸣，阴坡则否。”②可见，阳坡动物的丰度和活跃度远高于阴坡。

矿物在山地阴、阳坡之间的分布互有差异，古人早就有所发现。《山海经》载：“瞻诸之山，其阳多金，其阴多文石。”③《水经注》载：“丽戎之山，一名蓝田。其阴多金，其阳多玉。”④医书可见多种矿物类药材产于山之阴、阳坡。如雄黄、玄石产于山之阳坡，滑石、赤石脂、白石脂、黑石华、紫石华产于山之阴坡。⑤ 一些矿物类药材山之阴、阳坡皆产，如“磁石……生太山川谷及慈山山阴，有铁处则生其阳”⑥。相关认识，对探矿、开矿活动有一定的指导作用。

坡向不同，不仅造成光、热条件差异，还对地貌、水文等产生深刻影响。⑦ 因此，阴、阳坡的生物为适应这种自然条件的差异，势必会形成相应的生长发育节律，即出现了山地阴、阳坡特有的物候现象，以植物最为明显。阴、阳坡气温不同，导致阳坡植物物候早于阴坡。“阳坡日暖土脉苏”⑧，反映了初春时节阳坡解冻的景象。“阳坡春事已全动，阴谷余寒容未收”“春风最是阳坡蚤”“不是阳坡新草绿，岂知沙漠有春风”，⑨ 正是诗人对春回大地、阳坡先发的写照；较之阳坡，阴坡的季节变换则每见不同景况，通常是春夏来迟去早、秋冬来早去迟，所谓“阳坡树暖余红叶，阴壑藤枯长碧苔”⑩。阴、阳坡植物物候的差别何以如此显著？现代气象学认为：从光质看，阳坡短波光(蓝紫光、紫外光)多于阴坡，所以一般阳坡植物萌动早，花朵较鲜艳，果实种子品质也较好，素有“向阳花木早逢春”之说。⑪ 此外，古人也认识到一些动物的栖息环境随季节转换而变化，如“蚁冬居山之阳，夏居山之阴”⑫，这是动物物候的体现。

---

① 孙思邈：《千金翼方》，《孙思邈医学全书》，山西科学技术出版社 2016 年版，第 89 页；《(嘉庆)云霄厅志》卷 18《艺文》；《(康熙)峨眉山志》卷 15。

② 《(民国)新城县志》卷 21《地俗篇 · 释山水》。

③ 《山海经》卷 5《中山经》，凤凰出版社 2012 年版，第 165 页。

④ 郦道元撰，陈桥驿点校：《水经注》卷 19《渭水》，上海古籍出版社 1990 年版，第 377 页。

⑤ 戴铭等点校：《神农本草经》，广西科学技术出版社 2016 年版，第 69 页；张秉成：《本草便读》，山西科学技术出版社 2015 年版，第 144 页。孙思邈：《千金翼方》，《孙思邈医学全书》，山西科学技术出版社 2016 年版，第 578~580、620 页。需说明的是，《千金翼方》在总说五石脂时，认为其产于山之阳坡，与分说有异。见《孙思邈医学全书》，山西科学技术出版社 2016 年版，第 578~579 页。

⑥ 孙思邈：《千金翼方》，《孙思邈医学全书》，山西科学技术出版社 2016 年版，第 580 页。

⑦ 林超、李昌文：《阴阳坡在山地地理研究中的意义》，《地理学报》1985 年第 1 期。

⑧ 成书：《多岁堂诗集》卷 4，道光十一年刻本，第 19 页。

⑨ 陈杰：《自堂存稿》卷 4，文渊阁四库全书本，第 8 页；张英：《文端集》卷 29，文渊阁四库全书本，第 7 页；释善住：《谷响集》卷 3，文渊阁四库全书本，第 13 页。

⑩ 潘奕隽：《三松堂集》卷 3《白龙潭》。

⑪ 张巧琴：《山地阴阳坡生态因子的分析》，《湖南林业科技》1982 年第 2 期，第 28 页。

⑫ 韩非撰，秦惠彬校点：《韩非子》，辽宁教育出版社 1997 年版，第 64 页。

三、人类活动与山地阴、阳坡向

（一）农作活动

农业考古表明，山地，尤其是山腰和山麓，是发展早期原始农业的最理想地方，甚或可以说中国原始农业起源于山地。① 而且早在先秦时期，山地农业中已见明确区分阴、阳坡的有关记载。《诗经·大雅·公刘》就述及周人先祖“相其阴阳，观其流泉”②，有意识选择宜农环境，开展相应农耕活动的事迹。试分别就粮食作物、经济作物的种植论述如下：

1. 粮食作物种植

《管子·轻重戊》称：“神农作，树五谷淇山之阳，九州之民乃知谷食，而天下化之。”③此类先民在山之阳坡树艺五谷的记载，与农业“山地起源说”相一致。

多数作物需充足的光照，方能正常生长或秀实，因而更喜向阳环境。一般来说，阳坡乃山区农业开发首选之地，其农作活动多被关注，“阳坡卧犊约同耕”“阳坡春事已全动”“莳喜阳坡暖”“南山芜秽未全耘，一角阳坡力已勤”“待买乌犉耕阳坡”等④，即是表现。但并非所有阳坡农业条件都优于阴坡。在西北干旱地区，尤其遭遇干旱的年份，背阴之地蒸发量稍小，作物往往有较好的长势和收成。乾隆十九年（1754）六月二十六日，甘肃巡抚鄂昌奏：“夏田凡有山泉可引及崖凹背阴之地仍获有收。其平川向阳地亩二麦大半枯槁。”⑤

部分山区的农田分类中，有“阴坡田”“阳坡田”的区分。陕西洋县一张 1953 年 5 月 6 日签发的“土地房产所有证”载：“阴坡水田二亩一分五厘，毛秧种一斗。阴坡旱地一亩三分六厘，黄豆种三升。阴坡竹林地五厘。向家湾口荒地四分，阴坡柴山三亩五分。”⑥此证虽为新中国建立后农村土改的成果，反映的无疑是长期以来秦巴山区山地的利用形态。历届《郧西县志》对县属学产记载颇详，主要为各类田地，通过收取地租以为办学经费。嘉庆、同治县志载：“庙子沟口阴坡水田一分，计一十九坵，每年纳租课银三十五两……老坟坡阴坡山地一分；又阳坡山地一分，内有旱田六坵。每年纳课租银十两。”⑦民国县志载：“县川堡城东阴坡水田十六亩、旱地三亩，年收小麦六斗、稻谷二十三石二斗；县川堡城东阳坡水田七亩，年收小麦六斗、稻谷八石四斗。”“县川堡阳坡水田三亩，年收稻谷

---

① 李根蟠、卢勋：《我国原始农业起于山地考》，《农业考古》1981 年第 1 期。

② 程俊英：《诗经译注》，上海古籍出版社 2006 年版，第 408 页。

③ 刘晓艺校点：《管子》卷 24《轻重戊》，上海古籍出版社 2015 年版，第 471 页。

④ 陆游撰，张春林编：《陆游全集》，中国文史出版社 1999 年版，第 1020 页；陈杰：《自堂存稿》卷 4，文渊阁四库全书本，第 8 页；方回：《桐江续集》卷 2，文渊阁四库全书本，第 22 页；汪文柏：《柯庭余习》卷 10，康熙年间刻本，第 4 页；《（民国）眉山县志》卷 5《典礼志下·祀典》。

⑤ 谭徐明主编：《清代干旱档案史料》，中国书籍出版社 2013 年版，第 143 页。

⑥ 李延风：《远山古道：秦岭行走笔记》，商务印书馆 2017 年版，第 188 页。

⑦ 《（嘉庆）郧西县志》卷 2《学校》；《（同治）郧西县志》卷 8《学校志》。

五石。”①不难看出，阳坡田与阴坡田所取租课存在差别。《（光绪）巫山县志》载：“关坪阴坡山田一分，取过押租钱二十千文，岁收租钱十千文……关坪阴坡山田半形，取过押租钱十千文，岁收租钱三千二百文。”②一般情况下，阳坡田产量应高于阴坡田。

不同作物对光照需求有异，故山地阴、阳坡有不同的作物分布。粟、麦、包谷、甘薯等属喜光作物，宜种阳坡。秦岭山区包谷“只利于阳坡”。甘薯“地势宜北高南下，多受日光”③。文人吟咏中有“阳坡收早粟”“艺黍得阳坡”“饭有阳坡粟”“雪晴宿麦满阳坡”“阳坡无雨麦苗长”“阳坡麦熟”等说法。④ 宜于阴坡作物较少，以芋头、洋芋为主。

洋芋和包谷在山地农业中占据非常重要的地位。洋芋性喜潮湿，对光热依赖不强，在背阴处仍可秀实，故洋芋的传入为山区阴坡垦殖创造了条件。“洋芋最宜阴坡……更有洋芋一种，却与阴坡相宜……性喜潮湿，最宜阴坡沙土黑色虚松之地，不宜阳坡干燥赤黄坚劲之区”“阳芋……南北山皆有之，而最宜于不能种二麦、包谷之阴坡”“一般不太适宜种其他庄稼的阴坡沟坬地，均适宜于种洋芋”，⑤ 都体现了洋芋对阴坡的重要性。包谷因较强环境适应性，成为明清山区开发的先锋作物，许多山地阴、阳坡皆有种植。道光年间陕西巡抚卢坤奏：“浅山阳坡包谷，于未雨之先业经成熟摘收，其老林阴坡收成较晚，籽粒虽未能一律饱绽，亦尚不致青空，粮价不昂。”⑥卢坤还提到陕西洵阳县“农民尽在南北山坡。惟山势高峻，地气寒凉，但宜包谷”⑦。然而，长期任职陕西的杨名飏却称：“南山一带多赖包谷以养生，但只利于阳坡。”⑧相较而言，包谷还是更宜于阳坡。如果与气候等条件结合考量，则可见更为丰富的认识：“山有阴阳，气分寒燠。阳坡涝发，阴坡旱熟。雨旸时若，丰收苞谷。”⑨无论阳坡还是阴坡，相宜与否都不是绝对的。

2. 经济作物种植

棉花、药材、香料、染料、瓜果、花卉等经济及园艺作物的种植（或采摘），在古代山地坡向利用方面也有体现。棉花性喜高燥之地，适植于坡地，阳坡尤宜，如陕南山区

① 《（民国）鄠西县志》卷4《教育志·经费》。

② 《（光绪）巫山县志》卷16《学校》。

③ 杨名飏：《颁种洋芋法以厚民生谕》，秦光玉主编：《滇文丛录》卷45《告令类》，开智印刷公司1946年版；陈恢吾：《农学纂要》卷2，光绪二十八年刻本，第25页。

④ 释文珦：《禅门逸书·潜山集》，台湾明文书局1981年版，第51页。郑世元：《耕余居士诗集》卷2。《（乾隆）永北府志》卷28《艺文》。李中简：《嘉树山房集》卷下之5。胡文学、李邺嗣辑：《甬上耆旧诗》卷21。周京：《无悔斋集》卷5，乾隆年间刻本，第3页。

⑤ 杨名飏：《颁种洋芋法以厚民生谕》，秦光玉主编：《滇文丛录》卷45《告令类》，开智印刷公司1946年版，第8页；《（光绪）沔县志》卷1《地理志·物产》；《陕甘宁边区政府指示推广种洋芋》（1944年2月26日），陕西省档案馆、陕西省社会科学院编：《陕甘宁边区政府文件选编》第8辑，陕西人民教育出版社2015年版，第133页。

⑥ 中国科学院地理科学与资源环境研究所、中国第一历史档案馆：《清代奏折汇编——农业·环境》，商务印书馆2005年版，第413页。

⑦ 卢坤：《秦疆治略·兴安府洵阳县》，道光刊本，第63页。

⑧ 杨名飏：《颁种洋芋法以厚民生谕》，秦光玉主编：《滇文丛录》卷45《告令类》，开智印刷公司1946年版，第8页。

⑨ 邓林：《苞谷谣》，《（乾隆）兴安府志》卷28《艺文志·诗二》。

“木棉，宜于向阳之地”①，“甘肃向阳腴地，均宜草棉”②。药材可以医治疾病、消除病痛，是古代维护人们生命健康的重要资源。山地阴、阳坡分布着许多草木类药材，亦较早为先民认识和利用。医书记载了多种草木类药材产于山之阴、阳坡。如《千金翼方》载通草、女菀、紫葳、山慈石、相乌、黄连等草木类药材常生于山之阳坡。③《神农本草经》载：“黄连……或生蜀郡、太山之阳。”④《本草乘雅半偈》载：“人参……多于深山，背阳向阴。”⑤《卫生家宝方》载：“背阴草，生于深崖大泽及山谷小涧畔背阴之地。”⑥一些草木类药材在山之阴、阳坡皆有分布，但品质差别较大，如“山之阳茯苓，其味甘美；山之阴茯苓，其味苦恶”⑦。可见，草木类药材对光照需求有异，阴、阳坡皆有合宜的草木类药材分布。相较而言，阳坡的草木类药材丰度更高。随着人口增多，天然草木类药材不敷使用，开始有意识地种植药材。山地阳坡适合药材生长，种植自然更多，文人颂及者亦众，如“面面阳坡栽白术”“阳坡锄破药生焉”“阳坡春欲尽，芝药留余荣”等。⑧

山之阳坡还宜种香料作物，“椒，性恶卑湿，种之必阳坡”“阳坡萆拨肥”即是例证。⑨与此相反，染料作物则宜植于阴坡，如“蓝不择地……阴处尤宜”⑩。地方志记载颇多：“大菁，制为菁靛……性好阴，栽于背阳之处”⑪；“靛蓝俗称靛青，性喜阴，山民资以为利”⑫。

许多瓜蔬宜种阳坡，有“瓜蔬爱阳坡”之谓。⑬ 充足的光照利于瓜果糖分积累，促进品质提升，故阳坡种瓜尤为适宜。后人注杜甫“瘦地翻宜粟，阳坡可种瓜”诗者众多，如“此言东柯谷中之瘦地与阳坡也。种粟当在肥地，而瘦地翻自宜粟，言东柯谷中之地无不好者……种瓜正要日照”。“种常瓜宜阳地，暖则易长。杜诗所谓‘阳坡可种瓜’者是也。”“地有肥瘦，而瘦者偏宜粟；坡有阴阳，而阳者可种瓜。”⑭以致有“阳坡瓜”之名。宣城县水东山所产，且成为食物本草之一味，主益肺经。“其地为朝旭所照，故号为阳坡瓜。味

① 《(乾隆)镇安县志》卷7《物产》。

② 左宗棠撰，刘泱泱等校点：《左宗棠全集·书信三》，岳麓书社2014年版，第427页。

③ 孙思邈：《千金翼方》，《孙思邈医学全书》，山西科学技术出版社2016年版，第591、593、604、621、622页。

④ 戴铭等点校：《神农本草经》，广西科学技术出版社2016年版，第30页。

⑤ 卢之颐：《本草乘雅半偈》，中国中医药出版社2016年版，第6页。

⑥ 朱端章辑，杨雅西等校注：《卫生家宝方》，中国中医药出版社2015年版，第164页。

⑦ 孙思邈：《千金翼方》，《孙思邈医学全书》，山西科学技术出版社2016年版，第713页。

⑧ 唐觉世：《望天姥山》，《(康熙)天台山全志》卷17。童先及：《登幕阜山》，《(乾隆)平江县志》卷23《艺文》。桑调元：《金壶峰》，《弢甫五岳集·嵩山集》卷上《诗一》。

⑨ 北京大学古文献研究所编：《全宋诗》卷3706，北京大学出版社1998年版，第44502页；曾唯辑，张如元、吴佐仁校补：《东瓯诗存》，上海社会科学院出版社2006年版，第140页。

⑩ 陈恢吾：《农学纂要》卷2，光绪二十八年刻本，第29、27页。

⑪ 《(乾隆)宁德县志》卷1《舆地志·物产》。《(光绪)缙云县志》卷14《风俗》。

⑫ 《(光绪)缙云县志》卷14《风俗》。

⑬ 来知德：《来瞿唐先生日录》卷4。

⑭ 赵次公注，林继中辑校：《杜诗赵次公先后解辑校》，上海古籍出版社2012年版，第318页。徐光启：《农政全书》卷27《树艺》。纪容舒：《杜律详解》卷2《五言》。

极甘美，他处皆不及。”①宜植阳坡的菜蔬还有蕨、笋、荠等，如“阳坡自寻蕨”“阳坡笋蕨肥”“阳坡荠可作厨蔬”②等。有宜植阳坡者，自然也有宜植阴坡者，如苦菜，“立夏时生，产山中阴坡最肥美”。③

花卉也大多适合种在阳坡，“阳坡秋种菊”“阳坡土旷宜开圃”“阳坡摘异花”④即是证明。少数花卉喜阴。“秋海棠，色韵俱佳，喜阴畏日，浇以溺水立毙，岩涧之中，有高至六七尺者。”⑤

（二）林业活动

《淮南子·齐俗训》：“山处者木。”林木原本是山地的基本景观和主要资源构成。山地阴、阳坡的林木品类不一，古人对此早有认识并加以利用。阳坡宜桐，而桐树不止一种。注者释《尚书·禹贡》“峄阳孤桐”云：“孤，特也。峄山之阳，特生桐，中琴瑟。”⑥此乃制琴良材之桐，此外，又有取籽榨油之桐。阳坡亦宜漆、棕、青棡、柞树。明代张翰提道：“洪武初，置漆园、桐园、棕园于钟山之阳，种木各万株，以收油、漆、棕缆，用造海船及防倭战舰。”⑦青棡、柞树之叶可饲蚕，清人杨名飏称“野蚕生于青棡树上……待阳坡青棡等树叶长寸许”即可孵蚕。⑧ 楮为造纸原料，柳木可做家具，楮、柳等树木亦适合阳坡，如楮，“宜向阳新垦地……惟不宜阴湿耳”⑨。大体来说，山之阳坡宜植林木品类繁多，主要有桐、漆、棕、青棡、柞、楮、柳等。

松、杉、杨等树为重要用材林，可植于山之阴坡。《齐民四术》指出，山地“其黑黄土者，阴宜松、杉”⑩。《（民国）醴陵县志》称：“杉常绿高干，县产均系刺杉，宜北面及东北面之山腹凹地，性喜阴湿。”⑪《（民国）西丰县志》提道：“杨树喜阴，宜栽山之后坡。”《农学纂要》称三桠树“可造纸”，“喜山阴不见日光处”。⑫ 其实，也有不同种类的林木，阴、阳坡皆宜。《管子·地员》概括指出：“在陵在山，在隫在衍，其阴其阳，尽宜桐柞，莫不秀长。”⑬松、杉、桐、柞、漆等树阴、阳坡均可种植，应缘于其有较强环境适应性或

---

① 李杲编，李时珍参订：《食物本草》卷7《菜部》。

② 元稹撰，杨军笺注：《元稹集编年笺注·诗歌卷》，三秦出版社2002年版，第181页。杨琢：《心远楼存稿》卷3。张英：《文端集》卷24。

③ 《（民国）龙关县志》卷4《物产志》。

④ 郑元佑：《侨吴集》卷4，文渊阁四库全书本，第8页；吴振棫：《花宜馆诗钞》卷15，同治四年刻本，第10页；斌良：《抱冲斋诗集》卷29。

⑤ 陈正学：《灌园草木识》卷1《花之属》。

⑥ 阮元校刻：《尚书正义》卷6《禹贡》，中华书局2009年版，第312页。

⑦ 张翰：《松窗梦语》卷2《东游纪》，上海古籍出版社1986年版，第28页。

⑧ 王元綎：《野蚕录》卷1，光绪二十八年写本。

⑨ 陈恢吾：《农学纂要》卷3，光绪二十八年刻本，第5页。

⑩ 包世臣撰，潘竟翰点校：《齐民四术》，中华书局2001年版，第13页。松杉杨都有不同品种，分别各有所宜。

⑪ 《（民国）醴陵县志》，江苏古籍出版社2002年版，第265页。

⑫ 陈恢吾：《农学纂要》卷3，光绪二十八年刻本，第6页。

⑬ 刘晓艺校点：《管子》卷19《地员》，上海古籍出版社2015年版，第380页。

发生了坡向转换。①

用材林木之外，土特产、果树、竹子等林木与山地阴、阳坡之间的地宜关联，亦多见诸古代文献。桐油为中国名优特产，《农学纂要》称："桐，结子取油，宜山阳。"橘子、葡萄宜于阳坡。"葡萄……宜于山岭……以能受太阳光力为要。"②适合山地阴坡种植的果树有楂梨、板栗、楂等。《管子·地员》载："在丘在山……其阴则生之楂梨。"③《抚郡农产考略》指出："种楂之地宜背阳向阴，忌山有岚瘴气。"④《千金翼方》："栗……生山阴。"⑤适于阴坡者还有"樗，今之楆枣也……宜阴地，种之阳中，则少实"⑥。竹子喜光，山之阳坡宜植竹栽笋。茂林修竹可增清幽氛围，为山人、隐士所推崇，故阳坡庙宇、房舍多有栽竹传统。如"华藏寺居阳坡，有竹树"⑦之类的寺庙不计其数。咏颂阳坡竹的诗作更多。"阴壑松杉暝，阳坡笋蕨肥""阳坡翠竹净，阴岩绿萝上""阳坡芳草地……径有千竿竹……""阳坡新种竹，暗水细穿渠""我住阳坡里，修篁曲径饶"等，⑧ 正是写照。当然，竹类品属颇多，亦有适于阴坡者，如"阴崖可植藤竹"⑨。

茶叶堪称与阴阳坡向关联最为紧密的经济林木，但相互之间并非简单的宜植与否的关系，更是关涉茶的特性、品质等。如秦巴山区"紫阳产茶，以阴坡阳坡分茶性寒暖"⑩。不同的坡向，产出的茶叶物性不同。由于适当光照利于茶质提升，故一般来说，阳坡之茶品质较好。"号佳品者，皆在山南""陵阳坡上采茶来""阳坡种茶久"等⑪，所示正有此意。阳坡茶品质之所以高，"盖得朝阳之和也"⑫。许多历史名茶出自山之阳坡，"日铸""横纹"就是代表。南宋《(嘉泰)会稽志》载："日铸岭……岭下有僧寺，名资寿，其阳坡名油车，朝暮常有日，产茶绝奇，故谓之日铸。"⑬"日铸"茶品质极佳，在宋代享有盛名。欧阳修品评"草茶盛于两浙，两浙之品，日注第一"，杨彦龄指出"会稽日铸山茶，品冠浙江"，陆游夸赞"囊中日铸传天下"，楼玥赋诗"越山日铸名最高，种在阳坡性非冷"，高似

---

① 随着高度变化，某些植物或其群落会发生坡向转换的现象，原本分布于阳坡的植物会出现于阴坡，反之亦然。见林超、李昌文：《阴阳坡在山地地理研究中的意义》，《地理学报》1985 年第 1 期，第 24 页。

② 陈恢吾：《农学纂要》卷 3，光绪二十八年刻本，第 5、30 页。

③ 刘晓艺校点：《管子》卷 19《地员》，上海古籍出版社 2015 年版，第 380~381 页。

④ 何刚德：《抚郡农产考略》卷下，光绪苏省印刷局重印本，第 62 页。

⑤ 孙思邈：《千金翼方》，《孙思邈医学全书》，山西科学技术出版社 2016 年版，第 616 页。

⑥ 朱虚辑：《古今疏》卷 15《樗》，顺治年间万卷楼刻本，第 38 页。

⑦ 高似孙：《剡录》卷 8《物外记·祠附》，台湾成文出版社 1970 年版，第 234 页。

⑧ 杨琢：《心远楼存稿》卷 3。袁表、马荧选辑，苗健青点校：《闽中十子诗》，福建人民出版社 2005 年版，第 95 页。《(嘉庆)宁国府志》卷 25《艺文志》。张百龄：《守意龛诗集》卷 5。汪如龙：《阳坡咏竹》，《(嘉庆)宣城县志》卷 26《艺文诗》。

⑨ 朱彝尊：《曝书亭集》，商务印书馆 1935 年版，第 663 页。

⑩ 《(道光)紫阳县志》卷 8《艺文志·诗》。

⑪ 蔡襄撰，唐晓云整理校点：《茶录·外十种》，上海书店出版社 2015 年版，第 35 页；杨廷栋：《宣州竹枝词》，《(嘉庆)宣城县志》卷 26《艺文志·诗》；张炯：《凌次仲先生校礼堂诗集题词》，凌廷堪：《校礼堂诗集》卷首。

⑫ 蔡襄撰，唐晓云整理校点：《茶录·外十种》，上海书店出版社 2015 年版，第 35 页。

⑬ 《(嘉泰)会稽志》卷 17《草部·日铸茶》，嘉庆十三年刻本。

孙称“会稽山茶，以日铸名天下”。① 阳坡“横纹”茶“以其肌理皆横故名之也”②，亦久负盛名。《茶谱》载：“宣城县有丫山小方饼，横铺茗芽装面，其山东为朝日所烛，号曰阳坡，其茶最胜。太守尝荐于京洛人士，题曰：‘丫山阳坡横纹茶’。”该茶又名“瑞草魁”，品质甚好，明人陈师提到“宣城阳坡茶，杜牧称为佳品”③。

当然，并非所有阳坡茶都优于阴坡茶。唐宋时人已认识到茶质与土壤也有较大关系，其重要性时或胜过坡向。如《茶录》载：“壑源……茶多植山之阳，其土赤埴，其茶香少而黄白。”“正壑岭……土皆黑埴，茶生山阴，厥味甘香……其阳曰‘林坑’……茶色黄而味短。”此外，植茶也讲阴、阳调和之道，光照不可无，也不可过多。《大观茶论》指出：“植产之地，崖必阳，圃必阴。盖石之性寒，其叶抑以瘠，其味疏以薄，必资阳和以发之；土之性敷，其叶疏以暴，其味强以肆，必资阴荫以节之。(今圃家皆植木以资茶之阴。)阴阳相济，则茶之滋长得其宜。”《茶录》载，建溪苦竹园“在大山之北，园植北山之阳”，“茶宜高山之阴，而喜日阳之早……皆高远先阳处，岁发常早，芽极肥乳”。④《农学纂要》载：“茶……以山腹有日光，东南无碍，而西北有茂林层峦以遮烈风之处为善。”⑤

先民在山地阴、阳坡的林业活动并非盲目、随意而为，而是有着理性的考量。林木有阳木与阴木之别，《周礼》已有记载：“山虞……仲冬斩阳木，仲夏斩阴木”⑥，东汉郑玄注“阳木生山南者，阴木生山北者。冬则斩阳，夏则斩阴，调坚软也”⑦。与此同时，还据山地阴、阳坡的土壤性状、水源分布、地理位置等布置合宜的林产。《齐民四术》论及山地垦殖：“其赤白土者，阴宜植茶，阳宜植竹。若去出水在五十里外者，则竹无利，以油桐为宜，或种松、杉、鸭臼也。其黑黄土者，阴宜松、杉，阳宜树漆，收利略远，而计入十倍。”⑧

（三）牧业活动

《淮南子·齐俗训》又称“谷处者牧”，即山谷宜于牧业活动。山谷属山地地貌之一，乃两山间低凹狭窄处，亦有向阳、背阴之分。一般而言，阳坡适宜牧业活动。阳坡是马、牛、羊、兔、鸡等畜、禽所喜的歇息地。“阳坡细草马随鹿”“草深黄犊阳坡暖”“阳坡草绿

---

① 欧阳修：《欧阳修集编年笺注》卷127《归田录》，巴蜀书社2007年版，第110页；朱易安等主编：《全宋笔记》，大象出版社2003年版，第138页；陆游撰，钱仲联校注：《剑南诗稿校注》，上海古籍出版社1985年版，第162页；北京大学古文献研究所编：《全宋诗》卷2540，北京大学出版社1998年版，第29391页；高似孙：《剡录》卷10《草木禽鱼诂下·茶品》，台湾成文出版社1970年版，第291页。

② 《(雍正)建平县志》卷9《田赋·物产》，江苏古籍出版社1998年版，第435页。

③ 陈师：《禅寄笔谈》卷7《物考》。

④ 蔡襄撰，唐晓云整理校点：《茶录·外十种》，上海书店出版社2015年版，第20、40、17~18页。

⑤ 陈恢吾：《农学纂要》卷3，光绪二十八年刻本，第11页。

⑥ 杨天宇译注：《周礼译注》，上海古籍出版社2016年版，第321~322页。

⑦ 贾思勰撰，缪启愉校释：《齐民要术校释》，农业出版社1982年版，第274页。

⑧ 包世臣撰，潘竟翰点校：《齐民四术》，中华书局2001年版，第13页。

散群羊”“阳坡日暖眼迷离”“呼雏觅食上阳坡”①等，即是写照。在农区，山之阳坡是儿童放牧牛羊的佳处。太史公自序说“迁生龙门，耕牧河山之阳”，《史记正义》注“河之北，山之南也。案：在龙门山南也”②。可见，山之阳坡承载了司马迁的耕牧记忆。“牧牛上阳坡，角挂上下经。吴童歌且谣，旨趣皆混成”“黄发儿童着地眠，茸茸青草暖生烟。醒来不见阳坡犊，寻到落花流水边”“吾羡彼牧童，日夕从牛羊。冬春阳坡暖，夏秋青草长。牛羊恣遨游，牧童自徜徉”等诗③，勾勒出阳坡日暖、牛羊遨游、牧童徜徉的画面。

在牧区，游牧民族多活跃于山之阳坡。北朝民歌“敕勒川，阴山下。天似穹庐，笼盖四野。天苍苍，野茫茫。风吹草低见牛羊”，描绘了一幅壮丽富饶的山地牧业景观。据研究“敕勒川”即阴山南麓至黄河北岸的辽阔草原。④ 山之阳坡常作为游牧民族的落居地。《新唐书》载：“突厥阿史那氏……居金山之阳”；“沙陀……处月居金娑山之阳”；“吐谷浑居甘松山之阳”。⑤ 传统畜牧业发展史表明：“山分阴阳向背，阳则物产多而畜牧饶，阴则多不毛之土而人民瘠。”⑥

游牧民族对山地阴、阳坡有着巧妙的利用。冬天扎营于阳坡向暖处，夏天结帐于阴坡凉爽处。元人张德辉记载了忽必烈冬、夏迁帐情形，“大率遇夏则就高寒之地，至冬则趋阳暖、薪木易得之处以避之……此风土之所宜，习俗之大略也”⑦。王恽也指出“营帐千屯，分牧其西，夏则避炎潞顶，冬则迎燠山阳”⑧。清人高士奇回忆：“戊戌所经，时见蒙古居人在山隩向阳处。”⑨牧民安置蒙古包时，也常将季节与坡向巧妙结合起来。民国方志《青海》载：“夏日于大山之阴，以背日光……择树木阴密之处而居焉；冬日居于火〔大〕山之阳，以迎日光。”⑩《清稗类钞》记载相似。⑪ 此外，德国学者 B. B. 拉德洛夫(1837—1918)指出：“到春天他们的畜群就可以牧放在阳坡上，在这个季节，因为冰雪融化，水量充足，饲草长得也茂盛，再到往后，烈日开始暴晒牧草的时候，他们也开始往深山转

① 李石：《方舟集》卷5《扇子诗》。王云五主编：《宋诗钞》，商务印书馆1935年版，第1276页。王鸿绪：《横云山人集》卷24。高启：《高青丘集》卷18《七言绝句·黄荃子母兔》。爱新觉罗·文昭：《紫幢轩诗集·桧栖草》卷上《鸡哺图》。

② 《史记》卷130《太史公自序》，中华书局1959年版，第3293、3294页。

③ 黄文雷：《和陶》，陈起编：《江湖小集》；《(嘉靖)汉阳府志》卷2《方域志》；归庄：《归庄集》，上海古籍出版社2010年版，第133页。

④ 阿尔丁夫：《关于“阴山”、“敕勒川”的地望——同周建奇先生商榷》，《阴山学刊》1993年第1期。

⑤ 《新唐书》卷215、218、221，中华书局1975年版，第6028、6153、6224页。

⑥ 《测绘舆图事宜五则》，盛康辑：《皇朝经世文续编》卷89《兵政·塞防下》。

⑦ 张德辉：《岭北纪行》，《(乾隆)口北三厅志》卷13《艺文二》。

⑧ 王恽：《秋涧集》卷51，文渊阁四库全书本，第14页。

⑨ 高士奇：《松亭行纪》卷下，文渊阁四库全书本，第13页。

⑩ 薛麦喜：《黄河文化丛书·民俗卷》，陕西人民出版社2001年版，第286页。

⑪ 徐珂《清稗类钞》载：“夏日所居曰夏窝子，冬日所居曰冬窝子。夏窝子在大山之阴，以背日光……而尤择树木阴密之处。冬窝子在山之阳，以迎日光。”(第5册，中华书局2010年版，第2215页)。

移，到达积雪线后，在有着新鲜空气的凉爽的山中度过酷暑。”①

古今游牧技术具有继承性和相似性，故从现代学者田野体验中可窥历史时期山地阴、阳坡牧业活动之一斑。有学者称：“要根据草场的特点，在放牧时间上进行轮换，如春放阳坡，夏放阴坡。”②阳坡适宜冬季放牧，为牧民理想的冬营地。作家张承志在蒙古草原做过牧民，他说：“大风雪的日子，是考验人和社会力极限的时候，人可能会崩溃。这时他们需要一个救命的绝招，就是冬天的蒙古包要建在山的南坡。春季到秋季，要在南坡上留下一些救命的草。”③日本学者鸟越皓之提道：“他们居住在叫做‘蒙古包’的帐篷状的房屋里，随季节迁徙移动，我们是在拜访其冬季宿营地时有了这个小小的发现。当问到冬天选择什么地方过冬时，他们的解释颇令人吃惊。他们喜欢把帐篷搭在朝南的斜坡之上，后面靠山，前面或者旁边有河流流过，最好前面地势有微微的斜坡。这种地方在早春之后，牧草会提前发育，对放养的牛羊也好。当然，因为坐北朝南，即使在冬天，‘蒙古包’的周围也比较暖和。”④

(四)山地社会生活

山区不仅是古人生活的场所，也是供奉神佛、先贤的处所，还是“托体同山阿”之所在。无论生而住居(或供奉神佛、先贤)，还是死而葬归，历史上对以阴、阳坡为代表的山地坡向均有利用，并留下了丰富的人文景观。

山居是与山区开发进程相伴随的一种生活方式，山之阳坡则早已成为构屋造舍、修亭结庐的胜地。中国传统民宅推崇靠山而居，但山要在西方、西北方，换言之，朝阳的东方、东南方不能有山。文献中留下不少名人卜居山之阳坡的记载。《史记》载：“益……辟居箕山之阳。”⑤《括地志》云：“髑髅山……昔范增居北山之阳。”⑥唐代柳宗元曾“作新亭于马退山之阳”，刘轲在“元和初，方结庐于庐山之阳”。⑦ 宋人丁洙“爱邑山水聚秀，遂卜翠微山之阳龙津坊居焉,”朱熹也“结屋依阳坡”。⑧ 元人杨维桢“学有书室，在锦川之阳，阳坡之下，贮书数百卷”⑨。明末清初陈维崧有“结茆恰傍阳坡”之词,⑩ 即于阳坡编

① [俄]B. B. 拉德洛夫：《西伯利亚日记 · 突厥草原游牧民族》，贺灵主编：《中国新疆历史文化古籍文献资料译编 · 哈萨克族》，新疆人民出版社 2016 年版，第 1078 页。

② 韩茂莉：《中国历史农业地理》，北京大学出版社 2012 年版，第 804 页。

③ 张承志：《蒙古游牧社会的生活与人》，转引自韩茂莉：《中国历史农业地理》，北京大学出版社 2012 年版，第 798 页。

④ [日]鸟越皓之：《环境社会学：站在生活者的角度思考》，宋金文译，中国环境科学出版社 2009 年版，第 127~128 页。

⑤ 《史记》卷 2《夏本纪》，中华书局 1959 年版，第 83 页。

⑥ 《史记》卷 7《项羽本纪》，中华书局 1959 年版，第 326 页。

⑦ 柳宗元：《柳河东集》，上海古籍出版社 1993 年版，第 252 页；周绍良主编：《全唐文新编》卷 742，吉林文史出版社 2000 年版，第 8648 页。

⑧ 《(光绪)缙云县志》卷 9《人物志 · 流寓》；朱熹撰，郭齐、尹波点校：《朱熹集》，四川教育出版社 1996 年版，第 314 页。

⑨ 杨维桢：《东维子集》卷 15，文渊阁四库全书本，第 2 页。

⑩ 《全清词 · 顺康卷》，中华书局 2002 年版，第 4152 页。

茅为屋。“1900年（光绪二十六年）以来……扎萨克镇国公喇什敏珠尔公……在该旗察尔森努图克洮儿河畔，希伯图山阳坡上，开始兴建新的公府和庙宇。”①此外，山之阳坡宜人的环境，亦是贤人高士避世隐居的佳处。《列仙传》云：“老莱子……逃世耕于蒙山之阳。”②南朝宋人刘凝之“性好山水，一旦携妻子泛江湖，隐居衡山之阳”③。明人陈继儒“隐居昆山之阳……遂筑室东佘山”④。

名胜之山多为风水佳地，常被先贤选为葬归之所，其阴坡、阳坡适合修陵建墓。在传统阴阳观念中，帝王为“阳”，妃嫔为“阴”；君为“阳”，臣为“阴”。《史记索隐》引《山海经》曰：“颛顼葬鲋鱼山之阳，九嫔葬其阴。”⑤相传，朱元璋择定钟山南麓独龙阜玩珠峰下为陵址后，将功臣墓置于钟山之北，以达到“我一人居钟山之阳，功臣陪葬山阴”之意图。⑥ 据统计，薨后“赐葬钟山之阴”的功臣有常遇春、王简、王真、高显、何德、吴良、孙世、吕本、陈清、杨璟、梅思祖、潘原明、吴复、李文忠、徐达、薛显、顾时、陈遇、汤鼎等。⑦ 颛顼与九嫔分葬鲋鱼山之阳、阴坡，朱元璋与功臣归葬钟山南、北麓，与传统阴、阳观念相合。当然，山之阴坡也有作为君主墓葬之例，秦始皇陵即为代表。《关中记》载：“秦始皇陵上骊山之北。”⑧《水经注·渭水》提到“水出丽山东北……后秦始皇葬于山北”，郦道元指出“秦始皇大兴厚葬，营建冢圹于丽戎之山，一名蓝田。其阴多金，其阳多玉，始皇贪其美名因而葬焉”⑨。这与秦始皇葬在“头枕金，脚登银”的民间传说一致。⑩ 一般来说，山之阳坡乃更为理想的墓葬选址。

山之阳坡也是建寺庙、造庵祠的主要选址空间。崇先显孝禅院，“处皋亭山之阳面，直北高峰，左则长河深涧，右则马目相拱，山水对峙，秀不可掩”⑪。“阳坡敞古寺，传有唐梅存”⑫，可谓深山藏古寺，古寺在阳坡⑬。又如“普光庵……建于昊山之阳”⑭。先代帝王的庙宇常建于山之阳坡，文献中不乏“改建历代帝王庙于鸡鸣山之阳”“遂建历代帝

---

① 《嫩科尔沁演变史·右翼篇》，辽宁民族出版社2016年版，第177页。

② 《史记》卷63《老子韩非列传》，中华书局1959年版，第2242页。

③ 《南史》卷75《隐逸列传上》，中华书局1975年版，第1869页。

④ 《明史》卷298《隐逸列传·陈继儒》，中华书局1974年版，第7631页。

⑤ 《史记》卷1《五帝本纪》，中华书局1959年版，第13页。

⑥ 陈平主编：《南京的文物》，南京出版社1995年版，第54页。

⑦ 蒋赞初：《江苏社科名家文库·蒋赞初卷》，江苏人民出版社2015年版，第248~251页。

⑧ 潘岳撰，刘庆柱辑注：《关中记辑注》，三秦出版社2006年版，第101页。

⑨ 郦道元撰，陈桥驿点校：《水经注》卷19《渭水》，上海古籍出版社1990年版，第377页。

⑩ 郭志坤：《秦始皇大传》，三联书店上海分店1989年版，第257页。

⑪ 曹勋：《崇先显孝禅院记》，《松隐集》卷30，文渊阁四库全书本，第15页。

⑫ 徐世昌编，闻石点校：《晚晴簃诗汇》，中华书局1990年版，第2072~2073页。

⑬ 除直称阳坡者外，在“山之南”“山之阳”建造寺庙的史载颇多。如《华严传》载：“山之南面小峰有清凉寺。”见法藏：《华严经传记》卷1《论释第五》，大正新修大藏经本；《（咸淳）临安志》载：“灵山之南，南涧之阳，即天竺寺。”见浙江省地方志编纂委员会编：《宋元浙江方志集成》，杭州出版社2009年版，第603页。

⑭ 丁丙辑：《武林坊巷志》，浙江古籍出版社2018年版，第1386页。

王庙于钦天山之阳”之类的记载。① 先贤名臣的祠庙也是如此。“周公庙在凤翔府岐山之阳”“功臣庙在鸡鸣山之阳”“朱文公祠，在孤山之阳……王阳明祠，在孤山南麓”“关公庙……建于鸡笼山之阳”等。② 诸如此类，不胜枚举。

至于以阴、阳坡向为政区、聚落命名，诸如“山阴县”“山阳县”“阴坡铺”“阴坡村”“阴坡庄”“阳坡里”“阳坡村”“朝阳坡镇”“阳坡庄”“太阳坡”“阳坡铺”等，更是常见，不赘述。

四、山地阴、阳坡向的历史意蕴

山地阴、阳坡向之分，蕴含着诸种自然要素和相应的人类活动规律，也因此沉淀了丰富的历史意蕴。

首先，对山地阴、阳坡向的认识和利用，体现着先贤对光照资源分布与生物习性的了解和认识，这既是对自然的认识和利用，也是中国传统科学——博物学的重要构成，“不仅植物志、动物志、矿物志是博物学，天学、地学、农学、医学都是博物学(自然志)”③。在山地阴、阳坡进行的农、林、牧业活动，无疑也属博物学的传统。在博物学视野下，“地尽其利”是山地开发的主要目标。“地尽其利”的实现，需将“地宜”与“物宜”结合起来。古代山民在山地阴、阳坡的农、林、牧业活动，体现了“地无不宜，相地之宜；物有所宜，因物之宜”的资源利用原则，包含着地宜和物宜之间的有机统一，是据各异环境而做出的技术选择。此外，“地尽其利”的内涵还包括因地制宜开展多种经营。“山处者木”虽常作为山区开发的一般原则，但山区的开发不应止于“林”，也应根据环境特点，选择合宜的农、牧活动。即便是林产开发，也应考虑山之坡向等环境因素与木之阴阳等生物因素，选择合宜的林产。这对当下山地生态的修复，不无参考意义。

其次，古代对山地阴、阳坡向看似“形而下”的认识和利用，实则蕴含着“形而上”的科学道理和生存智慧。所谓“山有阴阳，有左右。阴阳者，山之南北也；左右者，山之东西也。处阳备阴，处阴备阳，处左备右，处右备左，欲四方之皆有备也”④，方位、阴阳都不是孤立的，更不是绝对的。《六韬》载：“太公曰：凡三军处山之高……既以被山而处，必为乌云之陈。乌云之陈，阴阳皆备。或屯其阴，或屯其阳。处山之阳，备山之阴；处山之阴，备山之阳。”⑤此乃先贤通过战阵体现出来的智慧和韬略，闪耀着经验理性和辩证思维的光芒。同样，牧民冬、夏牧场的设置及“冬放阳坡、夏放阴坡”的畜牧实践，也是据阴、阳坡各异的气候条件而作出的理性选择，蕴含着巧妙的生存智慧。

---

① 顾炎武撰，胡萧白点校：《建康古今记》，南京出版社2012年版，第32页；张廷玉等：《明史》卷50《礼志四》，中华书局1974年版，第1292页。

② 《元史》卷76《祭祀志》，中华书局1976年版，第1904页；顾炎武撰，胡萧白点校：《建康古今记》，南京出版社2012年版，第32页；王国平主编：《西湖文献集成·民国史志西湖文献专辑》，杭州出版社2004年版，第704页；张廷玉等：《明史》卷50《礼志四》，中华书局1974年版，第1304页。

③ 吴国盛：《博物学：传统中国的科学》，《学术月刊》2016年第4期。

④ 施子美：《施氏七书讲义》卷38《乌云泽兵》，日本文久刻本，第7页。

⑤ 唐书文译注：《六韬·三略译注》，上海古籍出版社2006年版，第114页。

在山之阳坡设亭结庐、构屋造舍、建庙筑祠、修陵建墓等，不仅是风水问题，更体现着建筑生态学和人体健康学的知识。历史时期房舍、庙宇等建筑何以偏爱山之阳坡？时人认为阳坡有着相对暖适的环境和较佳的观感体验，“阳坡日暖”“阳坡春暖”“阳坡冬不寒”“阳坡先认春”等即是体现。以寺观为例，学者认为：“古代的寺院和道观均建在深山密林之中，往往背靠青山，前临绿水，被民间认为是‘风水宝地’。其实，所谓的风水，包含着许多气象学问，还涉及自然环境问题。殊不知，僧、道两家选择地址是有一定的科学道理的。背(北)靠青山，冬可挡住凛冽的寒风，夏可迎清凉的南风；前临潺潺溪流，则提供必需的水源；深山密林又提供了清新的空气。如此山明水秀的自然环境，使生活在此的人心旷神怡，而坚实的岩层地基又使建筑物可历经数百年而不倒。”①同样，山地阳坡建筑符合堪舆学上的“坐北朝南”原则，建筑朝南便于采光，而阳光对人益处颇多。

概言之，山地阳坡建筑是对自然环境的恰当认识和利用，得山川之灵气，受日月之光华，利于颐养身体、陶冶情性，健康长寿。② 正如时人所云：“予闻深山大谷多寿人，而子仍所居依鸡山之阳，坡陀蜿蜒，草木丛茂，平畴衍沃，足稻粱笋蕨之味，而无意外尘杂之挠。”③山之阳坡实为其他相关条件的基础。

再次，对山地阴、阳坡向的认识和利用，还反映了明清以来山区开发向纵深化、多样化发展的趋势，体现在传世文献中，可见有关山地阴、阳坡的记载不断增加，频次大幅度提升。如前所述，早在先秦时期，对山地阴、阳坡已有认识和利用，不过，唐代以前山区、山地的开发广度和深度有限，对阴、阳坡的认识和利用还较为浅显。宋代以降，特别是明清时期，对阴、阳坡的认识和利用愈加深入。这种趋势虽与明清时期存世文献相对丰富不无关系，但显然与中国山区开发的历史进程相一致。④ 可见，中国古代对以阴、阳坡为代表的山地坡向的认识和利用，反映了山地阴、阳坡不仅是个地理概念，而且有着深刻的经济、社会内涵。

中国古代对山地阴、阳坡向的认识和利用，体现出“人类回归自然，自然进入历史”的生态关怀。⑤ 诗人对人、畜、禽等活跃于阳坡的吟咏，反映了人与自然间不仅有冲突、破坏，亦有互动、融合，人与自然和谐共生是中国人长期追求的理念。同样，“历史可以从两方面来考察，可以把它划分为自然史和人类史。但这两方面是密切相联的；只要有人

① 江树红：《谈谈“风水”中的气象问题》，《中国气象报》，1996年5月13日。

② 王乾：《风水学概论》，西藏人民出版社2001年版，第103页。

③ 《刘氏重修宴雅堂记》，《胡文穆公文集》卷10《记》。

④ 中国古代山地的全面开发利用出现在宋代以后，尤以明清时期为盛。明清山区开发的广度大为拓展，开始向深山老林、高海拔区挺进，各省际交边山区成为资源开发的主要区域；山区资源利用的深度也不断加强，特别是山地垦殖达到了新高度。参见张建民：《明清农业垦殖论略》(《中国农史》1990年第4期)、《明清时期的山地资源开发及山区发展思想》(《光明日报》，2011年1月27日，《理论周刊·史学》版)、《山区开发史研究论略：以明清南方山区为中心》(《人文论丛》2017年第1辑，武汉大学出版社2017年版)。

⑤ 李根蟠：《环境史视野与经济史研究——以农史为中心的思考》，《南开学报》(哲学社会科学版)2006年第2期。

存在，自然史和人类史就彼此相互制约”①。但过去的“自然史”研究往往“见物不见人”，“人类史”的研究常常“见人不见物”。愿包括历史时期山地坡向在内的山区史研究，有助于阐发“自然史”与“人类史”的统一。

（作者单位：武汉大学历史学院）

① 马克思、恩格斯：《费尔巴哈》，《马克思恩格斯选集》第1卷，人民出版社1972年版，第21页注①。

近代中外学者对幕阜—罗霄山区的矿业调查*

□ 余燕飞

【摘要】幕阜—罗霄山区矿业开发历史悠久。晚清时期，幕阜—罗霄山区矿业调查因矿业开发而兴，以外籍人士为主体；民国时期，相关矿业调查全面铺开，国内、国外学者共同参与，中央与地方矿业机构相继启动，官方及民间矿业调查络绎不绝。至 20 世纪 30 年代，中国地质学者基本摸清幕阜—罗霄山区的地质及矿产情况，不仅部分修正了外籍学者的观点，而且形成了基于区域矿产资源禀赋及开采条件的整体性认识，为中国近代矿业发展奠定良好基础。

【关键词】近代；幕阜—罗霄山区；矿业调查

幕阜—罗霄山区地处湘、鄂、赣三省交界，当地矿产资源开发历史悠久。鄂东南、赣西北地区是古代矿冶遗址集中的区域，早在先秦时期即有采矿活动。此后，采矿活动未曾间断，至明洪武六年全国 13 个铁冶所，其中就包括江西进贤、新喻、分宜，湖广兴国、黄梅。① 明代，鄂东南、赣西北成为全国重要的冶铁中心。明末科学家宋应星所著的《天工开物》，被誉为“17 世纪的百科全书”，其对冶铁技术的总结即在江西分宜教谕任内实地考察当地冶金技术的基础上完成的，这与当地发达的冶铁业有密切关系。湘东(北)一带先秦时期即以产铁闻名，湘潭、茶陵、浏阳、醴陵等地明清以来的冶铁及炼钢业都非常兴盛。② 这些地区的采矿历史给近代矿业勘探提供了最直接的依据，在近代矿业知识、人才都很有限的情况下，寻找矿源往往会首先选择这些具有一定开发历史或民间仍在开发的地点。近代以来，幕阜—罗霄山区因其悠久的矿业开发历史受到关注，是较早创办近代煤铁业的地区之一。

---

* 本文为教育部哲学社会科学研究重大课题攻关项目“中国山区开发与发展的历史研究”(13JZD038)阶段性成果。

① 李国强、李放：《江西科学技术史》，海洋出版社 2007 年版，第 292 页。

② 湖南省地方志编纂委员会：《湖南省志》第九卷，湖南出版社 1991 年版，第 271、285、314 页。

一、矿业开发与资源觊觎：外籍人员主导的调查

中国近代矿产资源的调查勘探活动，最初由外籍人员进行。幕阜—罗霄山区也不例外，其矿产资源调查活动与山区矿业资源开发相伴随，又以鄂东南山区为先。1876 年，盛宣怀在鄂东广济设湖北开采煤铁总局，在兴国设开采分局，这是中国近代矿业资源开发的先声。开采分局由总税务司赫德聘请英国矿师郭师敦及三名“洋匠”对湖北尤其是鄂东南一带进行矿产勘探。① 这是湖北省最早由官方组织的矿产调查活动。晚清时期鄂东南山区矿产开发与调查在中国近代矿业开发史上占有重要地位，直接带动了湘、赣邻省相关活动的开展。

囿于技术因素，早期的矿产调查主要由外籍人员包揽，这是清朝官方组织人员进行矿产勘探的开端。张之洞督鄂之后，为兴办汉阳铁厂，自 1889 年至 1896 年间，先后组织了 50 余次矿产调查活动，不仅涉及湖北省，还在湖南、四川、陕西、山西、贵州、山东等省进行了调查(参见表 1)。湖北省境内的调查工作主要由白乃富(比利时)、巴庚生(英国)、毕盎希(德国)、司瓜兹(德国)、柯克斯(德国)、马克斯(德国)等主持。② 盛宣怀在接办汉阳铁厂后，于 1898、1905、1910 年，先后派葛拉夫、劳逸和赖伦等外籍矿师进行矿产调查。③ 以兴办汉阳铁厂为契机，由清朝官方组织、以外籍人员为主导的对幕阜—罗霄山区的矿业调查初步展开。

表 1　**张之洞派员勘查各地矿产情况表(有外籍人员参与的)(1889—1896)④**

外籍人员姓名	中方人员姓名	勘查地区	目的	工作时间
白乃富、毕盎希、巴庚生	札勒哈里、盛春颐、易象等	湖北大冶	勘查铁矿	1890
白乃富、毕盎希、巴庚生、	札勒哈里等	湖北、湖南等地	为汉阳铁厂勘查煤矿	1890、1891
毕盎希、柯克斯	梅冠林(知县)等	湖北兴国州	勘查锰矿	1890
毕盎希、柯克斯	张飞鹏(知县)、王树藩(州判)、游学诗(矿学生)、黄建藩(知县)、时维礼等	湖北大冶王三石等地	勘查煤矿，矿山铁路勘测	1890

① 孙毓棠：《中国近代工业史资料》第 1 辑，科学出版社 1957 年版，第 577 页。

② 苏云峰：《中国现代化的区域研究：湖北省(1860—1916)》，台湾“中研院”近代史研究所 1987 年版，第 342 页。

③ 《中国矿床发现史湖北卷》编委会：《中国矿床发现史・湖北卷》，地质出版社 1996 年版，第 7 页；《中国矿床发现史江西卷》编委会：《中国矿床发现史・江西卷》，地质出版社 1996 年版，第 19 页。

④ 孙毓棠编：《中国近代工业史资料》第 1 辑，科学出版社 1957 年版，第 768~769 页。

续表

外籍人员 姓名	中方人员 姓名	勘查地区	目的	工作时间
洋矿师	盛春颐等	湖北荆门州、当阳	勘测白煤及采运	1890
巴庚生、斯瓦而滋	朱滋树、舒拜发	湖北黄安、麻城等地	勘测煤矿、铅矿	1890
马克斯	恽积勋等	江西萍乡煤矿	勘查煤矿	1896

这些矿产调查目的明确，主要为办理厂矿服务，尽管采用了一些地质学方法，却称不上严格意义上的地质学研究。最早对湘、鄂赣山区进行地质学意义考察的是一批外国地质专家。

1861年，汉口开埠，湖北省成为长江流域较早受到西方影响的省份。1863年，美国地质学家庞培勒自日本到中国，5月到汉口，包木船拟考察湘南煤田，行至湘潭遇阻，经洞庭湖入长江，考察了鄂西秭归和巴东煤矿。庞培勒是第一个到达湘潭及鄂西地区的外国地质学家。庞培勒此行的重要目的还在于为清政府在英国购买的军舰找煤，后由于计划取消，军舰被卖，找煤之事遂告一段落。①

1868—1871年，李希霍芬在中国进行了七次实地调查，行程遍及中国大部地区，涉及湘、鄂、赣的有三次，分别是：1869年1月12日自上海乘船到达汉口，沿途观察地质；1869年9、10月间，从上海乘船到九江，考察了鄂东南黄石石灰窑及蕲春等地煤矿；1870年自广州乘船经北江、武水到达湖南南部宜章县，改换陆路达郴州，再乘船经耒水、湘江、洞庭湖进入长江，2月26日再次达汉口，之后经汉水至樊城，改陆行北上。② 在湘潭，李希霍芬还调查了当地的交通与商业，目的在于为德国是否应向中国政府索取湘潭作为租借地提供参考。③

1878年，奥地利地质学家劳策自南昌上溯抚河，沿途进行地质调查，并写有调查报告。④ 这些外国地质学家是继传教士之后又一批深入山区的外国人。早期外国地质学家进行的调查填补了中国地质调查的空白，其中有不少错误，甚至带着侵略目的，但这些研究成果客观上为后来中国学者自主进行地质调查奠定一定基础。

甲午战后，《马关条约》签订，日本人取得在中国设厂的权利。根据片面最惠国待遇，西方其他国家也享有这种权利，这进一步刺激了列强对中国矿产的需求。日本较早对中国进行了地质、矿产调查，其调查规模大、持续时间长，而且极其深入。就湘鄂赣山区而言，1910—1916年，日本东京地质协会派石井八万次郎、野田势次郎、矢部长克、福地

① 中国地质学会地质学史研究会、中国地质大学地质学史研究室合编：《地质学史论丛》，中国地质大学出版社1995年版，第15页。

② 中国地质学会地质学史研究会，中国地质大学地质学史研究室合编：《地质学史论丛》，中国地质大学出版社1995年版，第17~18页。

③ 郭双林、董习：《李希霍芬与〈李希霍芬男爵书信集〉》，《史学月刊》2009年第11期。

④ 《中国矿床发现史江西卷》编委会：《中国矿床发现史·江西卷》，地质出版社1996年版，第9页。

信世、杉本五十铃等人，对长江以南湘桂山地、湘江、资江、赣江、袁水流域进行了地质、矿产调查，这是继李希霍芬之后外国人对中国南部进行的一次比较系统的区域调查。野田氏的调查引起了国人的注意，民国时期张相文创办的《地学杂志》翻译并刊登了6篇野田氏的调查报告。① 这些调查报告不仅包括地质、矿产，还包括“物产”“风俗”“泉币”等内容。日本对鄂东南山区铁矿的觊觎自晚清即已开始，因此日本地质学者尤其重视对鄂东南地区的调查，相关成果非常丰富。1937年后，有30余名日本人到湖北调查，主要调查鄂东大冶、阳新、鄂城以及武昌、孝感、应城、蒲圻等县的各类矿产，仅1940年发表的报告即有50余份。② 这些调查反映了日本对于中国矿产资源的觊觎，更与当时日本对鄂东南矿产资源的疯狂掠夺密切相关。

北洋政府时期，官方聘请了外国地质专家对湘鄂赣山区进行调查，主要有：1914年，英国人卫勒调查了湖南平江黄金洞金矿、湖北阳新县炭山湾无烟煤；同年，瑞典人丁格兰到湖北大冶、鄂城调查铁矿、煤矿及白云石；1917年，瑞典人安特生受丁格兰委托，进一步调查大冶铁矿、鄂城灵乡及西、雷二山铁矿。③

19世纪60年代至20世纪30年代，外国地质专家在湘鄂赣山区调查情况参见表2。

表2 **外国地质学者在湘鄂赣山区的调查(1860—1937)**

姓名	籍贯	职务、机构	工作时间	主要调查区域(路线)
庞培勒	美国		1863	从广州经湖南至汉口，上溯长江达川东
李希霍芬	德国	柏林国际地质学会会长，柏林大学校长，波恩大学、莱比锡大学教授	1869—1870	对鄂东南黄石石灰窑及蕲春等地，湘东、湘中等地，赣西均有调查
劳策	奥地利		1878	湖口—临川—南城路线地质调查，有调查报告
石井八万郎、野田势次郎、矢部长克、福地信世、杉本五十铃	日本	日本东京地学协会地质人员	1910—1917	对湘桂山地，湘江、资江、沅江、赣江、袁江流域进行地质矿产调查
卫勒	英国	农商部聘请的矿师	1914	调查湖南平江黄金洞金矿、湖北炭山湾煤矿
丁格兰	瑞典	农商部地质调查所技师	1914、1915	调查湖北大冶、鄂城铁矿、煤矿及白云石

① 《地学杂志》1914年第7、8期合刊、1914年第10期、1915年第7、8期合刊、1915年第9期。

② 湖北省地方志编纂委员会：《湖北省志·地质矿产》，湖北人民出版社1990年版，第46~47页。

③ 《矿业杂志》(长沙)1915年第1期；丁格兰：《中国铁矿志》，谢家荣译，“鄂城灵乡煤矿”，农商部地质调查所，1940年。

续表

姓名	籍贯	职务、机构	工作时间	主要调查区域(路线)
安特生	瑞典	农商部矿政局聘请矿业顾问	1917	调查湖北大冶铁矿、鄂城灵乡及西、雷二山铁矿
冈村要藏	日本		1918—1919、1922	多次调查湖北鄂城、大冶、阳新等地
德日进	法国	法国地质学会主席；法兰西学院教授、中国中央地质调查所新生代研究室名誉顾问	1934—1935	考察庐山及长江南岸地区
巴尔博	美国	中国北洋大学、燕京大学教授	1934—1935	考察庐山及长江南岸地区
威斯曼	澳大利亚	中国中央大学教授	1937	考察庐山等地

主要资料来源：丁格兰：《中国铁矿志》，谢家荣译，农商部地质调查所，1940年；中国地质学会地质学史研究会、中国地质大学地质学史研究室合编：《地质学史论丛》，中国地质大学出版社2018年版；湖北省地方志编纂委员会：《湖北省志·地质矿产》，湖北人民出版社1990年版；中国第二历史档案馆编：《中华民国史档案资料汇编》第三辑“工矿业”，江苏古籍出版社1991年版；湖南省地方志编纂委员会：《湖南省志》第九卷《工业矿产志·地质矿产》，湖南出版社1994年版；《中国矿床发现史江西卷》编委会：《中国矿床发现史·江西卷》，地质出版社1996年版；江西省地方志编纂委员会编：《江西省志·地质矿产志》，方志出版社1998年版。

早期由外国地质学家进行的调查填补了中国地质调查的空白，尽管其中有不少错误，甚至带着侵略目的，却极大地刺激了中国学者自主开展专业矿业调查活动，激发中国学者重新认识中国的矿产资源禀赋，探索中国人自己的矿产资源认知体系。

二、全面铺开与重新认识：国内学者开展的调查

幕阜—罗霄山区的矿产调查活动最早由外籍矿师主持，但并不能包揽全部调查工作，跟随张之洞办理铁厂相关事务的不少人都有参与或独立调查的经历，其中不乏留学的专业人士，如徐建寅、张金生、池贞铨、游学诗等。尽管他们并非地质学专业出身，也没有撰写相关调查报告，但因其具有一定的近代工科教育或从业背景，使这些调查活动具有一些现代倾向(参见表3)。

表3　**张之洞派员勘查各地矿产情况表(中国人独立进行)(1889—1896)**①

姓名	勘查地区	目　的	工作时间
高培兰、王天爵	湖南宝庆府所属各地	勘查煤矿	1889、1890

① 孙毓棠：《中国近代工业史资料》第1辑，科学出版社1957年版，第768~769页。

续表

姓名	勘查地区	目的	工作时间
欧阳柄荣、欧阳琴	湖南衡州府攸县、醴陵及江西萍乡接界等地	勘查煤铁矿	1889
杨湘云、蒋允云	湖南辰州府辰溪、浦市等地	勘查煤铁矿	1889
杨秀观、张福元	贵州清溪县	勘查煤铁矿	1889
陈占鳌、周天麟	山西泽州、潞安、本定、孟县等地	勘查煤矿及铁价与运道情形	1890
徐建寅、张金生、欧阳柄荣等	湖南永州府祁阳县、衡州府各地	勘查煤矿	1890
凌卿云	山东省	勘查煤矿出产情形	1890
丁国桢、杨钧	湖北鹤峰	勘查铜矿，以备枪炮厂、铸钱局之用	1890、1891
高培兰	湖南益阳	勘查煤矿	1891
铁政局	湖南石门县	勘查铜矿	1891
夏时泰	湖南沅陵	勘查金矿	1891
汪彦份、元复	湖北兴国州富池口	勘查银、铅矿	1891
张飞鹏	湖北大冶马叫堡等地	勘查铅矿，以备枪炮厂之用	1892
夏峻峰等	湖北兴国州秀家湾等地	勘查煤矿	1893
欧阳柄荣、张金生等	湖北兴国大冶交界之百泉湾等地	勘查铅矿	1893
欧阳柄荣	湖北兴国州富山头	勘查煤矿	1893
徐家干、池贞铨、查有镛	湖北兴山千家坪	勘查铜矿	1893

表1、表3反映了张之洞创办汉阳铁厂期间，曾派大量人员进行调查活动。两表中地点记载明确的调查活动不下20次，大多数集中在鄂东南一带，范围涉及湘、鄂、赣诸省。19世纪末，幕阜—罗霄山区矿业调查活动因矿业开发在官方主导下全面铺开。

清末新政期间，各省相继成立矿政调查局。1906年，清政府在上海设勘矿总公司，负责地质资源勘探。① 民国初年，民间的矿产勘探开始出现，主要由工矿企业(公司)组织。在湖北省，1914—1915年先后申请到探矿权的共有9家公司(个人)，其中5家公司的厂矿地处鄂东南，其余4家地处鄂西。② 对照现代矿床学研究成果可知，湖北省煤矿资源主要分布在鄂东南、鄂西山区，而民国时期这些企业勘探活动所选择的区域恰好位于这两个地带。这不是偶然的巧合，也不是科学选择的结果，而是当地矿产开发历史及现状直接影响的结果。如丁文江所说，“唐山、井陉、临城各大井，均未经打钻，即行开工，苟

① 傅英：《中国矿业法制史》，中国大地出版社2001年版，第33页。

② 苏云峰：《中国现代化的区域研究·湖北省(1860—1916)》，台湾“中研院”近代史研究所1987年版，第346页。

非有土窑，则必不能如此之易”①。

北洋政府时期，学成归来的地质学者开始创办专业的地质调查机构，培养地质学专门人才，并逐渐开始自主进行地质矿产调查(参见表4)。中国地质事业的两个重要奠基人翁文灏、丁文江是最早对江西进行矿业考察的中国学者。翁文灏于1916年调查了丰城、高安一带煤矿，九江县城门山铁矿；丁文江于1917年调查了萍乡、永新、安福、莲花等地的铁矿。1916年7月农商部地质研究所培养的中国第一批地质学人才毕业，该期毕业的18位学员，全部进入农商部地质调查所(局)工作。至1928年中央研究院地质研究所成立之前，基本完成对湘鄂赣山区重要的矿产区的调查。例如，朱庭祜、王竹泉分别对赣西煤铁矿的调查；谢家荣、刘季辰受聘于湖北省实业厅对湖北全省地质矿产的调查，制定了《湖北全省地质分区调查计划表》，其中鄂东大江以南阳新、大冶、通山一带是1923年秋第一区首先调查的区域，该调查还修正了此前野田势次郎对鄂东南地质的一些认识。此外，朱庭祜、谢家荣还对湖南耒阳、宁乡等地的煤矿进行了调查。

1928年，成立不久的中央研究院地质研究所应曾在英国伯明翰大学学习采矿冶金、刚刚就任湖北省建设厅厅长石瑛的邀请，开始对湖北进行地质矿产调查。1928—1929年，中央研究院地质研究所在鄂东南的调查主要由叶良辅、赵国宾、李捷、喻建章进行。1930年，湖北省建设厅组建矿产调查队，自此，湖北省有了自己的地质矿产专门机构。建设厅矿业股技师王德森于1929—1935年对鄂东南地区煤矿进行了长期调查，撰有系列报告，其中包括鄂东南重要矿业经营情况。

湖南省地质调查所于1927年3月成立。该所以田奇㻪为首，聚集了一批湘籍地质学者，进行了大量的地质矿产调查，并因大量专业论文、著作出版受到中外地质学界瞩目，时人誉其调查“尤称完密”。② 1928年10月，江西地质矿产调查所成立。民国时期，卢其骏、周作恭、尹赞勋、高平、夏湘蓉五任所长任职期间，在有限的条件下，进行了大量调查。③

表4 **中国学者在湘鄂赣的调查(1916—1938)**

姓名	职务、机构	工作时间	主要调查区域
王宠佑	大冶铁矿矿长	1914—1916	大冶
廖世勋	湖北省实业厅组织	1916—1917	调查蒲圻矿产
高振西、刘代屏等	湖南工业专科学校学生	1917—1919	大冶铁矿
谢家荣、刘季辰	中央地质调查所、 农商部地质调查所	1923	调查鄂东南地区地质矿产
王恒升	中央地质调查所	1926	湖北全省

① 丁文江、翁文灏：《矿政管见》附录“修改矿业条例意见书”，转引自欧阳哲生：《丁文江文集》第3卷，湖南教育出版社2008年版，第220页。

② 叶良辅、章鸿钊：《中国地质学史二种》，上海世纪出版股份有限公司、上海书店出版社2011年版，第138页。

③ 《中国煤炭志》编纂委员会：《中国煤炭志·江西卷》，煤炭工业出版社1997年版，第82页。

续表

姓名	职务、机构	工作时间	主要调查区域
叶良辅、赵国宾	中央研究院地质研究所	1928	湖北阳新、大冶、鄂城的地质矿产
李捷、喻建章	中央研究院地质研究所	1928	调查蒲圻、嘉鱼两县煤矿，兼及崇阳、咸宁、武昌等县的煤田调查
王德森	矿冶股技师	1923、1929—1935	调查鄂东南石灰窑东部及富华、富源、利华等矿区煤矿
何铭	湖北省建设厅矿产调查队	1930	调查象鼻山铁矿
朱熙人、计荣森	中央地质调查所（受国民政府实业部派遣）	1934	调查大冶、阳新铜矿地质，曾两次赴龙角山调查
郑厚怀、汤克成	中央地质调查所	1935	对大冶、鄂城铁矿成因作了研究
孙健初	实业部中央地质调查所	1936	调查大冶、鄂城灵乡铁矿
	国民政府资源委员会	1936	勘查龙角山铜矿
王日伦		1937	调查武昌花山铁矿
阮维周	中央地质调查所	1938	调查灵乡铁矿、武昌土地堂煤矿
以上鄂东南地区			
朱庭祜、谢家荣	农商部地质调查所	1917	耒阳等地
李秉乾	农商部地质调查所	1917	宁乡等地
田奇瓗	湖南地质调查所	1927	醴陵、宁乡、湘潭、宝庆等地
王晓青、王恒升、谢家荣等	湖南地质调查所	1928—1937	湘潭等地
王晓青、许原道	湖南地质调查所	1927—1932	长沙、湘潭、衡山、衡阳、湘乡、邵阳六县地质
王晓青、田奇瓗、刘祖彝	湖南地质调查所	1932	粤汉铁路研祥长坪段地质矿产
刘元镇、廖士范	湖南地质调查所	1936—1951	湘潭、宁乡一带
陆景芬	湖南地质调查所	1936	调查资兴煤田
谢家荣	湖南地质调查所		湘潭谭家山煤矿
谭锡畴	地质博士	1937	资兴煤田地质矿产
刘基磐	湖南地质调查所	1938	湖南煤矿
以上湘东地区			
翁文灏、王竹泉	农商部地质调查所	1915	有关于丰城、高安煤田、九江城门山铁帽型铁矿调查资料
丁文江	农商部地质调查所	1917、1935	调查永新乌石山铁矿、安福、莲花县铁矿，调查上株岭铁矿

续表

姓名	职务、机构	工作时间	主要调查区域
朱庭祜、田奇瓗、黄汲清	湖南地质调查所	1918、1933	调查上株岭铁矿
梁津、王竹泉	实业部地质调查所	1924、1928	修水流域地质调查，江西区域地质调查的开端；调查永新乌石山铁矿
王德森	实业部	1929	调查丰城、高安煤田
王竹泉、李毓尧	江西省地质矿产调查所	1930—1933	对修水流域及江西西北部修水流域地质调查
周作恭、雷宣	江西省地质矿业调查所	1931	调查安源矿区
雷宣、谢光远	江西矿业地质调查所	1933	调查丰城、高安煤田
高平、徐克勤	江西地质调查所、经济部中央地质调查所	1934—1940	江西西部地质
徐克勤、黄汲清	经济部中央地质调查所	1935	调查江西萍乡安源煤田地质
陈维、彭黻	江西省政府经济委员会	1935	萍乡安源煤矿调查
雷宣等	江西省地质矿产调查所	1936	调查吉安天河煤矿
梁贞邦、蔡厚民	资源委员会	1937	新余煤矿调查
刘辉泗、莫柱孙	江西地质调查所	1937	对宜春、安福、新余一带调查
高平、夏湘蓉	江西地质调查所	1938	调查丰城全县地质
高平	江西地质调查所	1938	二次到赣西矿区调查
以上赣西北地区			

主要资料来源：《农商公报》《矿业杂志》《湖北建设月刊》《矿业周报》《地质汇报》《经济部地质调查所简报》《地质论评》《地质专报》《经济地质》等民国期刊；《中国矿产志略》《中国矿业纪要》《中国铁矿志》《中国地质学会志》等民国著作；《湖北省志・地质矿产》《中国矿床发现史・湖北卷》《黄石矿业开发史》《民国时期社会调查丛编二编》(近代工业卷)等。

三、资源禀赋与开采条件：基于调查的整体认识

近代以来，幕阜—罗霄山区矿业资源尤其是山区的煤铁矿资源，备受地质学者关注，相关调查活动络绎不绝，国内与国外、中央与地方、官方与民间的调查全面铺开。至20世纪30年代，中国地质学者基本掌握幕阜—罗霄山区地质结构及矿产分布的大致情况；部分修正了此前外国地质学者的一些看法；对区域矿产资源禀赋特点及其开发条件都有较清楚的认识。虽然在资源蕴藏量的估算方面与今天的统计数据有一定差异，但这些成果对湘鄂赣山区近代矿业的开发仍有较大作用。

最早到中国进行地质考察的庞培莱与李希霍芬，是研究中国地质的先驱。李希霍芬的巨著《中国》绘有中国地文、地质图册，是当时中外学者了解中国地质、矿藏的重要参考

文献。他对中国矿产资源的研究，尤其是对山西煤铁资源的估计，极大地刺激了德国侵略中国的野心，也引发了各帝国主义国家对中国其他地域矿产资源的无尽猜想。德国租借胶州湾、英国租借威海卫、法国租借广州湾等，19 世纪末帝国主义在中国掀起划分势力范围、瓜分狂潮，对矿产资源的渴求是其中的重要原因之一。而这一切，地质学家的研究无异于推波助澜。李希霍芬开创了中国地质学研究，但其研究并不深入，他在中国见到土法炼铁炉的繁盛及煤矿的丰富，就认为中国铁矿蕴藏无穷、足供世界各国数千年之需要。李氏这一说法，吸引了大量西方人来到中国进行地质、矿产调查。①

民国时期西方人对中国矿产资源的溢美之词，在当时不少国人看来是引以为豪的事情，中国学者丁文江、翁文灏等人却并不以为然，他们对西方国家对于近代中国的资源掠夺，尤其对"日本铁业有完全仰给于我之势"表现出极大的担忧，对"中国物产者每以地大物博自侈"的言论持谨慎态度。② 中国以地大物博自侈，当与李希霍芬有密切关系。究竟中国资源蕴藏几何，当时并不十分知晓，这正是近代矿业学者孜孜以求的目标。1920 年，在调查基础上，丁文江指出中国铁矿储量不足③；1921 年，丁文江在《中国矿业纪要》中更明确指出，李希霍芬对中国铁矿的认识并不符合实际情况。其理由是山西铁矿分布虽广但矿层薄，且断续无常，适于小矿，不适于新法大采。这种认识显然是在具备现代矿物学理论知识并经过实地调查之后才能得出的结论。1921 年，丁文江、翁文灏根据地质调查所成立六年来的调查成果，对中国铁矿储量进行了初步的储量估计(参见表 5)，这是民国时期中国学者在掌握现代科学知识的基础上，基于调查得出的自主认知。

表 5 **《中国矿业纪要》(第一次)统(估)计鄂赣二省铁矿蕴藏量**

矿地	矿石(吨)	所含之铁(吨)	矿地	矿石(吨)	所含之铁(吨)
江西省	18060000	8671000	湖北省	52660000	29780000
九江	6000000	2400000	大冶	35000000	20000000
萍乡	3000000	1560000	鄂城	17660000	9780000
永新	9060000	4711000			

资料来源：丁文江、翁文灏：《第一次矿业纪要》(1921)，转引自欧阳哲生：《丁文江文集》第 3 卷，湖南教育出版社 2008 年版，第 15 页。

北洋政府农商部先后聘请瑞典地质学家丁格兰、安特生调查中国铁矿，当时地质调查所已成立，也参与这项调查工作。④ 1923 年，《中国铁矿志》的出版便是这项工作的结晶。它集中反映了当时国内外学者对中国铁矿成因、地质、分布、储量、铁业等方面的认识，

① 丁格兰：《中国铁矿志》"丁格兰原序"，谢家荣译，农商部地质调查所，1940 年。

② 丁文江、翁文灏：《中国矿业纪要》，1921 年，第 15、26 页。

③ 丁文江、翁文灏：《矿政管见》，转引自欧阳哲生：《丁文江文集》第 3 卷，湖南教育出版社 2008 年版，第 212 页。

④ 胡适：《丁文江的传记》，台湾"中研院"院刊第三辑《丁故总干事文江逝世廿周年纪念刊》，1956 年，第 18~19 页。

该书对当时全国重要铁矿藏都有调查记录。经过详勘，地质学者对中国铁矿藏的总体看法是“总量为950多兆吨”①，更加明确地修正了此前的认识。该书亦认为，“所谓无穷之铁量，或以质地太劣，或以分布散漫，欲图发展，困难良多；李氏之说，未可尽信”②。通过这些调查，还发现了一些新的铁矿，“其中有仅为本地居民所知，外人未及知者；亦有从未发现者”③。湖北东南的鄂城西山、雷山铁矿即属其一，“此矿据著者所知，向未开采，惟本地人不能全无所闻，其所以弃而不采者，大概因西山自古迄今，即为城中人坟墓之所在，因风水关系，遂相戒不敢从”④。

幕阜—罗霄山区鄂东南一带的铁矿在近代矿业创办伊始就备受关注，1877年盛宣怀会同大冶知县率领矿师勘查发现，1893年正式开采。此后，汉冶萍公司进行了详细勘查，丁格兰在之前调查资料基础上，赴实地勘测，计算大冶铁矿储量，除去历年已经开采及开采时废弃的劣矿，剩下储量约为2000万吨。⑤ 这个估计相当保守，据统计，自1893—1949年，大冶铁矿共采铁矿2092.3万吨。⑥ 鄂东南地区其他矿产资源优势也被充分认识，当地不仅有丰富的铁矿资源，另外还探明蕴藏有煤矿、铜矿、银矿、石灰石及炼钢所必需的锰矿多种矿藏。

在赣西北山区，翁文灏、王竹泉通过调查，发现江西全省铁矿主要分布于此，尤以九江城门山铁矿及瑞昌铜岭山铁矿为著。当时城门山铁矿此前虽被汉冶萍公司及江西都督李烈钧购买部分矿山，但从未有详细勘查。调查人员在萍乡、永新、吉安诸县再向西达湖南境也发现了铁矿，但“矿层薄而质劣，且分布散漫，似无重大价值”⑦。这些调查对于抗战前夕国民党的国防与工业布局有重要参考意义。

20世纪20年代，中外学者关于湘鄂赣山区铁矿藏的认识，一般对鄂东南、赣西北地区较深入，对湖南省铁矿藏了解较少。1923年，《中国铁矿志》出版之时，所能依据的资料“仅据德人李希霍芬氏之短记”，且“遗漏甚多”。⑧ 这种情况在1927年湖南省地质调查所成立之后得以改变。1929年，该所出版《湖南矿业纪要》；1932年，出版《第二次湖南矿业纪要》；1934年，出版《湖南铁矿志》。这些著作的出版，是近代湖南矿业尤其是铁矿调查的重要成果。

20年代初，学者认识到中国煤矿丰富，但“究丰富至若何程度，则尚未有可信之确数”⑨。学者对江西萍乡、吉安、进贤、丰城、余干、乐平等地煤矿储量进行了初步勘探，估计全省煤炭储量为815兆吨；当时对湖南、湖北煤炭尚无全面调查统计，参考万国地质

---

① 1兆吨=100万吨=0.01亿吨，950兆吨=9.5亿吨。该估算与现代统计储量531亿吨有较大差距。

② 丁格兰：《中国铁矿志》“丁格兰原序”，谢家荣译，农商部地质调查所，1940年。

③ 丁格兰：《中国铁矿志》“丁格兰原序”，谢家荣译，农商部地质调查所，1940年。

④ 丁格兰：《中国铁矿志》“鄂城铁矿”，谢家荣译，农商部地质调查所，1940年，第135页。

⑤ 丁格兰：《中国铁矿志》“鄂城铁矿”，谢家荣译，农商部地质调查所，1940年，第125页。

⑥ 姚培慧：《中国铁矿志》，冶金工业出版社1993年版，第43页。

⑦ 丁格兰：《中国铁矿志》“鄂城铁矿”，谢家荣译，农商部地质调查所，1940年，第185页。

⑧ 丁格兰：《中国铁矿志》“鄂城铁矿”，谢家荣译，农商部地质调查所，1940年，第195页。

⑨ 丁文江、翁文灏：《中国矿业纪要》(1921)，转引自欧阳哲生：《丁文江文集》第3卷，湖南教育出版社2008年版，第15页。

学会《世界煤矿志》中外国学者的估计，湖北、湖南两省煤炭储量分别为130、1600兆吨。① 截至抗战前，地质调查所分别于1921、1926、1929、1932、1935年五次出版《中国矿业纪要》，对全国矿业概况及各省矿业情况均有详细介绍。这五次矿业调查成果代表了近代以来中国学者对本国矿业发展概况的整体认识，从中亦能看出民国时期学者对于幕阜—罗霄山区矿产资源在全国地位的认知和评价。湘、鄂、赣三省矿藏在全国地位如何？1935年《中国矿业纪要》基本能反映民国地质学者的认知。

到1935年，中国的地质学者已能非常自信地给出中国煤炭储量，并认为"经本所根据实地调查，详加统计后，数字已就真实范围，不至再由悬殊之出入"，经历次修正，此次测算结果全国煤炭储量为243669兆吨；其中湘、鄂、赣三省储量分别为1764、440、992兆吨。② 铁矿储量由之前认为的950多兆吨上升为1206多兆吨，其中满洲地区储量占全国总储量的72.7%，华北占14.3%，长江区占10%，东南沿海区占3%③；湘、鄂、赣三省储量详见下表(参见表6)④：

表6 《中国矿业纪要》(第五次)统计湘、鄂、赣三省铁矿蕴藏量

地点	储量(兆吨)	地点	储量(兆吨)	地点	储量(兆吨)
大冶汉冶萍公司	10.5	九江城门山	6.3	茶陵	3.9
大冶象鼻山	8.8	莲花	6.3	宁乡	11.84
灵乡	6.3	萍乡	2.0	攸县	4
鄂城	10	瑞昌	0.6		
鄂东南：35.6		赣西北：15.2		湘中：19.74	

资料来源：侯德封：《第五次矿业纪要》"中国铁矿储藏量估计表"，1935年，第175~179页。

据统计，长江区铁矿储量共计111兆吨⑤，表6中幕阜—罗霄山区各县铁矿储量合计70.54兆吨，约占长江区的64%，充分显示了该地区铁矿资源在全国的重要性。

经过调查，中国地质学界不仅基本弄清各省煤、铁分布及种类，而且对各省资源禀赋及开发条件有较明确的认识。鄂东南及鄂西山区是湖北省内两大煤矿地带，相较于鄂西山区而言，鄂东南地区交通条件更为优越。赣西北山区矿产资源以煤为优，是江西省乃至南方诸省中的重要煤田分布地带。学者们基本弄清了江西煤田分布的五大地带，即九江带、高安带、萍乐带、吉安带、信丰带。⑥ 不仅如此，学者们还进一步认识到，江西省煤质以烟煤居多，更适合作为近代工业燃料。另外，赣西萍乡、九江的铁矿也备受调查者注意。在湖南，中外学者进行大量地质考察之后，基本摸清湖南省煤矿分布主要在湘中湘江两

① 丁文江、翁文灏：《中国矿业纪要》(1921)，转引自欧阳哲生：《丁文江文集》第3卷，湖南教育出版社2008年版，第19~20页。

② 侯德封：《第五次矿业纪要》，1935年，第1~3页。

③ 侯德封：《第五次矿业纪要》，1935年，第174页。

④ 侯德封：《第五次矿业纪要》"中国铁矿储藏量估计表"，1935年，第175~179页。

⑤ 侯德封：《第五次矿业纪要》"中国铁矿储藏量估计表"，1935年，第178页。

⑥ 胡荣铨：《中国煤矿》，商务印书馆1935年版，第283页。

岸、湘南耒河流域及湘西沅水流域，并得出了耒河、湘江煤田相对重要，而沅水流域交通不便，其煤田较不重要的结论。① 除了煤铁矿之外，湖南省有色金属资源优势闻名全国，甚至享誉世界。仅就湘东、湘中地区而言，益阳锑矿、湘潭锰矿、平江黄金洞金矿、常宁铅锌矿、新化及安化锡矿，清末均已开始开采。民国时期这些以煤、铁矿资源为主的调查，既有基于矿业开发实践的经验基础，又有着眼于进一步开发矿产资源的现实需求，克服了以往因开发而开展调查的盲目性。相较于晚清，民国学者的学术视野更加开阔，对矿产资源的调查更为全面，相关调查已不再以直接的矿业开采为目的，而是基于长远、整体的考量，希冀形成关于国家矿产资源的科学认知，从而合理开发利用。

幕阜—罗霄山区的矿产资源因其于晚清时期的开发尤其是汉冶萍公司的建立，较早受到中外地质学家的关注，成为民国时期学者们开展进一步地质调查的重点，形成了数量可观的调查报告。这些调查资料除了关注地质和矿产资源，还或多或少反映了山区社会情况，尤其是山区矿业开发的基本情况。如果说，晚清时期，初来乍到的洋矿师给山区社会带来的是阵阵涟漪，那么，民国以来在这种调查基础上蓬勃兴起的矿场、公司给山区带来的则是前所未有的喧嚣与冲击。这些地质矿产调查，虽然新发现的矿区不多，但对原有矿区进行了科学研究，在了解地质构造的基础上重新规划开采，从全国、全省、国内外局势、资源运输条件等多种角度形成对区域资源禀赋与开采条件的整体性认识，更加注重区域内部矿产资源蕴藏、开发条件等方面的优势互补，为中国近代矿业发展奠定良好基础。

[作者单位：中国石油大学(北京)马克思主义学院]

① 胡荣铨：《中国煤矿》，商务印书馆1935年版，第294页。

清中期广西驿夫改革研究*

——从广西桂林府兴安县《万古沾恩》碑说起

□ 江田祥

【摘要】本文在清雍正朝全国驿传制度改革背景下，从广西桂林市兴安县严关口现存的雍正二年《万古沾恩》碑刻切入，首先通过细致考辨碑文内容，指出兴安县铺户王增陶等人具有敏锐的政治嗅觉，越级上控至广西巡抚李绂，经过桂林府、兴安县查核，最终免除了桂林府兴安县铺户的差役；其次利用档案、奏疏、文集等资料，梳理了清中期广西驿站夫役差派途径及驿站夫役变化过程。由于广西实际给夫人数远超朝廷定制，广西各府州县一方面有关夫役不均(数额、里程、时间)等内容的诉讼碑刻逐渐增多，一方面逐渐在里甲编户之外吸纳山区傜僮、土民分摊夫役，促使山区社会或形成不同的基层组织，或激发部分傜僮人群、土民积极找寻历史依据，力避官府各种杂泛差役，并强化原有的山区族群意识。

【关键词】驿传制度；夫役差派；山区社会；广西；兴安碑刻

一、学术史回顾

清廷定鼎中原之初，陆续开展驿传制度改革。顺治元年颁布邮符制度，二年颁布谕旨，将明代以来的驿传差役“佥派民间”改为“官府雇募”，驿马也改由官府喂养，这一官养雇募体制逐渐推广到全国，朝廷陆续省并各省驿站、裁僻济冲，改革站银协济制度等。

清初如何改革驿传体制、各省如何执行官养雇募体制，实际上各省不仅经历一些曲折的过程，也形成不同的应对途径。20世纪以来，中外学界对这些主题已有较多研究成果，具体到清代驿递夫役这一主题，日本学者渡边和男《中国的驿夫与驿马：以十六、十七世纪为中心》《清代驿递制度中的驿夫与驿马》①，是笔者目前所见较早探讨清代前中期全国驿夫、驿马差派方式变化的两篇文章；苏同炳《明末清初裁节驿费史事研究》一文对明末

* 本文为教育部哲学社会科学研究重大课题攻关项目“中国山区开发与发展的历史研究”(13JZD038)、广西高等学校千名中青年骨干教师培训计划资助项目阶段性成果。

① ［日］渡辺和男：《十六・十七世纪を中心とする中国の駅夫・駅馬について》，《社会文化史学》一，1966年；《清代の駅逓制度における駅夫・駅馬について》，《社会文化史学》九，1973年。

清初驿传改革中的协济制度、裁僻济冲等内容有细致讨论;① 刘文鹏、乐嘉辉《明末清初的驿传差役制度变革——从几则地方志的材料谈起》与刘文鹏、屈成《明清之际驿站财政制度的变革》二文探讨了明清之际驿传差役制度、驿站财政制度变革的过程及其原因;②也有不少区域性的驿站夫役研究，如西南地区③、福建④、湘黔交界地区⑤、贵州地区⑥等。

本文在清中期全国驿传制度改革背景下，从广西桂林市兴安县严关口现存雍正二年(1724)《万古沾恩》碑刻切入，利用档案、政书、文集、地方志等史料，探讨清中期广西如何改革驿传夫役差派体制以及桂东北地方人群的应对，为进一步研究清代广西山区社会与基层社会组织变迁提供新的研究思路。

二、桂林府兴安县《万古沾恩》碑文考释

《万古沾恩》这一石碑原立于兴安县严关口村底下街路旁，近年因该村环境整治才移至严关口凤凰山脚。该碑高 151 厘米、宽 79 厘米，碑文刻于内侧碑面，字径 2 厘米。这一块碑文内容相当珍贵，对理解雍正初年广西驿传夫役改革颇有助益，兹整理碑文全文如下：

> 广西桂林府兴安县严关口为恳恩超累苏商利民事。
>
> 蚁等因苦家贫，营谋此地，指获锱殊〔铢〕，供应俯仰。不意竟充此地为天□外出之兵，日夜身当塘兵、铺司之后。至于朝廷给发粮饷，铺司兵丁等各领各食，及遇上宪水路驾临，凡公务出差一至，无分昼夜，则即合市排门派户，拨民当夫，有时三五日一差、七九日一又轮。窃思全州上下往来公差等务，俱于民户无与，其例亦可以沿；后有灵川一带及全同等，其规似亦可仿。惟居兴安之民铺户，岂非王土王民，何独苦于劳役不已？□且水陆通衢，差无宁日，可怜获利有限，差用无穷，实见惨伤难受，情不得已，哀奏青天，乞恩怜准，颁示蠲免，并祈施恩终恩，行请县主勒石，永

---

① 苏同炳:《明末清初裁节驿费史事研究》，台湾《“中研院”历史语言研究所集刊》第 38 本，1968 年，又收入苏氏著《明清史零拾》，台湾学生书局 2016 年版，第 1~71 页。

② 刘文鹏、乐嘉辉:《明末清初的驿传差役制度变革——从几则地方志的材料谈起》，《中国地方志》2004 年第 6 期；刘文鹏、屈成:《明清之际驿站财政制度的变革》，《山东社会科学》2022 年第 10 期。

③ 陈一石:《川边藏区交通乌拉差徭考索》，《西藏研究》1984 年第 2 期；郑少雄:《汉藏之间的康定土司——清末民初末代明正土司人生史》，生活·读书·新知三联书店 2016 年版，第 109~117 页，等。

④ [日]森田明:《清代の奏摺政治と駅逓制——福建の「千里馬」を中心として》，(日本)《人文研究》第 36 卷第 9 期，1984 年，第 537~556 页。

⑤ 吴春宏:《一线路与四边卫：清初湘黔两省的驿务纠纷》，《贵阳文史论丛》2017 年第 2 期；《清初“一线路”上的驿站管理——以四边卫为中心的考察》，《珞珈史苑》2011 年卷，武汉大学出版社 2012 年版，第 276~291 页。

⑥ 张楠林:《军代民差：明代贵州的驿站管理与卫所军役》，《区域史研究》第 1 辑，社会科学文献出版社 2019 年版，第 142~160 页。

远禁除。倘若此差关乎?输赋，我王增陶等焉敢冒死上控?，皆为拨夫护送、支更火把、备办马料各项等件，其理应置额设夫役食粮之职，何得科派铺民拨□一拨、苦而又苦。

幸今喜逢宪天高升驾临，实为一省福星、万家生福，救脱苦民地方苦海，积德布恩，岂同岳阴骘齐天，公侯万代□切上禀抚宪青天大老爷台前，荷谋金批，送桂林府并查报，蒙府宪□县详府宪，复荷府宪洞鉴，明察秋毫，施恩照将恳恩超累苏商利民等苦情，并据县词转详抚宪文云：

查得严关口等处地方，往来孔道，旧例凡有紧要差使经临及起解钱粮、人犯，俱择居民，昼则为之扯纤盘坝，遇夜支火递送、支更守护，不无苦累。兹据王民何俱系众等呈禀，奉宪批查，卑职遵即行县确查。

据该县详称："此系历来成例，非该县创始沿途等情"，但朝廷切念小民之苦，各宪爱民如子，何堪分扰。**查本年又四月初十日**奉到宪行准户部咨议，内称："各省衙门差使严禁革除，文武衙门自有额设夫役，有滥派扰害小民者，即将滥派各官指名题参，交与该部严加议处"等因。于**本年三月二十五日题、本月二十四日奉旨**依议，咨行各省一体钦遵在案。

今查兴安县设立铺司三十三名，专司护送公文；马快八十名、民壮二十名，专司护送钱粮、押解重犯；驿夫九十名，专司抬轿；又有陡夫三十名，专司陡河启备扯纤，各有额设工食。嗣后凡有钦差、大差过往，以及护送钱粮、押解重犯，一应紧急公务，自应遵例将额设夫役派拨承办，其文武各衙门所差家人、衙役，不许扰累宪禁，该县何得以历来旧例为词苦累小民，相应详请宪台俯赐，严行禁饬，遇有差使，不许□前派拨、扰累小民护送、支更守夜、盘坝扯纤并派草料等项，以苏积困者也。为此备由，另具分册，伏乞照详施行。奉抚部院大老爷李批：

滥派夫役，扰累小民，以准部文严禁，何皆县尚以旧例为词，本应参究，姑宽记大过一次；该府仍饬该县，将派夫、护送、支更各项一并严禁，取具遵依，报查缴奉批，王民何合市街民众等当道永领永载。

广西抚院大老爷李
桂林府主太老爷章　　　　万代恩德于无既矣
兴安县县主太爷杨

雍正二年十二月二十七日合市众等立碑记。①

这一块碑文最后落款为广西抚院大老爷李、桂林府主太老爷章、兴安县县主太爷杨，

① 桂林市兴安县文史专家陈兴华《灵渠岸边发现与"陡夫"有关的古代石碑》一文整理了碑文，载其"灵渠拾遗"微信公众号，https://mp.weixin.qq.com/s/4yWzyuQ914MgP_UIal66Ww；其《被忽略的灵渠"陡军"——桂林兴安严关〈万古沾恩碑〉》一文对此碑有初步研究，莫道才等编著：《广西石刻》，广西师范大学出版社 2021 年版，第 32~35 页；本文依据何志刚先生的拓片、笔者实地访碑，重新进行了整理与标点。

分别指广西巡抚李绂、桂林知府章克让①、兴安知县杨朝璘②。碑文主要记载桂林府兴安县铺户王增陶等人，因不堪兴安县衙滥派差役，越级上控至新任广西巡抚李绂，然后李绂责令桂林府、兴安县查核，最终广西官府严禁滥派兴安县铺户夫役，并刻碑立于严关口西边路旁等处，以供往来各色人员、县内官民周知。下文对此碑刻立时间、内容考释如下：

(一)刻碑时间辨析

原碑及拓片左侧所载立碑时间为“雍正二年二月”，而根据碑文内容，这一时间显然有误，碑文记有“本年又四月初十日”“本年三月二十五日题、本月二十四日奉旨”，此“本年”指雍正二年版，则此碑刻立时间无疑应在雍正二年四月十日后。再据李绂抵任广西巡抚时间来推断，他于雍正二年四月被任命为广西巡抚，六月十二日抵达桂林城接任巡抚事③，碑文称“幸今喜逢宪天高升驾临”，赞誉他为“一省福星、万家生福”，说明当在李绂上任广西巡抚之初，百姓期待新任巡抚李绂能积德布恩，“救脱苦民地方苦海”。综合以上两点，本文认为该碑刻立时间“二月”前当漏了“十”字，当为“雍正二年十二月二十七日”。④

(二)兴安县铺户王增陶等人越级上控缘由

兴安县铺户王增陶等人上控缘由主要有如下四点：

(1)铺户当差不分昼夜，负担沉重，“凡公务出差一至，无分昼夜，则即合市排门派户，拨民当夫，有时三五日一差、七九日一又轮”。

(2)桂林府内各州县民户当差情形不一，全州、灵川县二地民户无须分担往来差务，仅兴安县铺户须当差：“全州上下往来公差等务，俱于民户无与，其例亦可以沿；后有灵川一带及全同等，其规似亦可仿。惟居兴安之民铺户，岂非王土王民……”

(3)铺户经商受承差影响而获利有限。他们因家贫苦而希图在兴安严关口附近经商盈利，但苦于劳役，不仅经商获利有限，还当垫付了不少差用，损失惨重，“……何独苦于劳役不已？□且水陆通衡，差无宁日，可怜获利有限，差用无穷，实见惨伤难受，情不得已”。

(4)这些铺户所承担的差务包括拨夫护送、支更火把、备办马料等项，这些差务不关国家赋税，应由额设夫役承担，“理应置额设夫役食粮之职，何得科派铺民拨□一拨、苦而又苦”。

(三)公文流转程序

在新任广西巡抚李绂抵桂之初，铺户王增陶等人越级上控至巡抚处，巡抚李绂批转饬桂林府查核，桂林知府章克让转饬兴安县确查，兴安知县杨朝璘确查后上报广西巡抚李

---

① 《(雍正)广西通志》卷57《秩官》“国朝”，康熙六十一年任，广西人民出版社2009年版，第1038页。

② 《(乾隆)兴安县志》卷6《职官》，康熙五十八年任，《故宫博物院藏稀见方志丛刊》第127册，故宫出版社2012年版，第485页。

③ 《广西提督韩良辅奏谢恩赐藏翎等物折》，雍正二年六月十五日，张书才主编：《雍正朝汉文朱批奏折汇编》第3辑，江苏古籍出版社1989年版，第172页。

④ 还有另一种可能，即此碑乃后来刻立，时间记忆有误。

绂。兴安县报称严关口等处地方乃兴安县往来桂林之孔道，旧例凡有紧要差使经临及起解钱粮、人犯，俱差派沿线民众，昼则为之扯纤盘坝，遇夜支火递送、支更守护，“此系历来成例，非该县创始沿途等情”。但适逢雍正朝朝廷整顿驿传夫役制度，户部饬文“各省衙门差使严禁革除，文武衙门自有额设夫役，有滥派扰害小民者，即将滥派各官指名题参，交与该部严加议处”。经过此次审核，广西巡抚李绂将兴安知县杨朝璘“记大过一次”，由桂林府饬文兴安县严禁滥派夫役、扰累小民，并革除县内派夫、护送、支更各项差役。

(四)兴安县额设夫役人员

兴安县，位于湘桂走廊，辖境有南岭五岭之一的越城岭，“地当水陆孔道，上下差使络绎”；古严关在今兴安县西南，处在通省咽喉大道，清代设有严关铺，《(乾隆)兴安县志》卷二记载：“严关在县西南十七里，两山夹立，中辟一路，为通省咽喉之区。前人于此设关守险。崇祯戊寅(1638)奉文修筑城垣、关楼。监造灵川县知县程克武，督工灵川县典史陈正谊，并镌名关门石上。”①

碑文记载兴安县设立铺司铺兵33名，专司护送公文；马快80名、民壮20名，专司护送钱粮、押解重犯；驿夫90名，专司抬轿；陡夫30名，专司灵渠南北二陡的启备扯纤。这些铺司铺兵、马快、民壮、驿夫、陡夫皆各有额设工食，故朝廷钦差、大差过往及护送钱粮、押解重犯等紧急公务之事，应遵例派拨额设夫役来共同承办，《福惠全书》卷二十八《邮传部》记载“有钦命公干之大臣，有朝贡之蕃使，有入觐莅任之督抚、提镇、巡抚、巡盐、监税之部院台卿，是谓大差”②，广西的“大差”起初还包括“学院考试经临”。

这一碑文反映出，广西官府虽然明文规定各文武衙门所差家人、衙役外出，不得扰累百姓，禁止差派小民护送、支更守夜、盘坝扯纤并派草料等事项，事实上在清前中期，地方官府各文武衙门经常差派家人、衙役外出，加重了地方州县的负担。广西各府州县常在额设夫役外，差派众多民户包括铺户等承担各种驿传差役。雍正皇帝自登基后，即开始着手整顿全国驿站弊病、改革驿传夫役制度，这正是严关口《万古沾恩》一碑刻立的政治背景。

三、雍正皇帝整顿全国驿站夫役

励精图治的雍正皇帝在上台之初，就多次发布了驿站利弊的谕旨，开始着手整顿驿传制度，以期改革驿站弊病。

其一，全国驿站夫役虚名侵冒之弊亟须整顿。

康熙六十年(1721)六月，都察院左都御史朱轼疏称“各省驿站之夫役大半虚名侵冒”，建议依定额召募、裁革虚名侵冒的驿夫：“各省县驿站夫大半虚名侵冒，实在供役者不过

---

① 《(乾隆)兴安县志》卷2《关梁》，《故宫博物院藏稀见方志丛刊》第127册，故宫出版社2012年版，第319、323页。

② 黄六鸿：《福惠全书》卷28《邮传部》“总论”，官箴书集成编纂委员会编：《官箴书集成》，黄山书社1997年版，第533页。

十之二三，遇有大差，即命夫头雇募民夫应用。宜严行督抚饬命，照依定额召募，一人受募即可全活一家，而流离失业之民，亦不致生事犯法”①，朱轼所称“实在供役者不过十之二三”是有所根据的，据雍正二年广西巡抚李绂奏称各省旱驿、水驿额设夫役通共20254848名，康熙六十一年（1722）奏销册内所开实在应付夫役仅有1646687名②，仅占全国额设水陆夫役总数的8%强，这意味着大量额设驿夫经费被虚名侵冒，因此在雍正初年，朝廷亟须革除这一弊端。

其二，驿站夫役滥派之弊也亟须整顿。

自雍正皇帝发布驿站利弊的谕旨后，官员们闻风而动。雍正元年八月七日，**翰林院编修景考祥遵旨据实陈奏驿站之事：**“臣奉命典试湖广，往返九十余日，皆由驿站传送，因知驿站之苦，敬为皇上陈之”，**他奏请雍正帝**“严谕督抚……嗣后毋得以驿马私相借用”，**朱批称**“日值御史条奏”“兵部速议”③；八月十五日，内阁大学士查嗣庭奏称“在内阁伏读圣谕驿站利弊，皆明见万里，至详且悉”，奏请逐一清查驿站，认为“大抵驿站之在直隶、山西者，其累在官；驿站之在山东、河南者，其累在民”④，显然，雍正帝对以上奏疏都给予了肯定，在十月初五日发给兵部的谕令中，雍正皇帝已洞察到各省驿站不仅存在驿马短缺、侵蚀草料之费等弊，而且还有照里强派百姓耕种牲口、自备物料、跟随守候当差等种种累民之事，因此他下令“着该地方督抚将所有驿站逐一彻底清查，缺额者勒限买补，至派借民间牲口，尤当勒石永禁，违者即从重治罪”⑤，此后兵部及各省督抚开始彻查全国驿站夫役之事。

雍正元年十一月二十日，兵部上奏所议的驿站夫役事宜；至十二月初九日，雍正帝下谕旨称兵部“所议未详画，着再议具奏”；于是兵部又再次会议，“请敕谕各省督抚将所属马驿分别烦、简、冲、僻，酌存日所必用夫役名数，将从前虚额清查核减”⑥；雍正二年

---

① 朱轼这一奏疏未见到原文，此处转引自李绂《覆清核马驿夫役疏》一文（《穆堂初稿》卷38，《清代诗文集汇编》第232册，上海古籍出版社2010年版，第464页）；又见《圣祖仁皇帝实录》卷293“康熙六十年六月甲寅（二十四日）”：“户部等衙门议覆奉差赈济山西饥民、都察院左都御史朱轼条奏：……一、各省驿站之夫役大半虚名侵冒，请确查实数，召募壮丁按补，一人受募即可全活一家……俱应如所请，从之”，朱轼此奏当在康熙六十年六月前，李绂所引当为户部议覆后的奏章（《清实录》第6册，中华书局1985年版，第847页）；朱轼《查山西巡抚饬行六款》一文亦载：“又部议驿夫现在如有空缺，即行召募顶补，如违、题参等语。查所属驿站近年差使繁多，不无苦累，但站夫空缺者所在不少，烦即严饬顶补，毋令虚冒。”（《朱文端公文集补编》卷4，《清代诗文集汇编》第214册，上海古籍出版社2010年版，第629~630页）

② 李绂：《覆清核马驿夫役疏》，《穆堂初稿》卷38，《清代诗文集汇编》第232册，上海古籍出版社2010年版，第465页。

③ 雍正元年八月初七日，《翰林院编修景考祥奏请严禁督抚私借驿马折》，张书才主编：《雍正朝汉文朱批奏折汇编》第1辑，江苏古籍出版社1989年版，第795页。

④ 《内阁大学士臣查嗣庭奏请清查驿站折》，雍正元年捌月拾五日，《宫中档雍正朝奏折》第1辑，台湾“故宫博物院”1977年版，第626~627页。

⑤ 《上谕》，雍正元年十月初五日，日本国立公文书馆藏雍正七年刻本，第2页a~3页a；又见《世宗宪皇帝实录》卷12“雍正元年十月辛亥”，《清实录》第7册，中华书局1985年版，第218~219页。

⑥ 李绂：《覆清核马驿夫役疏》，《穆堂初稿》卷38，《清代诗文集汇编》第232册，上海古籍出版社2010年版，第464页。

二月二十三日题、三月初五日奉旨，“这原题奏并九卿前后两议事情，俱着行文各省督抚查明详议，具题到齐之日议奏”，随后兵部又发文给各省包括广西，命“粤西通省额设各驿站夫役，逐一确查，分别水陆冲僻、可否裁减及不可裁减之处，务须确查明白据实，妥议详覆”①，此时正值两广督抚交替之时，广西驿站夫役之事有待新任广西巡抚李绂的到来。

四、清中期广西驿站夫役改革与调整

雍正二年四月，两广督抚官员进行了调整，“以广西总督孔毓珣为广东、广西总督，兵部右侍郎李绂为广西巡抚”②，李绂于六月十二日抵达桂林城，接任广西巡抚。雍正初年广西驿站夫役事宜，具见李绂《覆清核马驿夫役疏》一文，此文较完整地记录了康熙末至雍正初都察院、兵部等共同推动驿站夫役改革的过程。李绂在文末自记云“本稿内案呈俱不备载，此案后议乃高安朱公主稿，而余所参定者，故附存于篇”③，“高安朱公”即指江西瑞州府高安县的朱轼，朱轼于康熙五十九年十一月至雍正二年九月任都察院左都御史，李绂于雍正元年三月任都察院左副都御史，七月升任兵部右侍郎，至二年四月改任广西巡抚，故李绂得以参定文稿，也附带记录了广西驿传夫役事宜。

李绂上任广西巡抚后，当接受了广西布政使刘廷琛、驿盐道张若霈二人意见，查核了广西各府驿站现设站夫、站船、水手数额。自康熙中叶以后，广西仅存10处水旱驿站，额设驿夫380名、水手98名、差船49只，覆奏广西“驿递既非滥设，夫船数亦无多，本无浮冒可裁”，旱驿役夫及水驿站船、水手“应仍循旧制，无庸复议裁减”。④ 因为清顺治、康熙时期，广西不仅改革了驿传管理体制，逐渐将驿传事务归并所在州县管理；还大量裁革驿丞、驿站以及驿夫、驿马、差船等，仅有10处驿站，广西额设驿夫、马匹、船只数量也大为减少。但在广西最繁忙的湘桂走廊驿路交通线上，仅仅凭借额设的驿夫人数，是远远不敷使用的；一旦遭遇大差，地方官府雇募水陆夫役的压力则骤然大增，甚至处于雇募无人的困境。

无疑，在清前中期，广西地方州县长官必须征调辖内所有人群与资源，应对所承担的往来差务，在额设夫役之外有哪些雇募、征调途径呢，上引李绂的奏疏透露出广西各府州县至少存在三种途径：

(1)额养驿夫呼朋引类。由驿站内长养驿夫召集子弟、亲友等，呼朋引类，解决地方官府临时雇募役夫之需，上引史料曰：“额养之夫，虽遇大差，不足使用，然各夫平日既得工食，临时自能设法应付，或子弟同充，或亲友相助，可以猝办”，“全赖此额养之夫，

---

① 李绂：《覆清核马驿夫役疏》，《穆堂初稿》卷38，《清代诗文集汇编》第232册，上海古籍出版社2010年版，第466页。

② 《世宗宪皇帝实录》卷18“雍正二年四月丁未”，《清实录》第7册，中华书局1985年版，第297页。

③ 李绂：《覆清核马驿夫役疏》，《穆堂初稿》卷38，《清代诗文集汇编》第232册，上海古籍出版社2010年版，第468页。

④ 李绂：《覆清核马驿夫役疏》，《穆堂初稿》卷38，《清代诗文集汇编》第232册，上海古籍出版社2010年版，第467页。

呼朋引类，以情谊之开切，济官吏之急需”。

(2)额设夫头雇募。在额设驿夫中设立夫头，负责雇募夫役之事，“盖雇募夫役系全在夫头料理，使官养夫头、官令雇募钱粮”，雍正后期的广西巡抚金鉷也指出“夫头熟习地方，易于雇觅”，官府借助驿站夫头雇募应对临时差役之需，这与第一种驿夫呼朋引类的方式实为不同。①

(3)按里轮充。李绂奏称清初朝廷严禁地方州县私派民夫，而一遇大差，额设驿夫定有不足，地方州县即出资雇募民夫，在官府认可雇募一途后，地方官役则在州县内公然强派，按里摊派或按里轮充，以确保完成夫差之事，役夫甚至还要遭受地方胥吏、里甲长等人的克扣盘剥，导致地方州县雇募役夫更加困难：“从前县驿私用民夫，犹畏上司觉察，雇募或从民便，今一着为令，不肖官役公然强派，小民惟有吞声忍受而已；附近居民既不能独任，势必不论远近，按里轮充，胥役乘机作弊，不但扣克工银，且有分外需索，而用少派多，得钱私放，又或折银代雇，一夫索数夫之价，为累不小”②。

因此，刚上任广西巡抚的李绂指出，广西若裁去额设水旱驿夫，而设立夫头临时雇应，实多有不便之处，一遇差使，不仅难以雇募按时应差，而且难免惊扰乡民，累及汉民、害及傜僮等人群，故还是因循旧制、无需裁减为便。③

然而，在雍正六年(1728)三月，时任广西布政使郭鉷(雍正七年后改名金鉷)再次奏陈裁减驿站夫役之事，他主要着眼于节省地方财政支出，认为“站夫一项，理应裁革，额设银两悉宜解归司库，每一州县每年量其大小约存留银二三百两，遇须用夫役之时，竟令地方官将现银雇觅，以省无事之虚糜，并禁止一切滥索滥应”，提出的全裁驿夫这一建议比较激进，具体措施有两种：

第一，规定允准使用驿夫的官员及役夫人数，禁止滥差驿夫。“凡往来上司，惟钦差大人与督抚入境，并学差、试差及知府下县盘查，或他员系督抚差委盘查者，准用夫役”，至于“自司道以下上任与夫上省等事”，概不得用驿夫；准用夫役之数额，“当如驿马之例，议有定数”，应根据康熙朝《大清会典》规定各级官员可使用的驿夫、驿船、水夫数目。

第二，酌留州县额设夫头，随时雇募夫役应差。大量裁减额设驿夫后，“每一州县酌留额设夫头，大州县十名，中州县八名，小州县六名，以便需役众多之时，夫头熟习地方，易于雇觅”；同时规定雇募价格，以使民众乐于应募，“照时价一日给银一钱或八分、七分，庶令食力之民，乐于从事”。

雍正皇帝朱批此奏曰：“此事元、二年曾经有人题奏，与廷臣着实详议过，皆多言万不可全裁，所以令各省但减其多者，但当日所奏，未曾如你此奏详切，已录交部再议。朕

---

① 如《(同治)祁阳县志》卷16《赋役·驿站》称：“推遇大差，站夫不敷，即雇站夫之子侄应用；更不敷，着令夫头持价公平雇募，不得擅用。”(国家图书馆藏同治庚午年刻本，第43页)

② 李绂：《覆清核马驿夫役疏》，《穆堂初稿》卷38，《清代诗文集汇编》第232册，上海古籍出版社2010年版，第464~468页；广西还有部分州县或土司设立夫田、堡田，专门养膳承担夫役之人，此处不作讨论。

③ 李绂：《覆清核马驿夫役疏》，《穆堂初稿》卷38，《清代诗文集汇编》第232册，上海古籍出版社2010年版，第467页。

意若全裁，恐未必行得”①，雍正帝显然并不同意郭鉷全裁额设水旱驿夫的意见，只是令各省裁减冗余的额设水旱驿夫。

雍正六年七月郭鉷升任广西巡抚，至雍正十年(1732)，他基本实现了当年裁减驿夫的提议，桂林府五处驿站夫役共裁减了272名，仅留下驿夫118名：“临桂、全州各裁去六十名，长养三十名；灵川、兴安各裁去七十名，长养二十名；永福县裁去十二名，长养十八名；遇有大差经临，不敷应用，将裁减银两，临时雇觅，于雍正十年部议覆准，遵行在案”②，额设驿夫的裁减，给广西节省了不少财政开支，但也给广西驿传事务带来诸多不便，导致驿路沿线所经州县“官民交累”。

至乾隆四年(1739)，广西巡抚杨超曾奏请酌复驿夫：“以自裁减站夫以来，数州县官民交累，奏请临桂、全州各酌复三十名，灵川、兴安各酌复二十名，永福、西林、柳州差使稍简，毋庸酌复”③，但兵部却认为若增加长养夫100名，将滋长桂林府各州县冒侵之弊，驳回了杨超曾的奏请，具体理由如下：

> 以临桂等各州县夫役，原因应差日少、闲居日多，所以斟酌议减，计州县之大小，酌存夫役之多寡。数年以来并无贻误，且雇夫工食每日四分之外，酌加二分，农忙之时又加至三分，已属充裕。即偶遇大差经临，需用多夫，自可照价雇觅，何自官民受累；再查裁减夫银共三千七百四十四两，自雍正十一年至乾隆二年驿站奏销册内，除长养夫役外，雇募夫价多不过七八百两，少仅二三百两不等，每年尚可节省三千余两，于公事仍可无误。今该抚请复临桂等州县长养夫一百名，反滋各州县冒侵之弊，应将所请量复站夫长养在站以供应付之处，毋庸议等。④

乾隆六年(1741)九月四日，杨锡绂再次奏请酌复广西站夫：“请仍将临桂、全州站夫各酌复三十名，灵川、兴安站夫各酌复二十名，长养在案，以供应付，或遇大差，雇募即少，为力亦易”⑤；十一月，兵部最终同意了他的奏请，酌复桂林府临桂县、全州站夫各

---

① 郭鉷：《奏报裁减驿站站夫折》，雍正六年三月十九日，《宫中档雍正朝奏折》第10辑，台湾“故宫博物院”1977年版，第9597页。

② 杨锡绂：《再请酌复站夫以免官民交累疏》，《四知堂文集》卷3《奏疏》，《清代诗文集汇编》第295册，上海古籍出版社2010年版，第104页；《(嘉庆)钦定大清会典事例》卷561《兵部・邮政》“驿夫”记载：“(雍正)十年，议准直隶各省额设夫役，地处偏僻、差使稀少者，夫役皆行裁减；其地当孔道、水陆交冲以及道路险远，各州县驿站俱准其照旧长养夫役，必须名存实在，方于差使无误，应支工食，又须照数给发，庶令夫役不致苦累，如有缺少扣克等弊，即行详题报参，从重治罪。”(《近代中国史料丛刊》第3编第65辑，第679册，台湾文海出版社有限公司1991年版，第6076页)

③ 杨锡绂：《再请酌复站夫以免官民交累疏》，《四知堂文集》卷3《奏疏》，《清代诗文集汇编》第295册，上海古籍出版社2010年版，第104页。西林、柳州二处驿站当新设于雍正末、乾隆初年。

④ 杨锡绂：《再请酌复站夫以免官民交累疏》，《清代诗文集汇编》第295册，上海古籍出版社2010年版，第104~105页。

⑤ 杨锡绂：《再请酌复站夫以免官民交累疏》，《清代诗文集汇编》第295册，上海古籍出版社2010年版，第105页。

20 名；灵川、兴安二县站夫各 15 名。①

至乾隆六年，广西全省额设驿夫、驿船、水手最终确定下来了，分别为站夫 188 名、水夫 98 名，站船 49 只。清代雍正、乾隆初广西各驿夫船数目见表 1。此后略有调整，嘉庆朝《钦定大清会典事例》记载，嘉庆年间广西省额设驿夫（包括站夫、水夫）共 280 名，驿船 46 只②。

表 1 **清雍正、乾隆初广西各驿夫船数目表**

驿名	雍正二年	雍正十年	乾隆六年
临桂县东江驿	站夫 90 名	站夫 30 名	站夫 50 名
灵川县大龙驿	站夫 90 名	站夫 20 名	站夫 35 名
兴安县白云驿	站夫 90 名	站夫 20 名	站夫 35 名
全州城南驿	站夫 90 名	站夫 30 名	站夫 50 名
永福县三里驿	站夫 30 名	站夫 18 名	站夫 18 名
阳朔县古祚驿	站船 11 只	站船 11 只	站船 11 只
	水手 22 名	水手 22 名	水手 22 名
平乐县昭潭驿	站船 11 只	站船 8 只	站船 11 只
	水手 22 名	水手 16 名	水手 22 名
昭平县龙门驿	站船 8 只	站船 8 只	站船 8 只
	水手 16 名	水手 16 名	水手 16 名
苍梧县府门驿	站船 11 只	站船 11 只	站船 11 只
	水手 22 名	水手 22 名	水手 22 名
藤县藤江驿	站船 8 只	站船 8 只	站船 8 只
	水手 16 名	水手 16 名	水手 16 名
总计	站夫 390 名	站夫 118 名	站夫 188 名
	水手 98 名	水手 92 名	水手 98 名
	站船 49 只	站船 46 只	站船 49 只

资料来源：雍正二年据李绂《覆清核马驿夫役疏》；雍正十年据《（雍正）广西通志》卷 20《驿站》；乾隆六年据杨锡绂《再请酌复站夫以免官民交累疏》。

① 《署理广西巡抚杨锡绂为再请酌复站夫事奏折》，乾隆六年九月初四日，转引自哈思忠：《乾隆朝驿递史料》，《历史档案》2003 年第 1 期；兵部批复时间在乾隆六年十一月丁丑日，《高宗纯皇帝实录》卷 155，《清实录》第 10 册，中华书局 1985 年版，第 1208 页。

② 《（嘉庆）钦定大清会典事例》卷 561《兵部邮政》"驿夫"、卷 562《兵部邮政》"驿船"，《近代中国史料丛刊》第 3 编第 65 辑，第 679 册，台湾文海出版社 1991 年版，第 6072、6121 页，此数据与表 1 统计总数略有差异。

五、余论：驿传夫役与地方社会

清康熙、雍正时期地方府州县驿传的经费不断削减，但地方驿传的一些弊病依然存在，夫役使用人数常超朝廷定制，夫役募价日益减少，驿夫甚至还要遭受地方胥吏、里甲长、夫头等人的克扣盘剥，导致地方州县官员赔累不已，雇募役夫愈加艰难，因此不少州县不得不采取按里摊派或按里轮充。

通过上文对雍正二年之前广西额设驿夫人数及地方州县雇募夫役途径的分析，结合上引雍正二年《万古沾恩》碑文，可知桂林府兴安县虽有铺兵、马快、民壮、驿夫、陡夫等共同承担驿站差务，但由于往来官员及“文武各衙门所差家人、衙役”“滥派夫役、扰累小民”，兴安县额设夫役不堪使用，不得不采取按里轮充的办法予以应对，兴安县城附近的铺户亦被差派，而兴安知县杨朝璘称“此系历来成例，非该县创始沿途等情”。

在雍正初年雍正皇帝锐意整顿驿传制度、严禁地方滥派夫差的背景下，雍正二年四月初四日，广西官府接到户部咨议：“各省衙门差使严禁革除，文武衙门自有额设夫役，有滥派扰害小民者，即将滥派各官指名题参，交与该部严加议处。”兴安县铺户王增陶等人具有敏锐的政治嗅觉，精准地把握住了这一良机，越级上控至广西巡抚李绂，经过桂林府、兴安县查核，“将派夫、护送、支更各项一并严禁，取具遵依，报查缴奉批，王民何合市街民众等当道永领永载”，最终立碑在严关口附近路边。这一碑文虽宣告了雍正帝上台之初的一些惠政，免除了桂林府兴安县铺户的差役，透露出了广西驿传夫役差派途径及其运作实态；但这一碑文并未从根本上革除兴安县滥派驿传夫役之事，按里轮充差役的旧例并未发生改变。

雍正二年上任的广西巡抚李绂遵旨禁止地方滥派驿站夫役，维持广西水旱驿夫、船只等设置现状；至雍正六年，广西布政使郭鉷奏陈裁减驿站夫役之事，通过限定各级官员使用夫役，禁止滥索多要，酌留州县额设夫头、提高雇夫价值，调动民众承应夫役的积极性；至雍正十年，金鉷裁减了桂林府百分之七十的额设驿夫。因金鉷的裁革过于迅猛，导致广西官马大道所经的桂林府州县不堪负担，故金鉷之后的广西巡抚杨超曾、杨锡绂先后奏请增加驿夫，最终在乾隆六年酌复了部分驿夫。这背后的缘由应为广西地方财政已大为紧缩，实际给夫人数又远超朝廷定制，因此广西各府州县不得不雇募民夫或私派民夫。由于广西夫役差派并无章法可依，官府任意加派，难免引发地方民众诉讼。

随着雍正朝颁布禁革滥派夫役之令，地方财政改革以及改土归流，广西各府州县围绕驿传夫役等引发的诉讼骤增。不堪差役重负的地方里甲民众，纷纷上控官府，严禁私发牌票、滥派夫役等，有关胥吏贪墨、差役繁重、夫役不均(数额、里程、时间)等内容的诉讼碑刻逐渐增多，这推动着乾隆八年广西官府开始订立夫役章程，规范给驿之例、议定夫价等，并逐渐吸纳山区傜僮、土民进行分摊夫役，山区社会或由此形成不同的基层组织，也有不少傜僮人群、土民积极找寻或重申历史依据，力避官府各种杂泛差役，并强化了原有的山区族群意识。

（作者单位：广西师范大学历史文化与旅游学院、历史地理研究所）

晚清湖北留日学生的乡土关怀

□ 雷 平 孙珍珍

【摘要】1903 年，湖北留日学生建立同乡会，创办同人刊物《湖北学生界》，主张“湖北人谋湖北之发展”。以乡谊为纽带，鄂籍留日学生自 1905 年起即参与粤汉铁路废约自办运动，又于 1908 年组成留日湖北教育会，致力于研究传播新教育思想。湖北留日学生虽关怀湖北地方事务，但“其脑质中无人不印有一中国在”，援“由乡及国”之义，“暂以湖北一省为初点矣”。

【关键词】晚清湖北；留日学生；乡土关怀

在近代中国，留学生群体去国游学，历程多艰辛，但在输入学理、改造社会中发挥了巨大作用，“留学问题几乎为一切教育问题或政治问题的根本”①。庚子事变后，大量中国青年、士绅走出国门留学，其中尤以日本为最具吸引力之地。盖因日本在明治维新后迅速崛起，时人多主效法日本以图强，张之洞即主张“游学之国，西洋不如东洋”②。故出现所谓“留日热潮”，前贤于此多有研究。③ 湖北作为张之洞推行新政之地，受张氏影响，晚清时期赴日留学一直颇为流行，以至于“壬寅、癸卯间，湖北学生在东瀛者，其多如鲫”④。既往关于近代留学生的研究中，多聚焦留学生群体与全国性重大事件或其籍贯所在地社会变革之关系，尤为关注留学生群体归国或返乡后的活动。⑤ 实际上，作为走出国门的新型知识群体，留学生在外期间固然总体上是在感受异域文化、放眼观世界，但同

---

① 舒新城：《近代中国留学史》，上海书店出版社 2011 年版，“序”第 1 页。

② 张之洞：《游学》，《劝学篇》，湖北人民出版社 2002 年版，第 138 页。

③ 代表性论著有，实藤惠秀：《中国留学日本史》，谭汝谦、林启彦译，生活·读书·新知三联书店 1983 年版；黄福庆：《清末留日学生》，台湾“中研院”近代史研究所 1983 年版；尚小明：《留日学生与清末新政》，江西教育出版社 2003 年版。

④ 张难先：《湖北革命知之录》，商务印书馆 1946 年版，第 43 页。

⑤ 宏观性的研究如王奇生所著《中国留学生的历史轨迹》(湖北教育出版社 1992 年版)关注的是整体性的留学生群体；尚小明先生的《留日学生与清末新政》则主要聚焦的是留日学生与清末新政的关系；地域性的研究如梁中美著《晚清民国时期贵州留日学生与贵州近代化》(西南交通大学出版社 2014 年版)、樊国福著《近代留日学生与直隶省教育近代化研究》(河北教育出版社 2016 年版)、周立英著《晚清留日学生与近代云南社会》(云南大学出版社 2011 年版)均关注的是留学生群体对其籍贯地社会发展的影响，其间既关注到留学期间的活动，更关注的是归国后的作为及影响。

时，他们也时时回望祖国和其故乡，以时不我待的急迫心情冀图改造与振兴一省或一乡，进而为国家振兴奠定基础。本文以清末湖北留学生在日期间对湖北的关怀为例，试图抉发留学生群体羁旅期间的家国情怀。

一、晚清湖北赴日留学之风尚

湖北近代留学教育始于光绪十八年(1892)。是年正月，张之洞创办的汉阳铁厂选拔10人到比利时郭克里尔厂学习钢铁冶炼技术，同年六月，又派出12人赴郭厂学习①，论者称之为“湖北第一次派员出国学艺”②。湖北正式派遣留学生出国学习，则在甲午战后。主政湖北的张之洞在《劝学篇》中专论“游学”之益曰：“出洋一年，胜于读西书五年”，“入外国学堂一年，胜于中国学堂三年”,③ 又因日本“路近省费，可多派”“去华近、易考察”“东文近于中文，易通晓”等原因，张之洞主张“留学东洋”。又奏称：“论今日育才强国之道，自以多派士人出洋游学为第一义。”④此后不久，驻清日本公使矢野文雄要求中国向日本派遣留学生，总理衙门指定湖北、江苏、直隶、浙江诸省应对。但除湖北外，诸省皆不积极，原拟派遣200人，后定为64人，最终成行仅为48人，而其中湖北人为20人。随后，湖北经心书院、两湖书院也派遣留学生赴日，人数达78人之多。

湖北赴日留学之风与张之洞关系至深。张之洞仕鄂既久，“视鄂为第二故乡，视鄂事如家事。昕夕经营，思为鄂省公私谋永久之利，苟有利于地方者，不恤全力以争之”⑤。论者以“张氏抵鄂之年应为湖北从传统走向现代的起点”⑥。张之洞不仅力主向日本派遣留学生，而且多次派专员赴日本考察学务。从1901年起，湖北候补道李宗棠受张之洞派遣多次赴日考察，后将历次考察所得辑为《考察日本学校记》一书。此外，湖北还多次派遣官吏考察日本警政等事务。在这一氛围之下，湖北赴日留学风潮大盛。《湖北学生界》第2期《游学纪录》载有《破产游学》事例一则：

> 汉川洪君范，字嘉乐。年甫弱冠，负经世志。壬寅之秋，与里中朋友谋游学日本，家贫资斧无所出而远大之志不挠也。闻沔阳卢君弼一母丧自日本归。之卢君家，备询东邦程途、学校状况，遂市产□金少许，将行，或曰请俟来年正月。洪君曰：事变日迫，吾辈求学以济时艰，须臾不可缓，欲行斯行耳，胡为踟躇作儿女态耶？携书

---

① 光绪十八年正月初九，张之洞致巴黎薛钦差(福成)：“昨派翻译俞忠沅带工匠十名赴比国郭厂学炼钢铁”；同年，七月十七日又致信薛福成：“二批华匠十二名，二十二日由沪赴比国郭厂。”按：此七月十七日所称“二十二日”当为六月，参见苑书义、孙华峰、李秉新主编：《张之洞全集》第7册，河北人民出版社1998年版，第5674、5724页。

② 熊贤君主编：《湖北教育史》上册，湖北教育出版社1999年版，第230页。

③ 张之洞：《游学》，《劝学篇》，湖北人民出版社2002年版，第137页。

④ 张之洞：《遵旨筹议变法谨拟采用西法十一条折》，《张之洞全集》第4册，武汉出版社2008年版，第26页。

⑤ 张春霆：《张文襄公治鄂记》，湖北通志馆1947年版，第4页。

⑥ 苏云峰：《中国现代化的区域研究——湖北省(1860—1916)》，台湾“中研院”近代史所专刊1981年版，第568页。

数卷，朴被一束，孑身航海，于十二月十二日达东京。①

此事可见其时留日在湖北士人心中之地位，亦可见湖北留日风气之盛。1902年，外务部颁布《派遣出洋留学办法章程》。1903年，清政府批复张之洞所奏《出洋学生约束章程》《奖励章程》。此后，留学事业更是广为发展。据《清国留学生会馆第四次报告》，1903年，在日湖北留学生人数为153人；而《清国留学生会馆第五次报告》则显示1904年已达341人之多。② 有学者统计，1896—1911年，湖北留日学生人数为5000余人。③ 与此相对照的是，在清末新政期间，湖北留学欧洲、美国的人数仅为200人左右。④ 留日风潮之下，湖北赴日留学群体达致一定规模，为其后从事各项政治文化事业奠定了坚实的基础。

二、“游学同人”创办《湖北学生界》

从事中国留日学史研究的实藤惠秀较早即注意到，留日学生在日本的活动普遍依赖各地的同乡组织。⑤ 征之史实，近代留日学生群体中省籍意识较为普遍。相同的语言文化习俗为晚清新地方精英提供了共同的舞台，也促成了以“省籍”为活动聚集单位的现象。⑥ 1902年，欧榘甲撰《新广东》在日本横滨出版，其中有云“自中日战争后，天下皆知朝廷之不可恃，有志之士知非急图自立，不足救亡国亡种之祸，而共屈指各省之可以自立”。他鼓吹“广东自立”，并称此自立精神即是：“广东者广东人之广东也。”“广东人实为广东地主，则广东之政权、财权、兵权、教育权、警察权、铁路矿山权、土地所有权、森林权、海权，莫不宜自操而自理之。”⑦随后，《云南》《湖北学生界》《新湖南》等杂志相继出现，无不以地方相标识。《云南》杂志载《论云南人之责任》云：“今日振作精神，固结团体，正我滇人之责任也”；“我为滇人，当以滇事为己任”；“滇之存亡当以滇人责任心之有无为断”。⑧《新湖南》声称：“吾湖南人也，欲谋中国，不得不谋湖南”；“湖南者，吾湖南人之湖南也”。⑨ 湘籍士人叶德辉论及湖南之时，常以“吾湘”相称；著述中也常常自署为“长沙叶德辉”。⑩

---

① 《破产游学》，《湖北学生界》第2期，1903年，第116页。

② 吴洪成：《中国近代中小学教学方法史论》，知识产权出版社2016年版，184页。

③ 章开沅、张正明、罗福惠主编：《湖北通史(晚清卷)》，湖北教育出版社1999年版，第412页。

④ 董宝良、熊贤君主编：《从湖北看中国教育近代化》，广东教育出版社1996年版，第243页。

⑤ 实藤惠秀：《中国留学日本史》，谭汝谦、林启彦译，生活·读书·新知三联书店1983年版，第423页。

⑥ 章清：《省界、业界与阶级：近代中国集团力量的兴起及其难局》，《中国社会科学》2003年第2期。

⑦ 张枬、王忍之编：《辛亥革命前十年间时论选集》第1卷，生活·读书·新知三联书店1977年版，第287页。

⑧ 中国科学院历史研究所第三所编：《云南杂志选辑》，科学出版社1957年版，第279页。

⑨ 张枬、王忍之编：《辛亥革命前十年间时论选集》第1卷，生活·读书·新知三联书店1977年版，第615页。

⑩ 张晶萍：《省籍意识与文化认同：叶德辉重建湘学知识谱系的努力》，《湖南大学学报》(社会科学版)2008年第2期。

1903年，湖北留日学生创办了“同人刊物”《湖北学生界》，其《开办章程》第二条有云“本报由湖北留学日本同人创办，故名《湖北学生界》”。其创办之初，“暂就同人肄业所及，择门分任，撰译兼行”，经费则“由湖北游学同人集资百份，先行开办”。在体例上，《湖北学生界》分为论说、学说、政法、教育、军事、经济、实业(农学、工学)、小说、词薮、杂俎、时评、外事、国闻、留学纪事等门类，欲“输入东西之学说唤起国民之精神”。① 《湖北学生界》在武昌中东书社、上海少年报馆、东京湖北学生界社设置总发行社，并在湖北、江苏、安徽、广东、四川、直隶、山西、湖南、浙江等省府县分设代派所30余所，② 从发行上看，可谓是立足湖北，放眼全国。

《湖北学生界》第一期之“叙论”解释办报缘由曰：“欲养国民之资格，不可不浚国民之知识，东西各国所恃以发达个人之特质者，学校报纸几有功力，平均缺一不可之势。以吾国现势衡之，报纸其尤要哉。”两相比较，“学校之收效，至速当在十年以后，病毒日深，祸机日迫，吾恐时不我待也。如夫报纸，则无老无少，无贵无贱，无贫无富，可从事于此。阅报多一人，则多一人之热度，而国家多一抵御外侮之人矣”③。学生之职本在学，何以聚力于办报？对此，“叙论”亦有详解：

> 同人为此学报也，以为今日言兵战、言商战而不归之于学战，此谓导水不自其本源，必终处于不胜之势。且吾侪学生也，输入文明与有责焉。与其学成归国，濡滞时日而后转述于国人，何如旋得旋输，使游学者、不游学者，日征月迈，同为平等之进步。鸣呼！此其用意，固宜无恶于天下。④

在办报宗旨上，举数义相勖：“一曰不尚空谈”，因不讲求有用之学为“吾学界之第一病根也”；“二曰不择精深”，盖因“文字者，在以吾之思想传于人之脑筋，在以吾之精神达于人之灵魂”，故不可“以奇古渊邃自矜”，且“本无与于著述之事，今日所学，明日即思饷诸国人，得尺贡尺、得寸贡寸，汲汲顾影，常恐不及，安有暇日从事于文字之未宁。使国人共喻共晓，而鄙其立言之不雅驯，不愿使国人冥思穷索而忘其命意之所在”；“其三专为社会说法”，关注“政治思想、自治能力”二事，若士若农若工商“知吾身与国有直接之关系也，则不得不爱国以爱吾身”，“知外人之协以谋我也，则不得不合群以图抵制”，“知优胜劣败之必无侥幸，则不得不相竞以学、相角以智”；“其四曰专就目前说法”，“中国之存亡关键在今日”；“其五曰陈病症而兼及方法”，力戒“国亡之声盈吾耳矣，而不闻免于亡者有何术也”；“其六曰为婉劝而戒嘲骂”。⑤ 最后，再次声明：

> 吾侪学生也，求学其天职也。学无所成，而为恤纬之虑，漆室之吟，毋乃与求学

① 《湖北学生界》第1期，1903年，第3、4页。

② 刘望龄编：《辛亥首义与时论思潮叙录》上册，华中师范大学出版社2011年版，第115页。

③ 《湖北学生界》第1期，1903年，“叙论”第4~5页。

④ 《湖北学生界》第1期，1903年，“叙论”第5页。

⑤ 《湖北学生界》第1期，1903年，“叙论”第5~12页。

本意相刺谬乎？曰待学之成而以济中国之急，岂非其平昔所大愿哉。夫不能待学之成而急为输入之计，则又岂得已也。同人之意，固欲纳国人于文明之轨道，而较其进步之迟速者也。吾侪而无进步，则内地岂待问耶？吾侪有进步而坐视内地之无进步，岂非放弃责任耶？①

其间振兴乡土之情怀拳拳可鉴。《湖北同乡会缘起》径称："同人游学海外，目击时局，知非合群策群力结一大团体，断不能立于生争竞存之恶风潮中，但大团体由小团体相结而成，故爱国必自爱乡始。夫人适异地者，闻乡音尚跫然色喜，而况身处异国，其爱乡之精神，更有勃发而不可抑者乎。"②

《湖北学生界》宣扬湖北为全国之"中心点"。第 1 期所载"叙论"云："危哉中国，其为各国竞争之中心点也。呜呼！夫孰知以中国竞争之局卜之，吾楚尤为中心点之中心点也。"③这一说法，将湖北视为中国之"中心点"，显然是一种饱含情感的个人看法。在其后的言论中，又细阐述了湖北各种层次的"中心点"：

吾楚为九省总汇之通衢，江汉殷轸，商贾辐辏，白皙人种联翩并集，以交易总额计之，则长江商埠除上海外，无一能凌驾汉口，岂非其位置之善，为腹地所罕耶……吾焉知芦汉铁路告成之后，汉口不骎骎驾于上海而上之也。地球资本家之掷资本于是地，以谋吸取吾之子金者，夫岂不十倍百倍于今日者，是为**经济竞争之中心点**。……扬子江**航路竞争之中心点**。芦汉铁路揽于比，粤汉铁路揽于美，川汉铁路比人有施其诡计以图干预。将来铁路所及之地，即为我主权所不及之地，而皆以汉口为中心，是为**铁路竞争之核心**。④

有如上这些"中心点"，"故吾楚之影响于全局者，若斯之大也"。因而，关注湖北，实具全国意义。

《湖北学生界》关注湖北，还体现在对湖北事务的调查设计上。湖北同乡会设有杂志部、编辑部(主要负责译介新书)、调查部。其中，调查部之职责在于使"地方一切之现状及其利病，均详之以为国民之记录焉"。《湖北调查部纪事叙例》中强调"吾辈既为湖北人，则以湖北人谋湖北亦自有说"，故从事关于湖北之调查也别具意义：

湖北者，湖北学生演其输入之文明之舞台也；湖北调查部者，测量此舞台而辨其所以利用之方针也。⑤

湖北调查部列调查计划非常宏大，涵盖政治、教育、经济、实业、军事、历史、地

① 《湖北学生界》第 1 期，1903 年，"叙论"第 15 页。
② 《湖北同乡会缘起》，《湖北学生界》第 1 期，1903 年，第 122 页。
③ 《湖北学生界》第 1 期，1903 年，"叙论"第 1 页。
④ 《湖北学生界》第 1 期，1903 年，"叙论"第 2 页。
⑤ 《湖北调查部记事叙例》，《湖北学生界》第 1 期，1903 年，第 137 页。

理、民族、生产、交通、外人势力共计 11 类，称“今日调查之事，则主人翁之事也，举一省巨细之务而一一归其运筹，一一受其支配，以为吾国民发其智，通其情，兴其利，剔其害，凡有主人翁思想者，必当于此乎注目”①。但在实践过程中，真正刊发的调查仅限于第 2 期的《筹抵签捐办法》、第 3 期的《大冶县矿山》(译自日本支那会《支那通商》)，未实现最初宗旨。

《湖北学生界》后逐步成为“反满”革命的重要阵地，如第 4 期发表《中国民族主义第一人岳飞传》表彰岳飞的“民族主义”，光绪三十一年(1905)闰五月初一日发行的增刊《旧学》，辑录宋明两代旧籍中关涉民族思想的内容，借此宣扬“反清复明”的政治主张。时人记载说：“吾鄂各学堂，对于《湖北学生界》及革命刊物，人人手秘一册，递相传播。”②湖北日后成为首义之地，《湖北学生界》的“反满”宣传可谓功不可没。

三、呼吁粤汉铁路废约自办

光绪三十年(1904)，因承办中国粤汉铁路的美国合兴公司在未知会中国的情况下，私自将公司股份三分之二售卖给比利时公司，国内激于义愤掀起废约自办声潮。

二月初九日，湖北留日学生在致国内同学书中称：“粤汉铁路之争废约自办，数月于兹矣，而吾湖北人未闻与议者”，为此，他们深感痛心，诘问：

> 川汉铁路，川人沐于英法之逼，内外合力创立股分公司，已有成效，又数月于兹矣，而吾湖北人未闻投袂者。论者谓吾湖北人富倚赖心，无强立性也，同人窃羞之。夫铁路与地方有密切利害之关系，不待智者而知也。芦汉、粤汉、川汉三大干路，皆以湖北为集中之所。芦汉无可挽矣，而粤汉者果唯湘粤省利害乎？川汉者又唯四川一省利害乎？从至危险一面观之，使二路者皆复为芦汉之续，吾湖北之害不得后于湘、粤、川各省。从大幸福一面观，使二路者悉归自办而成功，吾湖北乃坐享其利。按之物竞天择之说，宁有此理？即腆然安之，则彼省者主人也，吾湖北将附从而丐厥余润，吾湖北人独此无愧于心乎！③

湖北留日学生们自认为他们中间家境殷实者不多、势位优崇者罕有，“学成专门适用于铁道者有几人?”故所言只能是“空言莫补”。但是当他们在《时报》上看到鄂绅呈请收回路权的报道时，又欣喜地感到“湖北人虽后人一着，然终究不可谓无人”。同时，他们也提出了自己的见解：

> 同人思夫鄂办铁路者非专在路也，必以矿辅之。他省之办铁路者于此一条，而湖北握数大干(线)之中枢，不可不兼收而并营之。湖北之矿亦为外人所垂涎，吾言路

① 《湖北调查部记事叙例》,《湖北学生界》第 1 期，1903 年，第 142、143 页。

② 居正：《辛亥杂记》,《居正文集》上册，华中师范大学出版社 1989 年版，第 15 页。

③ 《湖北留日学生为粤汉铁路废约自办致内地同学书》,《辛亥革命在湖北史料选辑》，湖北人民出版社 1981 年版，第 450 页。

不可不兼言矿。……若吾湖北此时建公司，路矿并提，昌言湖北之利权湖北人有之，湖北人合中国力办之，凡外国人不得干涉。①

留学生们疾呼："今日之路矿办亦办，不办亦办，湖北人办则湖北人存，湖北人不办则湖北人不存。"②他们提出四点解决办法，即"借官款不可用官办""望诸学长以参议之资格规划一切办法""刊布章程""总理者先以若干股自任，以昭信用"。最后，他们又指出，湖北尚无铁路专家，不能不借外才，"然客卿不可久住，一面迅建基础，一面自求人才"。但是自求人才也不易，湖北在比利时学习铁路的留学生非七年不可回国，经不起等待；而在湖北聘请洋员开路矿学堂，又恐利少害多。最佳办法是加入四川留学生开办的路矿班或自开一班，以三年求成。

宣统元年(1909)十月初四日，湖北留日学生又致函张之洞，力阻湖广铁路借款。在函件中，湖北留日学生除了用借外款会导致权益外流劝说张之洞外，还陈述若借款则"鄂民负此重累"，加之"鄂省连年水旱频仍，再加重负，实不堪命"。③ 同时，留日学生又向湖北当道陈书：

吾鄂待修之粤汉、川汉两大铁道，贯国中枢。以地大物博之中国，水陆总会于汉口，铁道一成，伦敦、纽约将来殆亦难方其繁富。故此路成否，影响吾国者甚巨，吾鄂尤巨。早成一日，则吾国吾鄂即早受一日之赐。④

湖北留学生不仅致函、致电关注粤汉铁路借款问题，还派张伯烈、夏道南二人回湖北运动各团体争取自办。其时，湖北谘议局议员也组织铁路协会与邮传部争夺自办权，当张、夏二位代表到达湖北时，议员们在谘议局召开特别欢迎大会。会上订立铁路协会章程，拟争取武汉商会、教育会、宪政筹备会及一切团体力拒借款。鄂籍人士官幕于各省者，均起而相应。⑤ 张伯烈、夏道南二人又分八点陈述他们的意见，其中第一点为"湖北铁路与国家存亡之关系"，有云：

湖北今日在中国之位置，溯洄五千里长江，鳞接六、七都上省；租界宏开，商务麇集；水陆交通，星驰电掣。稍有知识者，咸知为我国之中心点，无论天津逼近都

① 《湖北留日学生为粤汉铁路废约自办致内地同学书》，《辛亥革命在湖北史料选辑》，湖北人民出版社 1981 年版，第 451 页。

② 《湖北留日学生为粤汉铁路废约自办致内地同学书》，《辛亥革命在湖北史料选辑》，湖北人民出版社 1981 年版，第 451 页。

③ 《湖北留日学生函、电张之洞力阻湖广铁路借款》，《辛亥革命在湖北史料选辑》，湖北人民出版社 1981 年版，第 455 页。

④ 《湖北留日学生铁路会致湖北当道书》，《辛亥革命在湖北史料选辑》，湖北人民出版社 1981 年版，第 457 页。

⑤ 《湖北拒款大会志盛》，《辛亥革命在湖北史料选辑》，湖北人民出版社 1981 年版，第 459 页。

门，上海偏居一隅，莫能与京。就世界言之，亦惟英之伦敦、美之纽约，差堪仲伯。①

湖北如此重要，却是“试看今日之湖北，果实是我中国之湖北也耶”，“长江交通生产利已非我湖北所有矣”“大陆交通生产利已非我湖北所有矣”。② 在第五点意见“川、粤、湘与湖北之比较”中，张、夏二人比较了三省与湖北的筹款之法，其中说道：广东筹款之事未尝绝无冲突，而绅气愈挫愈勇，湖北当可借鉴；四川土地与湖北等，而肥阿腴则逊之，其人口繁衍与湖北等，而商业则逊之，“然川路之款，居然不需外债，而亭亭独立矣”，湖北更不应该“罔知别求生路”。在与湖南比较上，尤见深意：

> 若湖南则与我仅隔一湖水，同受制于一督宪之下者，乃彼都人士，在乡在京，互相声援，一鼓再鼓，各负责任，至今其所筹路款，虽未十分充足，然士民义气，已有感动当道之势，乃回顾湖北，竟如一盘散沙。非各怀私见，即置若罔闻。是以今日仍然无成议之结果。夫老死牖下，不出湖北一步者，吾不知其感慨为如何。独念伯烈等漂泊万里，激刺百端，见有当湖北人而面骂者，遇湖北人而故讽者，为湖北人而唤醒者、痛哭者，而湖北人之自若也。因之“湖北人”三字，竟成最下等凉血动物之代名词。③

其言辞中因湖北筹款之不顺而对湖北人有激烈的批评，出发点则在唤起湖北人的公利心乃至荣誉感。陶勋臣在读过张、夏二人的意见书后致函说：“读二君意见书，观其词旨恳切，布置入理，不惟足以唤起鄂省军学商工各界爱国之热心，抑亦筹款自办川粤汉两路之铁案起”，“鄙人诵读之余，乃不禁欣然喜、慨然悲”。④

在留日学生不断推动下，湖北各界也纷纷参与粤汉铁路的废约自办运动。鄂绅吴兆泰等上书湖广总督陈夔龙，请其“咨邮传部立案”允准湖北商办粤汉铁路；刘心源等进京上书邮传部，请求获得粤汉铁路的商办权。

在各方力争下，邮传部于宣统二年(1910)批准湖北设立商办粤汉铁路公司，湖北获得了粤汉铁路的商办权。随后，湖北粤汉川汉铁路公司经绅商军学各界迭次开会，认有股款四百余万元。又经谘议局诸议员担任回籍劝集股款，亦征集四百余万元。十一月初一日，在汉口四官殿开职员会，“当日到会者有五六百人”。⑤

---

① 《留日湖北学生铁路会代表张伯烈、夏道南意见书》，《辛亥革命在湖北史料选辑》，湖北人民出版社 1981 年版，第 460 页。

② 《留日湖北学生铁路会代表张伯烈、夏道南意见书》，《辛亥革命在湖北史料选辑》，湖北人民出版社 1981 年版，第 460、461 页。

③ 《留日湖北学生铁路会代表张伯烈、夏道南意见书》，《辛亥革命在湖北史料选辑》，湖北人民出版社 1981 年版，第 467 页。

④ 《陶勋臣致张伯烈、夏道南书》，《辛亥革命在湖北史料选辑》，湖北人民出版社 1981 年版，第 491 页。

⑤ 《湖北商办铁路股份分公司成立并举定职员》，《辛亥革命在湖北史料选辑》，湖北人民出版社 1981 年版，第 487 页。

四、组织留日湖北教育会

1908年，湖北留日学生组织留日湖北教育会。5月，创办会刊《教育新报》，其章程规定"以输入关于教育之新知识，谋内地教育之完全发达为宗旨"①。张国溶所作《发刊词》，称"今之谋国家者，艳羡泰西国家之强盛，欲一跃而跻之，而视其所为，匪南辕而北辙，则朝三而暮四也"，"谋国家者，方以教育为立宪之预备，而司教育者，方以学堂为科举之变称，人民之不幸欤！抑亦国家之忧也"。环视日本，张氏以为"日本之强盛，不得不归功于教育"，而日本教育杂志之发达则为教育兴盛之表征，"关于教育之杂志，东京一隅盖亦又不下数十种"，又有"自地方教育会出者"。反观中国，则是"以中国之大，而日报不过数十种；以中国革新之重，而杂志不过十数种；以中国教育著手之棼如，而教育杂志盖鲜见"。再进一步对照湖北，"各国所视为义务教育者，吾鄂转不欲负担之"，"练军不如北洋，征兵让之江苏"，"吾鄂之号称得风气之先者，而家庭才媛，不及闽浙；女子学校，仅二三私立，又远不及江苏"，"是吾鄂教育日日言普及，而不知日渐瘠枯也"。因此，"吾等为中国谋，不得不为吾鄂谋"②：

> 吾鄂为中国全体之中心，汉上为通商之荟萃，人人而荡叶其国家，以崇拜外人，则吾鄂安得有人民，吾鄂无人民，中国全体安所得维系，而国家又何堪设想哉，然则欲存国家而救人民者，其必自吾鄂教育始矣。欲吾鄂司教育谋教育者之共同注意，以葆全吾鄂人民，以葆全我国家也，其吾鄂留日教育会之言责也。③

其间虽因爱乡而拔高湖北在中国之地位，然其宗旨却是留日诸鄂人"欲以世界完全教育之理想之实施，为吾谋江汉间完全教育者树之影，使由吾鄂推之，即亦转移全国也"。《教育新报》内容包括搜集各教育家学说、考察教育行政制度、研究教授管理方法、调查各国学校之学科程度及其改良、教育之科学技术、湖北学界之调查及内外学界之纪事、教育会之报告，综而论之，则在"谋教育普及改良及上进"。④

8月27日，《教育新报》第2号发行，刊载《留日湖北教育会章程》，规定："本会以联合本省教育总会监督教育行政，而图教育之完全发达为宗旨。"教育会的任务有四：

> 其一，联合本省教育总会及其他教育会；
> 其二，设教育研习会，定期开会研习并请东西通儒讲说；

① 刘望龄：《黑血·金鼓——辛亥前后湖北报刊史事长编》，湖北教育出版社1991年版，第153页。

② 刘望龄：《黑血·金鼓——辛亥前后湖北报刊史事长编》，湖北教育出版社1991年版，第154、156、158页。

③ 刘望龄：《黑血·金鼓——辛亥前后湖北报刊史事长编》，湖北教育出版社1991年版，第159页。

④ 刘望龄：《黑血·金鼓——辛亥前后湖北报刊史事长编》，湖北教育出版社1991年版，第153页。

其三，编译书报：(甲)撰刻杂志、著论，译述记录关于教育之学问及事实，以供学界参究；(乙)编译完全教科书类，以备各种学堂之用。

其四，调查各府州县各种学校之情形，区别其优劣及劝诱其改良增办，或条陈于提学司请其奖惩或札饬改良增办，其他关于全省教育事宜亦得条陈请其采择兴办。①

留日湖北教育会成立后一直积极推动成立湖北教育总会，1908 年专门派遣汤化龙回国参加湖北教育总会成立大会。② 1909 年，《教育新报》出版第三号，范熙壬发表《论立宪国之教育》，强调实行国民教育刻不容缓、万不可缺者，“一曰爱国，二曰合群，三曰尚武，四曰守法，五曰务本”③。此后，留日湖北教育会活动不见记录，或因时事变换而趋于涣散。

五、结语：“无人不印有一中国在”

湖北留日学生虽关怀湖北地方事务，但其心之所系，则又不仅仅在湖北，《湖北调查部纪事叙例》有云：

学生界中人，越在异国，受外界之刺激而动其内部之情感，其脑质中无人不印有一中国在，且无人不思效其力于中国者。在夫岂有捐弃大局、偏视故乡，甘使天下人士谓吾楚者皆沐猴而带者乎?④

在执事者看来，中国地域广大，“其内容实未可划一”，各地自为风气，交通不便、声息不灵、风俗不能强同、语言不能直解，“欲遽得其全部之情状，非乞灵于尘封之公牍，即仰给于他报馆之一二风说”，故不得已而“援由乡及国之义，暂以湖北一省为初点矣，俟各省之调查部皆自完其纲领，而后徐图并一之，非敢自相畛域也”。⑤

纵观湖北留日学生对湖北的关怀，其内在心理是通过湖北一地的变革为全国的变革进行探索和尝试。湖北旅日同乡会调查部所拟定计划中处处皆“有一中国在”，如述政法上之调查时有言：“政法之学，各国皆视为专门之业，中国迂儒以读律为鄙事，积弊相因，莫之或省。合立法、行政、司法为一部，组织一大黑暗世界，揭其真相，庶可以俟改革也”⑥；论军事上之调查则曰：“文明各国皆征兵，而吾国独又征兵而变为招募，非大加改革，祸至其无日乎。湖北新造之军械步伍，盖亦略具形式。悉其制度，输以军国民之精

① 刘望龄：《黑血·金鼓——辛亥前后湖北报刊史事长编》，湖北教育出版社 1991 年版，第 186 页。

② 张春松：《汤化龙传略》，《黄冈文史资料》第 6 辑，2003 年，第 21 页。

③ 刘望龄：《黑血·金鼓——辛亥前后湖北报刊史事长编》，湖北教育出版社 1991 年版，第 198 页。

④ 《湖北调查部纪事叙例》，《湖北学生界》第 1 期，1903 年，第 137 页。

⑤ 《湖北调查部纪事叙例》，《湖北学生界》第 1 期，1903 年，第 137、138 页。

⑥ 《湖北调查部纪事叙例》，《湖北学生界》第 1 期，1903 年，第 143 页。

神，荆尸或可举也”①。如此等，足见留日学生们的宏大关怀。

《湖北学生界》作为旅日同人刊物，除开对湖北的关注外，还有“输入文明”的大宗旨。所刊发的文章，如《兴医学议》《应用工学》《植物学》《电气之传导》《普通经济学》等，体现的正是践行“输入之文明之舞台”的宗旨。同时，留学生们对自己的调查也有明确的定位“海外留学生报告外事，海内士大夫研究内情，各有所处之地位，即各有应尽之义务”②。

但另一面，也要看到，当各省留学生均以省为“界”时，也有潜在的危险。1903 年《浙江潮》载江西陈君致浙江同乡会书：“侧问诸君联订此会，省界甚严，此省不能参预他省。……同是支那人，同具亡国之忧，此疆彼界，意欲何为?”③同期《浙江潮》刊有《非省界》一文，呼吁“不可不先破坏省界”④。梁启超在武昌起义之后观察道：“今既有各省独立之事实，人人忧虑将来统一之艰。”⑤时论亦有所谓“各省以政教自专之故，号令不复秉于中央”⑥。进入民国之后，如何打破“省界”，维护国家权威成为知识界关注的重要议题。

（作者单位：湖北大学历史文化学院暨湖北当代文化研究中心）

① 《湖北调查部纪事叙例》，《湖北学生界》第 1 期，1903 年，第 146 页。

② 《湖北调查部纪事叙例》，《湖北学生界》第 1 期，1903 年，第 142 页。

③ 《寓江西陈君致浙江同乡书》，《浙江潮》第 3 期，1903 年，来函第 154 页。

④ 文诡：《非省界》，《浙江潮》第 3 期，1903 年，第 28 页。

⑤ 梁启超：《新中国建设问题》上篇第三节《采联邦制所当审慎之诸端》，《饮冰室合集》文集之二十七，中华书局 1989 年版，第 30 页。

⑥ 上海经世文社辑：《民国经世文编》，北京图书馆出版社 2006 年版，第 336 页。

徐定超与清末新政关系考

□ 杨齐福

【摘要】清末新政期间，徐定超积极参与变革活动，并就各项举措发表意见。他主张禁烟应从官员开始，严惩贪官污吏，恢复乡官之制，创建新式学堂，设议院通下情，改革陈旧官制，整治不法教民。这一切皆与民族危机的刺激、维新思想的激荡、永嘉学派的影响有关，既反映了国人求变的急迫心情，又凸显了社会变革的多重面相。尽管徐定超的言说对当时新政产生了一定的影响，但缺少转型时代亮点，也无法超越传统窠臼，因而其影响有限。
【关键词】徐定超；清末新政；关系

义和团运动爆发后，八国联军侵华，西太后挟光绪帝仓皇出逃。清廷"内恐舆情之反侧，又惧强邻之责言，乃取戊己两年初举之而复废之政，以表明国家有维新之意"①。遂宣布实施新政，倡言"取外国之长，乃可去中国之短；惩前事之失，乃可作后事之师"②。清末新政是清政府在内外交困的情况下为了自救而被迫实施的改革举措，既涉及内部变革又触及体制变更，就其实质而言"是戊戌变法的深入和发展"③。

徐定超(1845—1918)，字班侯，浙江永嘉人，"淡于荣利，温恭退让，好贤下士"④。光绪二年(1876)考取举人，九年(1883)考中进士，二十五年(1899)聘为京师大学堂医学馆教习，二十八年(1902)主管户部浙江印结局，二十九年(1903)充国史馆协修，三十二年(1906)授山东道监察御史，后升河南道、江西道和京畿道监察御史，宣统元年(1909)出任浙江两级师范学堂监督等。清末新政时期，他以言官身份踊跃发言并积极参与变革活动。本文拟就徐定超与清末新政关系作初步探究。⑤

① 《论中国必革政始能维新》，《东方杂志》第1期，1905年。

② 朱寿朋编：《光绪朝东华录》(四)，中华书局1984年版，第4601页。

③ 郑云波：《言官与光绪朝政研究》，吉林大学博士学位论文，2012年，第175页。

④ 陈光熙主编：《徐定超集》下册，浙江古籍出版社2018年版，第391页。

⑤ 有关徐定超的研究，学界主要侧重于其传记，如陈继达的《监察御史徐定超》(学林出版社1994年版)和《温州都督徐定超传奇》(浙江人民出版社2011年版)，也关注其医学与办学成就，如朱国庆的《徐定超医事简记》(《浙江中医学院学报》1986年第5期)、刘泽生的《徐定超与京师大学堂医学馆》(《中华医史杂志》2003年第1期)、徐逸龙的《徐定超与浙江两级师范学堂》(《温州文物》2020年第1期)，还探究其对永嘉之学的贡献，如陈泽槟等的《徐定超永嘉之学思想研究》(《温州职业技术学院学报》2022年第2期)。然而，学界对徐定超在清末政治活动中的影响等方面缺少深入研究。

一、徐定超与清末新政禁烟活动

鸦片战争后，洋商利用不平等条约在华大肆倾销鸦片。1847 年香港出口总值 226130 英镑，其中输往内地鸦片货值 195625 英镑。① 这表明英国政府在东方贸易长时期依赖鸦片贸易。学者指出“使英国贸易保持微妙平衡的整个帝国体系依赖于通过鸦片与其他商品进行贸易来榨取税收或利润而得到的资金”②。第二次鸦片战争后，清政府开放禁烟令，不仅允许国外鸦片进口，而且默许国内种植鸦片，从而使得鸦片泛滥成灾。据国际鸦片委员会统计，1906 年中国境内鸦片数量大约为 584800 担，合计 29000 吨，几乎占当时世界鸦片总产量的 90%。③清廷也承认“自鸦片弛禁以来，流毒几遍中国，吸食之人，废时失业，病身败家，数十年来，日形贫弱，实由于此”④。

清末新政，禁烟成为当务之急。光绪三十二年(1906)八月光绪帝发布谕旨，“着定限十年以内，将洋土药之害，一律革除净尽”⑤。徐定超主张禁烟首先应从官员开始，因“官员每日有应办之事，一有嗜好，懈惰废弛，百病丛生”。为此，他建议官员中吸食鸦片者，限其三年内戒除烟瘾，否则“实缺者开除，候补者停差”，二品以上年逾六旬者“稍宽年限”；学堂学生、军营兵丁中吸食鸦片者，依照学规、营规处理，立即斥退；游民、仆役、隶皂等群体中吸食鸦片者众多，由官府给予戒烟丸，限在二个月内戒除烟瘾；富商大贾吸鸦片者暂不禁止，但可通过提高鸦片价格，达到不禁而禁的效果。除了禁吸鸦片，他还主张禁种鸦片，从产烟最多的地方开始，让种植户逐年减少产量，每年减去鸦片种植数量的十分之二，十年“则自当净尽”。此外，他疾呼禁止鸦片进口。当时中国从印度进口鸦片高达七八百万担，如果每年减去鸦片进口数量的十分之二，“十年亦当净尽”⑥。徐定超分类禁烟及斩草除根的主张契合广大民众的要求，对当时的禁烟活动不无指导意义。

二、徐定超与清末新政士人风气

士为四民之首，作为民众道德之表率，引领庶民之风气。清末士风日下，“嗜利无耻”“见利忘义”。《循环日报》曾指出“士品日卑，士行不振”，“趋附于势利”，“逐于财利之场”。⑦

徐定超在京城时看到士人不以钻营为耻，反而“易其名曰运动，昌言于大庭广众之

---

① 余绳武、刘存宽主编：《十九世纪的香港》，中华书局 1994 年版，第 257 页。

② 卜正民、若林正编著：《鸦片政权：中国、英国和日本，1839—1952 年》，黄山书社 2009 年版，第 8 页。

③ 李文治编：《中国近代农业史资料》(第一辑)，生活 · 读书 · 新知三联书店 1957 年版，第 457 页。

④ 朱寿朋编：《光绪朝东华录》(五)，中华书局 1984 年版，第 5570 页。

⑤ 朱寿朋编：《光绪朝东华录》(五)，中华书局 1984 年版，第 5570 页。

⑥ 陈光熙主编：《徐定超集》上册，浙江古籍出版社 2018 年版，第 5 页。

⑦ 转引李长莉：《晚清士风与义利观念的变动》，《河北学刊》2000 年第 1 期。

地”，“气节日衰，流品愈杂”，使得部院之地，“邪正并进，良莠不齐”。① 外省官员“庸暗溺职”“贪暴殃民”者比比皆是。如温处兵备道贺元彬，年老体衰，不问公事，任人唯亲，以其妾之兄弟“派账房，司关税，充门丁”。徐定超罗列贺元彬种种劣迹，如其门丁勒索乡民运送赈米之护照费，多则百余元，少到数十元，贺元彬不管不问。温州端午素有赛龙舟之习俗，往往演变成恶斗，地方官为此严禁赛龙舟。贺元彬上任后，一反常规，举办龙舟大赛，导致死伤多人。② 黄岩知县万宗林，昏庸贪婪，征收田赋时，往往一元洋银少兑铜钱二百多文；贪污用作初级师范学堂和中学堂的考棚经费、学政过境费等七千多缗，放任门丁徐汉青“交通纳贿，更不可以数计”；巧立名目，拘押人犯，狱中饿毙；积案不结，半年间多至三百余件，重伤人命，不亲自勘验，“习为故常”③。这两人“或昏暗无能，不堪表率，或贪声四布，众口雷同”。因此，徐定超请求浙江巡抚增韫“严查惩办，以肃吏治而儆官邪”④。

士绅是基层社会的稳定石。然而，清末士绅中为非作歹者屡见不鲜。他们“恃有官府往来，益觉肆无忌惮，包漕唆讼，欺压良民”⑤。朝廷强调“各省筹办捐款，不得苛细病民”，但上海贡生莫锡纶在原有捐款之外另加重捐，如房捐、船捐、车捐、杂捐等，“无一不捐”，致使民怨沸腾。⑥ 莫锡纶等“如此苛敛，坏法乱纪，蠹国殃民”，徐定超担心“激成事变”，便向官府揭发，以期“从严惩办”。⑦ 黄岩县监生牟勉少年无赖，横行乡里，无恶不作，诬良为盗，强抢豪夺，毒打他人，后来捐纳知府，分发山西。徐定超指斥牟勉“贪心未化，野性未驯”，“倚官府为护符，视民命如草芥”，若不严加惩治，“非独为黄岩闾里之忧，且将为山西居民之祸”。他强调郡守为亲民之官，“尤为州县之表率”，台州知府启续、黄岩知县严金章若有徇私袒庇之行为也应严厉查办。⑧

乡官是中国传统上的基层官员，通常被认为源于《周礼》，汉代三老、啬夫、有秩皆是乡官的代表。乡官之治一直持续到隋唐时期始废，后未再恢复。⑨ 雍正七年(1729)御史龚健飏奏请重设乡官，“取用本乡之人，以资治理”⑩，后遭否决。清末冯桂芬在《校邠庐抗议》提出复乡官之职，“县留一丞或簿为副，驻城各图满百家公举一副董，满千家公举一正董，里中人各以片楮书姓名保举一人，交公所汇核，择其得举最多者用之”⑪。此议在戊戌变法时期激起较大反响，李鸿章以为“承平无事之时，风俗纯朴之地，民有老死不至县庭，多设乡官奚为?”⑫新政之时，人们将地方自治与传统乡官设立联系起来。徐定超

① 陈光熙主编：《徐定超集》上册，浙江古籍出版社 2018 年版，第 34 页。
② 陈光熙主编：《徐定超集》上册，浙江古籍出版社 2018 年版，第 37 页。
③ 陈光熙主编：《徐定超集》上册，浙江古籍出版社 2018 年版，第 38 页。
④ 陈光熙主编：《徐定超集》上册，浙江古籍出版社 2018 年版，第 38 页。
⑤ 《绅衿说》，《申报》，1887 年 3 月 28 日。
⑥ 陈光熙主编：《徐定超集》上册，浙江古籍出版社 2018 年版，第 19 页。
⑦ 陈光熙主编：《徐定超集》上册，浙江古籍出版社 2018 年版，第 21 页。
⑧ 陈光熙主编：《徐定超集》上册，浙江古籍出版社 2018 年版，第 43~44 页。
⑨ 胡恒：《清代的乡官论与制度选择》，《历史研究》2020 年第 5 期。
⑩ 魏源：《魏源全集》第 14 册，岳麓书社 2004 年版，第 180 页
⑪ 冯桂芬：《校邠庐抗议》，上海书店出版社 2002 年版，第 12 页。
⑫ 转引胡恒：《清代的乡官论与制度选择》，《历史研究》2020 年第 5 期。

认为东西各国富强之源，“非地方自治不为功”；预备立宪若不从地方自治入手，“则立宪终无实行之一日”，提出“远师古代乡官之制，旁参西国自治之法，由民间公举才望卓著之人，上之有司，使之办理地方之事，以补助地方官吏之所不及”。①

三、徐定超与清末新政教育变革

中国传统教育以儒家经典为内容，以小农经济为支撑，其本质为人文和道德教育。鸦片战争后，传统教育在西方教育的冲击下，支离破碎，危机重重。清末新政，废科举、兴学堂、改学制，教育变革走上了快车道。

徐定超指出“学无古今，中外一也”，欧美之人“出其所学治其国，百废俱举”；然而，当时中国之情形，“执中者排外，弃旧者褒新，入主出奴，黑白混淆”，甚至“肆言无忌，创为异说”。其实，中国之学并非不如西方之学，民气消亡而学说败坏，学说败坏而政治衰落。② 他强调小学“学立本”，中学“学肆应”，大学“学成德”。何谓立本？“孝、悌、忠、信是也。”何谓肆应？“通达万变是也。”何谓成德？“明新至善是也。”③清末各地纷建学堂，但贫困之地设立学堂后前来求学者更少。徐定超认为其因有三：一则“筹款之窘”。古时学费低廉，人不分贫富皆可入学；当今学费高昂，富人得以登堂，穷人望而却步。二则“得师之难”。以前课程以六经为主，旁及子史，父兄“多所素习”，子弟“自可遵循”；现在科学盛行，旧学坠废，课程也随之大变，受过科学洗礼的教师十分罕见。三则“偏重之弊”。兴学之初，中西并重，然而办学之人大多急于求新而疏于崇古，于是“袭泰西之薄技，则诧为神奇；擅汉宋之兼长，或讥为迂远”。④“建学莫先于德育，而养正莫重于发蒙”，徐定超主张“多设蒙养学堂，大县百余处，劝民自立，不由官费”，聘请本地品学兼优者为师，改良教学方法，授以经学、历史，不必兼习西文。学生十五岁以后送入中学，兼习科学；科学既通，始入大学，专讲政治、法律等。如此办理，则“束脩以上，无筹款之难；因地取材，无求师之苦；绳趋矩步，无恣肆之虞；按部就班，无欲速之弊”⑤。

四、徐定超与清末新政政治改革

清末新政后，人们希望清廷仿照日本“预颁立宪之期约，使上下之人，同心一意”，以“靖革命之风潮，免流血之惨剧，而得温和之变改”⑥。清政府也宣布仿行预备立宪。1905 年清廷派五大臣出洋考察，次年 9 月发布谕旨，“仿行宪政，大权统于朝廷，庶政公诸舆论，以立国家万年有道之基”⑦。清廷实施预备立宪旨在缓和社会矛盾，延续专制统

① 陈光熙主编：《徐定超集》上册，浙江古籍出版社 2018 年版，第 6 页。
② 陈光熙主编：《徐定超集》上册，浙江古籍出版社 2018 年版，第 121 页。
③ 陈光熙主编：《徐定超集》上册，浙江古籍出版社 2018 年版，第 11 页。
④ 陈光熙主编：《徐定超集》上册，浙江古籍出版社 2018 年版，第 11～12 页。
⑤ 陈光熙主编：《徐定超集》上册，浙江古籍出版社 2018 年版，第 12 页。
⑥ 林乐知：《中国立宪之希望》，《万国公报》第 187 期，1904 年。
⑦ 朱寿朋编：《光绪朝东华录》(五)，中华书局 1984 年版，第 5563 页。

治，因而裹足不前。立宪派随即发起请愿运动，要求速开国会，尽快实行立宪。

徐定超大力宣扬设立议院之益处：第一，中国幅员辽阔，从边疆到内地，各地情形不同。各地设立议会，选举议员，“以本省之人议本省之事，刚柔强弱，风俗习惯，斟酌而行，因地制宜，悉无窒碍”。第二，欧风东渐，民智已开，有识之士闲散太久容易惹是生非。“若才识稍优者悉充议员，则责任既重，议论自驯，官绅联络，互相监督，不逞之徒莫施其技。”第三，议员有议事之权，无行政、司法之实，无法“窃弄威福”。第四，君主立宪以地方自治为基础，议会在商讨地方之事时，“何者当兴，何者当革，何者当益，何者当损”，反复磋商，措施得宜。第五，西方各国用人行政之事皆提交国会商议，国会认可后方实行，若有不完善之处，由政府随时提出修改。第六，天下之事遏止容易堵塞，不如宣泄使之通畅。譬如各省警察林立，“可以制其动，不可以制其静，可以戢其形，不可以戢其心”，设议院可以通达下情，“则民气毕伸，宵小自难鼓煽”。①

清末华侨遍布海外，人数众多。新政时期，清廷在海外增设一批领事馆，在美国、加拿大、新西兰、澳洲、朝鲜、缅甸及荷属东印度等地设领事馆或副领事馆，在南非、墨西省、巴拿马等地设总领事馆，在意大利、法国、挪威、奥地利、葡属莫桑比克等地设立由当地外商挂名的名誉领事。② 然而，清廷派出公使仅兼顾华侨事务，无法保护华侨利益。随着资产阶级革命的兴起，华侨纷纷捐钱出力支持革命。为此，徐定超提出进一步保护华侨的方案。首先，多设领事。他以日本为例，日侨在英伦三岛不过百人，设领事四人；日侨在旧金山不及千人，领事馆“簿册累累，悉皆侨民案牍”。中国侨民比日本多数倍，然而领事不多，势单力薄，无法全力保护。中国应效仿日本，增添领事，遇事保护，“既不见凌予外国，自可尊重国权”。其次，广设侨民学堂。华侨子弟长年累月居住在外国，学习外洋语言文字，虽然具有中国身份，但缺少祖国意识，容易为人所迷惑。学部应多设学堂，“教以国文，晓以国粹”，使得华侨自尊自爱。最后以华侨为领事。华侨中才俊众多，又熟悉当地风土人情，与自身利益休戚相关，必能全力保护侨民。③ 在君主立宪国家，“君主之于臣民，犹身之使臂；而臣民之于君上，犹四肢之捍卫头目”。这表明国人皆担负各自义务，即使华侨也“无不联络一气，呼吸相通”。然而，“欲联上下为一心，合军民为一体”，须依“国会以联络其事情，有领事以保护其性命财产”。④

五、徐定超与清末新政官制变革

中国官吏数以千计，“夤缘为奸，盘剥小民，苞苴昌盛”，因而“中国变法必自官制始”。⑤ 清末预备立宪便从改革官制入手。光绪三十二年七月(1906 年 9 月)清廷宣布改革官制，并指派奕劻、孙家鼐、瞿鸿禨等满汉权贵厘定官制，是年为农历丙午年，故称“丙

① 陈光熙主编：《徐定超集》上册，浙江古籍出版社 2018 年版，第 16~17 页。
② 李嘉川：《清末新政时期清政府华侨政策变化的研究》，《文教资料》2017 年第 14 期。
③ 陈光熙主编：《徐定超集》上册，浙江古籍出版社 2018 年版，第 17~18 页。
④ 陈光熙主编：《徐定超集》上册，浙江古籍出版社 2018 年版，第 18 页。
⑤ 麦孟华：《论中国变法必自官制始》，《时务报》第 22 期，1897 年。

午官制改革"。陆宗舆称此次官制改革"仅涉皮相，而了无精神"①。

在丙午官制草案讨论过程中，17 名御史上了 20 封奏陈参与官制改革的讨论，大多数人认为官制改革不宜骤变或不宜大变，少数人认为旧有政体已至臻完善无需变革。② 徐定超指出"法积久而大弊，道与时为变通"，强调"今日之更定官制"实为因时制宜之举。他在《更定官制办法十条折》直言"人才之壅"与"政治之得失，国家之理乱"大有关系。③ 针对仕途极度拥挤、官员无法升迁的状况，他提出在选拔官员时"新学固所当用，而旧学亦不可轻"，应给予疏通，使得"怀奇握异者"也有出路。针对"大臣岁入仅数百金，小臣仅一二百金"，导致官员"债台高筑"从而造成"大官之赂鬻风行，小官之钻营云集"之情况，他主张"均廉俸"，外官中"肥瘠悬殊者，皆令裒多益寡"；京官"以事之繁简，定禄之丰俭"。针对官员中"大半赋闲，见利则各自营谋，遇事则群相推诿"，造成"吏治不振"的情形，他主张在官制改革后，"所居何官，即当责以所成何效"，否则罢职。针对新进人员"袭泰西之皮毛，欺大臣之耳目，滥竽充数"的情况，他主张"真知其贤，灼见其才，而后用之"。总而言之，这次官制改革旨在"化旧为新"，"转弱为强"。④

在清末官制改革过程中，新旧衙门人员命运截然不同，旧衙门人员候补二三十年而不能得缺，新衙门人员则一二年即可补缺。徐定超认为这样做法不太妥当，旧衙门中人员庞杂低劣，新衙门中人员粗具普通知识被视为奇才，于是旧衙门中老成练达者白头到老、毫无作为。因此，他呼吁不论旧学还是新学之士，由吏部各就所长，统计额缺，酌量分配，使得"寒畯无向隅之叹，而贤材有效用之时"⑤。众所周知，翰林院之职责在于"掌制诰文史，并备顾问"，朝廷在挑选官员时"必择各科所得士之优秀者"⑥。官制变更后，各部官员只在体系内升转，使得翰林院官员升迁尤为艰难。为此，徐定超提议翰林院"仿照各部旧制，自设升阶"，并辅以"推广内转外放旧制"。⑦光绪三十二年(1906)清廷改设法部、大理院，"法部者，司法之纲领也。大理院者，审判之极地也"⑧。然而，二者之间权限不明，关系不清。徐定超上奏请求厘清关系，以期达到司法统一之效果。这样，"司法有独立之权，斯宪政有观成之日"⑨。

清末朝廷大开捐纳，"以二三千金而得道府者有之，以千余而得州县者有之，以四五百金而得同、通、大使、州判者有之，以二三百金而得府经、县丞者有之，以一二百金而

① 孙德鹏：《满地江湖吾尚在：章太炎与近代中国(1895—1916)》，广西师范大学出版社 2016 年版，第 70 页。

② 肖瑞宁、张昭军：《因名循礼：晚清丙午中央官制改革中的御史群体》，《福建论坛》2018 年第 11 期。

③ 陈光熙主编：《徐定超集》上册，浙江古籍出版社 2018 年版，第 1 页。

④ 陈光熙主编：《徐定超集》上册，浙江古籍出版社 2018 年版，第 1~6 页。

⑤ 陈光熙主编：《徐定超集》上册，浙江古籍出版社 2018 年版，第 34~35 页。

⑥ 陈光熙主编：《徐定超集》上册，浙江古籍出版社 2018 年版，第 26 页。

⑦ 陈光熙主编：《徐定超集》上册，浙江古籍出版社 2018 年版，第 27 页。

⑧ 陈光熙主编：《徐定超集》上册，浙江古籍出版社 2018 年版，第 41 页。

⑨ 陈光熙主编：《徐定超集》上册，浙江古籍出版社 2018 年版，第 42 页。

得巡检、典史、主簿、吏目者有之，以百八十金而得教官者有之”①。市侩无赖之人“皆得出其赢余，绾符纡组”②。传教士海和德在永嘉枫林观察到当地有功名者200多人，其中六七十人靠捐钱买来的。③ 人们痛斥“捐纳实官最有妨于新政，奸乱吏治，阻阏人才，莫此为甚”④。这些人“分发部院及到省者盈千累万，猥冗实多”。其中不乏有才华者，但大多人数因差事难寻，“终日闲居，无所事事”。于是，庸下者“鲜廉寡耻，澳涊以求活”；高明者“轻世肆志，潦倒以终身”。⑤ 徐定超提议年少未学者进入学堂肄业，等需要用人时“再行谘取”；家庭富裕羁留官府者，听其便不扣薪俸，将来赴京到省时“仍照旧资依次序补”。⑥

六、徐定超与清末新政教案处置

鸦片战争后，国门洞开。洋人进入中国，“到处通商，即到处传教”。传教士“往往不惮远阻，内地鲜间无往不有”。教徒“既有教之名目，则入者主之，出者奴之。虽同居一府，或同居一县一乡，甚至本为族党戚友，而分门别户，如冰炭之不可以同炉……教外之人辄谓教中人倚托洋人之势以欺侮平民，教中之人又深恐教外人群起而攻，不得不借势力以相压”。于是，晚清教案频发。时人认为“民教不和之案，大都皆成于积忿。其所以积忿之故，则以民教强弱之不同”⑦。清末教案既是外来势力干涉的结果，又是清廷官员妥协投降的产物，也是底层民众反抗侵略的表现。⑧

光绪二十一年(1895)徐定超家乡枫林发生教案，史称“枫林教案”。枫林徐定鳌等人加入偕我会，他们聚集在徐定鳌家中集会做礼拜，族人对此大为不满，谴责其“背叛祖宗，欺师灭祖，男女混杂，不知礼仪”，并劝告其“改邪归正，放弃洋教，重归正途”，若不听劝阻，一意孤行，将从族谱上除名，收回一切权利。⑨徐定鳌等人在外国传教士与英国驻温州领事的庇护下拒不听从，枫林绅民遂围攻在村内聚会教徒，双方爆发激烈冲突。徐定超耳闻目睹家乡教案发生全过程，对清末教案认识入木三分。他以为清末教案频发缘于三个方面：一方面是“入教者多痞棍而少善良，易生事”；另一方面是“传教者舍本务而预词讼，不守权限”；再一方面是“地方官多偏袒而少持平，易动公愤”。⑩他进而分析晚

---

① 刘大鹏：《退想斋日记》，山西人民出版社1990年版，第205页。

② 麦孟华：《论中国变法必自官制始》，《时务报》第24期，1897年。

③ 沈迦：《一条开往中国的船》，新星出版社2016年版，第191页。

④ 《清代野史》第三辑，巴蜀书社1987年版，第718页。

⑤ 陈光熙主编：《徐定超集》上册，浙江古籍出版社2018年版，第2页。

⑥ 陈光熙主编：《徐定超集》上册，浙江古籍出版社2018年版，第2页。

⑦ 《论温州教案》，《申报》，1884年10月14日。

⑧ 光绪二十一年八月温州文人刘绍宽问黄庆澄“西国行教，其意何居?”黄庆澄答以“各国借教来华，意固如是，但彼教中亦只以行教为事，此耶稣权力甚大之故。”(温州市图书馆编：《刘绍宽日记》第一册，中华书局2018年版，第125~126页)

⑨ 沈迦：《寻找苏慧廉》，新星出版社2013年版，第103页。

⑩ 陈光熙主编：《徐定超集》上册，浙江古籍出版社2018年版，第6页。

清民教冲突之后果，指出义和团起事“因排外而危及邦畿”，南昌教案“为民事而祸延官长”，强调“传教本以劝善，然而劝善鲜成效而速祸易如反掌者，以国家无教律故”，请求朝廷责令外务部大臣与传教各国大臣妥商良策，使得“教无干预，官无袒民，民无暴动”，从而“中外相安于无事”。①

七、结　　语

清朝规定督察院御史有参政、议政的权力②，左都御史“并豫参朝廷大议”，监察御史“有大事集阙廷预议”③。徐定超利用言官优势，积极参与议政。史载，徐定超“及官谏垣，疏陈时政，皆言其大者”④。他在新政期间以山东道、京畿道监察御史等身份主动介入“新政”，发表相关言论。这些言论或直抒胸臆、触及痛点，如指斥洋药遍地，贪污成风；或学习西方、实施变革，如主张设立议院，改革官制；或回归传统、循序渐进，如恢复乡官之制等。然而，这些言论大多是零散的、片段的，对新政缺乏指导意义。诚如学者所言，“传统的重负拘囿了他们的视野，使他们只能抓住一些表面现象做文章，对封建体制内的东西做一些修补，在他们慷慨激昂的建议与批评的背后，依然是唱了多年的陈词，尽管他们批评的现象存在，却拿不出任何有效的解决方案”⑤。因此，徐定超有关新政的言说对当时新政的影响毕竟有限。

徐定超在清末积极参与新政活动并提出自己的独特看法，与民族危机的刺激、维新思想的激荡、永嘉学派的影响有关。

1. 民族危机的刺激

甲午战败后，清廷被迫签订《马关条约》，巨额赔款，割让台湾，导致民族危机进一步加剧。尔后，瓜分狂潮兴起，戊戌变法失败，义和团运动爆发，八国联军侵华，《辛丑条约》签订，中华民族到了生死存亡的紧要关头。这一切皆激发了徐定超的爱国情怀。庚子之年，“仓皇戎马，宾士星散”⑥，徐定超毅然表示“与国存亡”⑦。光绪三十二年（1906）清廷屈服于英国压力，向英国借债修筑铁路。徐定超认为此举“上爽国信，下拂舆情，似非宪政之所宜有”⑧，上奏劝阻。光绪三十四年（1908）徐定超还奏请改内外蒙古为行省“以杜外人窥伺”⑨。

---

① 陈光熙主编：《徐定超集》上册，浙江古籍出版社 2018 年版，第 23 页。

② 御史群体身居监察百官的特殊地位，然并未掌握实权，但对于传统社会的风评及舆论却有较大影响。

③ 转引郑云波：《言官与光绪朝政研究》，吉林大学博士学位论文，2012 年，第 37 页。

④ 徐世昌编，闻石点校：《晚晴簃诗汇》，中华书局 1990 年版，第 7621 页。

⑤ 转引郑云波：《言官与光绪朝政研究》，吉林大学博士学位论文，2012 年，第 201 页。

⑥ 陈光熙主编：《徐定超集》上册，浙江古籍出版社 2018 年版，第 167 页。

⑦ 陈光熙主编：《徐定超集》下册，浙江古籍出版社 2018 年版，第 566 页。

⑧ 陈光熙主编：《徐定超集》上册，浙江古籍出版社 2018 年版，第 6 页。

⑨ 《四川》（第贰号），1908 年，第 158 页。

2. 维新思想的激荡

甲午之战，创巨痛深，徐定超“力陈可战者再，当道置之不理”。为此，他在为其师李廷材撰写七十寿辰序时刻意将日期写成“甲午强圉作噩春正月”①。戊戌时期康有为、梁启超倡导维新变法，掀起思想变革洪流。保守派视之为狂妄，徐定超认为“国家改革，殷周尚矣”②，支持康梁变法；又指出积弊太深，“急则生变，反为不利”③。他令子女“读历史、舆地、算学等经世有用之书，毋事章句、专为弋取功名之计”④。他嘱咐从兄在家乡创办枫林初、高级小学各一所，劝说家族子弟入校读书，普及教育，为国育材。⑤他倡导男女平等，认为宋恕《女学论》一文“明通平正”，并强调“五伦皆有平等，此论义理，不论名分”，“夫妇兄弟本系平等，但有长幼内外之分”。⑥

3. 永嘉学派的影响

南宋时期永嘉学派与陆九渊心学、朱熹理学三足鼎立，政治上反对君尊臣卑，主张君臣一体；经济上反对以义抑利、重农抑商，主张以利和义；哲学上批判程朱理学，主张道不离器。元人虞集曰：“自是以来以功业自许者，足以经理于当世；以词章自许者，足以风动于斯文。”⑦永嘉学派在宋元之际渐趋衰微⑧，“闽党横行，百家畔降，而瓯学亦几绝”⑨。晚清之时永嘉学派走向复兴，孙衣言、孙锵鸣、孙诒让、黄体芳、黄绍箕、宋恕、陈虬、陈黻宸等倡导经世致用，反对空谈义理。谭嗣同曾说：“浙东诸儒，伤社稷阽危，蒸民涂炭，乃蹶然而起，不顾瞀儒曲士之訾短，极言空谈道德性命无补于事，而以崇功利为天下倡。”⑩喻长霖也云：“永嘉之学，世或讥其偏于事功，而其实本言经济，在圣门近于政事一科。”⑪

孙衣言早年文从桐城学派，晚年则推崇永嘉学派，宣扬经世致用思想。黄体芳为孙衣言学生，自称“弱冠从吾师游，每侍从，辄闻吾师称南宋乡先生之学以教学者，有所论著，必三致意焉”⑫。徐定超曾师从孙衣言，“学识益进”⑬；后又被黄体芳聘为幕僚，“朝夕以诗文商榷……术业更为广博精进”⑭。徐定超承接永嘉学派之余绪，“扩而大之，

---

① 陈光熙主编：《徐定超集》上册，浙江古籍出版社 2018 年版，第 111 页。

② 陈光熙主编：《徐定超集》下册，浙江古籍出版社 2018 年版，第 505 页。

③ 陈光熙主编：《徐定超集》下册，浙江古籍出版社 2018 年版，第 507 页。

④ 陈光熙主编：《徐定超集》下册，浙江古籍出版社 2018 年版，第 391 页。

⑤ 陈光熙主编：《徐定超集》下册，浙江古籍出版社 2018 年版，第 492 页。

⑥ 陈光熙主编：《徐定超集》上册，浙江古籍出版社 2018 年版，第 6 页。

⑦ 虞集：《道园学古录》卷三十四《送李敬心之永嘉学官序》。

⑧ 学者认为其衰微之因缘于温州政区政治地位的下降、温州知识人群体的萎缩与理学的官学化（陈安金：《永嘉学派事功思想的建构与当代价值》，《浙江社会科学》2022 年第 11 期）。

⑨ 宋恕：《宋恕集》，中华书局 1993 年版，第 238 页。

⑩ 蔡尚思、方行编：《谭嗣同全集》，中华书局 1981 年版，第 529 页。

⑪ 陈光熙主编：《徐定超集》下册，浙江古籍出版社 2018 年版，第 555 页。

⑫ 俞天舒编：《黄体芳集》，上海社会科学院出版社 2004 年版，第 176 页。

⑬ 陈光熙主编：《徐定超集》下册，浙江古籍出版社 2018 年版，第 502 页。

⑭ 陈光熙主编：《徐定超集》下册，浙江古籍出版社 2018 年版，第 504 页。

以昌明乡先哲之学统，明其体而达诸用”①。黄绍第称其为“必能以经制文章张我永嘉之学者”②。

徐定超在清末新政期间关注变革，以言议政，主张禁吸鸦片、严惩贪官、恢复乡官、创建学堂、设立院通、改革官制、整治教徒。这一切皆与民族危机的刺激、维新思想的激荡、永嘉学派的影响有关。徐定超在清末新政期间言行既反映了国人求变的急迫心情，又凸显了社会变革的多重面相。尽管徐定超的言说对当时新政产生了一定的影响，但缺少转型时代亮点，也无法超越传统窠臼，因而其影响终究有限。

（作者单位：浙江工商大学历史系）

① 陈光熙主编：《徐定超集》下册，浙江古籍出版社 2018 年版，第 555 页。
② 陈光熙主编：《徐定超集》下册，浙江古籍出版社 2018 年版，第 557 页。

民国时期南京市财政的现代化
——以金国宝任期为例

□ 彭敦文 刘羽琛

【摘要】南京国民政府于1928年公布的国地收支标准为地方财政的现代化改革提供条件。1929年至1930年，统计学家金国宝在南京特别市整理财政，通过整顿旧税、创办新税、整顿市产，并在实际工作中应用财政、统计、管理等现代学科理论，缓解了首都财政困难，增强了首都财政工作的现代性。无独有偶，1927年至1937年，多位经济学家任职地方财政机构，揭示出这一时期地方财政机构人员的专业化趋势及该趋势下地方财政的现代化发展特点。

【关键词】地方财政；金国宝；南京市财政；现代化

南京国民政府于1927—1928年划分国地收支，地方财政获得了不同于中央财政的独立地位。南京为首善之区，财政工作具有示范效应。目前对于南京市财政的研究聚焦于首都建设经费的筹集，对于财政改革的论述较少。① 本文以南京市首位经济学家出身的财政局长金国宝②为例，通过南京市政府公报及相关著作，考察金国宝的财政工作及其意义，并进一步指出南京国民政府时期地方财政机构人员的专业化趋势及该趋势下地方财政的现代化发展特点。

① 考察经费筹集的相关研究：张连红《整合与互动：民国时期中央与地方财政关系研究》(南京师范大学出版社1999年版，第218~226页)、董佳《国家权力与南京首都建设研究(1927—1937)》(南京大学博士学位论文，2009年)、陈海懿《南京特别市特种建设公债发行始末》(《档案与建设》2015年第5期)、陈海懿《内外合力中的国民政府首都建设经费筹措(1927—1930)》[《宁波大学学报》(人文科学版)2016年第5期]。专述财政改革的相关研究：周志斌《民国时期南京八卦洲的开发利用》(《学海》1997年第5期)、李沛霖《抗战前南京城市财政与公共交通关联考议》(《民国档案》2014年第2期)。

② 金国宝，字侣琴，1893年出生于江苏吴江县同里镇。1917年毕业于复旦公学经济专业，1923年毕业于哥伦比亚大学统计学系。民国时期著名经济学家，统计学家。1924年至1928年，金国宝先后任教于上海中国公学、复旦大学、暨南大学、商科大学、政治大学。1928年4月由大学院与财政部派赴欧美各国调查会计事业，回国后担任南京特别市财政局局长。

一、任职之初的总体规划

1927年6月，南京市政府成立，下设财政局，是南京有史以来第一个自行管理收支的财政机构。金国宝上任前，周雍能、杨宗炯、沈砺、唐乃康、李基鸿先后担任南京市财政局局长。经前任局长整理，税捐、市公产、杂项收入构成市财政收入的稳定来源，市财务行政基本统一。然而，南京市道路、自来水等方面亟须改善，扩大税源仍是财政局的主要工作目标。为此，金国宝采取了若干措施：

1. 广泛征集财政设计意见

1929年5月，金国宝就职之初即意识到本市财政的困难之处：南京市为政治区域，工商业不发达，辛亥以来，迭遭兵变，社会经济发展受阻。经济衰败，开源无处着手；首都建设迫在眉睫，节流也无从谈起。①

面对这一局面，金国宝决定集思广益，于5月向马寅初等人发出聘函，邀请他们参加新成立的南京市财政设计委员会。先后将所拟《特种营业税条例及其施行细则草案》《南京特别市三四月份收数表》寄给设计委员及经济学者征求意见，获得回应。

针对南京市财政建设，刘秉麟提出了长期计划和短期方案。长期计划即提倡工商业，振兴市面。工商业发达，则交通事业随之发达，居民增加，房屋加多，地皮骤涨，车捐、房捐、土地税等，即可供给市府之用。然而，当务之急，可采用英德两国的办法："一面由中央指定的款补助"，"一面赶办市营业以谋补助"。市营业须通过筹募市债等方法进行集资，集资资金须"专作市营业有利之用，不作市行政费"。②

在整顿旧税方面，李权时、刘廷冕和卫挺生认为应提高税率。刘廷冕认为，南京市户口增加，戏园、旅馆及饭庄营业转好，应增加戏捐、旅馆捐、茶馆捐以及筵席捐的捐率。③ 卫挺生指出，南京市的交通税极为发达，车捐堪称收入大宗，作为各国市政大宗收入的房捐、铺捐，以及因居民直接享受利益征收的公益税捐反而为数甚微。南京市住房租金价格的增长是南京成为首都造成的，并非房屋本身改善的结果。结合以上三点，卫挺生认为，"为目前计，最好在铺捐及房捐两项上特别加重税率"，关于直接利益事业，"其捐税不妨由受得利益之住户担任其一大部"。④ 此外，贾士毅认为南京市现行捐税"似嫌繁细"，应"设法归并"。⑤

---

① 南京特别市财政局事务股：《南京特别市财政局财政讨论初集》，南京美吉印刷社1929年版，序言第1页。

② 南京特别市财政局事务股：《南京特别市财政局财政讨论初集》，南京美吉印刷社1929年版，第1~2页。

③ 南京特别市财政局事务股：《南京特别市财政局财政讨论初集》，南京美吉印刷社1929年版，第11页。

④ 南京特别市财政局事务股：《南京特别市财政局财政讨论初集》，南京美吉印刷社1929年版，第7~9页。

⑤ 南京特别市财政局事务股：《南京特别市财政局财政讨论初集》，南京美吉印刷社1929年版，第13页。

在推行新税方面，刘廷冕指出，新马路的建设以及定都带来的土地价格上涨均会带来“不劳而获之利益”，应对新马路一带之土地房屋进行特别估税，对南京市土地施行土地差增税。① 卫挺生认为，浙江省及国民政府拟定的营业税条例均有不合理之处，“加之此种税捐国内尚少办理者，无可资考之经验”，因此具有试办性质，不能作为可靠税源。②

2. 提出财政整理方案

金国宝结合设计委员的意见，于6月发表《整理南京市财政刍议》指出，整理财政的第一要义为“收支适合”。金国宝就职时，市财政局每月收入平均预算为9.5万元，加上江苏财政厅每月补助的6万元，每月收入平均预算总数为15.5万元。而南京市各机关5月支付经费即为14.6万余元，此外，还有每月3万余元到5万余元的临时费支出。单就经常费而言，每月靠江苏省财政厅的6万元补助才能平衡收支。③

金国宝对下一年度市政府的财政情况作出预计。补助方面，行政院批准自五月起，每月由6万元增至10万元，由财政部拨发。支出方面，各局为推进新事业预算增加较多，预计每月增加约10万元。他分析道：

> 假定中央补助费如期发放，则此预算尚可勉强敷衍。无如中央支出浩繁，补助费常不能如期领到。中央之费既时发时止，即本市事业亦常在不安状态之中，其影响于建设事业者甚巨，如将各局新预算完全推翻，则各局事业仅足维持现状，新事业无由发展，亦岂吾人之所安。事业必须力求发展，经费必须力求撙节，本市财政之困难即在此。④

对此，金国宝确定的原则是：“本市收入作为经常费，中央补助金作为事业费，有一文即作一文之事业。庶几经费确定，事业不致动摇。”⑤而为使这些原则落到实处，金国宝拟从整顿旧税、创办新税、整顿市产三方面开展工作。

第一，整顿旧税。金国宝认为，房捐和车捐增加的可能性最大。房捐税率虽保持不变，但根据对城内五区的调查与复估，全市每月房捐额预计增加8600元。车捐“自十六年以来，日益增加，从未跌落，良以人口增加之故，车辆之数，有增无减”。根据以往收数，预计下季车捐为10万元，且“各季车捐尚有每季增多五六千元之可能”。此外，清洁费和旅馆捐也有增长可能。清洁费随房捐带征，预计每月增加2200元。旅馆捐预计每月可增多1500元。

第二，创办新税。金国宝决定在不加重一般市民负担基础上创办新税。计划中的新税有娱乐捐、特种营业捐及土地增值税。其中，娱乐捐预计每月收入2000元。

第三，整顿市产。洲地之中，除旗民生计处管理的八卦洲外，大小黄洲面积最大。根

---

① 南京特别市财政局事务股：《南京特别市财政局财政讨论初集》，南京美吉印刷社1929年版，第11页。

② 南京特别市财政局事务股：《南京特别市财政局财政讨论初集》，南京美吉印刷社1929年版，第7~8页。

③ 金国宝：《中国经济问题之研究》，中华书局1935年版，第44~46页。

④ 金国宝：《中国经济问题之研究》，中华书局1935年版，第46~47页。

⑤ 金国宝：《中国经济问题之研究》，中华书局1935年版，第47页。

据大小黄洲垦务处报告，该洲所产芦柴从前作价甚低，每亩不过一元五角。① 金国宝预计每亩实际价格可达三元，每月可增收 3000 元。

此外，市区界限的确定与扩张也可增加收入。如将江宁县内属于市区部分的税收划归市财政局征收，每月收入可望增加两万元。②

在金国宝看来，如果上述设想落实，预计每月收入可增加 45500 元。那么，年度预算收入与经常费支出即可“相差无几”，中央补助费即可用于事业费，在推进首都新事业建设的同时，也能解决南京市财政的眼前困难。然后，“可谋进一步之整理，一方设法发展市面，以裕税源，一方废除苛细杂捐，以轻负担。他日国都路线公布，市民踊跃建筑，新屋日多，户口日繁，即房捐一项已可蔚成巨数。再加上土地增加税实行，收入尤大，本市财政希望正无穷也”③。

二、任期内的工作开展

在财政整理计划确定之后，金国宝依计而行，开始各项整顿工作：

1. 整顿旧税

首先着手整理房捐。房捐包括铺房捐与住房捐两种，为南京市收入大宗。1929 年 7 月，财政局修正房捐征收章程。修正有两大要点：第一，“免捐限制之提高”④。旧章程规定铺房行租不满一元、住房行租不满两元者，免征房捐；修正案提议，铺房行租不满两元、住房行租不满四元者，免征房捐。修正后，“平民受惠匪细，此不佞所以主张修正也”。第二，“清洁费救济捐之纳入房捐附带征收”⑤。金国宝提议废除清洁费、救济捐名目，改为按照房捐捐额带征五分之一或四分之一。救济捐纳入房捐附带征收的理由为“省征收之手续”“减税捐之数目”“轻人民之负担”。对于清洁费，金国宝认为征收捐率极不公平，“尤有更张之必要”。根据“房捐带征清洁费标准表”(见表 1)，金国宝计算出清洁费对住房捐、铺房捐的百分比，指出清洁费分为七级，每升一级，百分比先上升，后下降。“依财政原理言，税以累进为善。今非但不能累进，反而累退。”“总之，就大体言，旧章程不公平之点有二。一曰大户便宜而小户吃亏，一曰铺户便宜而住户吃亏。”⑥

改为按比例带征后，“虽非累进，似已此善于彼也”⑦。同时，金国宝对于此次房捐章程修改造成的市库损失进行了说明：

> 清洁费原额约每月五千元，救济捐向收二千元，共七千元。今改附加捐，若带征五分之一，即收五千元，则损失约二千元；若带征四分之一，即收六千余元，则实损

① 金国宝：《中国经济问题之研究》，中华书局 1935 年版，第 53 页。
② 金国宝：《中国经济问题之研究》，中华书局 1935 年版，第 57 页。
③ 金国宝：《中国经济问题之研究》，中华书局 1935 年版，第 58 页。
④ 金国宝：《中国经济问题之研究》，中华书局 1935 年版，第 59 页。
⑤ 金国宝：《中国经济问题之研究》，中华书局 1935 年版，第 59 页。
⑥ 金国宝：《中国经济问题之研究》，中华书局 1935 年版，第 63 页。
⑦ 金国宝：《中国经济问题之研究》，中华书局 1935 年版，第 63 页。

不过数百元。再加提高免捐限制损失一千元，共计不过二三千元。本市自身收入，最近已增至十六万余元，区区损失，似无多大关系。①

1929年8月，第五十八次市政会议议决房捐附加捐为四分之一。修正案于第五十九次市政会议通过，自9月起实行。新章程公布后，“市民因并收正附捐款，标准一致，且免烦扰，咸称便利。而贫苦小户因免除正附捐费，尤颂宽大不置”②。

表1 **房捐带征清洁费标准表**

铺房捐	清洁费	住房捐	清洁费
四元以上	一元	二元以上	一元
二元五角至三元九角九分	五角	一元七角五分至一元九角九分	五角
二元至二元四角九分	四角	一元至一元七角四分	四角
一元五角至一元九角九分	三角	七角五分至九角九分	三角
一元至一元四角九分	二角	五角至七角四分	二角
三角至九角九分	一角	一角五分至四角九分	一角
三角以下	五分	一角五分以下	五分

资料来源：金国宝：《中国经济问题之研究》，中华书局1935年版，第60页。

征收房捐，须知全市房租确数，方能着力整顿。1929年5月18日，金国宝主持第三十一次局务会议，议决“向土地局函索本市详图，以便各分区查征房捐”③。随即，财政局饬员加紧调查房捐；6月，复查完成，新册籍编写完毕。在1930年上半年工作计划中，财政局“鉴于房租继涨增高，租户迁移靡定，捐额时有变更，随时派员调查外，拟每半年分区复查一次，以免遗漏，借增税收”④。1930年2月至3月，财政局着手重造房捐底册，“抄竣全市房捐册十二巨本”⑤，为房捐征收提供了确切的依据。

为保证征收按照预期进行，金国宝还提出了一套征收人员的奖惩办法：

将全市区按其繁盛偏僻、路途远近，分为甲、乙、丙三等。甲等如东一、二、三区及中一、二、四区，地当繁盛，路途又近，规定每人每日平均限度，应收三十五户。乙等如南一、二、三区及西一、二区并中三区，地方不甚繁盛，亦不过于偏僻，规定每人每日平均限度应收三十户。丙等如东四，南四，西三、四及北一、二、三区，路途遥远，地方偏僻，则规定每人每日平均限度应收二十五户。依照此项限度，

① 金国宝：《中国经济问题之研究》，中华书局1935年版，第63页。

② 《京市房捐之历史及整理之经过》，南京特别市财政局事务股1929年版，第6页。

③ 《召集全市会计会议》，《首都市政公报》第37期，1929年，第33页。

④ 《本府在中央广播无线电台报告十九年上半年工作计划(第九次市政报告)》，《首都市政公报》第53期，1930年，第25页。

⑤ 《刘市长在第十三次纪念周之报告》，《首都市政公报》第57期，1930年，第21页。

多收则赏，少收则罚。①

根据这一思路，财政局公布《暂订征收吏奖惩办法》，对征收吏月薪及奖惩数额进行规定，于1929年10月起实行。金国宝在十年后回忆这一办法时称："最后余参酌工厂管理之方法，订定一活动工资法"，这一方法使得"房捐大有起色，而征收吏亦甚乐从"，为了完成限额，征收吏对于住户铺户的态度也大有改善。②

整顿房捐的效果十分明显。1928年3月开征住房捐后，沈砺、唐乃康任内(1928年3月至1928年7月)房捐月均收入约为11458元，李基鸿任内(1928年8月至1929年4月)约为12431元。而金国宝任内(1929年5月至1930年4月)约为21883元。金国宝任内月均收入比李基鸿时增加9000余元，比整理方案的预期增加金额(8600元)略高。

随后，金国宝开始车捐整顿工作。因市工务局负责管理各类车辆，财政局就整顿车捐一事与其进行积极会商。会商内容如下：第一，酌减车利以增车捐。第二，调查汽车情形，改正捐率。第三，拟定临时汽车捐率。在实际征收方面，市财政局与首都公安局合作，定期稽查漏捐。车捐按季缴纳，每季首月通知车户缴捐，次月着手稽查漏捐车辆。从各月收数来看，稽查月份多于收捐月份，可见稽查漏捐工作的必要性和有效性(见表2)。同时，财政局通过奖励办法调动警员的工作积极性。1930年4月，财政局"函达各警局转知查拿漏捐车辆各长警来局领取奖金"③。

整理方案中，金国宝预计1929年秋季车捐收入为10万元，后续每季增加6000元。1929年秋季车捐收入确实增长至10万元以上，冬季车捐收入比秋季多出11000余元，1930年春季车捐收入比冬季多出5500余元(见表2)，车捐收入实现了稳定增长。

表2 **金国宝任内各月车捐收入**

月份	当月车捐收入	当季车捐收入
1929.4(李基鸿任内)	62037元	95549元
1929.5	31966元	
1929.6	1546元	
1929.7(收捐)	34754元	101306元
1929.8(稽查)	64428元	
1929.9	2124元	
1929.10(收捐)	35612元	112795元
1929.11(稽查)	73940元	
1929.12	3243元	

① 《京市房捐之历史及整理之经过》，南京特别市财政局事务股1929年版，第6~7页。
② 金国宝：《我国经济统计之动向》，《中央银行月报》第3期，1929年，第258页。
③ 《刘市长临别赠言(在第十五次纪念周之报告)》，《首都市政公报》第58期，1930年，第19页。

续表

月份	当月车捐收入	当季车捐收入
1930.1(收捐)	53975元	118314元
1930.2(稽查)	62080元	
1930.3	2259元	
1930.4	66287元	

资料来源:《首都市政公报》第35期，第129页；第37期，第150~151页；第39期，第165页；第41期，第212页；第43期，第174页；第45期，第167页；第47期，第136页；第49期，第130页；第51期，第112页；第53期，第146~147页；第55期，第110页；第58期，第85页；第59~60期，第125页。

除房捐、车捐外，市财政局对其他各项旧捐也进行了整理。1929年9月，财政局“派员调查全市旅馆、茶馆、浴堂及酒席馆等营业状况，以备改正征捐方法”①。1929年11月至1930年4月，市政会议先后通过营业税、当税、旅馆牌照捐、筵席捐、广告捐的征收章程，财政局根据实际情况，改进征收办法，同样取得了较好的效果。

2. 创办新税

金国宝任内的娱乐捐，并不完全是新税种。前任局长沈砺任内，市财政局每月收支报告即有娱乐捐一项，项内包括戏捐、花捐、局票据及妓馆捐四项收入。其中，花捐、局票据及妓馆捐来源于娼妓营业。从1927年9月至1928年3月娱乐捐收入明细来看，娼妓营业税捐占娱乐捐收入的九成以上，是娱乐捐的主要来源。南京国民政府计划实行废娼，于1928年7月在南京施行，财政局于8月1日起停征花捐。废娼后，李基鸿任内的收支报告中并未列出戏捐一项，可能因其收入短少，并入营业捐一项。根据1929年8月市财政局工作报告，“从前本市征收戏院、茶社之戏捐，每月仅收六百余元”②。

金国宝就职后，“以首都市政，日异月新，娱乐场所，因之日益增多，自应一律征捐，以昭公允，而辟财源”，重新制定征收娱乐捐章程。③ 规定戏剧、电影、游艺场、杂耍、马戏、幻术及其他有娱乐性质者“依照各娱乐场所之门票或入场费之价目按百分之五之捐率，由各该娱乐场所随同门票或入场费代收汇缴”，将征收方法由分等征捐改为按比例征捐。④ 1929年7月17日，该章程于第五十三次市政会议通过。因此，从内容上来看，金国宝任上的娱乐捐，可以视为其创设的新税种。

章程8月起实行后，市财政局通知各戏院将发售门票送财政局盖戳，门票须盖戳后方

① 《市政府十八年九月份工作报告》，《首都市政公报》第44期，1929年，第167页。

② 《南京特别市市政府民国十八年八月份工作报告表》，《首都市政公报》第42期，1929年，第237页。

③ 《新订征收娱乐捐章程》，《首都市政公报》第41期，1929年，第50页。

④ 《南京特别市财政局征收娱乐捐章程》，《申报》，1929年8月5日，第23版。

能出售。① 因此，娱乐捐数量激增(见表 3)。

表 3 **金国宝任内市财政局娱乐捐收入**

月份	娱乐捐收入
1929 年 8 月	2662 元
1929 年 9 月	3901 元
1929 年 10 月	4257 元
1929 年 11 月	3108 元
1929 年 12 月	2272 元
1930 年 1 月	2736 元
1930 年 2 月	4504 元
1930 年 3 月	3307 元
1930 年 4 月	3067 元

资料来源：《首都市政公报》第 43 期，第 174 页；第 45 期，第 167 页；第 47 期，第 136~137 页；第 49 期，第 130 页；第 51 期，第 112 页；第 53 期，第 147 页；第 55 期，第 110 页；第 58 期，第 86 页；第 59~60 期，第 125 页。

开征首月，实际收入略高于预计的 2000 元。财政局“预料秋凉以后，娱乐场生意将更形发达，此项捐款收入，每月将有万元”②。虽未达万元，但有所增加。对于这一新税，市政府认为，“取之不伤贫民生计，实为良好之市税”③。

3. 整顿市产

金国宝将大小黄洲作为市产整顿的重点。其领导的财政局进行的工作主要包括放垦洲地、调查秋收情形、核定柴价。1929 年 10 月，财政局拟具计划，指令未来三月开垦工作要点：(1)丈量垦地，尽量放垦；(2)提早放垦，革除积弊；(3)已收证金之户，准予尽先领地；(4)切实勘丈，拟定筑梗计划。④

1929 年 10 月，市财政局派员调查秋收情形。大黄洲夏初经历蝗蝻之灾，“幸早经扑灭，防患未然，尚有中稔收成”⑤。11 月，小黄洲新垦地被水淹没，因虫灾水灾，租额受到影响。12 月，市财政局核定大小黄洲柴价。12 月下旬至次年 1 月，南京连续降雪，交

① 《指令财政局改征娱乐捐各戏院如再违抗准会同公安局切实执行由(第 2955 号)》,《首都市政公报》第 42 期，1929 年，第 74 页。

② 《征收娱乐捐》,《首都市政公报》第 43 期，1929 年，第 36 页。

③ 《南京特别市市政府民国十八年八月份工作报告表》,《首都市政公报》第 42 期，1929 年，第 237 页。

④ 《整理大小黄洲》,《首都市政公报》第 46 期，1929 年，第 25 页。

⑤ 《南京特别市政府民国十八年十月份工作报告表》,《首都市政公报》第 46 期，1929 年，第 144 页。

通不便，载途芦柴不能出售。1930年1月，“因八卦洲及大小黄洲柴款收入甚少，故总计仅一万八千五百七十三元有奇”①。

前任局长李基鸿任内月均市产收入约为22681元，金国宝任内约为21145元。市产虽经整顿，因受自然灾害影响，收入仍有所减少。

三、财政整理工作的贡献

十年建设期内，南京市财政局局长因各种原因，变动较为频繁，先后有十二人担任或兼任这一职位。1930年4月11日，国务会议议决调市长刘纪文为江海关监督，金国宝遂递交辞呈，结束了历时约一年的市财政局工作。因任职时间较短，金国宝的财政规划未能尽数实现，但其所完成的工作仍有较大意义。

金国宝履职之初，组织财政设计委员会，利用经济学领域人脉，向学者寻求财政整理意见。学者们提出的各种方案，如寻求中央补助、募集市债、办理市营业、发展工商业，均是南京作为首都后市政府的财政努力方向，对首都建设具有重大意义。土地增值税及营业税是中央计划开征的地方收入，金国宝根据政策走向，探讨两税在南京市的征收计划，两税分别于1931年、1936年在南京市开征。委员会的讨论不仅对市财政工作给予具体意见，也为未来工作提供了理论支持。

在谈及统计在财政中的应用时，金国宝称：“财政以收支适合为原则；支出虽较能预定，然收入却颇难预言。……然欧美各国之财政专家每能根据历年之统计而预测未来之收入，虽亦有时与实收数目相差甚远，然适合者其常，而相差极大者仅例外事耳。”②《整理南京市财政刍议》一文是金国宝对南京市财政的总体规划，也是在财政中运用统计方法的范本。其根据往年收数统计及实际调查，对下一年度的市财政收入做出预测，并制定整理计划，以达到收支平衡的目的。其中，房捐、车捐经整顿，均达到预期数额，每月直接收入也略高于预期，金国宝的统计学实践取得了一定成果。此外，根据对全市旅馆、茶馆、浴堂及酒席馆等营业状况的调查，修正旧有征捐章程，根据娱乐业日益发达的情况，开辟新税源，也体现了基于统计学形成的思路。

房捐为南京市税捐收入大宗，也是金国宝按计划整理完毕的一项税收。通过按比例税率征收房捐附捐，确保了附捐征收形式上的公平性；通过提高免捐限制，减轻了贫苦市民的负担。此次修正也起到了缩减征税名目、便利房捐征收手续的作用，提升了税收工作效率，为继任者所沿用。

划区分等征收房捐，并制定征收吏奖惩办法，来源于“工厂管理之方法”，即美国人泰勒于1911年出版的《科学管理原理》。该书主张通过制定合理的工作量以及差别化的工资来激励工人。杨铨介绍这一方法时称：“科学管理法，近七八年来，美国人士日益注意，不惟商店工厂奉若准绳，即行政各机关亦恒采用此种管理方法。”③金国宝首次将这一方法运用于南京市税收工作中，相对公平地衡量工作量的大小，提高了征收人员的工作积

---

① 《南京特别市政府十九年一月份行政报告》，《首都市政公报》第54期，1930年，第125页。

② 金国宝：《统计学大纲》，《民国丛书》第四编(36)，上海书店1989年版，第3页。

③ 杨铨：《科学管理法之要素》，《科学》第4期，1922年，第307页。

极性。1932 年 10 月，征收人员奖惩规则删除了按繁盛偏僻将各区分等的规定；1934 年 10 月，石瑛市长注意到因各区贫富差异造成房捐征收人员奖惩不公的问题，又选择沿用金国宝的方法。①

除市产收入略有减少外，计划整理的税捐收入增长均达到整理方案预期。南京市 1927 年 7 月至 1928 年 6 月平均每月直接收入为 61753 元。② 李基鸿任内(1928 年 8 月至 1929 年 4 月)月均直接收入约为 109523 元，金国宝任内(1929 年 5 月至 1930 年 4 月)约为 178484 元，比前任李基鸿任内增加 6 万余元。金国宝预计每月收入增加 45500 元的目标得以实现，缓解了南京市的财政困难。

四、结　　语

通观 1927 年至 1937 年南京市财政局长任职情况，可以发现，金国宝前任各局长，均为早年参与革命且具有从政经验的政治人士。继金国宝之后，曾任职于高校的经济学家王人麟、程远帆也担任过南京市财政局长。这说明除国民党政治人士外，经济学家开始参与南京市财政工作。这一时期，处于南京国民政府实际控制地区的其他地方财政机构也出现这一现象。程远帆于 1935 年开始担任浙江省财政厅长，叶元龙于 1932 年开始担任安徽省财政厅长，贾士毅于 1933 年至抗战全面爆发前任湖北省财政厅厅长，赵棣华于 1933 年至抗战全面爆发前任江苏省财政厅长。既有研究指出，贾士毅任内的财政整理工作卓有成效，通过“建立并推行财政预决算制度，梳理清查税源，实行金融整顿，废除苛捐杂税，正确处理新旧债务，促进社会经济发展”③；赵棣华在江苏省工作任内的主要实绩包括“建立各种财务制度，使财政管理近代化”，“革除种种积弊，减轻人民负担”。④ 更进一步来看，金国宝对西方统计学、财政学以及管理学有选择地运用，增强了南京特别市财政工作的科学性；邀请其他经济学家参与财政建设，体现了南京特别市财政工作的专业化，以及地方财政中专业性、现代性因素的增加。可见，经济学家任职地方财政机构，推动了地方财政向现代化转变，也说明南京政府时期的地方财政，相比于此前，更日渐具备了现代化要素。

(作者单位：武汉大学历史学院)

① 《修正征收人员奖惩规则案》，《南京市政府公报》第 146 期，1934 年，第 66 页。

② 《财政局直接收入概况》，《首都市政公报》第 48 期，1929 年，第 27 页。

③ 蔡锋：《南京国民政府时期湖北省财政研究(1927—1937)》，武汉大学硕士学位论文，2006 年，第 93 页。

④ 孙智悦：《赵棣华赵耀东父子》，《台湾研究》1991 年第 4 期，第 88 页。

文学 · 术语

盐谷温中国小说研究的现代意义

□ 邓骏捷 卜雨薇

【摘要】盐谷温是中国文学史、俗文学，尤其是小说研究的开创者之一。他的《支那文学概论讲话》等著作不仅取得重要的学术成就，也对当时中国学界影响甚大。无论在文学观念和分析方法上，盐谷温的中国小说研究都深受西方学术的影响。这是盐谷温在德国等地留学时，接受现代西方学术熏陶的结果。盐谷温的中国小说研究注重用文学比较的方法，从文学普遍性的角度讨论中国小说，尤其着意于中国小说与日本文学的关系。盐谷温的中国小说研究既不同于早期的西方学者，也有别于后来中国学者的相关著作。在西学东渐的大背景下，盐谷温的中国小说研究显然具有沟通东西学术的意义，而其自身的特色也是日本汉学研究中的一个重要个案。

【关键词】日本汉学；盐谷温；中国小说研究；西方学术影响；文学比较研究

日本汉学家盐谷温(1878—1962)是中国文学史、俗文学，尤其是小说研究的重要开创者之一。他的著作出版后被翻译到中国，如《支那文学概论讲话》(简称《讲话》)于日本大正八年(1919)由日本东京都大日本雄辩会(日本讲谈社的前身)出版，其中小说部分的中文节译本——《中国小说史略》(上海中华书局版)，最早出现于1921年。① 全书节译本，由陈彬龢翻译，名为“中国文学概论”(北平朴社1926年版)。至于全译本，也是接受度最高的中译本，是孙俍工的《中国文学概论讲话》(上海开明书店1929年版)。《讲话》的中译本在中国文学史学界引起不少震荡，在一定程度上促进了中国学界对中国文学史的研究。至于《讲话》与鲁迅的《中国小说史略》(简称《史略》)的关系，更是中国小说研究史、中日学术交涉中的一个引人注目的话题。对于盐谷温中国小说研究所取得的成就，黄霖、顾越曾作了较为详细的介绍②，但更多是环绕着《讲话》和《史略》的关系而展开，较为重

① 《中国小说史略》译本署名“古吴郭希汾”编辑，序言提到“是书译自日人盐谷温所著《支那文学概论讲话》中之一节”；其题为“中国小说史略”，较鲁迅在1923年12月和1924年6月由北大新潮社分上下册出版的《中国小说史略》更早。《讲话》的这一部分又有“君佐”译本，题作“中国小说概论”，载于民国十六年(1927)6月《小说月报》第十七卷号外“中国文学研究专号”。

② 黄霖、顾越：《盐谷温对于中国小说史的研究》，《复旦学报》(社会科学版)1999年第6期。

要者有香港陈胜长①、日本学者植田渥雄②，以及赵京华③、蔡祝青④等学者的论文。本文拟从盐谷温中国小说研究中的西方学术影响的角度考虑，揭示其有别于西方和中国学者的特点，说明他在沟通东西学术上的价值与意义。

一、盐谷温的学术生涯与著述影响

盐谷温出身日本汉学世家⑤，曾求知于多位日本学术名家⑥。除在研究院师从森槐南(1862—1911)外，盐谷温所接受的教育极少涉及中国白话小说，甚至可能在他远赴德国留学前读过的白话小说也屈指可数。因此，盐谷温从事中国小说、戏曲等俗文学的研究，可能更多地出于他的个人学术兴趣，以及受当时中国研究会的官命指示⑦等主客观因素有关。

(一)盐谷温的求学经历与学术养成

明治三十二年(1899)，盐谷温进入东京帝国大学文科大学汉文学科学习，明治三十五年(1902)毕业。汉文学科共分经、史、文三个小班，盐谷温所在的是史班。汉文学科的讲师，史班有那珂通世(1851—1908)，文班有盐谷青山和森槐南。森槐南讲授的课程，除唐诗外，还有《西厢记》和汉唐小说。⑧ 他是最早在日本大学讲堂讲授中国小说、戏曲的讲师，被称为“明治时期词曲的开山”⑨。盐谷温毕业后进入东京帝国大学研究院，专攻中国文学，师从森槐南学习词曲、小说，盐谷温称他为自己“中国戏曲小说的启蒙”⑩。盐谷温或许在课堂上听过森槐南讲述中国小说，但这恐怕只仅仅为他打开接触中国小说研究的大门，而没有实质开启他的中国小说研究之路。盐谷温后来研究中国小说，完全在其师后另开格局，呈现出崭新的面貌，也为日本的中国小说研究掀开新的篇章。

---

① 陈胜长：《August Conrady·盐谷温·鲁迅——论环绕〈中国小说史略〉的一些问题》，香港中文大学《中国文化研究所学报》第17卷，1986年。

② [日]植田渥雄：《试论盐谷温著〈支那文学概论讲话〉与周树人著〈中国小说史料〉之关系》，《外国问题研究》1995年第2期。

③ 赵京华：《鲁迅与盐谷温——国民文学时代的中国文学史编撰体制之创建》，《鲁迅研究月刊》2014年第2期。

④ 蔡祝青：《盐谷温来台讲学考述——兼论其文学史论述的建构与增衍》，《台大中文学报》第68期，2020年。

⑤ 盐谷温的父亲盐谷青山(1855—1925)、伯公盐谷宕阴(1809—1867)皆昌平黉官学出身，为当时之名儒。盐谷青山是东京第一高等学校汉文教授，讲授《左传》，著有《青山文抄》《文章裁锦》；盐谷宕阴编撰有《阿芙蓉汇闻》，其在鸦片战争时期的言论对日本影响甚大。

⑥ [日]盐谷温：《天马行空》，日本加除出版社1956年版，第63页。

⑦ 盐谷温曾说：“我根据中国研究会的官命，留学中从事中国文学尚未开拓的戏曲小说研究。回国后立于大学讲坛，正欲别开生面。”见《天马行空》，日本加除出版社1956年版，第60页。另参东京大学百年史编集委员会编：《东京大学百年史·部局史一》，东京大学出版会1986年版，第732页。

⑧ [日]盐谷温：《天马行空》，日本加除出版社1956年版，第69页。

⑨ [日]久保得二：《支那戏曲研究·序》，《支那戏曲研究》，弘道馆1928年版，第3页。

⑩ [日]盐谷温：《天马行空》，日本加除出版社1956年版，第70页。

明治三十九年(1906)9月，盐谷温任东京帝国大学文科大学助教授，是该校“支那文学讲座”科目最早的教员。同年10月，盐谷温赴德国研究中国文学，先到慕尼黑大学学习德语，一学期后转赴莱比锡大学，随孔好古(August Conrady，1864—1925)学习汉学，停留约两年半。明治四十一年(1908)，盐谷温赴英国剑桥大学拜访汉学家翟理斯(Herbert Allen Giles，1845—1935)。盐谷温从孔好古的神话学研究中吸收了一些德国汉学研究的新成果，并应用到后来的中国小说研究上。① 另一方面，德国的汉学研究方法，以及将小说、戏曲等口语俗文学置于核心地位来观察中国文学和历史中的“国民文学”观念，皆对盐谷温后来研究中国小说产生了一定的影响。此外，盐谷温也受到翟理斯的《中国文学史》、德国葛禄博(Wilhelm Grube，1855—1908)的《中国文学史》的启发，促使他日后撰写了包括《讲话》在内的一系列中国文学史著作。

德国留学结束后，盐谷温在明治四十二年(1909)秋季到达中国，开始新的留学生活。他先在北京居住一年，其间结识了王国维，并获赠《戏曲考源》《曲录》等著作。其后转赴长沙，师从叶德辉，学习戏曲。② 大正元年(1912)8月，盐谷温回到日本，结束了长达六年的海外留学之旅。留学生涯对盐谷温的学术养成起了重要的作用，尤其是在德国时期，他接触到当时西方汉学界的名流人物，学习到先进的汉学研究方法，加上个人的汉学造诣和家族的汉学传统，使得他的中国文学研究，无论是研究对象和领域，还是研究视角和手段，皆有别于传统的日本汉学家。

(二)盐谷温的中国小说研究及其影响

大正元年(1912)9月，盐谷温在东京帝国大学讲授“中国文学概论”，并讲授以元曲为中心的“中国戏曲讲读”。大正六年(1917)，盐谷温在东京文科大学作六次夏季公开演讲，笔记于大正七年(1918)12月修订，大正八年(1919)由大日本雄辩会出版，名为“支那文学概论讲话”。《讲话》分为上、下两篇，共六章，全书共540页。小说部分的章节论述最为详细，共193页，占全书约36%。可见在盐谷温治学之初，中国小说研究即已成为他的学术重心。大正九年(1920)，盐谷温以《元曲之研究》获得博士学位，同年升任东京帝国大学教授，专注于小说、戏曲的研究。

1924年，盐谷温在日本内阁文库发现《古今小说》四十卷、《喻世明言》二十四卷、《二刻拍案惊奇》三十九卷(附《宋公明闹元宵杂剧》一卷)，以及元刊“全相平话”五种后，在大正十五年(1926)的《斯文》第八编第五至七号上连续发表了《明の小说〈三言〉に就いて》，又在《改造》第八编第八号中发表了《明代の通俗短篇小说》。随着《讲话》中译本的出现，盐谷温在中国声名大噪，中国学者对盐谷温的关注度大增。③ 另外，盐谷温发现了宫内省图书寮(即宫内书陵部)所藏的元人杂剧《西游记》六本，他将原文连载于昭和二年(1927)的《斯文》第九编第一号至第十编第三号，并于昭和三年(1928)通过东京康文社印

① 辛岛骁：《先生の小说研究》，《东京支那学报》第九号，1963年，第31页。

② 详参谭皓：《日本留学生盐谷温来华留学考略》，《日语学习与研究》2019年第2期。

③ 马廉翻译了《明代の通俗短篇小说》，并加入大量按语，发表在1926年的《孔德月刊》第一期和第二期；同年12月，他又翻译了《关于白话短篇小说〈三言〉〈二拍〉》，发表在北新书局出版的《语丝》第111期上。

刷所将其印刷为单行本。

昭和三年，盐谷温访华，途经上海，曾与鲁迅有过交涉。据《鲁迅日记》1929 年 2 月 23 日："晚往内山书店……遇盐谷节山，见赠《三国志平话》一部，《杂剧西游记》五部……赠以《唐宋传奇集》一部。"①盐谷温对此事亦有记载，《中国小说の研究・序》云："迩来数游禹域，一夕于上海与鲁迅氏相会，就本书(《讲话》)清谈数刻，交换所见，不觉移时。"②其中既见盐谷温对鲁迅的推崇，亦见中日学者对于学术的平等讨论。孙俍工在翻译《讲话》的同时，还翻译了盐谷温在《斯文》上发表的《论明之小说〈三言〉及其他》《宋明通俗小说流传表》，作为附录，收入 1929 年版《讲话》的中译本。

昭和十四年(1939)，盐谷温于东京大学退休，昭和十七年(1942)成为名誉教授。③盐谷温在学生内田泉之助的协助下，开始着手对《讲话》一书内容进行全面改定，改为《支那文学概论》。《支那文学概论》在原有六章中的第一章《音韵》后，增设《文字》作为第二章，而把第七章《小说》部分独立出来作为下篇，还在昭和二十四年(1949)将下篇改名为"中国小说の研究"单行发刊④，可见中国小说研究在盐谷温心中所占的份量。《支那文学概论》于昭和二十一年(1946)出版上篇，昭和二十二年(1947)出版下篇，由东京弘道馆发行。

盐谷温的中国小说研究不仅为日本汉学界的中国文学研究开拓了领地，也因他一开始即使用有别于日本传统汉学的眼光与方法，开创出一条全新的中国小说研究之路。盐谷温的成果一出，中国学者群相译介，以期吸收其发现之新材料，借鉴其研究之新方法推动小说研究的范式转移。

二、盐谷温中国小说研究中的西方学术影响

中国文学史和小说史的撰写，是西方文学史观浸润影响下的结果。最早的中国文学史问世于 19 世纪中叶，1853 年，德国学者萧特(Wilhelm Schott，1802—1889)撰写了《中国文学论纲》。1880 年，俄国学者瓦西里巴甫洛维奇・瓦西里耶夫(Василий Павлович Васильев，1818—1900)出版了《中国文学史纲要》，接着才是翟理斯和葛禄博(Wilhelm Grube，1855—1908)的《中国文学史》。19 世纪末至 20 世纪初，中国学者撰写文学史著作蔚然成风，可是对中国小说并无较为完整的论述，甚至还视小说为"诲淫盗"，认为论述小说为"识见污下"。⑤ 日本方面，在《讲话》出版前，日本汉学界甚少注意到中国的小说和戏曲，如笹川种郎(1870—1949)的《支那小说戏曲小史》(1897)、《支那文学史》(1898)，古城贞吉(1866—1949)的《支那文学史》(1902)，久保天随(1875—1934)的《支

① 鲁迅：《鲁迅日记》，人民文学出版社 1958 年版，第 665~666 页。

② [日]盐谷温：《中国小说の研究》，弘道馆 1949 年版，第 1 页。

③ [日]盐谷温：《天马行空》，日本加除出版社 1956 年版，第 247 页。

④ 昭和五十八年(1983)收入讲谈社学术文库的盐谷温《中国文学概论》，并非《支那文学概论》，而是在旧版"讲话"的基础上更名而成的。

⑤ 黄霖：《近百年来"中国小说史"的编纂》，台湾《中国文哲研究通讯》2005 年第 1 期，第 51~52 页。

那文学史》(1903)，儿嶋献吉郎(1866—1931)的《支那文学史纲》(1912)等，虽对中国小说有所论述，但也非常简略。这一现象与日本学者向来重视中国诗文作品，轻视小说、戏曲的传统是相一致的。古城贞吉曾说："士君子非无作传奇小说之意，而竟不为之者，性情卑劣之徒执笔墨，(士君子)耻于颓波浊流间争论断肠。自古以来此类著作大都摈弃于文学之外，由是观之，岂偶然哉。"①针对这种情况，盐谷温指出：

> 从来我国先儒对中国文学之研究，以古典为主，不出诗与文章。反之西洋之汉学家则从语学入手，而有偏重通俗文学之倾向。②

1923年10月，鲁迅也提道：

> 中国之小说自来无史；有之，则先见于外国人所作之中国文学史中，而后中国人所作之中亦有之，然其量皆不及全书之什一，故于小说仍不详。③

所谓(中国小说史)"先见于外国人所作之中国文学史中"，既指西方学者的著作，恐怕更多是指盐谷温等日本学者的作品。至此，或许可以发现一条比较清晰的线索：中国文学史以至小说史的撰写，先是由西方汉学家所开创，中经日本学者的努力，最后回归至中国学者。内田泉之助曾指出，盐谷温在撰写中国文学分体史，特别是戏曲、小说史方面功不可没，其"多前人未到之境，筚路蓝缕，负担着开拓之功不少"④。盐谷温的小说、戏曲研究在中国文学研究史上具有开创性意义，并对当时的中国学界产生了重大影响。在中国文学史以至小说史撰写的过程之中，日本学者对中国学者的影响更显重要。

盐谷温深受西方学术的影响，他在《讲话》的《自序》提到，自己在德国时跟西方学者学习文学研究法。而《支那文学概论·自序》提到的"语学"，也是盐谷温受西方学术影响的一个重要观念。"语学"，即"语文学"。西方学者研究中国文学必须先进行翻译，盐谷温曾说："法国学者中有巴赞、茹理安、德尼等，翻译了诗曲、小说，我对此吃了一惊。这毕竟是对于中国语学研修的结果。这是纯文学方面的工作。面对在日语中都还没有见到适当翻译的《西厢记》《琵琶记》等的法语翻译本，实在感到汗颜。"⑤盐谷温的《讲话》即从语文学入手，对中国文学进行讨论。在第一章《音韵》部分中，盐谷温用了比较语言学的研究方法，来谈论中国语音的特点。这一做法不仅是在此前的日本汉学著作中没有出现过，即使在翟理思的《中国文学史》也不曾有过。在《讲话》的内容中，自《第一章》开始便引用了德国汉学家、语言学家甲柏连孜(Georg von der Gabelentz，1840—1893)的《汉文经

① [日]古城贞吉：《支那文学史·余论》，富山房1902年版，第585页。

② [日]盐谷温：《支那文学概论·自序》，弘道馆1946年版，第2页。

③ 鲁迅：《中国小说史略·序言》，鲁迅全集出版社1923年版，第13页。

④ [日]盐谷温：《中国文学概论讲话·内田新序》，孙俍工译，开明书店1928年版，第7页。

⑤ [日]盐谷温：《游学漫言》，《东亚研究》1912年11月号。另参见李庆：《日本汉学史》第2部，上海人民出版社2016年版，第349页。

纬》(*Chinesische Grammatik*, 1881)中的相关内容。盐谷温之所以会有关于语言学的知识，应是受孔好古的启迪。①

三、盐谷温中国小说研究中的文学比较

盐谷温既是一位日本学者，又受到了西方学术的熏陶，在他的中国小说研究中，往往会见到一些跨国族的文学比较研究，如《讲话》的《神话传说》部分一开头就提道："无论哪一种国民，在太古草昧之世都是有神话传说的。印度这样，希腊这样，自然中国神话传说也是很多的。"②随后他以《楚辞·天问》《淮南子·天文训》中的太阳运行神话，与古代希腊雕刻中的日神赫里奥斯驱马车从海而出的日出之图，意大利名工累泥的底画里天女导赫里奥斯的马车前进的光景进行了比对，得出"东西的天体神话不期然而然是一轨的"结论。③ 在谈论《汉武故事》中的西王母故事时，又以意大利画家洛马诸所画的《阿波罗与缪斯的舞蹈》进行了比较。这种研究方式，在一定程度上，可以属于比较文学中的平行比较法。与此同时，盐谷温也谈到中国小说的一些跨国族的影响，如《神异经》对日本曲亭马琴(1767—1848)小说的影响，《飞燕外传》《游仙窟》对日本紫式部(973—1014)的名著《源氏物语》的影响，尤其是对《水浒传》在日本的传播、翻译和仿作进行比较详细的论述，并称"学界的奇迹"④。

《讲话》中的文学比较研究，学者已有较为充分的论述⑤；然对盐谷温的另一重要论文《中国文学与日本文学之交涉》(《支那文学と国文学との关系》，简称《交涉》)⑥，缺乏足够的重视，以下略作讨论，以进一步说明盐谷温的文学比较研究的特点。1936 年 7 月，日本外务省着手筹建北京近代科学图书馆(简称"北馆")。1936 年 12 月 5 日，北馆于北平王府井大街九号人文科学研究所内举行开幕典礼。⑦ 北馆成立目的在于，"向中国学者、学生等人士介绍日本自然科学发达程度、最新发明发现、人文科学及其他日本事情；收集近代各方面的科学研究精华，供其阅览研究；发布关于本邦近代科学及其他内容的讲演、电影；配备有关北平本地风俗习惯的学术书籍"⑧。其主要任务是，"增进中国人对日本实情的理解，强化日中两国国民精神之谅解"；"积极联络驻日中国人留学生，观察中国

---

① 陈胜长：《August Conrady·盐谷温·鲁迅——论环绕〈中国小说史略〉的一些问题》，香港中文大学《中国文化研究所学报》第 17 卷，1986 年，第 348 页。

② [日]盐谷温：《支那文学概论讲话》，大日本雄辩会 1919 年版，第 348 页。

③ [日]盐谷温：《支那文学概论讲话》，大日本雄辩会 1919 年版，第 351 页。

④ [日]盐谷温：《支那文学概论讲话》，大日本雄辩会 1919 年版，第 482 页。

⑤ 黄霖、顾越：《盐谷温对于中国小说史的研究》，《复旦学报》(社会科学版)1999 年第 6 期，第 111~112 页。

⑥ 《中国文学与日本文学之交涉》的日文原稿发表于昭和十二年(1937)11 月 25 日的《第六回东方文化讲演手记》，东京大学国语国文学会编：《国语と国文学》1938 年第 4 期，第 1~13 页。

⑦ 《北平近代科学图书馆开幕》，《时事月报》第 16 卷第 1 期，1937 年。

⑧ [日]外務省文化事業部：《昭和十一年度執務報告》，1936 年，第 130 页。

学界及中国人思想动向”。① 其根本目的是，强化对中国文化的楔入与渗透，及促进所谓的“日中文化提携”，“交涉”一文应是出于这个目的而被收录的。

在《交涉》中，盐谷温把日中两国的交通分为四期来观察两国文化的交流内容，参见表1。

表1

时期	对应历史时期		传播内容	传播方向
	日本	中国		
第一期	奈良时期—平安时期	唐朝	文物	中→日
第二期	镰仓时期—室町时期	宋朝—明朝	佛教	中→日
第三期	江户时期	清朝	汉学(间接)	中→日
第四期	明治时期及以后	清朝—民国时期	新学	日→中

“交涉”的主要内容涉及六个方面，包括：

(1)音读和训读。概述汉籍传入的原因，《论语》对仁德天皇的影响，以及训读的重要性。

(2)真名和假名。概述《千字文》对日本国字的影响，音训并用、使用假名的原因，以及假名与汉字(即真名)的关系。

(3)汉诗和和诗。概述《文选》对长歌中的“反歌”的影响，唐朝各时期与皇朝之比较，各时期文风，以及对《万叶集》的长歌和《古今集》的短歌的影响。

(4)唐人传奇和物语草纸。概述唐传奇的文体并对其分类，以及与物语草纸之对比。

(5)元明戏曲和能狂言。概述歌舞和近代戏的起源，宋杂剧、金院本、元北曲、明南曲的演变和发展，以及元明戏曲和能狂言之关系。

(6)明清小说和江户文学。概述小说的起源、小说的分家、“三言”的源流，以及对德川以前的国文学之影响。

就具体篇幅而言，仅“元明戏曲和能狂言”及“明清小说和江户文学”两节就占了近六成，所以其余四节，仅为简单概述。在最后一节中的小说部分，盐谷温列举了多篇江户文学作品与中国小说的关系：

在江户时代的小说中，特别受了中国小说的影响的，是浅井息了的《伽婢子》(宽文六年刊、皇纪二三二六年)，这是明的瞿宗佶的《剪灯新话》(集唐人传奇的流的短篇小说集)的翻案。降而有近路行者(都贺庭钟)的《英草纸》(宽延二年、皇纪二四〇八)、《繁繁夜话》(明和三年、皇纪二四二六)和上田秋成的《雨夜物语》(明和五年、皇纪二四二八)等。《雨夜物语》据说是从《伽婢子》取材料，从《英草纸》学叙述，都

① 《図书馆将来ノ方针ニ关スル件昭和十二年三月》，《北平近代科学図书馆关系雑件第一卷》，外务省外交史料馆藏。

> 能发挥手腕于中国小说的翻案，为京传和马琴开辟荆棘。如冈岛冠山则通唐音，试为《水浒传》的翻译，另外有冈白驹，则从“三言”中拔萃出来，著《小说精言》四卷(宽保三年、皇纪二四〇三)、《小说奇言》五卷(宝历三年、皇纪二四一八)。这是在原文施以训读的。白驹的门人风月庄左衙门继师的志，著《小说粹言》五卷(宝历八年、皇纪二四一八)，原来是十卷，只刊行五卷而止，实在可惜。这实是落后中国百年，才介绍到日本来的。降而有东都六树园(石川雅望)译《通俗醒世恒言》四卷(宽政元年、皇纪二四四九)和淡斋主人的《通俗古今奇观》五卷(文化十一年、皇纪二四七四)，这是按原书写下来的，近江赘世子的《通俗赤绳奇缘》(宝历十一年、皇纪二四二一)则是《卖油郎独占花魁》(《醒世恒言》)的抄译，由是而至芝居芝叟的《卖油郎》(文化十三年、皇纪二四七六)、十返舍一九的《通俗卖油郎》(文化七年)等，又是其翻案。①

盐谷温通过详尽的列举，点明中国小说的题材对江户时代前日本小说的影响，即日本读本小说和“翻案文学”的出现。他主观上强调了中国小说对江户时代前的日本文学发展的推动作用，客观上指出了中日文学之间的交流和碰撞，还侧面地展现了当时社会环境下的日本人对中国小说的热情。以“三言”“二拍”为代表的明清小说作品传入日本，为日本的文学爱好者开启了新的大门，也促进了读本小说的出现，标志着日本古代文学向近代文学发展的开始。盐谷温的这一段话可见当时日本小说界对中国文学的重视，也证明了江户时代日本文学之所以能够取得重大发展，离不开中国小说的滋养。

日本文人在创作读本小说时，对中国明清小说的翻译、介绍及仿效，使中国的文学作品从原本单纯的“语言文字教材”演变为提供日本市井阶层学习、消遣的文学作品，反映了日本文化在发展过程中，不断摄取和吸收外来先进文化养分的特征，体现了日本式“拿来主义”。但在明治维新以后，日本将文化学习的重心由中国转至西方国家，经历半个世纪的学习，日本小说界已将欧美小说“菁萃渔尽”。或许出于这一原因，盐谷温殷切地盼望日本小说界可以将目光再次投回新发现的中国小说，以期使当时“萎靡的我(按：此指日本)小说界中，开一新生面”②。

四、结　　语

日本汉学家盐谷温是中国小说研究的重要学者，他不仅开创了重视中国小说研究的先河，也是较早完成中国小说史写作的学者。盐谷温的研究和著作对中国学术界影响颇大，甚或可以说早期中国学者所撰著的中国小说史，均不同程度上受到他的影响。通过对盐谷温中国小说研究的审视，可以发现其受西方学术的影响甚为明显，这应是盐谷温在德国等地留学时，接受现代西方学术熏陶的结果。另一方面，盐谷温的中国小说研究注重用文学

① [日]盐谷温：《中国文学与日本文学之交涉》，洪炎秋译，《北京近代科学图书馆丛刊第十》，1938年，第11页。

② [日]盐谷温：《中国文学与日本文学之交涉》，洪炎秋译，《北京近代科学图书馆丛刊第十》，1938年，第13页。

比较的方法，从文学普遍性的角度讨论中国小说，尤其着意于中国小说与日本文学的关系。这些特点既不同于早期西方学者的中国小说研究，也有别于后来中国学者的相关著作。因此，在西学东渐的大背景下，盐谷温的中国小说研究既是沟通东西学术的转接点，又是别具自身特色的学术个案。

（作者单位：澳门大学中文系）

元代文人雅集中书画鉴赏活动的文学史意义*

□ 王华龙 任红敏

【摘要】有元一代，无论是有官方背景的文士雅集，还是没有官方背景的文人雅集均盛极一时。元代科举不兴，儒士文人仕途受阻，转而追求心灵上的宽慰，他们借风雅之事以排解或抒情，同时，元朝宽松的文化政策为文人群体提供了自由的发挥空间，不仅推动了文人雅集之风的盛行，而且促进了书画鉴赏活动的发展。书画鉴赏历来是文人雅集中主要活动之一，元代文人雅集也不例外，品鉴书画、题画诗文，一时蔚然成风，催生了大量文学作品，更被赋予了社交属性，因而，元代文人雅集书画鉴赏活动赋予了文学史意义。

【关键词】元代文人雅集；书画鉴赏；文学史意义

雅集是指文人雅士聚在一起品酒吟诗、觞政流行、议论学问的集会。“考宴集唱和之盛，始于金谷、兰亭；园林题咏之多，肇于辋川、云溪。其宾客之佳，文辞之富，则未有过于是集者。虽遭逢衰世，有托而逃，而文采风流，照映一世，数百年后，犹想见之。”①文人雅集之风源于先秦，始于西汉，盛于六朝，参与者最初仅限于贵族士人，至六朝时则多为贵族门阀，大多彰显名士风流。随着唐朝科举以诗文取士，门阀制度逐渐消亡，文人雅士这一概念逐渐突破贵族门阀限制，雅集活动也突破了贵族阶层的限制。宋代重文轻武，科举制度逐渐完善，儒士文人地位提高，文人们更喜欢雅集之乐，正如苏轼、黄鲁直、秦观、米芾等人参加的西园雅集所描述的：“人间清旷之乐，不过于此。嗟乎！汹涌于名利之域而不知退者，岂易得此邪？自东坡而下凡十有六人，以文章议论，博学辨识，英辞妙墨，好古多闻，雄豪绝俗之资，高深羽流之杰，卓然高致，名动四夷。后之览者不独图画之可观，亦足仿佛其人耳。”②雅集成为儒士文人之间一种重要的社交活动，亦成为推动鉴赏书画和品题书画的重要方式。至元朝文人雅集已经蔚然成风，文士们常常聚在一起，赏画、酬唱、题赠，正如萧启庆先生所言，“士人雅集小聚、或出自自身作品，或出

---

* 本文系国家社科基金项目“元诗四大家与延祐诗风研究”(21BZW016)阶段性成果。

① (清)永瑢等：《四库全书总目》卷188《〈玉山名胜集〉提要》，中华书局1965年版。

② (宋)米芾：《西园雅集图记》，贺复征：《文章辨体汇选》卷584，《景印文渊阁四库全书》第1408册，台湾“商务印书馆”1985年版。

所藏当代或前代名家书画，供朋友观赏并加品题，这是士人间切磋艺文、慕友谊的一种重要方式"①。雅集敦促了友谊，推动了文化艺术的发展，雅爱收藏书画者，邀请同道观书鉴画，"能诗者必知画，而能画者多知诗，由其道无二致也"②，或出于共同的爱好，或应酬交往，或纯粹为了附庸风雅，或为书画凭附增价，促进沟通。文士雅集之时，以鉴赏题画促进交游或者以诗文书画自娱成了每次雅集必不可少雅逸活动，鉴赏书画、借诗词以抒情蔚然成风。

一

文人雅集活动是元朝文人士风与文风的集中体现。元朝选官制度主要采用"根脚制"，即选官看重门第出身，因此统治阶层中仍以蒙古贵族及色目勋贵为主，而通过科举入仕为官的汉族士子不仅数量少，而且地位和待遇远不及宋朝。元代科举亦屡兴屡废，有学者统计，自1206年成吉思汗建立蒙古国至1368年元朝灭亡，历162年，自仁宗时开始行科举，科举施行52年，扣除元统三年(1335)至至正元年(1341)科举中断的7年，实际上只有45年的时间，仅开科16次，最多一次是元统元年(1333)取士100人，终元之世，左、右两榜共取士1139人。③ 由此可见，元朝科举制度不仅执行时间短、规模较小，而且擢用人数较少。元朝用人政策重根脚亦重用经济义理之士，文人通过科举入仕之途狭窄，导致汉人、南人在政治权力上被边缘化，大大挫伤了汉族文人儒士群体积极入仕的上进心，大量汉族文人儒士虽饱读诗书，怀有济世安民之心，却无法通过仕途实现治国安邦的人生理想，于是转而向诗酒酬唱、寄情山水隐逸以追求精神独立与自由，"今之儒者平居无事，务铅椠，博学多闻，洞究往古，问无不知。至于当世切务，恬不加问，窒无所闻。户口之多寡，政治之美恶，国势之本末，竟莫之知。一旦乘虚名而宠召论上前，掇陈编，拾烂语，枝离浩漫，施之于今，无一言之可用"④。胡祗遹对元朝文人儒士只知读书，不晓政事进行了批判，但也不难看出这一群体的关注重点已由政事转向诗文。元代很多文人学而无售，不能实现自我价值，他们更重视自己读书人的身份，以读书著文为乐，读书之余暇组织大大小小的雅集聚会，赏画、品茶、酬酒、赋诗，以此彰显独立的人格与精神的自由，填补不能蟾宫折桂、金榜题名的缺憾。这也是导致元朝文人雅集之风兴盛和雅集上书画鉴赏活动频繁的原因。

元代很多文人书画兼善，他们喜欢参加鉴定法书名画古器物而举办的雅集之会。据柳贯《跋鲜于伯几与仇彦中小帖》一文追忆：当朝李衎、梁曾、高克恭、鲜于枢、郭畀等五位雅士聚会鉴画的胜事，其中著名画家李衎和高克恭擅长画竹子，书法名家鲜于枢善草书，镇江郭畀长于书画，燕人梁曾政事、文章皆有可观，"异时论至元间中州人物极盛，由去金亡未远，而宋之故老遗民往往多在。方车书大同，弓旌四出，蔽遮江淮，无复限

① 萧启庆：《元朝多族士人的书画题跋》，《文史》2011年第2期，第209页。

② (元)杨维桢：《东维子集》卷11《无声诗意序》，《景印文渊阁四库全书》第1221册，台湾"商务印书馆"1985年版。

③ 参见任红敏：《元代科举与元代文学发展》，《中州学刊》2018年第2期。

④ 魏崇武等校点：《胡祗遹集》，吉林文史出版社2008年版，第572~573页。

制。风流文献，盖交相景慕，惟恐不得一日睹也。故游仕于南而最爱钱塘山水者，予及识其五人焉，曰李仲芳、高彦敬、梁贡父、鲜于伯几、郭祐之。仲芳、彦敬，兴至时作竹石林峦，伯几行草书入能品，贡父、祐之与三君俱嗜吟，喜鉴定法书名画古器物，而吴越之士因之引重，亦数人。彦中廉访公还自南闽，尝为伯几留连旬月，时赵子昂解齐州归吴兴，颇亦来从诸君醼集”①。五位南北名士文采风流，均喜爱“鉴定法书名画古器物”，可谓志趣相投，来到风景优美的钱塘，更是常常聚在一起鉴赏、作画、品书、吟诗，这种放松洒脱而无拘无束的雅会，是纯文人的快乐，被时人和后人羡慕称赏不已。

另外，又如池上雅集，大德二年(1298)赵孟頫、霍肃、周密、郭畀、张伯淳、廉希贡、马昫、乔篑成、杨肯堂、李衎、王芝、邓文原等当世名士聚于鲜于枢家，“佑之出右军《思想帖》真迹，有龙跳天门、虎卧凤阁之势，观者无不咨嗟叹赏神物之难遇也”②。在这次雅集中，文人雅士一同鉴赏郭忠恕《雪雾江行图》和王羲之《思想帖》真迹③，又是一幅画一幅字而引来很多名士文臣聚到一起的雅集。耕渔轩乃是由元季名士徐达左隐居山中所筑耕渔轩，曾有很多文人名士聚会于此多为题咏，其知名度和影响力能够与玉山雅集相媲美。“当是时，玉山才子金粟道人以雄资倾客，园林声伎，跌荡其文采风流。良夫顾独饭稻羹渔，一丘一壑，陶咏其温柔敦厚而士俱从之游。”④徐达左，字良夫，或作良辅，号耕渔隐者、耕渔子，元末隐居邓尉山。当世名士诸如倪瓒、周砥、高启、陈汝秩、张羽、虞堪、徐卉、谢应芳、郑元裕、王逢、高启、杨基、张羽、杨维桢、周伯琦、苏大年、张翥、许有壬、贡师泰等均参与过耕渔轩雅集，赏画作诗之余留下了《耕渔轩记》《耕渔轩说》《耕渔轩铭》等众多题画诗及题跋。

至治三年(1323)春鲁国大长公主祥哥剌吉主持的天庆寺雅集是元代层次最高的书画鉴赏之会，留下的相关书画题跋数多，而且很集中。袁桷、魏必复、李泂、张珪、赵岩、杜禧、赵世延、王毅、冯子振、陈颢、柳贯、吴全节、王观、孛术鲁翀等翰苑文臣均留有书跋题画诗文，他们在鲁国大长公主主持下，鉴赏书画臻品若干卷：

> 至治三年三月甲寅，鲁国大长公主集中书议事执政官，翰林、集贤、成均之在位者，悉会于南城之天庆寺。命秘书监丞李某为之主，其王府之寮寀悉以佐执事。笾豆静嘉，尊斝洁清，酒不强饮，簪佩杂错，水陆毕凑，各执礼尽欢以承饮赐，而莫敢自恣。酒阑，出图画若干卷，命随其所能，俾识于后。礼成，复命能文词者，叙其岁月，以昭示来世。⑤

① (元)柳贯：《柳待制文集》卷18，《景印文渊阁四库全书》第1210册，台湾“商务印书馆”1986年版，第16页b~17页a。

② 赵孟頫：《题王右军思想帖》，(清)卞永誉：《书画汇考》卷6，《景印文渊阁四库全书》第827册，台湾“商务印书馆”1986年，第18页b~19页a。

③ 据胡敬《西清札记》卷一《郭忠恕雪霁江行图》记载：“右郭忠恕《雪霁江行图》，神色生动，徽庙题为真迹，诚至宝也。大德二年二月廿三日，同霍清臣、周公谨、乔篑成诸子获观于鲜于伯几池上。是日，郭佑之出右军《思想帖》，亦大观也。赵孟頫书。”

④ (清)董文骥：《金兰集序》，《金兰集》卷首，中华书局2013年版，第12页。

⑤ (元)袁桷：《鲁国大长公主图画记》，李军等校点：《袁桷集》，吉林文史出版社2011年版，第640页。

仅供众文人鉴赏的书画作品就有40余幅，主要有赵佶《扇面》《鸂鶒》《桃核图》《琼兰殿记》《梅雀图》，王振鹏《锦标图》《狸奴》，周增《水塘秋禽图》，吴元瑜《四时折枝》，江贯道《烟雨图》，徐白《秋塘戏鱼图》，惠崇《小景》，黄庭坚《松风阁诗》，王生《鬼戏图》，隆茂宗《罗汉》，周昉《金星》，黄居宝《湖石水禽图》，梵隆《护法神》，马贲《秋塘水禽图》，何尊师《醉猫》，钱选《禾鼠》，萧照《江山图》，赵昌《折枝》，燕文贵《山水》，黄宗道《播州杨氏女》，巨然《山水》，顺宗《墨行》，唐摹锺繇《贺捷表》，以及《定武兰亭》《牧羊图》《九马图》《天王供佛图》《出山佛像》《折枝》《孤鹤图》《传古龙赞》《罗汉图》《时苗留犊图》《苏李河梁图》《海潮图》《海狗窠石图》等①，皆为传世珍品，可见其规模之大，品铁之高。在众多与会文臣之中，袁桷留下的题跋最多，黄庭坚行书代表作《松风阁诗卷》就有14处题跋写于本次雅集。可以说有官方背景的天庆寺雅集是元代最具代表性高规格的书画鉴赏之会，不仅是一次典型的多族文士雅会，而且在整个中国书画鉴藏史上具有重要意义。

二

元朝文人雅集是元朝士风的产物，有着鲜明的特点，呈现出元代文人雅集所独有的特色和魅力。尤其是元代中后期，东南地区的文人雅会空前频繁，呈现文士心灵完全放松的聚会之乐，其中雪堂禅师、鲜于枢、徐达左、杨维桢、顾瑛等人既是当世名士又是著名的雅集主人，各雅集的参与者多有重合和交流，尤以玉山雅集最具代表性，没有官方背景，且留下了大量的题画诗文，对元中晚期诗坛乃至后世诗文创作都产生了巨大的影响。

顾瑛的玉山雅集是元代雅集的鼎盛和辉煌，历时持续二十年之长，参与文人众多，来源广泛，令时人及后人艳羡不已，玉山草堂主人顾瑛在《题侄良用临赵魏公霜浦渔舟图》里说：

> 晓霜静落芦花里，渔夫拿舟弄苕水。平冈杂树净无烟，夹浦乱山青似洗。翰林是时始归老，最爱沤波亭子好。坐窗援笔写江南，一段秋光落挥扫。不知传世今几年，百金酬直不弃损。虎头犹子亦痴绝，生纸一幅能模传。前年之官去东浙，作赀殷勤赠云别。为将老眼细摩挲，颇似唐人临晋帖。咄咄八法皆逼真，独于妙处难其神。兰亭赝本永宝世，藏护不减囊中珍。今我不乐居溪上，客有龙门远相访。共披此卷遣闲情，眼底澄江动晴浪。嗟今南北皆干戈，清风日少红尘多。磨穿铁研不得志，拔剑斫地空高歌。②

可见其山水园林的闲适生活，没有尘世俗务，南北各地文人雅士汇聚一堂，以观书作画为乐，赏乐赋诗。顾瑛的读书舍、可诗斋、书画舫、芝云堂、湖光山色楼、碧梧翠竹堂等处储藏了不少书画和鼎彝名物，杨维桢称玉山草堂中书画舫："中无他长物，唯琴瑟笔

① （元）袁桷：《皇姑鲁国大长公主图画奉教题》，李军等校点：《袁桷集》，吉林文史出版社2011年版，第634页。

② （元）顾瑛撰，杨镰整理：《玉山璞稿》，中华书局2008年版，第57页。

砚，多者书与画耳。”①此处是专门用于收藏书画的场所，收藏了大量历代书画。从《草堂雅集》所收的《题宋徽宗画柔条两燕》《题黄筌梅花山茶野禽图》《题宣和书画博士李时雍渭川烟雨图》《题赵千里临李思训金碧山水》《题钱舜举画梨花》《商寿岩山水图》《赵松雪人马图》《题管夫人竹》《题柯博士墨竹》等诗题来看，顾瑛藏画多是宋朝和本朝钱舜举、赵孟頫、管道升、商琦、柯九思等名家之作，还有宫廷画家蒙古人张彦辅的画，可供参与玉山雅集的文士鉴赏。顾瑛本人有极高的书画修养，会作画，虽不是知名画家，但喜欢结交文人雅士，当时南北名流，鲜有不与其会者，其中有很多书画名家，虞集、杜本、吴叡、唐志大、泰不华、黄溍、李祁、沈明远、陆仁、吕诚、李元珪、郑元祐、周伯琦、赵期颐、俞和等乃著名书家，唐棣、黄公望、倪瓒、张渥、赵涣、陈植、王冕、宗束庚、赵元、从序、倪宏、陈汝言、顾元用、释祖柏等善画，各有千秋，在雅集活动中均有画作，柯九思、张简、张观、张逊、赵雍、赵奕、赵麟、王蒙、苏大年、周砥、熊梦祥、朱德润、马琬、释文信等书画兼擅，如此多的才士萃集于玉山草堂的雅集之会，确实是文人世界的盛景。柯九思是最早参加玉山雅集的书画名家，善画竹，顾瑛《柯九思小序》称赞柯九思：“画竹用文湖州墨法，墨花尤出新意。盖游戏出于天资，不与俗工同日语也。”②称赞柯九思不同凡响的文湖州墨法，柯九思算是玉山雅集的中心人物，题品了不少顾瑛珍藏的书画作品，另一方面参加玉山雅集的很多文人也为柯九思竹画题诗。雅集文士中擅画者所作《摘阮小像》《读道书小像》《栖禅小像》《勘书图》《柳塘洗马图》《一生三笑图》等皆以顾瑛的日常生活为题材，还有王蒙为顾瑛所画的《玉山草堂图》等，均是玉山雅集催生的画作。

玉山雅集可谓诗、书、画三者完美契合的一个文人雅集，鉴赏书画、作画、题诗或者题跋在玉山雅集中是非常普遍的文化活动，正如释良琦在《玉山佳处题咏诗序》中所描述的场景：“至正戊子二月十九日，杨侯铁崖宴于顾君玉山，赋咏叠笔，淮海张渥为图，传者无不叹羡。余后半月与吴兴郯九成至玉山，顾君张乐置酒，清歌雅论，人言不减杨侯雅集时。既酣畅，顾君征予赋诗，然予于声乐诗咏何有哉。适其所遇，而不违耳。呜呼，人谁非寓，故作诗以道其事，卒反乎正云耳。”③先赋诗，诗成张渥又画为图，又请众人赋诗。诸如此类文化活动非常多，在至正十六年(1356)七月举行的玉山雅集上，顾瑛、袁华、陆仁、王楷各赋一首，赵元作图，真正达到了诗、书、画完美契合。顾瑛编辑的《草堂雅集》共收入80位诗人的3369首诗，其中题画诗790余首，占全集的将近四分之一，此外，在其编辑的《玉山倡和》和《玉山遗什》中也有题画诗文60有余。这些题画诗文有些是为顾瑛的藏画而作，有些是为朋友的藏画题品，还有些是为描绘玉山雅集盛况所作画的题跋。玉山文人群体中作题画诗以杨维桢为多，杨维桢的题画诗被顾瑛收录在《草堂雅集》里，诸如《青莲居士像》《渊明漉酒图》《孟浩然还山图》等吟咏画作的多达70首。如杨维桢的题画诗《题渊明漉酒图》：

---

① (元)杨维桢：《东维子集》卷18，《景印文渊阁四库全书》第1221册，台湾“商务印书馆”1986年版，第19页a。

② (元)顾瑛著，杨镰、祁学明、张颐青整理：《草堂雅集》(上册)，中华书局2008年版，第1页。

③ (元)顾瑛：《玉山名胜集》卷2，《景印文渊阁四库全书》第1369册，台湾“商务印书馆”1986年版，第10页b。

义熙老人羲上人，一生嗜酒见天真。山中今日新酒熟，漉酒不知头上巾。酒醒乱发吹骚屑，架上乌纱洗糟蘖。客来勿怪头不巾，巾冠岂为我辈设。故人设具在道南，老人一笑猩猩贪。东林法师非酒社，攒眉入社吾何堪。家贫不食檀公肉，肯食刘家天子禄。颓然径醉卧坦腹，笑尔阿弘来奉足。①

陶渊明爱酒成癖，曾取头上葛巾漉酒，用过后还复着之。《漉酒图》通过用头巾滤酒后又照常戴上这种生活细节，表现陶渊明行为之洒脱，杨维桢的题画诗则借此渲染不拘常规的奇情豪气，为高士胸次的真率袒露。书画欣赏是元代文人雅集的重要内容之一，玉山雅集不仅是元代文人雅集的巅峰，且从雅集书画鉴赏的情况来看，也堪称元代雅集之最。玉山主人顾瑛书画藏品多，参与玉山雅集的画家、书家多，名家多，雅集中诗、书、画三者达到完美契合，题画诗文空前，仅陈贞一人所作《玉山草堂图》就有题跋十数篇，这些题跋大体指出了所题书画作品的艺术特点，显示出了题跋者的艺术素养。

玉山文人可以无拘无束聚在一起鉴书、赏画、作画、品题，无“治国平天下”功利目的，是不同于官场的纯文化艺术活动，有文有才即可，具有较强的娱乐性和趣味性，正如日本学者吉川幸次郎所说的“以文学至上、艺术至上而生活的态度。因为以艺术至上，所以在日常言行上主张艺术家的特权，而不为常识俗规所拘束。持有这种态度的人物，从这个时期以后，往往称之为‘文人’”②，元末的玉山文人真正实现了这一点，成了元末文人雅士的精神寄托。再者，这种形式对雅集文人的创作欲往往会有很强的刺激作用，催生大量文学作品，推动了元朝题画作品的发展。

三

文人题画诗的创作缘起于汉朝画赞，至晋朝陆机曾云：“丹青之兴，比雅颂之述，作美大业之馨香。宣物莫大于言，存形莫善于画，此之谓也。”③他对诗画之间的关系进行了初步的分析，认为画与诗可以相提并论，均能够发挥传情达意的作用。至唐朝时，诗与画的关系更加密切，出现了一些观赏画作、品评画家或提出画论而题写的诗歌，如杜甫创作的《戏题画山水图歌》《题李尊师松树障子歌》《题壁画马歌》，方干《项洙处士画水墨钓台》等，杜甫还被认为开题画诗风气之先④，此外，在艺术创作方面，王维尝试将作诗与绘画二者结合，在晚唐时张彦远还曾提出“书画异名而同体也”⑤。但就现存材料而言，唐朝

① 杨镰主编：《全元诗》第39册，中华书局2013年版，第243~244页。

② 吉川幸次郎著，李庆等译：《宋元明诗概说》，中州古籍出版社1987年版，第214页。

③ （唐）张彦远：《历代名画记》卷1《叙画之源流》，《景印文渊阁四库全书》第812册，台湾“商务印书馆”1986年版，第2页b。

④ 此说为清朝学者王士禛所倡。王士禛认为：“六朝已来，题画诗绝罕见，盛唐如李太白辈间一为之，拙劣不工，王季友一篇虽小有致，不能佳也。杜子美始创为画松画马画鹰画山水诸大篇，搜奇抉奥，笔补造化。”（参见清王士禛：《居易录》卷2，《景印文渊阁四库全书》第869册，台湾“商务印书馆”1986年版，第25页a）

⑤ （唐）张彦远：《历代名画记》卷1，《景印文渊阁四库全书》第812册，台湾“商务印书馆”1986年版，第2页a。

时尚未出现在画面上直接题写诗歌和题跋，题画诗与画作处于独立存在。至宋朝，诗与画的关系才逐渐清晰，在苏轼的推动下，从理论上总结出“诗画融通”的艺术创作规律，其中以“诗画本一律，天工与清新”之说为代表，① 强调诗与画共通的价值原则，昭示着“诗画融通”已进入自觉时代。在他的号召下，文人雅士品评文人画、将诗中情愫与画相融合的概念蔚然成风，并提出了“诗中有画，画中有诗”的著名论调，诗与画互通逐渐普遍，出现了直接在画上题诗的现象。至元朝时，题画诗早已风行多时，同时，文人画的发展也促使题画诗的进步，文人雅士更加注重对绘画内涵的理解和认识促进了诗与画之间的联系，遵循着“画难画之景，以诗凑成；吟难吟之诗，以画补足”②这一概念。随着元朝文人雅会繁盛，趣味相投的文人在雅集活动之中，诗人与书画家聚集一堂，追求高雅的逸趣，除了欣赏园林景观，在众多颇有学术氛围的宴集酬酢中，杯酒侑清欢，往往以藏品会友或者以自己书画会友，诗文字画则成为这种“逸趣”的主要承载体，元代书画品鉴活动品类繁多，社会影响大，几乎每个文人都有鉴赏书画的经历，他们研讨玩味，创作互动、相互赠予，彼此交流，逐渐成为元朝文人交谊的重要方式之一，更进一步促进了书画题咏风气的发展，文人雅士在此间创作了大量的题画诗。

元代文人因爱好书画而共同品鉴，文人雅集促进了书画鉴赏活动，书画鉴赏活动同时直接或间接促进了文人雅集的发展。通过雅集鉴赏书画藏品，在丰富个人收藏的同时扩大了交游范围，在相互交流与切磋鉴藏心得的基础上提高了鉴赏水平和鉴辨能力，通过共同品题书画作品促进了交游活动和友谊发展，从而显示了鉴赏书画重要的文学史意义。从上述元代文人雅集书画鉴赏来看，有以下特点。

其一，元代雅集书画鉴赏活动盛行于各个阶层。虽然作者身份的不同，对于诗与画理解不同，诗文涵养也不同，题画作品风格与质量不同，但文士们参与雅集书画鉴赏活动的热情很高。诸如有官方背景的鲁国大长公主祥哥剌吉主持的天庆寺雅集，不仅鉴赏的书画名品多，而且参与雅集的翰苑文臣袁桷、魏必复、李泂、张珪、赵岩、杜禧、赵世延、王毅、冯子振、陈颢、柳贯、吴全节、王观、孛术鲁翀等人均有题画诗文，在众多与会文士之中，袁桷留下的题跋最多。参加雅集的文人均是当时名公，多精通书画，擅长鉴赏，他们所作鉴赏类诗文水平上乘，如袁桷《惠崇小景》云：“惠崇作画，荆国王文公屡褒奖之。京下作宣和谱坚黜之，何耶？余尝评惠崇远景不逾于吴头楚尾，殆如大年朝陵止见西洛山水。然黄太史作诗曰：‘坐我潇湘洞庭。’岂其芒鞋逾楚而南？胸次浩荡，非少年所作也。此卷得之。”③柳贯《题黄庭坚松风阁诗》云：“豫章一再变，八体乃纯如。晚得鸡毛笔，大仿茧纸书。松风阁中作，群玉排疏疏。至今元祐脚，清标能起予。”④这些题跋大体指出了

---

① （宋）苏轼：《东坡全集》卷16，《景印文渊阁四库全书》第1107册，台湾“商务印书馆”1986年版，第25页a。

② （元）杨公远：《野趣有声画》序，《景印文渊阁四库全书》第1193册，台湾“商务印书馆”1986年版，第3页a。

③ （元）袁桷：《清容居士集》卷45《惠崇小景》，《景印文渊阁四库全书》第1203册，台湾“商务印书馆”1986年版。

④ （元）柳贯：《题黄庭坚松风阁诗》，张毅、于广杰编著：《宋元论书诗全编》，南开大学出版社2017年版，第302页。

所题书画作品的艺术特点，表达了鉴赏观点，显示出了题跋者的艺术素养。天庆寺雅集不仅荟集了很多名家之作，而且参与雅集的均为馆阁文士，堪称元代规模最大、层次最高的书画鉴赏之会，留下的相关书画题跋丰富且很集中，在同类雅集中无疑最具代表性。再如没有官方背景的玉山雅集，顾瑛出身自昆山氏族，豪富官商家庭，性格豪宕有才气，轻财结客，前人称其人其诗为“仲瑛在当时能以侠胜，诗笔特其余耳”①，喜爱结交三教九流、各种身份的文士。再者，元末文人雅集风气繁盛，“名园不夜之游，诗就是参与者的名片与身份证”②，参加玉山雅集的无论馆阁大员、地方官吏、布衣文人或伶人商贾、歌馆艺伎等，或吟诗作赋、或唱和酬酒、或作画弹琴，繁盛一时，甚至影响了整个元末诗坛。据杨镰先生统计，仅存至正年间的元人诗作，有十分之一竟是至正十年后的不长时间里写于昆山小小的“草堂”玉山佳处的。③ 玉山雅集即是元朝文人雅集活动的缩影，正是因为这些文人雅士身份背景千差万别，几乎囊括了当时社会的各个阶层，从朝堂官员，到在野文人、释道人士等均有题画作品。

其二，文人雅集书画鉴赏活动中所作题画诗反映了时人的审美倾向。诸如人物、花鸟、鞍马、墨竹题材均是当时受欢迎的品题对象。如在天庆寺雅集中冯子振所题《展子虔游春图》，现存北京故宫博物院，题诗云：“春漪吹鳞动轻澜，桃蹊李径葩未残。红桥瘦影迷远近，缓勒仰面何人看。高岩下谷韶景媚。瑟瑟芳菲韵纤细。层青峻碧草树腾，照野氍毹摊绣被。李唐岁月脚底参，杨隋能事笔不惭。东风晴陌苕复颖，浓绿正要君停骖。”④展子虔是隋代画家，以善画人马、台阁、山水著称。《游春图》以山水景色为主，其间有人物、寺庙、马匹、船屋、红桥、台阁等，青绿设色，描绘的是春游情景。画卷首末两端是一高一低呈对角之势的青山，中间的湖水微波粼粼。春色明媚，游人纵情山水。有的欲过红桥，有的策马山径，有的泛舟水上，有的驻足湖边。岸上桃杏绽放，绿草如茵。山上翠色掩映，云雾缭绕。整幅画卷有水天相接、山河并举的壮美，又不乏曲径通幽、旖旎春色的柔美。将画景与上引冯诗对照可知，冯子振的题诗大体是对画面的描述。袁桷所题《孤鹤图》云：“一庭凉月白，万里海云清。似欲乘天女，排空入帝京。”⑤将那孤鹤比仙女，在清凉的月夜，冲向无边无际的云霄。虽然他题写的书画作品未必都流传至今，但从袁桷所题可知书画作品的情形，他的题跋没有明显的抒情说理，也没有理论阐发，只是对书画内容的客观描述。又如上文所述，在玉山雅集存世题画诗中，花鸟画题画诗数量较多，甚至超过了人物画题画诗。尽管花鸟画成熟较晚，但在元朝时广受文人雅士欢迎，这与元朝隐逸的士风有关，大量文人雅士将诗与画作为抒发内心情感的对象，画风也逐渐倾

① （清）吴景旭：《历代诗话》卷71，《景印文渊阁四库全书》第1483册，台湾“商务印书馆”1986年版，第6页b。

② 杨镰：《元诗史》，人民文学出版社2003年版，第33页。

③ 杨镰：《元诗史》，人民文学出版社2003年版，第33页。

④ （元）冯子振：《奉皇姊大长公主命题展子虔游春图》，（元）李祁：《海粟集辑存》，岳麓书社2009年版，第42~43页。

⑤ （元）袁桷：《清容居士集·附札记》，丛书集成初编本，商务印书馆1912年版，第763页。

向于追求清逸幽雅的境界，很多玉山雅集文人花鸟画题画诗反映了元代花鸟绘画发展的主流和审美倾向，当然也为花鸟画提供了广阔的发展空间。

其三，文人雅集中的题跋书画活动是艺术鉴赏，有其独特之处：一是具有即兴性，即一般是在雅集的时空中完成题跋；二是具有竞争性，尤其是雅集文人在题跋同一幅书画时，往往会有意识地追求与人不同。比如天庆寺雅集中很多人都题跋了钱舜举的《硕鼠图》，现存袁桷、冯子振、李泂、赵岩、杜禧、柳贯、陈颢、邓文原、王约的作品。此图现已不存，但以硕鼠命名可知画景较简洁，以大老鼠为表现对象。毫无疑问，此卷与《诗经》中的《硕鼠》有关联，而且硕鼠的形象仍是负面形象，是人们批判的对象。冯子振《题钱舜举硕鼠图》云："点吻工馋恣陆梁，粟初黄候未登场。君恩一穗填渠腹，可信年年盗太仓。"①陈颢《题钱舜举硕鼠图》云："苦尽谷才黄，将收欲上场。农夫未到口，田鼠已盈仓。"②杜禧《题钱舜举硕鼠图》云："尝谓李斯称硕鼠，相因红腐岂云多。画工不作狸奴捕，犹绘冥冥盗一禾。"③这些诗都不难理解，可谓角度各有不同。冯诗借硕鼠批判腐败官员，陈诗中的田鼠乃实写，杜诗则意在生发画家立意。也有的题跋内容相似，如王约《题钱舜举硕鼠图》云："六月汗如雨，谁信弄家苦。一粒未沾唇，先饱田间鼠。"④表达的意思与陈诗基本一致。在题跋者看来，这样的情况并不值得提倡。魏必复《题王孤云渍墨角抵图》云："十朋抵角鱼龙戏，百怪踯躅狮豹跧。题评无足起新意，徒费舒卷笔砚间。"⑤王振鹏的《渍墨角抵图》也是雅集上题跋的热点，魏氏深感题跋出新之难，不禁慨叹。这正体现了文人雅集中书画欣赏和题跋活动的独特之处，其中包含着对文人艺术鉴赏能力及文学表达水平的考验。文人雅集书画鉴赏活动使创作题画诗具有着社交属性。此类诗歌多作于文人雅集书画鉴赏活动中，其艺术价值、画论价值大多较为寻常，多为应时应酬而作，但一定程度上反映了元朝文人的心态。这些题画诗能够在文人群体中流行，并不只是因为其自身的艺术价值，更像一种应酬的方式和情感交流的媒介。⑥ 文人雅士在雅集中，通过书画鉴赏活动逐渐建立起以互赠诗作、画作为纽带的关系网络，最终构建出在文人雅士群体中所流行的一种社群文化。

"一代有一代之文学"，文学作品反映出了那个时代文人雅士的精神风貌。元朝文人雅集书画鉴赏活动既是当时的盛事，又推动了元朝文人雅士群体交游的发展，且在不同时期呈现出了不同的风格，集中反映了元朝文人雅士群体的士风与诗风。元朝文人雅集书画鉴赏活动推动了题画诗创作，文人雅士群体或酬酒赋诗，或同题共吟，或借此结交，致使题画诗创作蔚然成风，甚至影响到了后世书画创作，使诗画融通之风逐渐风靡。值得注意的是，创作题画诗、开展文人雅集活动都并非元朝文人群体所首创，但都不同程度在元朝

① 卢辅圣主编：《中国书画全书》第7册，上海书画出版社1993年版，第7页。
② 卢辅圣主编：《中国书画全书》第7册，上海书画出版社1993年版，第7页。
③ 卢辅圣主编：《中国书画全书》第7册，上海书画出版社1993年版，第7页。
④ 卢辅圣主编：《中国书画全书》第7册，上海书画出版社1993年版，第7页。
⑤ 卢辅圣主编：《中国书画全书》第8册，上海书画出版社1993年版，第541页。
⑥ 王进：《顾瑛与玉山雅集绘画创作》，中国艺术研究院，2010年。

得以进一步发展，呈现出了更多的可能性。此外，文人雅集书画鉴赏活动在召集者的倡导之下，对元朝的诗坛与书画创作都发挥了一定的引领作用，为诗风、画风乃至审美取向的转变明示指引，致使后世纷纷效仿，实现了文人雅集活动、书画创作观念、诗坛风气的传递与发展。

（作者单位：长江大学人文与新媒体学院、台州学院文学院）

鳰字名实考与传统术语资源的当代应用*

□ 孙 婉 张延成

【摘要】鳰字作为古人对鸟类反吐食物残渣食性观察的经验知识而命名，并保存于《说文解字》中，历经1800余年，语义内涵渐趋丰满、音义理据终以彰显。论文考索其同源词族及其历史语义变迁，据以申明传统训诂学解物释名的“据实目验”之法，又借以阐发陈寅恪期许的“新训诂学”之“一字即是作一部文化史”的学术理念，反思汉语概念史研究应立足传统音义资源的取向。讨论该字起用为生物学、动物学专业术语，并用以对译外文相关术语的可能，检讨相关字词资源用于当代术语命名的社会文化价值及攸关文化自信的宏大议题。

【关键词】说文解字；训诂学；历史语义；概念史；传统资源；术语命名与翻译

鳰，《汉语大字典》(以下简称《大字典》)注音为 wō，释为“鸟猎食后吐出的废物，形如丸状”。此解释来自《说文解字·丸部》：“鳰，鸷鸟食已，吐其皮毛如丸。从丸，咼声。读若骫。”除非相关专家或对猛禽食性有所了解的人，一般读者难知其详。从训诂、概念释义角度细究，上述解释存疑不少：《大字典》释义中的鸟是什么鸟？“废物”是什么？“丸状”具体形状如何？这个解释合适否？《说文》所云“鸷鸟”又是什么鸟？食后所吐丸状物可信否？丸状物组成成分如何？仅仅是皮毛吗？这种吐弃物现代叫什么？生物学中有没有专名？这些疑问不仅涉及对这个有趣现象的理性求解及其概念语义变迁，也涉及训诂学“据实目验”的方法论问题、涉及辞书释义如何处理百科知识以及传统阐释资源的当代利用等问题。

一、鳰之故训与新证

鳰字释义的大体内容从《说文》到今天大型辞书变化不大。故训赅博的《故训汇纂》也

* 本文为湖北省人文社会科学重点研究基地·江汉大学武汉语言文化研究中心2022年度开放基金重点资助项目成果。

鲜有新意训释。根据《说文解字》嗢的信息搜索《四库全书》，我们发现这部总字数九亿九千七百万字、号称囊括清乾隆以前中国历史上主要典籍的皇皇巨制，涉及该字的解释也大多是辗转承袭《说文》释义。据查，释义与《说文》完全一致的古辞书有《原本广韵》《重修广韵》《集韵》《六书故》《音韵阐微》《康熙字典》等；也有传抄过程中增减或改动个别字词的，如《类篇》作"吐其皮，皮毛如丸"，《重修玉篇》《五音集韵》《龙龛手鉴》作"吐(其)毛如丸"，《六书统》作"吐其皮如丸"。南唐徐锴《系传》的注释"言鹰隼之属既食鸟雀，必吐其皮毛"提到猛禽类型和所食对象，略有新意。沈括《补笔谈》卷三《药议》没有明言嗢字，但涉及其释义内容："鹰鹯食鸟兽之肉，虽筋内皆化，而独不能化毛。"两相比较，"鹰隼""鹰鹯"都是鹰类，"鸟兽"外延大于"鸟雀"，更为精确；但"独不能化毛"也非形成嗢的唯一条件。惟清代段玉裁《说文解字注》明示自己的目验实证："玉裁昔宰巫山县，亲见鸱鸟所吐皮毛如丸。"段玉裁能给出这样的注解，与其无征不信的训诂理念有关："凡物必须得目验而折衷古籍，乃谓可信"(《说文·木部》"梼"字注)，但段能征实的也只限于"鸱鸟"(猫头鹰属)。可以想见的是，段玉裁之前一定有人知道猛禽吐丸的现象，或许不载于经传，因而隐没无闻。《大字典》所释见上，《中文大辞典》释为"鸷鸟食鸟兽已，吐其毛皮如丸"，《中华字海》为"猛禽猎食鸟雀等后吐出的团状废物"，应该说两部书都注意吸收前人成说而增益不大。

辞书和文献中又有"嗢""骩"释义混同问题，二字或有同源乃至同文的关系。《说文》"骩"出现在嗢的释文中，即"读若骩"，也有独立字头。二字上古音韵地位是影母歌部(王力体系)，间有影晓、歌支的微小差别，音理上都是公认可通的。《说文·骨部》："骩，骨端骩奊也。从骨丸声。于诡切"段注："夨部奊下曰：'头衺骩奊态也'……然则骩奊者，谓屈曲之状。"林义光《文源》卷十二谓："此字经传未见言，《广雅》'骩，曲也'(释诂一)，骩音同形近，本义当为委曲，咼丸皆声也，咼(歌韵)丸(寒韵)双声对转……言骨端者以从骨而增之，恐非本义，骨即咼之形讹，与嗢同字。"马叙伦《说文解字六书疏证》卷十八引钮树玉、承培元以为"咼""即《孟子·滕文公》'出而哇之'之哇"。马认同林义光说，谓"即骩之偏旁易位而骨又讹为咼耳。……承谓出而哇之者，即口部之咼，旡部之旤也"。我们又据《说文》"咼"为"口戾不正"、"旡"为"饮食气屰不得息"、旤为"屰恶惊词也"，则诸字兼处歪斜屈曲、口中逆出、丸屈之状(皆涉口形)①的语义场，音近义通。综上，我们认为《说文》释嗢以"读若骩"言之，按"读若"体例"骩"不仅是注音还兼具释义功能，取义为委曲歪斜貌，嗢骩同属歌部、影母同纽或邻纽，两者可以是同源字(词)，也可是同文关系(黄侃多有申明)。是故，章太炎视之为燕窝"窝"的本字，其《新方言·释动物》谓："今贵州谓海燕食鱼所吐为燕窝，音正作骩，通语音如阿，从咼声也。"《辞海》(上海辞书出版社 2010 年第 6 版)又引章说释"骩"为："燕窝的'窝'本字。"则"嗢""骩""窝"古音通，语义上都有"曲圆"义，可为同源字族②。

或因《说文》嗢字所涉现象不常见，千百年来故训信息匮乏，段注所述之"亲见"就颇受瞩目，被后人反复征引以为鉴借。其中，较早注意其价值的是陆宗达先生，他在《说文

① 嗢主要是纺锤形、橄榄状，呈不规则的椭圆，也与委曲形状类同。

② 窝嗢，皆声符示意，有曲圆貌。徐锴《系传》释骩有"盘曲"义，与窝字语义特征类同。参之上文，故可为同源。

解字的价值和功用》(1978)①中有这样的论述:

> (在《说文》中)有关古代科学技术方面的资料也是很多的,今只举一例。长期以来,猛禽类如何攫食小动物,一直是中外生物学界未能打开的谜。而弄清楚这个问题对于研究动物习性、判断益鸟害鸟、保护农作物发展都是有意义的。直至"文化大革命"前,我国科学工作者才从实际观察中找到了答案,并摄制了科教影片②。原来猫头鹰吃老鼠一类小动物是整吞的,吃完后皮毛一起吐出。这一发现被有些同志视为揭开生物界的一个奥秘。但是这个问题实际上许慎早已给解决了。《说文》丸部:
>
> 㼐,鸷鸟食已,吐其皮毛如丸。从丸,咼声。读若骫。
>
> 这个解说多么具体、多么形象!段玉裁谓"玉裁昔宰巫山县,亲见鸱鸟所吐皮毛如丸"。他以自己实地观察到的结果证实许说的正确,这点是可贵的。但他还只是见到鸱鸟所吐的如丸的皮毛;现代科学工作者虽用现代化的工具观察到了全过程,但对象也还限于鸱鸟,都不及许慎说解内容的丰富和全面。这充分反映了我国古代劳动人民和科学家对自然界观察研究得多么细致而准确。

很多学者继而从不同方面征引以证明《说文》释义和段注的价值。如郭在贻《训诂丛稿》借以推崇段玉裁方法:"他对于草木鸟兽虫鱼以及山川地理的考释,绝不以抄书为满足,而尽可能做到'据实目验'。"③许威汉《汉语词汇学导论》(修订版)引此例用于说明语素汉字的理据和历史功能。吴庆峰在《训诂学新篇》引用相声家于谦新著《玩儿》中的驯化野鹰事,增加一些对㼐的新认识。还有其他不少著作征引,就不烦举例了。这说明㼐字现象具有较强的认知显著性,值得进一步探究。

综上,前代诸家能在许慎释义上有所增补的信息比较零星。如段玉裁提到"鸱鸟"、沈括提到的"鹰鹯食鸟兽之肉"之类。本文开篇提到的疑问,并没有很好的解答。或限于资料,或欠缺跨行交流,致㼐字解释难得深入全面。吐食丸的现象对于生物学家(鸟类学家)或懂行的民间人士而言(训鹰者等),应该不是冷门知识。陆宗达先生提到"现代科学工作者"仅仅是科教片的工作者,他们不熟悉猛禽食性是可以理解的。过去,一般人确实很难看到吐㼐的现象,偶尔看到了也很难传播相关信息,而在当今信息时代,自媒体发达,公众记录和拍摄的相关信息就更容易传播,尤其是搜索引擎技术更方便大众和研究者主动获取相关资源。笔者仅就中文"食丸",英文 owl/eagle 和 pellet 合并搜索就得到不少精彩照片和视频,以及不乏专业性的描述文字。而一些正规学术论文也不见得都能提供相关细节和多模态信息。科技手段提供了"据实目验"的新条件。这样我们就可尝试回答文章开头提出的问题了。

什么鸟会吐食丸呢?总结沈括、徐锴、段玉裁诸说,是"鹰鹯"鹰隼之属"鸱鸟",这恰与现代鸟类学依食性把猛禽分成昼禽和夜禽两类一致,昼禽有鹰、雕、鹫、鹞、隼、鸢

---

① 陆氏《陆宗达语言学论文集》(1996)、《说文解字通论》(1981)均录此文,文字略有出入。

② 据查,科教片片名原为"猫头鹰值夜班",又名"不平静的夜",上海科学教育电影制片厂 1964 年出品,羽奇导演。

③ 郭在贻等:《郭在贻文集》第 1 卷《训诂丛稿》,中华书局 2002 年版,第 361 页。

等，夜禽主要是各种猫头鹰(鸱鸮之类)。现代科学家们发现有300多种捕食性鸟类能吐出食丸，其中大部分是猛禽类。陆宗达评述许慎所言“鸷鸟”为泛指猛禽类，是很注意概括性的。但值得注意的是，一些小型的吞食小鱼小虾昆虫之类的肉食鸟也可以吐鶌，如白腰鹊鸲、北红尾鸲等，还有上述章太炎所说的“海燕”之类，自媒体信息中可以搜到的伯劳、翠鸟，甚至还有杂食性的乌鸦、喜鹊等。

所食为何？“废物”组成如何？《说文》《大字典》等都没细说，《中华字海》袭用徐锴《系传》认为是“鸟雀等”。陆宗达据科教片说明可能主要是老鼠。沈括说的“鸟兽”更具概括性。此外，小型肉食鸟还可攫食小鱼小虾昆虫等。作为食丸的鶌到底包裹些什么东西？《动物标本采集保藏鉴定和信息共享指南》一书是这样解释的：“食丸(pellet)。食丸指食鱼及食肉鸟类的砂囊阻止坚硬的骨骼和不能消化的食物残块向下进入肠道，并把骨、羽毛、毛发、纤维素或几丁质等滚成一个椭圆形的块状物，从胃内反吐出来的物体。”①这里解释了鶌形成的机理和组成，比《说文》中简单的“皮毛”说丰富多了。

总之，吐鶌的鸟主要是食荤和杂食鸟，猛禽类最为典型。吞食多鼠蛇、鸟雀、鱼虾等。鶌多呈灰黑色椭圆形(橄榄或纺锤状)②，其中可能包含骨骼、鱼鳞、鸟喙、昆虫、毛发、几丁质(甲壳质)等，甚至还有泥土、硬币等偶尔误吞的东西。大者手握，小如弹丸。

二、鶌之今名概说

鶌，现代叫什么呢？民间有“毛壳儿”“毛丸”“吐轴”等称呼，知道的人也并不多。相关专业领域的称名也很不一致：“鸟类网”有专门的词条“食丸”与之对应，同义词有“食团”“吐食丸”。据查，作为动物学专业术语还有“唾余”“吐弃块”“呕食团”“食物团”“食物残块”“回吐食物团”等名词。科学出版社名词室编《汉英生物学词汇》、宋大祥等主编《英汉动物学词典》等都用“吐弃块”对译英文中相应的pellets。③ 从词性、语义和使用现状看，“吐弃块”可作为规范术语的首选。

据王世襄《锦灰堆》记载北方民间叫“毛壳儿”④，其呕吐动作叫吐轴(也可用作名词指称所吐物)。王说“轴”是个临时记音字。动物学名词审定委员会《动物学名词》在Regurgitation(指食性中的吐弃行为)下注释：“动物(如猛禽等)呕吐不消化物的行为，北方民间俗称‘吐轴’。”⑤轴既可是自然食性产物，也可是饲养行为的人造物。据王书，轴在老北京是用线麻做成的，水煮后经捶打再入口咀嚼以使之柔软，然后做成蚕茧样大小，喂晚食时裹肉让鹰吃下去。不同地方制轴的用料各异，或用苘麻，或用布、谷草、鸟毛等。这种经验，清代桂馥《说文解字义证》(第二十九)有所提及：“猎者飤(饲)禽必待吐丸而后放。”这样，《说文》中看起来僻字僻义的鶌，一旦与生活中实际结合起来就显得很

① 薛大勇：《动物标本采集保藏鉴定和信息共享指南》，中国标准出版社2010年版，第236页。

② 限于食物结构和鸟类消化道，吐出的鶌一般不可能是正圆的。徐锴《系传》中提到“丸屈也”可能就注意到了。用英文eagle pellets在谷歌搜索有大量的图片和视频可证。

③ 《汉英生物学词汇》(第2版)，科学出版社2008年版；宋大祥、吴岷主编：《英汉动物学词典》，科学出版社2008年版。

④ 王世襄：《王世襄自选集》第2卷《锦灰堆》，生活·读书·新知三联书店2000年版，第682页。

⑤ 宋大祥：《动物学名词》，科学出版社1997年版，第30页。

普通了。喂轴是劳动人民养鹰实践的发现，很多现代鸟类专家也不见得清楚。王书就提到1932年他留美时，就“喂轴”问一位主讲“华北的鸟”这门课的美国鸟类专家，专家对此茫然无知。

把人工饲养时人造的“轴”联系到㲉字始见于明代朝鲜李焰纂辑的《新增鹰鹘方》①：

> 㲉……或用细羽，或用去核木花，或用有核木花，或用布。将饲时，先以右件物渍水捋掌如弹丸大，量宜碎分，裹肉饲之。布伤鹰，有核者次之，去核者平平，细羽最善。吐㲉之日，鹰内恶不喜猎。

想来，李焰是把《说文》中记载的猛禽天然习性的㲉用于人工模拟物的命名了，理近而物异。至于《说文》时代喂不喂轴，喂的轴是不是叫㲉，就难以考索了。

三、㲉字术语化的可能

既然我们讲“吐弃块”可以作为规范性术语，为什么还要讨论㲉字的术语化呢？这既涉及术语系统的简洁性和组合再生性问题，又涉及传统术语资源的创新应用。本文只作理论上可行性探讨，能否实现另当别论。

若㲉字复活为术语，作为单音字词可以方便造出双音节术语，如吐㲉、布㲉、㲉骨、㲉毛等，并增加语体的典雅性。东北林业大学出版社1998年版《鸟类学》附录二《鸟类学之生僻字注音》没有收录该字是个遗憾。可以想见，不同意的理由主要有：㲉的字形比较生僻、电脑显示有问题，等等。但如果在理论上可行，科技界对术语命名诸原则达成一致意见，生不生僻、显不显示都不是问题，是可以也应该能解决的。这在科技界和科学史领域已有先例可鉴。例如，据我们采访所知，周生亚教授通过《尔雅·释鱼》“鱀”及其东晋郭璞注的信息来命名白鱀豚，较好解决了学名 Lipotes vexillifer 的汉译问题，否则只能用土名江猪子或中国河豚这样的泛称，并把中国人早就发现并作细致研究的鱀的发现权归属于美国人传教士霍依1912年的偶然发现。这样做在一定程度上可以缓解了西方博物学家动辄声索对中国某动物某植物发现权、命名权的尴尬，也可提振民族文化自信心。

早在汉代，先民就按字形理据创造新字新词“琉璃”“苜蓿”来翻译外国物产(二词分别来自梵文的 Veluriya，大宛语的 buxsuk)。明清以降“西学东渐”以新式化学术语命名原则造出“钠、钾、锌、镁”等也是成功先例。化学家借用《说文》“羊名”的“羟”字，取其偶合的包含氧氢的部件，转化为化学专名“羟基”(由氢和氧两种原子组成的一价原子团)。这些字词一开始也都是生僻字词。有些没有文献记载的专业名词也应根据中国区域特征、汉语汉字和民族文化特点来创新性翻译或命名。例如近代植物学家钟观光用“珙桐”(发现于四川珙县、穆坪等地)命名俗称的鸽子树，对译1867年法国传教士谭卫道发现并标注署名权的中国特有珍稀植物 Davidia involucrata，也是有本土文化底蕴的。否则，这种国家一级保护植物就得称作大卫树，或用土名鸽子树，让学人情何以堪。近代以来名宿硕学对此也

① 王世襄偶尔访到并抄录下来的古籍，原本失传。《王世襄集·锦灰堆(合编本)》附录第二种有手抄影印本。

有学理上的关注，如章太炎《訄书·订文》谓："故教者不以鄙语易文言，译者不以文言易学说，非好为诘诎也，苟取径便而殽真意，宁勿径便也。""有通俗之言，有科学之言，此学说与常语不能不分之由""志念之曲折，不可字字而造之，然切用者不宜匮乏。"是说启用古字不是故意显得高深，而是顾忌到文白有别，概念精准辞不冗赘。像严复的"古僻字翻译法"、黄遵宪的"假借"均有此旨。

再如，地质学上志留纪(4.44亿~4.26亿年前)有一类繁盛蜓目生物，大多数呈光滑的纺锤形，中部粗大，两头尖锐。1829年，Fischer de Waldheim命名了蜓属Fusulina，其词根fusu就是希腊语中纺锤的意思。李四光用"古代纺丝时卷丝用的竹制工具(纺锤)"的"筳"字加了个虫字旁，创造了"蜓"这个汉字来翻译和命名这种古生物，既准确又有中国文化属性。李四光在1934年发表的论文《中国北部之蜓科》里首次使用该字并在专业领域普及开来。试想，连自古所无的术语用字都可以合理造出来，并被接受，而已有的名副其实的汉字词资源为什么不能加以利用呢？再如，舌指尾矿，普通电子地图都有显示①，砼是建筑领域的混凝土，这些看起来的怪字在专门领域都是很通行的。所以字形偏僻与否、电脑显示与否都不是问题。字的偏不偏，不能以普通大众认知为标准，要以满足专业行业领域交流中对简洁性、准确性和文化性需求为标准，至于数据信息化系统中的实现问题，可以通过改进设计标准而逐步做到。国家标准GB18030—2005《信息技术中文编码字符集》有尴字，在网页和搜索引擎中都可以显示，只是通用的输入法中没有该字，一般办公软件的宋体字符集也没有。对尴来说，可以通过把该字形调整为汉字通用字符集，不行的话也可用选用GBK中的同源字"骫"字来解决。参照国家科技名词委(2006)提出的元素中文定名的6条处理原则，可以认为尴字术语化与之没有原则上冲突。

尴字术语化讨论也牵涉到术语本土化、术语规范化和术语国际化等问题。李宇明指出"今天我国仍然具有一定的术语输出资本。传统上独具特色的科学技术领域，如中医中药、藏医藏药、武术、传统语言学等，在今天的科技苑中仍在发挥作用，并吸引着国际的注意力"②。信哉斯言。像尴字这样的传统科技术语资源丰富得很，它们是我国先民劳动实践和探索自然过程中积累的认知成果在语言中的结晶，体现了中国悠久的经验科学传统和丰厚的文化传承，是民族固有文化系统和语言音义系统的完美统一。我们应该从战略筹划的高度看待传统术语资源挖掘和系统利用，以逐步增强术语输出资本，以促进我国科技和科技史研究，推动当代科技术语本土化翻译与命名，推进规范术语的国际交流与传播。

四、有关概念史研究的几点反思

尴字同源字族及其历时变迁中关涉的雅俗文化似可作为一种单字词文化史个案研究的类型。笔者不揣浅陋试图将之比附于历史语义研究范式中的概念史研究，顺便谈几点感想。

一是，概念史研究范式可以包容或兼顾一些边缘概念。虽然概念史研究主要关注的是重要的思想、文化、制度方面的概念，但顾名思义、循名责实，名曰"概念史"就不必自

① 高德电子地图新疆奇台县有"矿舌山脉"。

② 李宇明：《术语论》，《语言科学》2003年第2期，第8页。

限畛域，完全排斥其他一些概念。历史上若干“非经典”“非正统”概念语义演化对揭示人类精神现象的发展也不无意义，对特定范式的历史学概念史研究也未免不可作为补充。“封建”“科学”这样的抽象词可以作概念史，“师(狮子)子”“芜菁”这样的实物词也可以作概念史(或文化史)，“她”①“是”这样的代词、系词等也可作概念史且规模不小。𩲡作为一个本土原发的古代博物学名词或术语，当然也可以作概念史的研究。冯天瑜指出“关于术语的研究是我们剖析文化，剖析学术史的一个重要的很好的切入口”②，冯先生的话虽然针对的是近代术语形成的语境，但对我们研究本土术语发生发展及其当代应用也有启发。

相对于经典的概念史研究，𩲡字概念的多义性、争议性不强，但语义所指具有现象的奇异性、经验的生疏性以及意义的模糊性，容易引发学人注意，上述从许慎到沈括、徐锴，从章太炎到陆宗达，再到晚近的训诂家的持续关注即是明证。此类个案虽不甚涉及社会、政治现象，但能深度关涉概念名实考证方法以及对待传统文化资源的态度。

二是，概念史研究应深度整合传统语文学和现代语言学的学术资源。

首先，中华本土概念发生具有单音节性，其语义考索必须参考训诂学同源字(词)音义系联的成果。从汉语演化史角度看，汉语双音节合成词的概念都是后起的、次生的，它们仍然与前代单音节词概念的演进有关联，如“中”和“中庸”。更多的发生态的概念涵义须到单音节字词中去溯讨。那些早期的单音词的滋生属于训诂家讲的原生造词阶段，③ 由于语言的经济性，字少音少而义多，单音词孳乳必然采用音义关联的同源派生的方法，如《释名》中的“冬，终也。物终成也”。“凡字无孤立无证者”(黄侃语)，考索音义同源须联系至少两个以上的同源词相互印证。就𩲡字来说，字形罕见写法也难，但其字族则贴近生活，简单地说与窝、涡、歪等圆形(或歪斜一点的圆)是音义相通的同族词，“圆”是其核心义素。不了解概念得名语源和汉语命名概念化的初始状态，就很难梳理其语义变迁的线索。再如“天”“儒”“贤”这样的概念，不联系同源词族，就很难领会其核心语义并分析其演化路径。而当前文化史、概念史和一些文化关键词的研究，囿于欧洲范式，在单双音节原生次生类型、经典非经典的语义类型选择上，大有反思的必要。

清儒以来以声音通训诂的实践取得重大的成果，没有得到概念史文化史研究范式的系统整合与借鉴。陈寅恪对沈兼士所作《鬼字原始意义之初探》回应说：“依照今日训诂学之标准，凡解释一字即是作一部文化史。中国近日著作能适合此定义者，以寅恪所见，惟公此文足以当之无愧也。”沈文的亮点恰恰是依托音义系联的词族考源，自述是在章太炎《小学答问》《文始》基础上“用古文字、古文献为之补正”，因而受到陈寅恪的高度评价。可见我们的“一字文化史”“一字概念史”的研究必须善于利用传统训诂学资源。现在一些文化关键词研究、概念史研究与中国传统词源学的结合不够，唯有结合方可做到戴震提出的“以字通词，以词通道”。西方的词源学(etymology)缺少我们的形音义互求传统，也没有同源词族系联的传统，其历史比较法主要采用现实语言或方言通过核心词比较构拟(reconstruction)的范式。其原因在于西方缺少历代连续、丰富、同质文献数据和历时音义

① 黄兴涛：《“她”字的文化史：女性新代词的发明与认同研究》，北京师范大学出版社 2015 年版。

② 引自冯天瑜 2011 年的演讲《中国近代术语的形成》(网络版)。

③ 王宁：《汉语词源的探求与阐释》，《中国社会科学》1995 年第 2 期，第 168 页。

资源①的支撑。西方构拟方法有很科学的一面，也有因历史文化条件不同而导致的缺失。因此，我们的概念史研究应立足或充分吸收本民族固有的传统资源。

其次，在借鉴现代语言学理论方面，我们先列举几条概念史学者提出的问题即可说明："文化研究重点关注的是，究竟如何理解语言与非语言、物质与含义、物与词之间的界线。""何为确立语言和事物之间关系的前提条件？语言在多大程度上介入事物的塑形？如何在语言和概念介质中挖掘历史？概念史研究对象与隐喻和话语的关系又是什么？"②这些问题的提出虽然不是语言学范式的，但解决和解释它们所需的基本概念、实证材料和经验数据在现代词源学、语言发生学、认知语言学、生物语言学领域都有精细得多的探讨。两者研究对象、方法具有互补性。语言学手段使用恰当有助于实现人文现象解释的充分性。

三是，概念史研究应注意彰显文化传承、文明演进的棘轮效应。

现代社会所显示的各种丰富的知识和高超的认知技能是人类以自己的物种特有的方式进行培养传播或者说文化传播的结果。积累性文化进化过程不仅需要创造性的发明，还需要可靠的社会传播，这种传播就像防止倒转的棘轮一样，只进不退。这是托马塞洛在《人类认知的文化起源》中提出的"棘轮效应"的观点。③ 鳩字考源生动诠释了这个观点。鳩的语义内容在历代辞书和文献中经缓慢地叠加发展，是逐渐丰满起来的。从汉代许慎的"鸷鸟食已""吐其皮毛如丸"，到南唐徐锴"鹰隼之属既食鸟雀"，到宋代沈括的"不能化毛"，到明代李焰"吐鳩之日"，到清代段玉裁的"亲见鸥鸟"以及桂馥"飢禽必待吐丸而后放"，到章太炎的"燕窝"本字，再到陆宗达、吴庆峰、王世襄等当代学人增补以及《中华字海》《辞海》的释义改进，这一曲折漫长的过程展示人类经验知识积累与传播的艰难与韧性，不得不让人慨叹汉字承载文化知识传承之伟大。本文弥补动物学科技史个案的发展环节，相关材料也让我们不得不发挥理性推衍能力，对概念史中文化语义、经验知识的淹没留出足够的"理解之同情"的解释空间。我们深知，历史上某个时空人们可能了解某个概念、某个名词的诸多细节，但并不是所有的这些细节和知识都能得到保留与传承。鳩字研究虽然是狭义的概念史，但也是精神文化现象的阐释，是人类锱铢积累的文化棘轮效应的鲜活案例。概念史研究应该进一步采取对史料的开放态度，鼓励语言史、文化史、科技史与概念史研究的视域融合。

五、余　　论

根据以上讨论，我们认为辞书对鳩字释义可以作适当调整。一般通用的辞书，像《大字典》那样的释义也是可以的，而百科性质的辞书或行业专门辞书就应该增加一些细节信

① 这种资源仅与中国战国时代的《尔雅》以及汉代三大语文学著作（何九盈认为也可以叫做语言学著作）《方言》《释名》《说文》作对比，就略见一斑。

② 方维规：《关于概念史研究的几点思考》，《史学理论研究》2020年第2期，第151页。

③ 迈克尔·托马塞洛：《人类认知的文化起源》，张敦敏译，中国社会科学出版社2011年版，第5页。

息了，例如可以释为："肉食性鸟类进食后吐出的椭圆形残滓块，通常由不能消化的骨骼、皮毛等组成。"

这个研究也增进我们对名物训诂和训诂方法的反思。现代训诂学家、博物学家不仅可以通过鸟类专业文献，更可以通过发达的自媒体获得更多的"目验"信息，"博问通人"也有了现代的手段。现代学人应该充分利用信息时代"数据富裕"的条件改进传统上千年不变的释义内容。

我们呼吁相关专家首先在辞书编撰、动物学史和鸟类学著作出版、术语翻译、科技术语命名、汉字字符集研制等领域重视该字的普及和使用，以期条件成熟时采纳为科学术语。

（作者单位：武汉大学文学院、中国语情与社会发展研究中心、湖北语言与智能信息处理研究基地）

近代中国“合作社”概念生成探析

□ 王凯迪

【摘要】合作社作为近代出现的重要经济组织形式，至今仍发挥着不可替代的重要作用。本文试对中国近代“合作社”概念的生成脉络进行梳理探析。其大致分为三个阶段，一是“产业组合”由日词入华，作为合作社早期译名的出现和使用；二是薛仙舟对“cooperative”译名“合作社”的确立；三是中国合作学社统一“合作社”名称概念的努力。经过三十余年的演进至全面抗战爆发前，“合作社”概念的生成逐步趋于定型。

【关键词】合作；合作社；产业组合；概念史

合作社作为当今世界重要的经济组织形式，其形态最早见于18世纪70年代末。英国著名空想社会主义者罗伯特·欧文于1817年在《致工业贫民救济委员会的报告》中最先提出“合作社”一词。① 1844年创建的罗虚戴尔公平先锋社是公认的世界上第一个合作社。随着合作社在西方的发展变化，其概念属性在时空、主体、产业、内容、目的等方面均呈现多元化，同时反映与之相关的社会历史思想制度变迁。合作社其知识自清末民初传入中国，至五四运动时期形成一股颇有影响的社会思潮，到二三十年代成为举国上下的社会运动，抗战及战后其思想、制度、实践不断流变，其概念在近代中国的特殊时空中生成演进。学界关于合作社的研究可谓丰富，然而合作社概念史的研究却几近空白。本文在前人已有的研究成果基础上，综合利用各种材料充分挖掘史料，立足近代中国的时空现场，以概念史为切入角度，试对近代中国“合作社”概念的生成作一梳理探析，以期丰富概念史的研究领域，拓展合作社研究的学术空间。

一、中国对“合作社”的早期认知：“产业组合”

自1844年罗虚戴尔公平先锋社成立之后，合作社事业在欧洲迅猛发展，到19世纪末，合作社传到了北美、日本、印度等地。②中国对合作社的最早认知，是经日本传到国内实现的。清末京师大学堂的两位有留日经历的教授汪有龄和杨志洵，开设“产业组合”

① 孙贺：《合作社理论》，吉林出版集团股份有限公司2013年版，第1页。

② 陈意新：《二十世纪早期西方合作主义在中国的传播及其影响》，《历史研究》2001年第6期，第90~91页。

课程，并在报刊上发表文章，译介西方和日本的合作社思想制度。在此过程中，他们直接使用日本对英语“cooperative”一词的译名“協同組合”①转译为汉语“协同组合”“协作组和”“协作社”“产业组合”等，其中“产业组合”的使用频率较高。这些早期译名，都曾被戴季陶、覃寿公、汤苍园、朱进之、徐沧水等中国初期合作社倡导者所使用之。②

汪有龄在翻译日本的合作社学术著作《協同組合の融通》部分内容时，对“产业组合”的定义、特点和分类做了概括：

> 产业组合云者，乃为改良发达个人之生活状态计，而结成一团体之谓也。夫处今日社会中，孤立之不利，人皆知之。……凡立于社会中级以下，拙于资本者，因欲改良发达其生活之状态，而结成之团体，不问其所营之事业，属于如何种类，皆得称之曰“产业组合”。……产业组合以信用组合、贩卖组合、购买组合、生产组合四种为限。③

杨志洵在《论组合》一文中，首先论述了“组合”的起源和发展简史，其次明确指出“组合者，日本之名词也”。并将组合分为同业组合和产业组合两类，其中产业组合概念概述为“为对抗强大之垄断资本，穷困弱小民众合小以至大，联散以成聚，成立团体谓之产业组合”。产业组合分为信用、贩卖、购买、生产四种。杨志洵介绍了四种产业组合的定义，并在文末以表格的形式分类罗列了1906年日本产业组合发展概况(数量)。④

之后出版的《中华中学经济教科书》和《经济学要览》等书中，对“产业组合”的定义为有共同目的处于弱小地位之个人或企业结合以求生存发展的团体。在四种分类之外，还特意区分出了“消费组合”。⑤ 覃寿公在《救危三策》一书中，将产业看作与军事、交通并列的救国家于危难之际的三大政策之一。“产业结合”则是解决产业问题的方案，须大力提倡。覃寿公在汪有龄、杨志洵二人对“产业组合”概念诠释的基础上，赋予了其国家意志的概念属性，重点提出了自上而下的政府引导监督，地方自治与产业结合相统一的发展方案，并把“产业结合”上升到了救亡图存的高度。⑥

此后，“产业组合”作为“合作社”最初最主要的译名概念，被广泛使用，见于各种图书报刊。⑦ 当时这些认识多是零散知识的译介，谈不上思想阐释、制度建设与实践措施，

---

① [日]大日本百科辞书编辑所：《大日本百科辞书·经济类(第二卷)》，京师大学堂同文馆藏1906年版，第415~423页。

② 寿勉成、郑厚博：《中国合作运动史》，正中书局1937年版，第33~36页。

③ 汪有龄：《论产业组合(节译日本产业组合通解)(未完)》，《商务官报》第18期，1906年，第5~7页。

④ 详见杨志洵：《论组合》，《津报》，1906年10月7日，第2版。

⑤ 详见欧阳溥存编译：《中华中学经济教科书》，中华书局1913年版，第69~70页；东方法学会编纂：《经济学要览》，泰东图书局1914年版，第78~85页。

⑥ 覃寿公：《救危三策》，华图印书局1916年版，第82~83页。

⑦ 如崔学材：《产业组合之效用》，《农林公报(北京)》第2卷第2期，1913年，第128~131页；高劳：《产业组合》，《东方杂志》第12卷第6期，1915年，第10页；《说产业组合之利》，《讲演汇编》第1期，1916年，第83~89页；静：《厘定产业组合制度说》，《申报》，1919年4月23日；胡祖同编：《经济概要》，商务印书馆1920年版等。

且常与普通“企业”“公司”等概念混淆。直到有美国留学经历的合作社倡导者薛仙舟将英文单词“cooperative”翻译为“合作社”。“产业组合”译名的使用才逐渐式微，只散见于一些相关的日语翻译内容和回顾中国合作社发展历史的出版物中。

二、薛仙舟对“cooperative”译名“合作社”的确立

薛仙舟(1878—1927)，原名颂瀛，字仙舟，广东香山人，与孙中山同籍。1894 年入北洋大学读书，1901 年到美国加利福尼亚大学学习经济学，后到德国学习银行知识业务并参与了一些大银行的实习工作。① 美国是当时金融业发达的国家之一，德国更是信用合作社事业的发源地。② 在此期间，薛仙舟接触到了欧美的合作社思想，特别是合作银行方面的。1910 年薛仙舟回国，1914 年任教于复旦公学，教授德文、公民和经济三门学科。1918 年任工商银行经理，为筹措股资赴海外，在美国期间搜集合作社相关资料。1919 年回国，薛仙舟在翻译相关资料时，将英文单词“cooperative”翻译为“合作社”。同年 10 月创立上海国民合作储蓄银行，是为中国第一个信用合作社。1920 年在复旦大学创办《平民》周刊，宣传合作社事业，同年在上海与陈果夫等组织合作同志社。1927 年在上海国民合作储蓄银行可以平稳运转发展时，辞去本兼各职，6 月撰写《中国合作化方案》，8 月因足疾住院，9 月 14 日猝然长逝。③

薛仙舟毕生致力于中国合作社事业的发扬光大，加之与孙中山、胡汉民、蒋介石，特别是陈果夫等国民党领袖要员私交甚笃，培养了一批如寿勉成、许绍棣、王世颖等后来中国合作社事业的骨干，影响深远，因此在其溘然长逝后，常被称作“中国合作之父”“中国合作运动之大师”等。就“合作社”概念译名的确立这一贡献而言，薛仙舟当之无愧。需要指出的是，薛仙舟将“cooperative”译为“合作社”的确切时间，并无史料直接记载。薛仙舟本人仅留下部分译介国外合作社相关的资料和在《平民》周刊发表的关于消费合作社的演讲稿，以及《中国合作化方案》一文。④ 根据其弟子寿勉成、王世颖等撰写的回忆文章和民国时出版的薛仙舟有关的人物传记，⑤ 并结合史料所呈现的历史面貌——即 1919 年之前，未见任何“合作社”字眼，而 1919 年之后，“合作社”三字大量出现在各种史料中——

① 王世颖：《薛仙舟先生》，《合作月刊》第 2 卷第 1~2 期，1930 年，第 36~40 页。

② 伍玉璋：《中国合作运动小史》，中国合作学社 1929 年版，第 11 页。

③ 林嵘、李敬民、何修义编著：《世界合作名人像传》，中国合作图书用品生产合作社 1947 年版，第 228~229 页。

④ 薛仙舟演讲、谭常恺笔录整理：《消费合作(在船务栈房联合工会)》，《时事新报(上海)》，1920 年 7 月 9 日，第 10 版；薛仙舟：《消费合作》，《合作月刊》第 3 卷第 7 期，1931 年，第 3~8 页；薛仙舟：《中国合作化的方案》，中国合作学社 1931 年版。

⑤ 王世颖：《平民学社概略》，《时事新报(上海)》，1923 年 1 月 3 日，第 4 版；陈公博：《中国合作运动之过去》，《时事新报(上海)》，1934 年 11 月 11 日，第 11 版；王世颖：《薛仙舟先生传略》，《江苏合作》第 6、7 期，1936 年，第 10~13 页；陈仲明：《薛仙舟先生与中国合作运动》，《江苏合作》第 6、7 期，1936 年，第 13~15 页；伍玉璋：《中国合作运动的时代背境与薛仙舟先生》，《江苏合作》第 6、7 期，1936 年，第 16~18 页；寿勉成：《纪念合作经济导师薛仙舟先生：为纪念薛仙舟先生逝世二十周年而作》，《学识》第 1 卷第 11 期，1947 年，第 2、16 页。

合理推断薛仙舟结合中国古老的民间信用互助方式“合会”之名称，于1919年首次将“cooperative”译为“合作社”。

在此前后，从新文化运动到五四运动，各种社会思潮蓬勃涌动。夹杂在社会主义和无政府主义等之间，各种西方合作社思想如雨后春笋般涌现出来。克鲁泡特金的无政府主义思想的互助论在当时颇有影响力。① 薛仙舟所倡导的合作社事业，也常与“互助社”混用。② 直到中国合作学社成立，其工作之一便是致力于中国“合作社”概念术语的统一，名称使用的规范。中国“合作社”概念的生成才基本定型。

三、中国合作学社对“合作社”名称概念统一的努力

薛仙舟逝世后，其学生和陈果夫等在“继承薛仙舟先生合作运动之遗志”的口号下，多方奔走，经过近一年的筹划，于1928年12月22日在南京成立了中国合作学社。当天选举了陈果夫、王世颖、张庭灏、寿勉成、侯厚培五人为执行委员。这些人不是薛仙舟的生前好友便是其学生，其中许多人都曾参加过平民学社的工作。同时宣布其宗旨为调查研究合作思想理论实践，推广中国合作社事业。③

为达成以上宗旨，中国合作学社于1929年3月15日创办《合作月刊》，旨在阐明合作社理论、发扬合作社精神。第一期《发刊词》就开门见山地阐明了合作社产生的历史背景、发生意义和概念定义：

> 所谓联合经济上之弱者以意志相结合，是什么？就是现在欧美各国所盛行的合作社事业。……因此我们要顺应社会进化的潮流，为改革生存竞争的错误法则所支配的社会，为增高一般平民的生活状况起见，我们准备以最大的努力，来宣传“合作”。④

而要宣传“合作”，推广推进合作社事业之发达，首先应明确“合作社”的概念，规范“合作社”相关术语的使用，统一“合作社”的各种专业名称。对此，时任中国合作学社文书股长的陈仲明曾撰文指出：

> 合作运动介绍到中国来，还不过十几年的历史，而在这个运动当中所用的名词——或者也可以说是术语——竟有各种的不同。这却不是一个良好的现象。在这种歧异状态之下，我们认为至少有下列几点不妥的地方：第一，表示全国无一贯的合作行政系统；第二，调查合作社工作推行困难；第三，引起甲社与采用不同名辞乙社间的误解。好在现在合作社还没有十分普及，纠正起来，尚不算难。我们希望同志们大

---

① 克洛包得金、李石曾：《互助论——进化之一要因》，《东方杂志》第16卷第5期，1919年，第87~94页。

② 陈果夫：《小意思集·跋薛仙舟先生全国合作方案初稿真迹》，国民出版社1944年版，第118页。

③ 《中国合作学社成立》，《申报》，1928年12月29日。

④ 侯厚培：《发刊词》，《合作月刊》第1卷第1期，1929年，第1~3页。

家起来共同来做这一步统一合作社名辞的工作。①

为纠正中国“合作社”概念术语混淆的这种错误状态，中国合作学社作出了以下努力。

一是在指导各地办理合作社事业时注意其名称术语使用的规范统一。例如当时江苏省创办消费合作社，陈仲明等前往指导，确保名称使用的正确、规范、统一。旧式名称一律不再使用，社员、管理人员的职务名称、社产盈余等，也规范一致。合作社前的冠名不宜限定狭窄，不利于合作社的发展以及为更多的普通人谋福利。之所以出现这些问题，本质上是工作人员对合作社概念认知的不明。为此陈仲明等为江苏省合作社工作人员讲授欧洲合作社发展历史，并勉励他们努力工作，从更正合作社名称开始。②

二是严厉揭露打击有意或无意混淆“合作社”概念，以假借合作社名义谋取私利暴利的现象。“一些无耻商人，盗名欺世，假合作社之名，行权利之实。”③同时与公安部门及社会部门等配合，查处冒牌合作社。④ 这一做法也以反面教材的方式，昭告民众特别是热心合作社事业之人，更加笃定“合作社”概念的本质特征之一便是“合众人之力，为众人谋福利”，是“我为人人，人人为我”，而绝非为谋一己私利。

三是通过著书立说、演讲授课、编写教材、学术活动等各种方式，在全国教育界特别是合作教育界明确“合作社”的概念术语。例如，中国合作学社社员唐启宇为高等教育撰写的教材《合作概论》，第一章第一节就明确“合作社”的概念。⑤ 另一社员蔡日秋为汉口市职业学校编写的合作职业丛书，《合作概论》由词义入概念，阐释了“合作社”的定义。⑥中国合作学社组织教授到江苏农学院演讲“合作社”要义及各类合作社知识。⑦ 类似的还有于树德的《合作讲义》、钮长耀的《合作社》和童玉民的《合作概论》等。⑧

四是向国民政府负责指导全国性合作社事业的实业部提交法案，促进全国“合作社”名称概念的统一。经过多年努力，经陈果夫等人从中协调，到 1936 年 8 月，国民政府实业部正式下发政令并附《划一合作社名称说明书》，通令全国统一合作社名称。⑨ 各省积

---

① 陈仲明：《合作名词的统一》，《合作月刊》第 2 卷第 7 期，1930 年，第 3 页。

② 陈仲明：《消费合作社名称的普遍化》，《合作月刊》第 2 卷第 8 期，1930 年，第 2~3 页；《合作消息：训令淮阴县变更合作社名称》，《江苏农矿》第 28 期，1931 年，第 18 页。

③ 祛病：《谨防假冒》，《合作月刊》第 2 卷第 8 期，1930 年，第 3~4 页。

④ 林云陔：《公安社会二局调查各合作社名称地址案》，《市政公报》第 355 期，1930 年，第 168 页；《建设：收缔各地商店冒用合作社名称》，《河南省政府公报》第 1379 期，1935 年，第 4~5 页；《类似商业组织不准谓称合作社》，《西京日报》，1935 年 6 月 11 日，第 7 版；《取缔普通商店冒用合作社名义》，《汉口中西报》，1935 年 6 月 29 日，第 8 版。

⑤ 唐启宇：《合作概论》，民智书局 1930 年版，第 3~4 页。

⑥ 蔡日秋：《合作概论》，汉口市职业学校生产消费合作社 1933 年版，第 1~5 页。

⑦ 江苏省立劳农学院整理编印：《江苏省立劳农学院学术演讲集》，江苏省立劳农学院印务科 1930 年版，第 123 页。

⑧ 于树德：《合作讲义》，中国合作学社 1934 年版，第 1~6 页；钮长耀：《合作社》，商务印书馆 1937 年版，第 1~3 页；童玉民：《合作概论》，中华书局 1938 年版，第 1~5 页。

⑨ 详见《实部通令划一合作社名称》，《民报》，1936 年 8 月 23 日。实业部所附《说明书》全文详见《划一合作社名称说明书(附表)》，《中国农民银行月刊》第 1 卷第 5 期，1936 年，第 31~40 页。

极响应，如江苏省、山东省、福建省、湖北省、安徽省、江西省、四川省等。①

五是推动合作社立法，以法律形式明定“合作社”的概念含义。早在《合作月刊》第一卷第一期上，寿勉成就强调了以国家法律意志明确合作社系统观念原则的重要性和紧迫性。② 而后经过三年多的酝酿和准备，参考国外合作社立法经验，总结中国合作社实际情况，中华民国国民政府于 1934 年 3 月 1 日公布《中华民国合作社法》，其中规定“合作社”定义为：“本法所称合作社，谓依平等原则，在互相组织之基础上，以共同经营方法，谋社员经济之利益，与生活之改善，而其社员之人数及资本额均可变动之团体。”③并明确规定合作社为“法人”。④ 自此之后，“合作社”概念被赋予法律属性，拥有法定范畴内的定义。全国各地办理合作社事业，其名称、术语、概念等，必须依法活动。⑤

通过中国合作学社的上述努力，至全面抗战爆发前，历经三十年的演进，“合作社”概念基本生成，并具有了法定含义概念属性。与此同时，合作社事业的各种实践运动也在全国开展。抗战全面爆发后，国民政府转入战时经济体制，实行统制经济，合作社事务被纳入经济部，几乎完全成为政府部门的一部分。中国合作学社的工作也被迫暂时停止。虽然中国合作社制度因此而转型，但是“合作社”概念表述之后却未再有根本性改变。⑥

四、结　　语

考察梳理近代中国“合作社”概念的生成过程，不难看出大致分为三个阶段：第一个阶段是 1906 年至 1919 年。1906 年“合作社”由日译词“協同組合”传入中国，主要以“产业组合”的面貌示人。这一阶段主要是对国外“合作社”知识、思想的译介传播。第二个阶段是 1919 年至 1927 年。伴随着新文化运动和五四运动，“合作社”成为一种重要的社会思潮，1919 年薛仙舟将英文单词“cooperative”译为“合作社”，该译名一直沿用至今。同时中国合作社事业实践开始萌发，主要以民间组织的形式开展。第三个阶段是 1927 年至 1937 年，随着南京国民政府的成立，开始着手全国建设，由于陈果夫等的大力支持，合作社事

① 《苏建厅划一合作社名称》，《合作月刊》第 8 卷第 4 期，1936 年，第 32~33 页；《本省产销合作社名称更改为生产运销合作社》，《山东合作事业指导月刊》1936 年 7 月号，第 21 页；《划一合作社名称》，《闽政月刊》第 2 卷第 2 期，1937 年，第 86 页；杨永泰：《合作社统一名称案》，《湖北省政府公报》第 230 期，1936 年，第 12~13 页；《四省农村合作社统一名称案》，《南华日报》，1936 年 1 月 13 日，第 2 版；《各地合作社划一名称》，《时事新报(上海)》，1936 年 8 月 23 日，第 3 版。

② 寿勉成：《拟中央合作法规》，《合作月刊》第 1 卷第 1 期，1929 年，第 5~12 页。

③ 国民政府文官处编：《国民政府法规汇编(第六编·民国二十三年份)》，国民政府文官处印铸局 1935 年版，第 389~403 页。

④ 国民政府文官处编：《国民政府法规汇编(第六编·民国二十三年份)》，国民政府文官处印铸局 1935 年版，第 389~403 页。

⑤ 《问题解答：合作社名称应适用合作社法规定之解答》，《合作行政》第 17 期，1937 年，第 25 页。

⑥ 可以对比顾志坚所主编的两部《新知识辞典》，两书分别出版于 1937 年和 1948 年，虽然主编都是顾志坚，但 1948 年版编写团队较 1937 年版大大扩充，所列内容也扩充了 270 页之多。其中对“合作社”概念的释义则完全相同，未有变化。详见顾志坚主编：《新知识辞典》，北新书局 1937 年版，第 93~94 页；顾志坚主编：《新知识辞典》，北新书局 1948 年版，第 93~94 页。

业开始纳入官方指导范围。具有政府背景的中国合作学社致力于“合作社”名称概念术语的规范统一，经过不懈努力，1934 年《中华民国合作社法》颁布及其实施，到全面抗战爆发前，中国“合作社”概念基本生成定型。

（作者单位：武汉大学中国传统文化研究中心）

哲学·思想

当代海外《论语》诠释的路径与反思*

□ 刘永利

【摘要】当代海外学者的《论语》诠释存在哲学和历史两个基本路径。安乐哲、罗思文基于中西比较哲学的视域和对中国哲学"情境-实用主义"的预判，以哲学诠释的方式开辟了《论语》新的义理空间。金安平广泛汲取清代朴学研究成果，以历史诠释为主要方法，展现出《论语》的丰厚诠释空间和多元诠释史。从创造的诠释学观点来看，金译本属于实谓、意谓、蕴谓三个层级，安、罗译本则属于当谓、必谓两个层级，二者各有优长，亦各有局限。未来《论语》的海外诠释，需要继续立足中国经典诠释历史和中国哲学当代发展的双重视域，通过跨学科协作方式，融通浅层结构和深层结构，融汇成一种真正的创造性诠释。

【关键词】《论语》海外诠释；哲学；历史；创造的诠释学

20世纪50年代，诗人庞德(Ezra Pound)、汉学家魏鲁男(James R. Ware)等先锋人物开启了美国学者翻译、诠释《论语》的风潮。此后，大卫·辛顿(David Hinton)、安乐哲和罗思文(Roger T. Ames and Raymond Rosemount Jr.)、白牧之和白妙子(E. Bruce Brooks and A. Taeko Brooks)、森舸澜(Edward Slingerland)、华兹生(Burton Watson)等汉学家，以及林语堂(Gitong Lim)、陈荣捷(Wing-tsit Chan)、刘殿爵(D. C. Lau)、金安平(Annping Chin)、倪培民(Peimin Ni)等在美华人学者，先后出版了多个《论语》译本，美国也逐渐取代欧洲，成为当代海外《论语》诠释的中心。从学科视野和方法论的角度来看，当代海外《论语》诠释可以分为两类：一类是哲学诠释，以安乐哲和罗思文1998年译本为代表；另一类是历史诠释，以金安平2014年译本为代表。

一、历史与理论：汉宋之争与"创造的诠释学"

当代海外《论语》诠释的路径分化，与两千多年的《论语》诠释史颇有关联。按照清儒

* 本文系国家社科基金重大项目(21VGQ007)阶段性成果。

的总结，《论语》诠释可以概括为两大传统，“要其归宿，则不过汉学、宋学两家互为胜负”①。宋学是宋代儒家学者发展出来的解读经典方法，其目的在于挖掘经典当中普遍性和终极性的大道或义理，是一种“以阐发经义、探究名理为宗旨的儒家学问”②。冯友兰指出：“西洋所谓哲学，与……宋明人所谓道学，及清人所谓义理之学，其所研究之对象，颇可谓约略相当。”③故宋学即为哲学致思路径，而南宋朱熹的《论语集注》就是宋学诠释的集大成之作。汉学是由汉代儒者发明、清代学者发扬的治经方法，是“对古代经传典籍的词义做考察并给予解释的学问”④。其主要诠释方法有三种，即：训释旧文的训诂学，研究古汉语的声、韵、调的音韵学，研究古代典章、制度、名物的考据学。清代汉学家认为通过这三种回溯式的方法，可以实现对孔子“原意”的还原。晚清刘宝楠父子的《论语正义》就是汉学诠释的扛鼎之作。综合而言，“汉学是对思想源头的挖掘，宋学则是思想景观的构筑”⑤，二者分别指向历史诠释和哲学诠释，并持续性地影响当代《论语》诠释。如现代新儒家第三代学者集体创作的《论语义理疏解》，就属于哲学诠释的产物⑥；而杨伯峻《论语译注》、杨逢彬《论语新注新译》，则采取了历史学尤其是历史语言学的诠释方法⑦。由此可见，汉宋之争、历史诠释与哲学诠释的分化，贯穿了《论语》语内诠释的全过程。

近年来，学者们将中国经典诠释传统与西方诠释学相结合，以建构本土诠释理论。诠释学是一门关于理解和解释的学科，其最初的动因是为了正确理解《圣经》中上帝的话语。⑧ 历经施莱尔马赫(Friedrich Daniel Ernst Schleiermacher)、狄尔泰(Wilhelm Dilthey)，到海德格尔(Martin Heidegger)、伽达默尔(Hans-Georg Gadamer)，方法论和认识论的传统诠释学转变成为本体论(存在论)的哲学诠释学，被用来“探究人类一切理解活动得以可能的基本条件，试图通过研究和分析一切理解现象的基本条件找出人的世界经验，在人类有限的历史性的存在方式中发现人类与世界的根本关系”⑨。汤一介、成中英、傅伟勋等重要学者以中西融通的方式，分别提出了“中国诠释学”“本体诠释学”和“创造的诠释学”等具有影响力的理论建构。

傅伟勋创造的诠释学理论体系包括前后相继的五个层级(步骤)。第一层级为“实谓”，即“原作者(或原思想家)实际上说了什么”，诠释者必须开展考证、训诂、版本等客观性研究。第二层级为“意谓”，即“原思想家真正意谓什么”，诠释者通过对生平、文本和理

① 永瑢等：《钦定四库全书总目·经部总叙》，《景印文渊阁四库全书》第1册，台湾“商务印书馆”1986年版，第54页。

② 中国孔子基金会：《中国儒学百科全书》，中国大百科全书出版社1997年版，第36页。

③ 冯友兰：《中国哲学史》(上)，华东师范大学出版社2011年版，第5页。

④ 中国孔子基金会：《中国儒学百科全书》，中国大百科全书出版社1997年版，第36页。

⑤ 陈少明：《以训诂通义理——以戴震、章太炎等人为线索论清代汉学的哲学方法》，《中国社会科学》2018年第7期。

⑥ 王邦雄、曾昭旭、杨祖汉在《〈论语〉义理疏解》的前言部分表达了对《论语》进行哲学诠释的必要。

⑦ 杨逢彬在《〈论语〉新注新译》导言部分详细阐述了该观点。

⑧ 洪汉鼎：《〈真理与方法〉解读》，商务印书馆2018年版，第ii页。

⑨ 洪汉鼎：《〈真理与方法〉解读》，商务印书馆2018年版，第iv页。

论体系的研究，消除原有思想表面上的矛盾，发现原有思想在语言表现上可能的多层意涵。第三层级是“蕴谓”，即“原作者可能要说什么”，诠释者逐渐体会“批判地继承并创造地发展”原有思想的深意。第四层次是“当谓”，即“原作者本来应当说出什么”，诠释者发现原作者面对今天的世界将如何进行思考。第五层次是“必谓”或“创谓”，即“作为创造的诠释者，我应该说什么”，诠释者将此思想课题置于当下，发现原思想家和创造的诠释者现在必须说出什么。① 前三个层级属于文本的表层结构（surface structure），诠释者可以追寻诠释对象“最客观而最可取”的解释。后两个层级属于深层结构（deep structure），诠释者可以超越原作者的范阈和层次，究诘原作者意料不到的道理。② 因此，这一理论是创造性诠释的历时性过程和共时性结构的统一。

作为脱胎于中国经典诠释史的本土理论建构，创造的诠释学的两个结构层级可以用来解释汉学与宋学之争，因而是朝向历史的；而作为一个理想的诠释模型，这一理论的五个层次又指出了实现经典文本创造性转化的理论路径，因而是朝向未来的。由此一来，我们可以借助这个理论，讨论当代《论语》的海外诠释。

二、当谓与必谓：安乐哲、罗思文的《论语》哲学诠释

安乐哲和罗思文明确地将《论语》视作一个哲学文本（philosophical text），并强调只有通过“哲学阐释/翻译”（philosophical translation）或“深思之后的刻意性翻译（deliberate translation）”③才是《论语》海外诠释的惟一合理途径。所以他们将译本取名为 *The Analects of Confucius: A Philosophical Translation*（《〈论语〉的哲学诠释》）。与此同时，他们也否定了回溯性研究的意义。一方面，尽管“《论语》中触目皆是其不知所云的人物、事件和地点”，但“一一诠释文本、背景介绍及注释中出现的所有人物、事件和地点”的做法是没有必要的，因为“这种卷帙浩繁的工作对于阐明孔子之道并无太大的帮助”。④ 另一方面，汉字和文言文作为一种关注书写形式的、视觉化的表义文字，有着语义模糊的倾向，然而此前的语言学研究也“并没有整齐划一地在一个文本与某个特定含义或功能之间建立必然的联系”⑤。这意味着包括历史学和历史语言学在内的历史诠释路径，并不具备凸显《论语》“原意”的效力。

他们将自己视为宋学或哲学诠释的精神继承人，在回顾《论语》语内诠释史时，越过了汉代和清代学者的考据成就，直接从朱子的宋学诠释谈起。⑥ 不同的是，他们没有将眼光局限在传统理学体系之中，而是在中西比较哲学的视域下对《论语》展开了全新诠释。

---

① 傅伟勋：《从西方哲学到佛禅教》，生活·读书·新知三联书店1989年版，第51~52页。

② 傅伟勋：《从创造的诠释学到大乘佛学》，台湾东大图书有限公司1990年版，第10~11、39~45页。

③ 常青、安乐哲：《安乐哲中国古代典籍英译观——从〈道德经〉的翻译谈起》，《中国翻译》2016年第4期。

④ 安乐哲、罗思文：《〈论语〉的哲学诠释》，余瑾译，中国社会科学出版社2003年版，第1页。

⑤ 安乐哲、罗思文：《〈论语〉的哲学诠释》，余瑾译，中国社会科学出版社2003年版，第183页。

⑥ 安乐哲、罗思文：《〈论语〉的哲学诠释》，余瑾译，中国社会科学出版社2003年版，第11~18页。

在安乐哲看来，自柏拉图直至20世纪的整个欧陆哲学，是以逻各斯中心主义为内核、以知识论和形而上学(knowledge and metaphysics)为主要内容的系统哲学(systematic philosophy)。知识论方面，普遍采取精神(spirit)—物质(matter)、本质(essence)—现象(appearance)、形式(form)—质料(matter)、共相(universal)—殊相(particular)、理性(rationality)—情感(emotion)的二元论。形而上学方面，则认为存在一个被称为上帝、理念或绝对精神的惟一的、封闭的、超绝(transcendence)实体①，作为整个世界的本质。而孔子及其所代表的中国哲学，则是一种与欧陆哲学迥异的哲学形态。这种哲学以伦理和实践(ethics and practice)为主要内容，“没有明确的二元论思维，没有严格意义上的超越观念”②，立足于阴和阳、体和用、一和多之间的关联性关系，强调宇宙和个人生命的动态生成、成长。正是在与欧陆哲学的互观之下，中国哲学表现为一种非二元的、非实体(超绝、本质)的、关联性的和生成性的过程哲学(process philosophy)。

基于中西比较哲学的视角，安、罗二人形成了对《论语》思想和语言世界的独特认识。思想方面，他们认为“西方思想家多以一种非历史、非文化的方式进行哲学化的探讨，但是，孔子与之相反，他深切地关注身边刻不容缓的现实问题”③。语言方面，则强调“英语(以及其他印欧语言)是一种表达‘实在性’和‘本质性’的语言，中国的文言文则是一种‘事件性’的语言”；前者构成“一个相互影响的事物世界”，后者构成“一个连续的、片断的事件世界”④，因而具有“以情境为中心”“而且情境重于行为”的特点⑤。由此一来，孔子以及《论语》就被理解为一个“情境-实用主义”思想体系；仁、义、礼、智、信等儒家之道，也被理解为从事件情境中生发出来的“处世之道”⑥，而非一种给定的原则或规范。因此，当安乐哲宣称“要理解这些文本，我们要尽我们的想象之力把文本放回到他们的阐释域境(interpretive context)中去”时⑦，就是在强调诠释者必须置身于《论语》所提供的具体、关联性情境之中，摹想一种恰当的或具有实用主义指向的伦理行为是如何产生的，而《论语》的诠释问题，也就被转化为体验孔子“本来应当说出什么”的问题。

为了实现“让中国哲学讲中国话”的诉求⑧，安、罗二人着眼于《论语》的核心概念，并对其作出了通盘性的哲学诠释。他们批评传统译法忽略了中西哲学思维的差异。如将“天”翻译成Heaven，给中国哲学强加了一种“源自耶稣-基督传统的意象”；翻译成Nature则不足以反映“一个神、人同形同性的概念”。⑨ 将“仁”翻译成humanity，带来了强烈的

① Transcendence，一般被译为“超越”，但安乐哲认为这一概念仍具有一种连续性意味，不足以表示西方哲学中本体与经验世界的绝对分离；他主张将其译为“超绝”，以强化其中所含的断开、独立意义。

② 郭齐勇、李兰兰：《安乐哲“儒家角色伦理”学说析评》，《哲学研究》2015年第1期。

③ 安乐哲、罗思文：《〈论语〉的哲学诠释》，余瑾译，中国社会科学出版社2003年版，第1页。

④ 安乐哲、罗思文：《〈论语〉的哲学诠释》，余瑾译，中国社会科学出版社2003年版，第21页。

⑤ 安乐哲、罗思文：《〈论语〉的哲学诠释》，余瑾译，中国社会科学出版社2003年版，第169页。

⑥ 安乐哲、罗思文：《〈论语〉的哲学诠释》，余瑾译，中国社会科学出版社2003年版，第1页。

⑦ 常青、安乐哲：《安乐哲中国古代典籍英译观——从〈道德经〉的翻译谈起》，《中国翻译》2016年第4期。

⑧ 安乐哲：《让中国哲学讲中国话》，田辰山译，《人民日报》，2015年8月10日，第16版。

⑨ 安乐哲、罗思文：《〈论语〉的哲学诠释》，余瑾译，中国社会科学出版社2003年版，第47页。

普遍主义色彩；翻译成 benevolence，则只能呈现“仁”的心理状态而取消了其物质指向。① 将“君子”翻译成 Gentleman，则错误地引入了男性至上主义和单数色彩。② 为了表现中国哲学概念的独特性，他们从三个方面进行重新诠释。一是更多地采用了音译或释意的方式，如“Tian(天)”“exemplary person(君子)”，等等。二是致力于挖掘概念中蕴藏着的中国哲学的事件性、动态性和关联性特质。如强调“‘仁’是指一个完整的人而言，即：在礼仪角色和人际关系中体现出来的，后天所获得的感性的、美学的、道德的和宗教的意识”，而“人并非我们所是；而是我们所为和我们所成为”③，因此“仁”就是在具体的事件(情境、人际关系)中、动态生成着的，并最终成为一种至高道德的概念。所以他们用包括礼貌、创作、权威等义项在内的 authoritativeness 一词，来反映“仁”这一概念中的礼仪角色、生成性和最高道德意涵。三是诉诸词源学解释，力图在创词之初体察其情境-实用主义的原始意涵。如认为义(義)是“我”持“羊”以献祭，本义是祭品的洁净无瑕、合适可用；所以反对将“义”翻译为 moral 或 morality，转而用更接近其中文原意的 appropriate 和 fitting。④ 通过上述三种方法，《论语》核心概念就被重构为“有机相连的一簇簇(cluster)术语”，凸显出一种“共生的丰富意义”。⑤

安、罗二人预设了一个与柏拉图以及整个欧陆哲学传统迥异的孔子，并以“情境-实用主义”和过程哲学为其本质特征。他们对《论语》思想和语言世界所形成的独特认知，回答了原作者面对今天的世界将如何进行思考的问题，因而属于“当谓”的层次。他们对核心概念的翻译，极力凸显出中国哲学的事件性、动态性、关联性和过程性，也达成了创造的诠释学者现在必须说出什么的预期，因而达到了“必谓”或“创谓”的层次。从这个意义上讲，安、罗译本在“深层结构”上为创造的诠释学提供了一个成功的例证。

三、实谓与意谓：金安平的《论语》历史诠释

美籍华裔历史学家金安平将《论语》视作一个历史文本(historical text)，并透过对意识形态化的反思和对多元诠释史的理解，阐释其历史诠释的合法性。反思首先针对孔子其人和《论语》而展开。在她看来，《论语》中的孔子，并不是汉代以后官方意识形态所宣称的圣人，“而是一个能够思考和表达，会以人之本能和自身局限来回应世界的常人”⑥。记载孔子言行的《论语》，也不应被视为一种宗教学意义上的神圣文本(sacred text)或哲学意义上的经典文本(classic text)，而是应被理解为思想史上的重要文本。正是以孔子的祛魅

① 安乐哲、罗思文：《〈论语〉的哲学诠释》，余瑾译，中国社会科学出版社 2003 年版，第 49~50 页。

② 安乐哲、罗思文：《〈论语〉的哲学诠释》，余瑾译，中国社会科学出版社 2003 年版，第 40 页。

③ 安乐哲、罗思文：《〈论语〉的哲学诠释》，余瑾译，中国社会科学出版社 2003 年版，第 49~50 页。

④ 安乐哲、罗思文：《〈论语〉的哲学诠释》，余瑾译，中国社会科学出版社 2003 年版，第 55 页。

⑤ 常青、安乐哲：《安乐哲中国古代典籍英译观——从〈道德经〉的翻译谈起》，《中国翻译》2016 年第 4 期。

⑥ Annping Chin, *The Analects*, New York: Penguin Group, 2014, p. xv.

化(disenchantment)和再世俗化为前提，现代史学意义上对《论语》进行纯粹客观研究才具有了可能性。

金氏的反思还表现为对《论语》朱注的质疑和对清儒研究成果的采纳。自1809年马士曼(Joshua Marshman)首次将《论语》从汉语译为英文以来，朱注始终就是《论语》英译的最主要依据。但是，朱子并非在所有问题上都保持正确，其哲学诠释意识也更多地服务于他的义理体系建构。然而遗憾的是，“大多数英译本并没有反映出这一丰富的解经传统，他们多采纳朱熹对《论语》的解读”①，从而忽视了《论语》诠释史的转进与发展。因此，金安平褒扬以刘宝楠为代表的清代学者“博学、采信证据性研究”(evidential research)②，汇聚了历史上重要的《论语》注释，采取音韵、训诂、校勘、考据等研究方法，力图实现对《论语》的客观诠释，从而打破了僵化封闭的意识形态，为逼近《论语》的“原意”提供了可能。因此，她以刘宝楠《论语正义》为主要文献依据，以钱穆《论语新解》为方法论示范并兼采其研究结论，吸收了历代儒者尤其是清儒的字词训诂与历史考据成果，试图敞开《论语》的经典诠释空间，跨语际地呈现出《论语》的多元诠释史。③

从创造的诠释学的观点来看，金安平的历史诠释主要集中在“实谓”和“意谓”两个层次。在“实谓”意义上，金安平主要是通过征引历代学者的训诂、考据并采取其研究方法，以力图呈现出孔子实际上说了什么。最为经典的《论语》理雅各译本向来以引证庞杂、审慎而著称，而金译本对清儒训诂、考据成就地吸纳又犹在其上。如“食不语，寝不言”(《论语·乡党》)一章，理雅各将“语”“言”翻译为converse和speak④，安、罗翻译为converse和talk⑤，均没有进一步的注解。金安平则依据清儒对“直言曰言，论难曰语”的辨析⑥，分别将“语”“言”译作speak [*yu*]和converse [*yan*]，并在译注中解释说，“语”是指讨论严肃话题(discussing a serious topic)，而“言”是指随意性谈话(carrying on a casual conversation)⑦，其细致程度由此可见一斑。遵循历史诠释的原理和方法，金安平对于种种后起的附益性解释也保持克制态度。在“逝者如斯夫”一章，金安平没有像安、罗一样，将“逝者”这一比喻的本体以life直接呈现出来，而是译作：Standing by the river, the Master declaimed, “How it flows on like this, never ceasing day and night!”在译注中，金安平还列举了四种诠释：一是通常的解释，即将逝者理解为时间；二是董仲舒的解释，即将水理解为“力者”“知者”“善化者”和“勇者”的喻体；三是朱熹的部分解释，即用水流的不间断来提示学者必须持之以恒地学习；四是孟子的解释，即人应当效仿水的品德，有本有

---

① Annping Chin, *The Analects*, New York: Penguin Group, 2014, p. ix.

② Annping Chin, *The Analects*, New York: Penguin Group, 2014, p. xxvi.

③ 刘永利：《如何通向“真实的孔子”——金安平〈论语〉英译评介》，《人文论丛》2019年第2辑，武汉大学出版社2019年版。

④ James Legge, *Confucian Analects*, in *The Chinese Classics* (Vol. 1), Taipei: SMC Publishing Inc., 2001, p. 233.

⑤ 安乐哲、罗思文：《〈论语〉的哲学诠释》，余瑾译，中国社会科学出版社2003年版，第243页。

⑥ 刘宝楠：《论语正义》，中华书局1990年版，第415页。

⑦ Annping Chin, *The Analects*, New York: Penguin Group, 2014, p. 153.

源、永远流动、充满活力。① 这一解释几乎完整复制了《正义》的注释。② 但金最后指出，最有说服力的则是孟子的诠释，因为他是更早期的孔门追随者。也就是说，尽管董、朱的诠释更为精密，但却有“过度诠释”之嫌，与文本产生时代语境更为接近的解释才是可以采信的。

在“意谓”层面上，金安平通过对孔子思想体系的贯通研究，消除了表面上的矛盾，一定程度上呈现出孔子真正要说什么。如《论语》中“君子”一词包括两种意涵，一是出身高贵(a man of noble birth)或有权势之人(a man of position)，二是道德高尚之人(a man of noble character，gentleman)。前者是孔子以前的古义，而后者则是孔子对“君子”一词的创造性使用。“君子不重则不威，学则不固。主忠信，无友不如己者，过则勿惮改”(《论语·学而》)一句，朱子以后的学者多在道德意义上理解“君子”。金安平指出这一注释的矛盾之处：如果“君子”是指一种道德相对完备的状态，那么是否存在朱子所说的“不厚重”“无威严”“所学不坚固”的不足，是否还需要向他们强调必须接受忠信原则的引导？③ 基于这一怀疑，金安平认为应当在身份地位的意义上理解“君子”一词，故而整句话实际上是对出身高贵者的告诫：不自重则没有威严，学习才不会固执，亲近忠信之人，不要与不如自己的人交友。④ 在这里，语言训诂的选择与思想体系的贯通是互为表里的，二者之间的一致性建构起一条通向“意谓”的道路。

针对诠释史上争议较多的章节，金安平通过多元诠释史的呈现，也在一定程度上触及“蕴谓”的层次，即发现孔子可能要说什么。《论语》前3章共66节，金安平对应地给出了66条注释，其中33条就明确提到了诠释史上的多种解释或至少另一种解释。⑤ 金选择将诠释史上的差异性观点直接呈现在西方读者面前，以此“希望能带领读者穿梭于各章节，而不遗失其传递的信息”⑥。而正文的模糊和注释的分歧之间也凸显出一种理论张力，呈现出《论语》的开放诠释空间和多元诠释史，帮助读者认识到一个“被创造”的孔子。

总而言之，金安平将《论语》视作一个历史文本，并试图通过客观的思想史研究还原孔子的原意。她大量征引清儒训诂、考据成果，并采取训诂、考据的历史研究方法，分别与实谓、意谓层级相当；而其对《论语》多元诠释史的呈现，也部分达到了蕴谓层级。从这个意义上讲，金安平译本为创造的诠释学的“浅层结构”提供了当下的例证。

四、省思与展望：中国文化典籍的“创造性诠释”之路

《论语》诠释中历史与哲学两条路径的分化，经历了经典诠释史上的汉宋之争，又在

① Annping Chin, *The Analects*, New York: Penguin Group, 2014, pp. 138-139. 金安平：《论语英译及评介》，鄢秀译，广西师范大学出版社2019年版，第163页。

② 刘宝楠：《论语正义》，中华书局1990年版，第349页。

③ 朱熹：《四书章句集注》，中华书局1983年版，第50页。

④ Annping Chin, *The Analects*, New York: Penguin Group, 2014, pp. 6-7.

⑤ 具体包括如下各条：1.1，1.2，1.4，1.5，1.6，1.7，1.8，1.11，1.12，1.13，1.16，2.1，2.2，2.5，2.6，2.7，2.8，2.10，2.12，2.16，2.17，2.19，2.23，2.24，3.3，3.4，3.5，3.8，3.15，3.16，3.19，3.21，3.22。

⑥ Annping Chin, *The Analects*, New York: Penguin Group, 2014, pp. 27-28.

现代西方学科体系中得到了进一步强化。金译本和安、罗译本在文本性质、诠释目的和诠释方法等关键问题上，各自建构起一个自洽的且具有排他性的理论体系，却又共同构筑起当代《论语》海外诠释的景观。从创造的诠释学审视两个译本，可以对未来《论语》海外诠释形成两点期待。

第一，《论语》的海外诠释需要进一步夯实作为创造性诠释基础的浅层结构。安乐哲和罗思文译本在当谓和必谓两个层次上发掘出《论语》的现代价值和普遍意义。但也有学者指出，儒学"既有终极性的追寻和普遍性的导向，又有对于特定情境的适应性和伦理性的指引"，而安、罗对中国哲学"情境-实用主义"的预设，有"陷入相对主义和特殊主义"的嫌疑。① 这就意味着安、罗虽然在深层结构上展示出《论语》的一个诠释向度，但却未必符合《论语》原典的整体精神和诠释传统。金安平译本在实谓、意谓、蕴谓三个层次或浅层结构上强化了《论语》海外诠释的根基，但仍只撷取了《论语正义》的部分诠释，更不用说在《正义》之外，《论语》还拥有更为复杂多元的语内诠释传统。因此，未来《论语》的海外诠释可以加强对《论语》的溯源性诠释，结合新出土文献和相关研究成果，为追溯《论语》原始意涵提供更多证据。同时，还需要加强对《论语》诠释史的译介。今天为我们所了解的孔子思想体系，是儒家内部各个历史时期、各个思想流派对《论语》差异化、创造性诠释的结果，日本学者编纂的《孔子全书》，就将这些注释编纂成文献资料集。② 今后的西方《论语》诠释，或可效仿这一经验。

第二，《论语》的海外诠释需要进一步建构作为创造性诠释中心的深层结构。如金安平译本所示，《论语》的历史诠释路径始终以客观性为诉求，难免陷入"客观性迷思"(superstitions of objectivity)之中，产生诠释不足(under-interpretation)的弊病。③ 通过这种方法所发掘出来的《论语》意蕴，始终是朝向历史而非当下的，诠释的开放性始终是向内的而非外拓的，因此也难以由事实性研究过渡到价值性研究。安乐哲和罗思文以发掘《论语》的当代价值和普遍意义为致思方向，在方法论上作出了重要示范，但也有学者认为存在着误解和过度诠释之嫌。因此，历史和哲学两条诠释路径各有优长与局限。离开了历史诠释，哲学诠释不能保证无违于《论语》的原典精神和诠释传统。离开了哲学诠释，历史诠释也不足以彰显《论语》的普遍精神和当代价值。创造的诠释学通过"实谓—意谓—蕴谓—当谓—必谓"的层层递进，打破了哲学和历史两种诠释方法的自我设限和互斥关系，实现跨学科的综合融汇。将这一经典诠释的理想模型运用于《论语》的海外诠释，就形成了思想和文本两个方面的要求。思想上，要求在历史诠释的基础上、在中西互镜的理论视域中，强化概念、思想体系的横向对比和融通，以期推进"世界哲学"的产生，从而体现"创造"之意。文本上，则要求形成一个弥合各种专业化诠释，畅达传递《论语》的原典精神、诠释传统、当代价值与世界意义的整体性译本，从而作为"诠释"的物质载体。美国

---

① 郭齐勇、李兰兰：《安乐哲"儒家角色伦理"学说析评》，《哲学研究》2015 年第 1 期。

② 从 1999 年开始，日本明德出版社陆续出版由吹野安、石本道明二位教授合作主编的 22 卷本《孔子全书》，目前已出前 13 卷。其中 1～10 卷就是对《论语》及其注释的日语翻译，注释包括朱子《集注》的全文，以及何晏《集解》、皇侃《义疏》、朱子《语类》相关内容的选译。

③ 方旭东：《诠释过度与诠释不足：重审中国经典解释学中的汉宋之争——以〈论语〉"颜渊问仁"章为例》，《哲学研究》2005 年第 2 期。

格兰谷州立大学倪培民教授《论语》译本(2017)，就在保留原文歧义性的同时，从功夫视角来解读《论语》的语用行为。① 从而在传统的本体论、认识论、伦理学三大哲学理论板块之外，为世界哲学贡献一种可以被称为"功夫学"的哲学思想。这一译本的接受程度如何，还需要接受学界和市场的双重检验，但其试图融汇历史和哲学诠释的方法论，则在一定程度上说明了创造的诠释学的合理性和现实性。

只有通过创造性诠释，《论语》才能在与不同文明的对话和交流中，成为构筑人类共同愿景的不竭源泉，为人类命运共同体提供思想智慧；也只有透过创造性诠释，以《论语》为代表的中国智慧才能真正进入当下、走向世界，推动人类文明走向良性互动和整体和谐。

（作者单位：湘潭大学外国语学院）

① Ni Peimin, Understanding the Analects of Confucius-A New Translation of Lunyu With Annotations, *New York*: *State University of New York*, 2017, pp. 14-18, 22-29.

焦循《孟子正义》"近时通解"探析*

□ 吴仰湘　李沛姗

【摘要】焦循《孟子正义》被誉为十三经清人新疏的典范，却因书中数出不穷的"近时通解"，被疵为拘守汉宋门户之见、摒弃理学先儒成果。然而，稽核《孟子正义》诸多"近时通解"的材料来源与呈现方式，发现《孟子正义》与朱子《四书章句集注》、赵顺孙《四书纂疏》、张居正《四书集注阐微直解》等历代理学著作之间潜在的源流关系，并窥悉焦循在乾嘉考据风潮下，以模糊、间接的引证方式，积极吸取宋明理学成果、缓解汉宋之争的内心隐秘。这一典型案例揭示出清代诸经新疏普遍存在模糊引证现象，后人不应仅从学术道德角度作苛评，也不必夸大清代考据学中清晰引证的绝对性。

【关键词】焦循；《孟子正义》；清代汉学；宋明理学；模糊引证

焦循（1763—1820）为有清一代通儒，在其子焦廷琥协助下撰成《孟子正义》30卷，兼具考据、义理之长，被后世誉为十三经清人新疏的典范。①《孟子正义》中有一种相当令人费解的现象，即引述前人对《孟子》的注释或解说，却不言明作者、书名，仅以"近时通解""近人通解""近通解"笼统称之（本文以下统称"近时通解"）。所谓"近时通解"，从字面看应指清代前中期各种通行的著述，但稽核《孟子正义》诸多"近时通解"的材料来源与呈现方式，发现焦循是有意采用模糊、间接乃至迂回的引证方式，来积极吸取宋明理学成果，缓解汉宋之争。尽管学界对焦循《孟子正义》的研究较多，个别学者还察及书中层见迭出的"近时通解"问题，但是语焉不详，甚至对焦循的良苦用心与高明手法存在误解错判。② 本文就此专作探讨，略发其覆，冀望有助于推阐焦循经学奥蕴，深化乾嘉学术研究。

---

* 本文是国家社会科学基金重大项目"皮锡瑞《经学通论》注释与研究"（15ZDB010）阶段性成果。

① 梁启超：《中国近三百年学术史》，商务印书馆2011年版，第238页。

② 目前学界对焦循《孟子正义》的研究，集中在训诂特色、诠释风格、义理阐释、思想成就、学术地位等方面，代表性著述有何泽恒《焦循研究》（台湾大安出版社1990年版）、赖贵三《焦循年谱新编》（台湾里仁书局1994年版）、董洪利《孟子研究》（江苏古籍出版社1997年版）、刘瑾辉《清代〈孟子〉学研究》（社会科学文献出版社2007年版）、赖贵三《台海两岸焦循文献考察与学术研究》（台湾文津出版社2008年版）、李畅然《清代〈孟子〉学史大纲》（北京大学出版社2011年版）等。其中刘瑾辉、李畅然均注意到《孟子正义》以"近时通解"间接引用朱子《集注》，并由此批评焦循心存偏见。

一、“近时通解”与宋明理学的渊源关系

对《孟子正义》中各种“近时通解”细作稽核，发现焦循以这种方式引述的具体内容，几乎全部源自理学著作，其中与朱熹《四书章句集注》相关者25处，与张居正《四书集注阐微直解》相关者6处，与赵顺孙《四书纂疏》相关者3处，与陆陇其《四书讲义困勉录》相关者2处，还有1处源自《二程遗书》，总计37处。以下着重就焦循“近时通解”与朱熹、赵顺孙、张居正三家著述的渊源关系，略作论析。

（一）“近时通解”与《四书章句集注》

焦循“近时通解”中源自朱子者最多，兹据其引用目的，分别举例说明。

其一，在审断文句时经常援引朱注。《孟子》文字明白晓畅，但也时有歧互之处，历代学者句读、注解有异，焦循大多暗从朱子。如《公孙丑上》说：“宰我、子贡善为说辞，冉牛、闵子、颜渊善言德行。孔子兼之，曰：‘我于辞命，则不能也。’然则夫子既圣矣乎?”朱注：“此一节，林氏以为皆公孙丑之问，是也。……公孙丑言数子各有所长，而孔子兼之，然犹自谓不能于辞命。”①焦循提出：

> 近时通解以“宰我”以下皆丑问之言，“曰我于辞命则不能也”乃孔子之言，是也。②

其中，“以‘宰我’以下皆丑问之言”即朱子所说“此一节，林氏以为皆公孙丑之问是也”，“‘曰我于辞命则不能也’乃孔子之言”即朱注“（孔子）然犹自谓不能于辞命”，焦循完全认同朱注对《孟子》行文的划分。又如《万章上》有：“匹夫而有天下者，德必若舜、禹，而又有天子荐之者，故仲尼不有天下。继世以有天下，天之所废，必若桀、纣者也，故益、伊尹、周公不有天下。”焦循指出：“‘继世以有天下’，赵氏属上，近时通解属下。”③朱注将“继世以有天下”归于下节，提出：“继世而有天下者，其先世皆有大功德于民，故必有大恶如桀、纣，则天乃废之。如启及大甲、成王，虽不及益、伊尹、周公之贤圣，但能嗣守先业，则天亦不废之。故益、伊尹、周公虽有舜、禹之德，而亦不有天下。”④“匹夫而有天下者”和“继世而有天下者”实属前后并列的两节，朱注从文理上详作审酌，显然胜过赵注，因此焦循概以“近时通解”名义表而出之。

其二，在字词训诂上大量引用朱注。朱子对《孟子》的训诂成就极高，因此焦循对朱注训诂多所引用，在“近时通解”中比重最大。如《万章上》“《诗》云：‘娶妻如之何，必告父母。’信斯言也，宜莫如舜。舜之不告而娶，何也”，赵注：“舜合信此诗之言，何为违

① 朱熹：《四书章句集注》，中华书局1983年版，第233页。

② 焦循：《孟子正义》，沈文倬点校，中华书局1987年版，第213页。

③ 焦循：《孟子正义》，沈文倬点校，中华书局1987年版，第649页。

④ 朱熹：《四书章句集注》，中华书局1983年版，第309页。

礼，不告而娶也。”①朱注：“信，诚也，诚如此诗之言也。”②焦循指出：

> 近时通解“信斯言也，宜莫如舜”，谓“诚如诗之所言，则告而娶，宜莫如舜”。《诗》在舜后，赵氏谓“舜合信此诗之言”，非其义也。③

焦循认为《诗经》成书在舜之后，赵岐说“舜合信此诗之言”近于无稽，而朱子解作“诚如此诗之言，则告而娶，宜莫如舜”，有以《诗》证舜事之意，较赵注更为合理。再如《告子下》“今居中国，去人伦，无君子，如之何其可也”，赵注：“今之居中国，当行礼义，而欲效夷貉无人伦之叙，无君子之道，岂可哉。”④朱注：“无百官有司，是无君子。”⑤焦循指出：“(赵注)谓无君子者，无君子之道也。近时通解以君子即指百官有司。”⑥赵注将“君子”等同于“君子之道”，朱注则将“君子”解释为“百官有司”。焦循罗列两说，不加评判，可见有兼存之意。

其三，在义理阐释中不断引用朱注。对于《孟子》义理的阐释，朱注每多胜义，后学极为尊奉，焦循也不例外。如《告子上》“生亦我所欲，所欲有甚于生者，故不为苟得也。死亦我所恶，所恶有甚于死者，故患有所不辟也”，朱注：“欲生恶死者，虽众人利害之常情；而欲恶有甚于生死者，乃秉彝义理之良心，是以欲生而不为苟得，恶死而有所不避也。设使人无秉彝之良心，而但有利害之私情，则凡可以偷生免死者，皆将不顾礼义而为之矣。由其必有秉彝之良心，是以其能舍生取义如此。”⑦焦循即沿用朱子对“舍生取义”的阐释，指出：

> 近时通解，则以此为反言，以决人性之必善，必有良心，以为下“人皆有之”张本。欲生恶死，人物所同之性。乃人性则所欲有甚于生，所恶有甚于死，此其性善也。此其良心也。……惟其有此良心，乃能如是。⑧

朱子提出“由其必有秉彝之良心，是以其能舍生取义如此”，焦循认为“惟其有此良心，乃能如是(即舍生取义)”，可见两家均以“良心”的存在作为“舍生取义”之所以可能的依据。此外，为全面阐发“舍生取义”之理，焦循还指出：

> 或谓此言生死之权度，所欲有甚于生则不苟得此生，所恶有甚于死则不苟于辟患，此舍生而取义之事也。使无义可取，则此时所欲莫甚于生，则又以得生为是；此时所恶莫甚于死，则又以辟患为是。……义不在生，亦不在死，当死而死，当生而

① 焦循：《孟子正义》，沈文倬点校，中华书局1987年版，第618页。
② 朱熹：《四书章句集注》，中华书局1983年版，第303页。
③ 焦循：《孟子正义》，沈文倬点校，中华书局1987年版，第618页。
④ 焦循：《孟子正义》，沈文倬点校，中华书局1987年版，第858页。
⑤ 朱熹：《四书章句集注》，中华书局1983年版，第346页。
⑥ 焦循：《孟子正义》，沈文倬点校，中华书局1987年版，第858页。
⑦ 朱熹：《四书章句集注》，中华书局1983年版，第332~333页。
⑧ 焦循：《孟子正义》，沈文倬点校，中华书局1987年版，第783~784页。

生，圣人之权也。①

焦循主张面临生死抉择时，要以"义"为权衡的标准。若是"所欲有甚于生""所恶有甚于死"，则当舍生而取义；若是无义可取，则可"以得生为是""以辟患为是"。值得注意的是，此说也见于陆陇其《四书讲义困勉录》，书中引用明人说法，如汤宾尹"舍生非必死"，洪垣"若是圣人，处生处死，直是见义"②。"舍生非必死"指明对待生死要有所抉择权衡，最关键是要有"义"所在，即"处生处死，直是见义"。焦循以"义"作为生死抉择标准，正与此一致。

(二)"近时通解"与《四书纂疏》

《四书纂疏》为朱子再传弟子赵顺孙所撰。赵氏自序曾言及撰著此书的原因和"纂疏"之名的由来："子朱子《四书》注释，其意精密，其语简严，浑然犹经也。顺孙旧读数百过，茫若望洋，因遍取子朱子诸书及诸高第讲解有可发明注意者，悉汇于下，以便观省，间亦以鄙见一二附焉，因名曰《纂疏》。"③《四库全书总目》评价此书"备引朱子之说，以翼《章句集注》。所旁引者惟黄榦、辅广、陈淳、陈孔硕……一十三家，亦皆为朱子之学者，不旁涉也"④，可见此书实为南宋四书学著作之集大成者。检核焦循的"近时通解"，实有多处与之密切相关，以下试举两例。

(1)《滕文公上》"然而夷子葬其亲厚，则是以所贱事亲也"，朱注："夷子学于墨氏而不从其教，其心必有所不安者，故孟子因以诘之。"⑤《四书纂疏》引录辅广之言："《集注》断以为夷子实尝厚葬其亲，不从墨子薄棺无椁之制者……此于人情固宜有之，故孟子因举此一事以诘之，而下文专举丧葬之说以发其意。"⑥焦循也指出：

> 近时通解以"夷子葬其亲厚"乃是夷子实事，孟子因其有此实事，异乎墨子之道，故直指为以所贱事亲，攻其隙所以激发其性也。此说为得。⑦

辅广、焦循都认为孟子诘责夷子"以所贱事亲"的真实目的，在于"专举丧葬之说以发其意""攻其隙所以激发其性"，此"意"、此"性"则是"于人情固宜有"的对亲人更深厚的感情，即儒家亲亲之情。两相对照，可见焦循首肯的"近时通解"实为辅广之说。

(2)《尽心上》"人能无以饥渴之害为心害，则不及人不为忧矣"，朱注："人能不以贫

---

① 焦循：《孟子正义》，沈文倬点校，中华书局1987年版，第784页。

② 陆陇其：《四书讲义困勉录》卷34，《景印文渊阁四库全书》第209册，台湾"商务印书馆"1983年版，第34页。

③ 赵顺孙：《四书纂疏·序》，《摛藻堂四库全书荟要》第73册，台湾世界书局1988年版，第1页。

④ 永瑢等：《四库全书总目》，中华书局1965年版，第298页。

⑤ 朱熹：《四书章句集注》，中华书局1983年版，第262页。

⑥ 赵顺孙：《四书纂疏·孟子纂疏》卷5，《摛藻堂四库全书荟要》第73册，台湾世界书局1988年版，第36页。按：朱注并未指明"夷子葬其亲厚"为实事，辅广之说属于借托朱子。

⑦ 焦循：《孟子正义》，沈文倬点校，中华书局1987年版，第403页。

贱之故而动其心，则过人远矣。”①《四书纂疏》又引辅氏曰：

> 人若能不以贫贱动其心，而于富贵辨其所当得而受之，其不当得则不受之，则过于常人远矣。过人之远，则不忧其不及人矣。②

焦循言及：“近时通解不为忧谓己不忧不及人。”③关于“不为忧”的含义，朱注并未解释清楚，而《四书纂疏》将“不为忧”解释为“不忧其不及人”，“近时通解”正与此相一致，可知其源在《四书纂疏》。

（三）“近时通解”与《四书集注阐微直解》

《四书集注阐微直解》是张居正为万历皇帝量身定做的四书学读本，徐乾学在序中指出：“盖朱注以翼《四书》，《直解》又所以翼注。《直解》出，而朱注之义益彰明较著于天下，故是书之为功于后世固甚宏。”④可见清人对此书评价很高。焦循所引“近时通解”多有与之相合处，以下举二例作说明。

(1)《滕文公上》“孟子曰：‘吾固愿见，今吾尚病，病愈，我且往见。’夷子不来。他日，又求见孟子”，赵注“夷子闻孟子病，故不来”⑤，认为“夷子不来”是实事，朱注改曰“孟子称疾，疑亦托辞以观其意之诚否”⑥，对“夷子不来”一语未作说明。张居正则解说道：

> 故孟子对徐辟说：夷子之来，我固愿见，只为吾尚有疾病，未可以见也。子为我辞夷子，俟吾病愈，吾且往见，夷子不必再来。⑦

焦循提出：

> 赵氏以“夷子不来”是记其实事，近时通解谓亦孟子言，谓我病愈，往见夷子，夷子不必来。⑧

《四书集注阐微直解》明言“夷子不来”为孟子对徐辟所说，并且解为“夷子不必再来”，与焦循所谓“近时通解”正相吻合。

(2)《公孙丑下》记孟子去齐，充虞路问曰：“夫子若有不豫色然。前日虞闻诸夫子曰：

---

① 朱熹：《四书章句集注》，中华书局1983年版，第357页。

② 赵顺孙：《四书纂疏·孟子纂疏》卷13，《摛藻堂四库全书荟要》第73册，台湾世界书局1988年版，第34页。

③ 焦循：《孟子正义》，沈文倬点校，中华书局1987年版，第921页。

④ 张居正：《四书集注阐微直解》徐序6，清八旗经正书院刻本。

⑤ 焦循：《孟子正义》，沈文倬点校，中华书局1987年版，第402页。

⑥ 朱熹：《四书章句集注》，中华书局1983年版，第262页。

⑦ 张居正：《四书集注阐微直解》卷18，清八旗经正书院刻本，第35~36页。

⑧ 焦循：《孟子正义》，沈文倬点校，中华书局1987年版，第402页。

‘君子不怨天，不尤人。’”曰：“彼一时，此一时也。”朱注“彼，前日。此，今日”①，仅解“彼”“此”二字之义。《四书集注阐微直解》则详细解释说：

> 前日虞曾闻夫子说君子之心，无入而不自得，就是不得于天也，不怨天；不合于人也，不尤人。今夫子不遇于齐，便就有怨尤的意思，与前日之言不合。此则弟子所不识也。孟子晓之，说：“‘不怨不尤’这两句是我平日诵法孔子的言语，我何尝有怨天尤人之心？但我今日之不豫所以异于前日者，亦自有说。盖君子守身之常法，与用世之微权，各自有一种道理。我前日不见诸侯，不曾想着用世，只是居仁由义，不愧于天，不怍于人，便欣然有以自乐。彼固一时也。其在今日，却要得君行道，辅世长民，然而遭际不偶，则上畏天命，下悲人穷，于心自有不能恝然者。此又一时也。”②

焦循指出：

> 近通解以彼一时为充虞所闻“君子不怨天不尤人”之时，时为暇豫之时，则论为经常之论也。此一时为今孟子去齐之时，为行藏治乱关系之时也，则忧天悯人之意，不得不形诸颜色也。③

焦循对孟子“彼一时，此一时”所蕴不同心境的解释，与《四书集注阐微直解》颇为一致。首先，张居正、焦循都认为“彼一时”为平常之时，孟子以平常心自处，所以能“不怨天，不尤人”。其中，焦循“‘君子不怨天，不尤人’为经常之论”的说法，与张居正“‘不怨不尤’是我平日诵法孔子的言语”的解释相合；焦循所说“彼一时”之“时”为暇豫之时，与张居正说“我前日不见诸侯，不曾想着用世，只是居仁由义……便欣然有以自乐”意思相符。其次，关于孟子在“此一时”不豫的原因，张居正认为：“其在今日，却要得君行道，辅世长民，然而遭际不偶，则上畏天命，下悲人穷，于心自有不能恝然者，此又一时也。”焦循认为：“此一时为今孟子去齐之时，为行藏治乱关系之时也，则忧天悯人之意，不得不形诸颜色也。”两人都指出“此一时”为孟子因遭际不遇而悲天悯人之时，而“心自有不能恝然者”“不得不形诸颜色”，便产生“不豫”的情绪。

概言之，查明《孟子正义》“近时通解”的来源，可知焦循在审断文句、解释字词、阐发义理时，十分注重吸取历代理学先儒的成果，但具体引述时，往往习惯性地作了模糊化处理，形成一种较为奇特的著述风景。

二、“近时通解”对理学著述内容的取舍

焦循在“近时通解”模式下引用历代理学著作，除不著明各家姓氏、书名外，还对相关内容作了灵活处理，使其原有面貌消失殆尽。综观焦循对各家理学著述具体内容的取

① 朱熹：《四书章句集注》，中华书局1983年版，第250页。
② 张居正：《四书集注阐微直解》卷17，清八旗经正书院刻本，第33页。
③ 焦循：《孟子正义》，沈文倬点校，中华书局1987年版，第309页。

舍、变通，大体上可归结为以下两种：

第一，删弃。

前代理学家注解《孟子》，未必专主赵注，往往有更多的自我表达和发挥，而焦循作《孟子正义》首在疏证赵注，因此他在引用历代理学著作时，必然要围绕赵注进行节取，尤其是对宋明理学家的义理言说大加刊削。如《尽心上》“为机变之巧者，无所用耻焉”，赵注：“今造机变阱陷之巧以攻战者，非古之正道也。”①朱注：“为机械变诈之巧者，所为之事皆人所深耻，而彼方且自以为得计，故无所用其愧耻之心也。”②焦循指出：“近时通解机变谓机械变诈……是不必指攻战言之。”③他仅取朱注“机械变诈”之义，意在纠赵注“攻战”之解，而对朱注“所为之事皆人所深耻”云云概加删弃。又如《滕文公上》“然而夷子葬其亲厚，则是以所贱事亲也”，焦循说：“近时通解以夷子葬其亲厚乃是夷子实事，孟子因其有此实事，异乎墨子之道，故直指为以所贱事亲，攻其隙所以激发其性也。此说为得。”④以“夷子葬其亲厚”为夷子实事，实际上是引据赵顺孙《四书纂疏》，但对其下文“夷子虽受其教，而至于葬亲之时，天理自然发动”等论述⑤，全部加以刊落。再如《告子上》“为宫室之美、妻妾之奉、所识穷乏者得我与”，焦循解曰：“所知之人穷乏，而我施与之，则彼必以我为恩德而亲悦我也。近时通解如是。”⑥此解正源自朱注“所识穷乏者得我，谓所知识之穷乏者感我之惠也”⑦，但焦循只节取朱注对“得我”的训诂，至于“盖理义之心虽曰固有，而物欲之蔽，亦人所易昏也”的义理阐释，则完全刊落不表。究其原因，是焦循不满宋儒所倡天理、人欲之辨，认同戴震“理存乎欲”之说⑧。

第二，拼合。

焦循强调孟子之学“亦造于微，未容空疏者约略言之”⑨，非常注重以训诂为基础力作阐发，批评前儒注解或失之空疏，或过于粗略。因此，他在吸取历代理学家的解说时，有意兼取数家之说并适当拼合，真正形成“通解”，以便对《孟子》原文详作阐释。例如《离娄下》“文王视民如伤，望道而未之见”，焦循指出：“近时通解有二：一谓文王以纣在上，

---

① 焦循：《孟子正义》，沈文倬点校，中华书局 1987 年版，第 886 页。

② 朱熹：《四书章句集注》，中华书局 1983 年版，第 351 页。

③ 焦循：《孟子正义》，沈文倬点校，中华书局 1987 年版，第 887 页。

④ 焦循：《孟子正义》，沈文倬点校，中华书局 1987 年版，第 403 页。

⑤ 赵顺孙：《四书纂疏·孟子纂疏》卷 5，《摛藻堂四库全书荟要》第 73 册，台湾世界书局 1988 年版，第 36 页。

⑥ 焦循：《孟子正义》，沈文倬点校，中华书局 1987 年版，第 786 页。

⑦ 朱熹：《四书章句集注》，中华书局 1983 年版，第 333 页。

⑧ 焦循在《孟子正义》中，数次引用戴震《孟子字义疏证》来批评朱子理欲相对之论。如朱子提出“若论其本然之妙，则惟有天理而无人欲。是以圣人之教人，必欲其尽去人欲而复全天理也”（朱熹：《答陈同甫》，曾枣庄、刘琳主编：《全宋文》卷 5497，上海辞书出版社 2006 年版，第 321 页），戴震却认为“天理者，节其欲而不穷人欲也。是故欲不可穷，非不可有，有而节之，使无过情，无不及情，可谓之非天理乎”（戴震：《孟子字义疏证》，何文光整理，中华书局 1982 年版，第 11 页），天理即在人欲的合理发用中，“六经、孔、孟之书，岂尝以理为如有物焉，外乎人性之发为情欲者，而强制之也哉”（戴震：《孟子字义疏证》，何文光整理，中华书局 1982 年版，第 10 页），在人欲之外并不存在天理，所以坚决反对宋儒“去人欲”“理欲二分”之说。焦循认同戴震的观点，并将其大段引述至《孟子正义》中。

⑨ 焦循：《孟子正义》，沈文倬点校，中华书局 1987 年版，第 1050 页。

望天下有治道而未之见。一读‘而’为‘如’，谓文王爱民无已，未伤如伤，望道心切，见如未见也。”①此处“近时通解”之一源自《二程遗书》“‘望道而未之见’，言文王视民如伤，以纣在上，望天下有道而未之见”②，之二出自朱注“‘而’读为‘如’，古字通用。民已安矣，而视之犹若有伤；道已至矣，而望之犹若未见。圣人之爱民深而求道切如此，不自满足，终日乾乾之心也”③。焦循综采程、朱二家，对《孟子》文义的解说更为完备。又如《公孙丑上》“文王何可当也”，朱注“当，犹敌也”④，焦循则指出：“近通解谓文王之德何可敌也”⑤。与朱子仅训“当”字不同，“近时通解”增加“文王之德”，此解实源自张居正“文王是有周基命之主，其德至盛，何可当也”⑥。焦循将朱子、张居正两家之解融合为一，既指明“当”之训诂，又阐明文王不可抵挡在于其德性，可谓后出转精。《离娄下》有“君子之泽，五世而斩；小人之泽，五世而斩”，张居正解为“君子是有位的，小人是无位的”⑦，陆陇其则称“君子、小人俱指人之贤者”⑧，焦循将两种解释熔铸为一，直指“近时通解以君子为圣贤在位者，小人为圣贤不在位者”⑨。再如《离娄下》：“以善服人者，未有能服人者也。以善养人，然后能服天下。天下不心服而王者，未之有也。”焦循解曰：“近时通解善即指仁义，以仁义求胜于人，即有相形相忌之意，何能服人？”⑩其中，以“求胜于人”来解“服人”，源于朱注“服人者，欲以取胜于人”⑪，“即有相形相忌之意，何能服人”两句，则近于陆陇其“以善去服人，即有相形相忌之意……如何能服得人”⑫，显然是对两家注解的兼综并取，并暗作拼缀，达到浑然一体的效果。

可见，焦循《孟子正义》出于疏证赵岐旧注、革新《孟子》义理的现实需要，在模糊引述历代理学著作时，还对其具体内容大作取舍，甚至综取各家之说，加以拼缀、整合，经过细心熔裁，以“近时通解”悄然呈现出来，充分反映了焦循吸收历代理学先儒训诂、考据成果的积极性与灵活性，也可见出他对待宋明义理之学的审慎态度。

三、由“近时通解”探察焦循的学术用心与著述道德

焦循《孟子正义》频频引述历代理学家的著述，但因“近时通解”的引用方式较为模糊、

① 焦循：《孟子正义》，沈文倬点校，中华书局1987年版，第570页。

② 程颢、程颐：《伊川先生语五·杨遵道录》，王孝鱼点校：《二程集》，中华书局2004年版，第257页。

③ 朱熹：《四书章句集注》，中华书局1983年版，第294页。

④ 朱熹：《四书章句集注》，中华书局1983年版，第228页。

⑤ 焦循：《孟子正义》，沈文倬点校，中华书局1987年版，第177页。

⑥ 张居正：《四书集注阐微直解》卷16，清八旗经正书院刻本，第4页。

⑦ 张居正：《四书集注阐微直解》卷21，清八旗经正书院刻本，第24页。

⑧ 陆陇其：《四书讲义困勉录》卷31，《景印文渊阁四库全书》第209册，台湾“商务印书馆”1983年版，第30页。

⑨ 焦循：《孟子正义》，沈文倬点校，中华书局1987年版，第577页。

⑩ 焦循：《孟子正义》，沈文倬点校，中华书局1987年版，第562页。

⑪ 朱熹：《四书章句集注》，中华书局1983年版，第293页。

⑫ 陆陇其：《四书讲义困勉录》卷31，《景印文渊阁四库全书》第209册，台湾“商务印书馆”1983年版，第18页。

间接，致使后来学者误认为焦循“于宋、元、明儒之书，则虽精亦在摈弃之列”①，或是批评焦循仍未化除汉宋门户之见②，甚至提出焦循以“近时通解”代替朱注，“如果不是数典忘祖，那么只能解释为心存偏见”③。其实，在乾嘉汉学空前繁盛、汉宋之争日趋激烈之际，焦循特别痛戒门户之习，指出：“近世考据之家，唯汉儒是师，宋元说经，弃之如粪土，亦非也。”④“近时考据家汉学、宋学之辨，其始皆缘于不恕，不能克己、舍己、善与人同，终遂自小其道而近于异端。”⑤焦循对汉宋之学力持其平，主张“通核百家”，之所以没有简截明白地引用理学著作，而是采取“近时通解”的独特方式，原来别有苦心，需要稍作阐发。

焦循依据赵岐一家旧注，要撰成《孟子》新疏，虽然勇于突越“疏不破注”的藩篱，但以何种材料实现突破，无疑是一大难题。他固然可以搜集先秦、两汉各种材料，同时引用清人考据成果，对赵注进行补正、阐释，但《孟子》自两宋以来已归属四书之学，历代理学家解说《孟子》的优秀成果又大量涌现，必须有所取鉴，而一旦采用理学家的训诂、义理来反驳赵注，必然与清代诸经新疏尊奉汉学的主流学术相悖。在当时无比强劲的考据学风下，焦循为缓解矛盾，只得对源自理学著作的引述作模糊化处理，尽量抹去以宋学议驳汉学的痕迹，避免引发新的汉宋之争。余英时曾揭出戴震因其强烈的义理诉求与当时盛行的考证学风有矛盾，不得不运用一种极为迂回而隐蔽的方式来化解考证派的压力。⑥ 焦循传承东原之学，遭际又极其相似，大量采用“近时通解”来暗中引述理学著作，同样也是在自身学术理念与经疏撰述存在矛盾时，主动作出调适与折中。以往学界指责焦循“明于烛人而暗于见己”⑦，或惋惜他“欲矫时弊，而惜乎学风已成，其势未易骤挽”⑧，仍从汉宋纷争的老眼光作评价，难称解人。只有对《孟子正义》各处“近时通解”细作探究，才能深切体察焦循处理汉宋问题的良苦用心与高明手法。

需要注意的是，《孟子正义》一书广泛引用汉学著作⑨，焦循尤其指出引用清人著作

---

① 胡毓寰：《〈孟子〉七篇源流及其注释》，《学术世界》第12期，1936年，第64~67页。董洪利甚至认为，焦循不取宋明理学家研究《孟子》的成果，“这一缺点在一定程度上削弱了焦疏作为封建时代《孟子》研究集大成之作所应有的价值”。董洪利：《孟子研究》，江苏古籍出版社1997年版，第358页。

② 何泽恒提出：“里堂论学，极恶拘守门户，其于时人专汉据守之习，亦屡加指摘，而己则不免于自陷，无乃明于烛人而暗于自照乎？”何泽恒：《焦循研究》，台湾大安出版社1990年版，第209~210页。

③ 李畅然：《清代〈孟子〉学史大纲》，北京大学出版社2011年版，第296页。刘瑾辉也说：“焦疏对《孟子》的经典注本、质量相当高的朱熹《集注》只字不提，显然是有偏见。……至于朱注在义理和训诂上的精审之处，焦循是了然于心的，于是就迂回地通过所谓‘近时通解’来间接引用。”刘瑾辉：《论焦循〈孟子正义〉之缺失》，《海南师范大学学报》(社会科学版)2008年第6期，第119~122页。

④ 焦循：《里堂家训》，刘建臻整理：《焦循全集》第10册，广陵书社2016年版，第4379页。

⑤ 焦循：《论语通释》，刘建臻整理：《焦循全集》第5册，广陵书社2016年版，第2475页。

⑥ 余英时：《论戴震与章学诚》，生活·读书·新知三联书店2000年版，第107页。

⑦ 黄寿祺：《易学群书平议》，张善文点校，北京师范大学出版社1988年版，第100~101页。

⑧ 何泽恒：《焦循研究》，台湾大安出版社1990年版，第139页。

⑨ 据葛莱考证，《孟子正义》共征引文献450种，其中汉人著作99种，清人著作125种，两类著作占比重最大。葛莱：《〈孟子正义〉研究》，扬州大学博士学位论文，2012年。

“凡六十余家，皆称某氏以表异之，著其所撰书名以详述之”①，这与引用理学著作时的隐晦模糊形成鲜明对比。以成书时间晚于《孟子正义》的四书学新疏——刘宝楠《论语正义》为例，此书引用了朱熹《四书集注》(50处)、《四书或问》(3处)，张栻《癸巳论语解》(9处)，真德秀《四书集编》(1处)等理学著作，均详细标明作者和书名②，这与刘氏汉宋兼采的立场有关，当然还要顾及《论语正义》成书时汉宋紧张关系已缓和不少③。由此可见，“近时通解”并非由理学文本对清代学者的普遍影响而形成的通行名称，而是焦循在面对汉宋学术问题时较为特殊的调节手段。

与此密切相关的另一个重要问题，是如何看待焦循及清儒的著述道德。被推尊为清学开山的顾炎武，特意提出“凡述古人之言，必当引其立言之人。古人又述古人之言，则两引之，不可袭以为己说也”④，作为学者著述的一条基本原则。叶德辉在清末更明言：“有清一代考据之学，引书必注明出处，引旧人说必标举姓名，此可师可法者也。”⑤后来梁启超总结清儒“正统派”的学风特色，其中一条也是“凡采用旧说，必明引之，剿说认为大不德”⑥。他们从著述道德的角度，表彰清代汉学家言必有据、征引务明，后来广为学界所采信，以致将清晰引证上升为清学具备近代科学精神的一大表征。然而，焦循在《孟子正义》中反复使用“近时通解”，对历代理学家研治《孟子》的成果作变通处理，并非暗袭先儒，有意攘善。他在《述难》中特意提出：“且夫唐、宋以后之人，亦述孔子者也。持汉学者或屏之不使犯诸目……或知其言之足征而取之，又必深讳其姓名，以其为唐、宋以后之人，一若称其名，遂有碍乎其为汉学者也。”“善述者存人之心，故重乎述也。不善述者拂人之长，引而归于己之所知。”⑦可知引述前儒言论而埋没其名，实为焦循所不齿。他在《孟子正义》中反复使用“近时通解”，正是特定学风下“存人之心”的“善述者”之举，并非“拂人之长”的因袭暗据。另如江声撰《尚书集注音疏》，声称“谊必有征，不敢欺世”⑧，

---

① 焦循：《孟子正义》，沈文倬点校，中华书局1987年版，第1051页。

② 譬如解释《为政》篇“退而省其私”，《论语正义》：“朱子《集注》以‘私’为燕居独处，亦通。”解释《公冶长》篇“其使民也义”，《论语正义》：“使民义，则《集注》所云‘如都鄙有章，上下有服，田有封洫，庐井有伍之类’，皆是。”刘宝楠：《论语正义》，高流水点校，中华书局1990年版，第53、89页。

③ 关于《论语正义》的成书时间，陈鸿森认为此书于同治四年(1865)秋写定、明年春撰《后叙》后，并未随付剞劂，将续为搜讨，增补校订，蕲于至当。迄光绪初元(1875)，《正义》梓行。陈鸿森：《刘氏〈论语正义〉成书考》，台湾《“中央研究院”历史语言研究所集刊》第65本第3分，1994年，第477~508页。

④ 顾炎武：《日知录》卷21，陈垣校注：《日知录校注》，安徽大学出版社2007年版，第1135页。

⑤ 叶德辉：《经学通诰》，王逸明主编：《叶德辉集》第2册，学苑出版社2007年版，第46页。

⑥ 梁启超：《清代学术概论》，上海古籍出版社1998年版，第47页。梁启超还强调：“亭林对于著述家的道德问题，极为注意。……自亭林极力提倡此义，遂成为清代学者重要之信条，‘偷书贼’不复能存立于学者社会中，于学风所关非细。”梁启超：《中国近三百年学术史》，商务印书馆2011年版，第79~80页。

⑦ 焦循：《雕菰集》卷7，刘建臻整理：《焦循全集》第12册，广陵书社2016年版，第5765~5766页。

⑧ 江声：《尚书集注音疏·后述》，曲文、徐阳校点，《儒藏(精华编)》第17册，北京大学出版社2017年版，第715页。

却在书中多次暗引蔡沈《书集传》而不著明，后遭陈澧质疑①；王鸣盛《尚书后案》标榜不取唐以后诸儒之说，实际上多处因袭宋代陈大猷《尚书集传》、明代刘三吾《书传会选》及清初胡渭《洪范正论》等著作②；孙星衍撰《尚书今古文注疏》、陈奂作《诗毛氏传疏》，则在叙例中声明凡引前儒或时贤之说，或标明姓氏，或不悉著明③。甚至被誉为"于著述家道德守之最严"的孙诒让④，也在《周礼正义》中暗采过惠士奇"六宗即方明"之说⑤。清代经学新疏普遍存在的模糊引证现象，提醒后人不应仅从学术道德角度对模糊引证作苛评，也不必夸大清代考据学中清晰引证的绝对性。

四、结　　语

焦循《孟子正义》以卓著成就与深远影响，深受学界好评，却因书中数出不穷的"近时通解"，长期以来遭到疵议。然而，细心考察各种"近时通解"的材料来源与呈现方式，即可发现《孟子正义》与朱子《四书章句集注》、赵顺孙《四书纂疏》、张居正《四书集注阐微直解》等历代理学著作之间潜在的源流关系，并窥悉焦循在乾嘉汉学考据风潮下以模糊、间接的引证方式缓和汉宋之争的内心隐秘，不致轻下断语，批评他拘于汉宋门户之见而完全摒弃理学先儒成果。

焦循《孟子正义》以"近时通解"灵活吸取宋明理学成果，作为一则典型案例，还揭示出乾嘉考据学特别是清儒诸经新疏中，除了人所共知的清晰引证，还普遍存在着模糊引证。可是，叶德辉、梁启超等近代学者对清代考证学的优良传统进行选择性建构，有意放大清晰引证，竟使模糊引证受到遮蔽，一直处于隐而不彰的状态。因此，厘清《孟子正义》"近时通解"问题，无疑可以启发今人对某些已成典范的论断保持警惕，有所反省，才能对清代学术史得出更全面的认识，对清儒治经成就作出更准确的评判。

（作者单位：湖南师范大学历史文化学院）

---

① 陈澧：《东塾读书记》，上海古籍出版社 2012 年版，第 89 页。

② 王鸣盛：《尚书后案》，中华书局 2010 年版，第 571 页。

③ 孙星衍：《尚书今古文注疏·凡例》，中华书局 2004 年版，第 2 页。陈奂：《诗毛氏传疏·条例》，王承略、陈锦春校点，《儒藏(精华编)》第 33 册，北京大学出版社 2009 年版，第 27~28 页。

④ 梁启超：《中国近三百年学术史》，商务印书馆 2011 年版，第 243 页。

⑤ 孙诒让：《周礼正义》，王文锦、陈玉霞点校，中华书局 1987 年版，第 1392 页。惠士奇：《礼说》卷 12，《景印文渊阁四库全书》第 101 册，台湾"商务印书馆"1983 年版，第 24 页。

从“三代之治”到“西洋政教”
——郭嵩焘政制观念探析

□ 何卓恩 席子豪

【摘要】郭嵩焘生活于晚清中西交际之初，西洋政教知识虽已开始进入中国，然传统政治思想仍据时人思维的主流位置。在郭氏早年，他认为吏治问题与秦、汉以后确立的政治制度紧密相关。据此，他表达了对秦、汉以后政制的不满，并主张恢复三代之治。在出使期间，他逐渐形成西洋政教等同于三代之治的思路，且以此对秦、汉以后政制发出批评，并主张进行政治体制改革。回国以后，郭氏继续盛赞符合三代之治理念的西洋政教，又以此批评了时人关于洋务的思路，认为办理洋务的核心在于改革吏治。由郭氏政制观念的演变可知，他一直将三代之治置于思想的核心，表现了晚清趋新士大夫政制观念之特征。
【关键词】郭嵩焘；三代之治；政制；西洋政教

有关郭嵩焘政制观念的研究，一直是学界讨论的重点内容之一。自20世纪80年代至今，对此问题的讨论大致形成了两种不同叙述。第一种叙述强调郭嵩焘以固有的中国传统政制理念比附西方政制，继而论证西方政制的合理性，因而不少研究者据此将郭氏视为晚清时候较早“走向世界”的知识分子。① 第二种叙述则着重发掘郭嵩焘政制观念中的传统因素，认为其对西方的认知是以符合自身固有的传统政制观念为旨归的。从此视角出发，则郭氏的身份认同中仍含有相当的士人成分。② 两种叙述虽同时见于研究，形成争论，然至今仍未达成一个较为统一的定论。究其原因，主要在于对中、西政制在郭氏观念中的比重缺乏更为细致的历时性梳理。郭氏的政制观念最初是什么样子？这种观念是否在他出使

① 熊月之：《论郭嵩焘》，《近代史研究》1981年第4期；钟叔河：《论郭嵩焘》，《历史研究》1984年第1期；曾永玲：《中国清代第一位驻外公使郭嵩焘大传》，辽宁人民出版社1989年版；[美]汪荣祖：《走向世界的挫折——郭嵩焘与道咸同光时代》，岳麓书社2000年版；汪荣祖：《高瞻远瞩者的寂寞：郭嵩焘与晚清政局》，《史林》2017年第2期；孟泽：《独醒之累：郭嵩焘与晚清大变局》，岳麓书社2021年版。

② 徐立望：《郭嵩焘的晚年思想》，《学术研究》2003年第8期；李新士：《郭嵩焘洋务观研究》，南开大学博士学位论文，2013年；王俊桥：《晚年郭嵩焘研究》，南开大学博士学位论文，2014年；罗志田：《知人与论世：郭嵩焘与近代中国的转折时代》，《四川大学学报》(哲学社会科学版)2020年第6期；李欣然：《处变观通：郭嵩焘与近代文明竞争思路的开端》，北京大学出版社2020年版。

英国期间发生了根本性的变化？出使归来以后，郭氏的政制观念是否又有新的发展？回答上述问题，有助于对郭氏政制观念的两种不同叙述加以验证。此外，由于郭氏生活于晚清中西交际的初期，对其政制观念进行细致梳理有助于理解以郭氏为代表的那代读书人认知政制的方式与特点。有鉴于此，本文拟以郭嵩焘作为研究对象，并征引郭氏与相关士人之日记、文集、书信、奏稿等材料，在此基础上，结合已有研究成果，以对上述问题作出验证及阐释。

一、以“三代之治”为本：郭嵩焘早期的政制理解

郭氏生活于清代的道咸同光时期，当时西学知识已开始进入中国，然以儒法论争为线索的传统政治思想仍据士人思维的主流位置，这可从郭氏通籍以后的相关文字中寻到踪迹。他自称要“俯遵周孔辙，次补孟荀垣”，并努力做到“洒落君臣契，播扬尧舜风”①，这显示了郭氏对于儒家政治理想的取向。在此基础上，他提到自己“生平之志不在申韩”②，且批评了沿袭法家学说的肃顺，认为他以严为尚，“以求起积弊于衰靡之世，于是一切变为操切之政”③。据此可知以儒家政治理想为旨归的郭嵩焘对于法家思想的批判。

自汉朝开始，以儒家政治理想为旨归的士人多对法家政制思想进行批判，并主张回归到三代之时的政制。④ 三代之治以“礼”为核心，因而其在强调王权对下控制的特点时，亦体现了代表臣民的下层对于上层王权的回应⑤，这使得该种政制更具温情色彩，并不像法家鼓吹的政制那样使上下关系趋于紧张⑥。郭嵩焘所处晚清时期的思想背景仍以儒、法论争为主，这形塑了他的政制观念。

郭氏关于传统政制思考的文字最早见于咸同年间，当时因太平天国运动而引发的对于“吏治”问题的关注则是促成这种思考的直接因素。他在同友人谈起“天下凋敝”的缘故时，认为“必官吏先失其职”，这使得“冤苦之积，戾气乘之，古今一辙也”。⑦ 又如其提道：“今天下之失，在例文繁而官吏因缘为奸，颠倒以失情实，积久而成为颟顸。”⑧

当时并非仅有郭氏对此问题有所关切，不少士人亦有相关的文字表述。曾国藩在运动之初便提道：“今春以来，粤匪益复猖獗……推寻本原，何尝不以有司虐其用民，鱼肉日

---

① 郭嵩焘：《五言联一百四十九首》，《郭嵩焘全集》第14册，岳麓书社2018年版，第223~229页。

② 郭嵩焘：《复李眉生》，《郭嵩焘全集》第13册，岳麓书社2018年版，第86页。

③ 郭嵩焘：《复张竹汀》，《郭嵩焘全集》第13册，岳麓书社2018年版，第60~61页。

④ 晚清士人对两种政制的称呼皆不尽相同，他们多会站在儒家立场，从是否存“礼”的角度辨析两种政制，因此也称“三代之治”为“三代王者（之治）”“古”“三代”“皇古之世”等，而称秦、汉以后的政制为“秦、汉以后政治”“三代以还”“春秋霸者”“中国”（与“古”相对）等，郭嵩焘对两种政制的称呼与上述多有重叠，本文为求行文方便，且由于上述词义彼此相通，统一以郭嵩焘叙述中的“三代之治”及“秦、汉以后政治（制）”概述两种政制。

⑤ 冯天瑜：《中国文化生成史 下》，武汉大学出版社2013年版，第536~538页。

⑥ 冯天瑜、秦晖：《传统中国的“周制”与“秦制”》，《人文论丛》2021年第2辑，武汉大学出版社2021年版。

⑦ 郭嵩焘：《郭嵩焘全集》第8册，岳麓书社2018年版，第60页。

⑧ 郭嵩焘：《郭嵩焘全集》第8册，岳麓书社2018年版，第429页。

久，激而不复反顾。”①胡林翼也认为：“即近年新宁之匪，金田之匪，亦因官吏激酿而成。”②除已通籍的士人外，一些仍在民间的士人亦持有相同看法，如王韬认为“国家有三虫，皆足以病民”，而作为“蠹虫”的官吏则位于“三虫”之首。③ 管庭芬亦通过抄录友人诗歌的方式，表达了对于吏治问题的不满。④

对比同时期士人的叙述，郭氏不仅局限于对吏治的批评，且看到了其与政治制度的关系。郭氏认为自秦朝开始，民众就处于一种“备受迷乱”的状态，因当时出现了一种政制，其以“一夫倡之，万夫和之”为主要特征。因此制度的确立，使得超越姻亲关系的胥吏成为治理天下的关键。他们“利用民迷，若驱鸟兽而纳诸罟获陷阱之中。高之下之，抑之扬之”，如此便导致国内“政之日偷，百姓之日以困穷”。对此，郭氏认为：“自秦任法吏矫虔天下，民之受其迷者二千余年。”⑤由此可知，郭氏认为秦汉以后确立的政治制度是吏治恶化的根源。

缘此，郭氏对这种政制提出批评。他通过分析周代历史，认为在推行三代之治的古时，并无民众叛君的现象。而自厉王、宣王时代开始，便出现了“以民废君”“以卫士怨君”的问题。⑥ 他认为是定于一尊的政制导致失去民心，对此，他论述道：“周之所以积弱，无他，民散故也。天下者，民之积也。积天下之民以奉一君，而成乎积弱，非独民与君离怨而不相恤，民与民亦自为泮涣而不相亲也。”⑦此外，他也认为这种政制导致了君主“弗躬弗亲”的问题。君主依托这种政制，“悬法律以束缚天下”，并且以胥吏治理天下，“以坐受其成”，这就导致“胥天下无一亲政者，或嗾之前，或推之后，耳目手足，皆为虚器”，如此使得“政之日媮，百姓之日以穷困”。⑧

由此可以明晰，郭嵩焘对当时已经出现的对民众进行垂直管控的政制表达了不满之情。值得注意的是，在他看来，这种政制并非自秦汉时才开始产生，而是在周代时便已出现雏影，这就表明当时士人理解的“三代之治”与“秦、汉以后政制”是一对浮动的概念，两种政制之间的交替有一个较大的空白区域。但无论如何，中国传统的政制类型主要分为两种⑨，而郭氏所述的这种政制模式又与传统士人言及的秦、汉以后政制基本相同，因此可将其视作郭氏对于法家所倡导的政制的批评。

在批评秦、汉以后政制的基础上，郭氏提道：“假令平王继位之初，修明王政，以复西周之旧，三代之礼乐赖以不废，而霸功不兴，圣人于此有深望焉。”⑩可知其主张回到三

---

① 曾国藩：《复胡大任》，《曾国藩全集·书信》第1册，岳麓书社1994年版，第77页。

② 胡林翼：《致程裔采》，《胡林翼集》第2册，岳麓书社1999年版，第43页。

③ 汤志钧、陈正青校订：《王韬日记》，中华书局2015年版，第77页。

④ (清)管庭芬撰，张廷银整理：《管庭芬日记》第4册，中华书局2013年版，第1468页。

⑤ 郭嵩焘：《郭嵩焘全集》第9册，岳麓书社2018年版，第233~234页。

⑥ 郭嵩焘：《毛诗馀义》，《郭嵩焘全集》第2册，岳麓书社2018年版，第615~616页。

⑦ 郭嵩焘：《毛诗馀义》，《郭嵩焘全集》第2册，岳麓书社2018年版，第616页。

⑧ 郭嵩焘：《毛诗馀义》，《郭嵩焘全集》第2册，岳麓书社2018年版，第615~617页。

⑨ 即冯天瑜所谓的“周制”与“秦制”，虽然其也提到汉以后施行的是“皇权政治”(即“汉制”)，但这种政制仍以周、秦二制为主要内容，因此仍可将其视作周、秦二制的变体。参见冯天瑜：《中国文化生成史》下册，武汉大学出版社2013年版，第531~550页。

⑩ 郭嵩焘：《〈春秋〉始隐公说》，《郭嵩焘全集》第14册，岳麓书社2018年版，第272页。

代之治。

他以西周史实作例，提到这种政制下的主要内容之一是“建邦分国”，如此使得国家“传数千年”。在此基础上，“公卿皆有世禄，以治其民，上下之分截然”。在这个秩序下，“因为之制其田里，修其庠序，使为之民者各有以遂其养而驯其教”。此外，为配合封邦建国的内容，国家还“颁其礼乐制度，以整齐天下之耳目而和戢其心思”，这就使天下诸侯“各君其国，各子其民，以奉一王之大法，不敢有所违反”。这种造就各自相安、彼此井然有序的政制给郭氏以深刻印象，他认为其直接推进了“天下统于一而无不得其平”的局面。①

郭氏在此提及诸多内容，然从其论述可知，维系三代之治的核心是礼乐制度，如他认为：“盖自古有天下，莫隆于舜，定一代之礼乐，以垂法万世；莫盛于周，而成之者武王周公也。”②又如他提道：“三代王者之治，无一不依于礼。”③由此可以明晰，礼乐制度之于三代之治的重要地位。

因何郭氏会推崇礼乐制度？这是因为相较秦、汉以后政治以吏治等手段对民众进行管控的思路，礼乐制度主要表现出对民众施行教化的特点，这实际与郭氏治理民众的思路相同，如他认为：“治国之道，只在教民为善，禁民为不善，即桀纣亦然。其所教民者，善也，而其所以帅民，则暴也……”④因此，郭氏给予礼乐制度以重要评价：“礼乐者，敬与和之显也，其体则仁义也。”⑤顺此，郭氏认为：“礼乐之情通于天地，故以之交于神明而不爽其情；礼乐之体凝于性命，故以之行于君臣父子而不逾其节。”⑥具体到社会治理而言，就是要将以礼乐制度为主要内容的三代之治注入秦、汉以后政制之中，以达“好恶刑赏，以礼乐推之于民，则民皆向化而治行矣”的效果。⑦

除此以外，郭氏也主张从家庭这个单位出发，从微观层面贯彻国家推行的礼乐制度，如他认为：“齐家治国皆须有教。教成于家者，无他，孝、悌、慈而已矣……教成于身而父子兄弟尊卑上下之则，由家以推之国，无二理也。”⑧又如他提道：“资于事父以事君，则君臣之义正矣。端本于一家，而取则于天下，可以由闺门之内达之朝廷。和顺成，则家庭有法度；礼仪肃，则朝廷有纪纲。”⑨上述思考并非单独阐发，而是与上文所述的礼乐治民相互配合，这也表明郭嵩焘的确是以儒家政制理想作为思想皈依，以期改变法家所倡之政制。

需要注意的是，郭氏虽于此时提出了对于两种政制的思考，但这些思考基本是他在广东罢官后的归隐期间所发，阐发方式也是通过对古代经典进行研读并写下相关批语，因此其还无法对现实政制问题的改革产生太多实际作用。这个困境直到光绪初年郭氏再度为官

① 郭嵩焘：《辨霸》，《郭嵩焘全集》第14册，岳麓书社2018年版，第280~281页。

② 郭嵩焘：《中庸章句质疑》，《郭嵩焘全集》第2册，岳麓书社2018年版，第788页。

③ 郭嵩焘：《〈三礼通释〉序》，《郭嵩焘全集》第14册，岳麓书社2018年版，第370页。

④ 郭嵩焘：《大学章句质疑》，《郭嵩焘全集》第2册，岳麓书社2018年版，第748页。

⑤ 郭嵩焘：《乐记》，《郭嵩焘全集》第3册，岳麓书社2018年版，第474页。

⑥ 郭嵩焘：《乐记》，《郭嵩焘全集》第3册，岳麓书社2018年版，第485页

⑦ 郭嵩焘：《乐记》，《郭嵩焘全集》第3册，岳麓书社2018年版，第474页。

⑧ 郭嵩焘：《大学章句质疑》，《郭嵩焘全集》第2册，岳麓书社2018年版，第746页。

⑨ 郭嵩焘：《昏义》，《郭嵩焘全集》第3册，岳麓书社2018年版，第709页。

时才得到改变，而已开始传入中国的西洋政教知识，亦在此过程中发挥了相当作用。

二、发现西洋政教：郭嵩焘在出使期间政制思路的变化

“西洋政教”即为近代西方民主政制①，它是西方近代民主革命以后所建立的政治制度，核心在于建立一套政府与民众相互在权力上尽量平衡的政制。这与以“礼”为本的三代之治和以“法”为手段的秦、汉以后政制皆不尽相同。不过由于三代之治与西洋政教皆呈现出相当的分权特征，使得当时士人在认识后者时产生一定偏差，而这些偏差又影响了士人对于政制的思考。

作为知识的西洋政教自19世纪初叶开始，便乘着“西学东渐”的风潮，随同西方传教士所办刊物而一同进入中国。② 在此风潮下，当时身处沿海的一批士绅以翻译报刊的方式引介西洋政教知识，相关知识也开始介入士人对于传统政制的思考。徐继畬便在评价美国政制时提道：“公器付之公论，创古今未有之局，一何奇也。”③不同于后来接受西方知识体系的知识分子，徐氏以传统思想中的三代之治认知西洋政教，如其所言的“几于天下为公，骎骎乎三代之遗意”④，恰是他看到两种政制关联的明证。不过查阅《瀛寰志略》可知，徐氏并未在其他地方有相同议论，而除徐氏之外的士人亦仍以引介西洋政教知识为主，还未有太多更为深刻的认识，因而可以认为，在第一次鸦片战争前后的西学东渐风潮中，仅有少数士人可以初步看到中、西政制之关联，且对这种关联的认知还较为浅显，西洋政教知识还不能深入士人意识，影响他们对于传统政制的思考。

上述问题得以推进恰是在郭嵩焘通籍以后的咸同时期，当时“庚申之变”引发士人精神世界的震动，不少士人改变了对西方国家的态度，又兼之后一批士人拥有出使西洋的经历，因此他们多将目光投向当时的西洋政教，此时士人的政制认知较之前更为深化。

如志刚在游历美国时，看到该国的政治制度后，认为其呈现出“民情达而公道存”的良好效果。⑤ 张德彝亦认为美国乃是“公天下民主之国”，有着完全不同于中国的政教。⑥ 王韬在游历欧洲时，同样发现以英国政制为主体的西洋政教表现出“政治清明”的特点：“关无讥察之烦，吏无诘诃之扰，从无异服异言而疑其为宄为慝者。入其境，市不二价，路不拾遗，是足以见其宽大之政、生平之治矣。”⑦

与上述士人相仿，郭嵩焘亦开始在此风潮下对西洋政教进行认知。咸丰六年(1856)，

① 郭嵩焘生活的道咸同光时期，士人对西方政治制度并无统一称呼，他们多从传统儒生言及的政教视角看待西方政制，因而也称其为“西洋政教”“欧西政教”等。至甲午战争前后，随着士人对西方政制认知的加深，他们多将其称为“西治”“西制”以及“西法”等。由于郭嵩焘多以“西洋政教”指称当时的西方政制，本文亦以此词汇代指郭氏及当时士人对于西方政制的称呼。

② 熊月之：《西学东渐与晚清社会》，中国人民大学出版社2011年版，第73~97页。

③ 徐继畬：《北亚墨利加米利坚合众国》，《瀛寰志略》下册，朝华出版社2018年版，第772~773页。

④ 徐继畬：《北亚墨利加米利坚合众国》，《瀛寰志略》下册，朝华出版社2018年版，第735页。

⑤ 志刚：《初使泰西记》，岳麓书社2008年版，第270页。

⑥ 张德彝：《航海述奇·欧美环游记》，岳麓书社2008年版，第556页。

⑦ 王韬：《漫游随录》，岳麓书社2008年版，第124页。

郭嵩焘拜访上海墨海书馆之际，对西方传教士在港所办刊物《遐迩贯珍》有一定接触。① 由于该刊旨在沟通中西②，因此对西洋政教有一定程度的报道。在咸丰三年(1853)发行的3号刊中，其以“英国政治制度”为题，对当时英国政制作了一定介绍。文章认为英国政治制度最大的特点便是君与民之间可以通过议会制度协商国事，以达到两者间的相互协调。因而作者希望中土士人亦能施行上述政制，以达到“同由斯道，共沾斯益”的效果。③

次年(1854)的第2号刊中，其又刊登《花旗国政治制度》一文，旨在区别英国政治制度的基础上，使当时国内士人了解又一种政制类型。作者认为尽管花旗国之政制较英国有所区别，然“惟两国之本，皆同一志向，盖欲免使一人独尊，或一党团结，得以独执大权，迈出于众庶黔黎之上”，因此，作者认为中国应变革原有政制中存在的弊端，修习西洋政教，如此“将见河岳寰区，兴旺倍于昔年，丰隆兆于指日，凡此亿众，永享太平”。④

由郭氏的阅读痕迹及报纸内容可以推测：他早年时通过阅读西人所办报纸，对西洋政教具备一定程度的了解，且因此时期冯桂芬已开始从本土士人的角度论证以“夷说”解决传统政制困境的可能性⑤，而这种论证又得到了郭氏的认同⑥，因而这种思路实际对郭氏的政制思考产生影响，这在他随后的认知中有所体现。

在光绪元年(1875)关于海防问题的大讨论中，郭氏明确反对以军工、船政为主导的洋务。他认为：“西洋立国有本有末，其本在朝廷政教，其末在商贾、造船、制器，相辅以益其强，又末中之一节也。”⑦顺此，他又提出了“彼之所长，循而习之，我之所短，修而改之”的主张⑧，可以认为郭氏于此时不仅对西洋政教有所了解，而且萌发了将其代入传统政制的思考。

次年(1876)，郭氏在致奕䜣的书信中对此问题的论述有所补充，他认为“三代建国所以久长无他，能疏通民气而已矣”，与此相对，“西洋立法亦然，所兴之利，与民共之；所行之政，与民同之……”这便说明了三代之治与西洋政教之间的共通之处。然他认为中国无需完全效仿西洋政教，只要“及此时设法经理，以与民同利，期使利权操之中国，地方官与百姓自相保护”，便能使“民气无扞格之虞”，如此，“三代有道之长，何难再见于今日”。⑨

由此可知，西洋政教开始介入郭氏关于传统政制的思考，他认为这种政制一定程度上类似三代之治。不过，此时郭氏对于两种政制关系缺乏更为细致的思考。究其原因，在于他在此时对西洋政教的认知主要源于阅读及想象，没有切实的体验。

---

① 郭嵩焘：《郭嵩焘全集》第8册，岳麓书社2018年版，第31页。

② [日]松浦章：《遐迩贯珍》，上海辞书出版社2015年版，第714页。

③ [日]松浦章：《遐迩贯珍》，上海辞书出版社2015年版，第694页。

④ 《花旗国政治制度》，《遐迩贯珍》，1854年2月，第4~6页。

⑤ 冯桂芬：《校邠庐抗议(自序)》，《中国近代思想家文库·冯桂芬卷》，中国人民大学出版社2014年版，第256页。

⑥ 郭嵩焘：《郭嵩焘全集》第8册，岳麓书社2018年版，第571页。

⑦ 郭嵩焘：《条议海防事宜疏》，《郭嵩焘全集》第4册，岳麓书社2018年版，第783页。

⑧ 郭嵩焘：《条议海防事宜疏》，《郭嵩焘全集》第4册，岳麓书社2018年版，第783页。

⑨ 郭嵩焘：《致奕䜣》，《郭嵩焘全集》第13册，岳麓书社2018年版，第261页。

郭嵩焘对于西洋政教的继续认识主要发生在使英途中，如其在行经苏门答腊时，同随行士人谈起英、荷两国的对比。他认为荷兰虽占据南洋多个口岸，但“课税以济国用”，乃引起当地民众的反抗。英国则不然，“以本地之财，济本地之用，而使其人民共之，故无怨者”。郭氏认为正是因为英国推行了官民互通的政制，才使得“苏门答腊各小国，有乐以其地献之英人，而不愿附属荷兰”①。

由于较之前更为明晰地目睹了西洋政教之特点，因而出使前夕衍生的政制思考更进一步深化，这可通过副使刘锡鸿的记录看出。② 刘在航行中曾与英人马格里借对华人管理问题的讨论，对比了当时中英两种政制。在马氏看来，在中西不同的政制下，所行法律、处置官吏的方式以及对官吏权责的认定皆不相同，这使得中国民人在外“皆改装从民服，驱驾毫不费力，从未有恃众抗官者”，与之相对，他们在中国时却“动辄犯法”，因而其认为中国“先宜整饬法度，使之必行，然后可及船炮。法度修明，人自敬畏，不生觊觎心”。对此议论，刘氏以“默然”之态度表达对其观点的认同。③

此处所言的中西政制，即秦、汉以后政制以及西洋政教，由此可以明晰，在使英途中，他们不仅能看到西洋政教与三代之治的关联，且亦发现符合三代之治理念的西洋政教可以成为反对秦、汉以后政制的依据，有关三种政制关系的思考初步形成。

待到使团抵英以后，郭嵩焘及相关士人对英国政制作了切实的观察，关于西洋政教与传统政制关系的思考亦随之深化。郭氏主要对英国的内阁制与议会制进行观察，他发现代表民众的“会绅”以及代表政府的“宰相”会聚集在会堂之中，就相关议事进行讨论，“会绅与宰相异议，宰相不从，则相与散会堂，再举再议。如仍不从宰相，宰相不复安位矣”④。

他认为这种政制最大功效就是有效沟通了朝廷及民众，“而国政一公之臣民，其君不以为私。其择官治事，亦有阶级资格，而所用必皆贤能，一与其臣民共之”⑤。他由此认为，西方国家得以日益昌盛的原因，在于设立了“巴力门议政院”及“买阿尔”为主要内容的政治制度，“二者相持，是以君与民交相维系，迭盛迭衰，而立国千余年终以不敝”⑥。

因此，郭氏对目及的西洋政教进行了赞扬，他不仅在与友人的书信中盛赞英国“政教修明，人心风俗亦甚和厚，其富强已极，而尚为方新之机，为宜忽视”⑦。在上朝廷奏折中，他也提道：“窃见西洋各国，官民一心，急使远戍而不以为苦，烦征厚敛而不以为

① 郭嵩焘：《伦敦与巴黎日记》，岳麓书社2008年版，第51页。

② 尽管郭嵩焘与刘锡鸿后来因政制观念的不同而产生分化，然此时期，二人之政制认知较为趋同。如在出使前夕，刘氏曾前往郭嵩焘处谈论洋务，郭氏因而在日记中言道：“云生于洋务颇有见地……盖所见原自高人一等也。”（郭嵩焘：《郭嵩焘全集》第10册，岳麓书社2018年版，第38页）刘氏洋务观点为何？他在使英中途的日记中有所记述，他认为，若欲解决当时国内的贫弱问题，“当由饬吏治始”。若吏治不修，“岂政令不讲，民生不恤，而惟船炮机器之是恃，遂足治天下邪？”（刘锡鸿：《英轺私记》，岳麓书社2008年版，第51页）由此可以明晰，至少在此时，郭氏与刘氏之政制认识趋同，因此时期郭嵩焘的记述较为琐碎，所以本处以刘锡鸿之政制认知佐证郭氏的认识。

③ 刘锡鸿：《英轺私记》，岳麓书社2008年版，第65页。

④ 郭嵩焘：《伦敦与巴黎日记》，岳麓书社2008年版，第301~302页。

⑤ 郭嵩焘：《伦敦与巴黎日记》，岳麓书社2008年版，第434页。

⑥ 郭嵩焘：《伦敦与巴黎日记》，岳麓书社2008年版，第407页。

⑦ 郭嵩焘：《致方子听》，《郭嵩焘全集》第13册，岳麓书社2018年版，第270页。

苛。所以然者，为无不通之情故也。”①因为进一步发现了西洋政教在维系君、臣、民之间的积极作用，他继续将其代入自身的政制思考之中，这可从如下两个方面加以认识：

首先，郭嵩焘努力在三代之治及西洋政教之间构建联系。前文已述，在抵英以前，郭氏即看到西洋政教以及三代之治之间的关联，但未作较为明晰的表述。而在英国期间，郭氏较为明晰地表述了两者的关系。他在致总署的书信中表示：“西洋君民上下并力一心，以求进取……”②但这并不值得过分羡慕，因为“三代以前，独中国有教化耳”③，这意味着在其视野中，使得西方君、民互通的政制在三代之时便已存在，且当时西方国家尚不存在这种政治制度。这也表明，此时在郭看来，两种政制间并非仅存在相似之处，西洋政教实际正是历代士人们向往的三代之治，此似标志着郭氏正式在两种政制之间构建起直接联系。在此基础上，郭氏认为：“自汉以来，中国教化日益微灭；而政教风俗，欧洲各国乃独擅其胜。其视中国，亦犹三代盛时之视夷狄也。”④这就表明，在郭氏的视野中，三代之治在汉代以后为一种新的政制所阻断，而欧洲沿袭了这种政制，如此造成了当时中西政制的分野，这实际就直接建构起了西洋政教及三代之治的联系。

需要关注的是，尽管郭氏强调两种政制关联，但他是以三代之治的理念作为标准，对西洋政教中的相关内容进行区别。具体而言，他在肯定两种政制相同，皆注重对民众关注的前提下，否认了西洋政教中以民众为本位的特点。他在评价英国纺织工罢工问题时，提道：“西洋政教以民为重，故一切取顺民意。即诸君主之国，大政一出自议绅，民权常重于君。”他认为这是西洋的一大“敝俗”。⑤ 由此可知，郭氏对西洋政教并不完全认同，矛盾焦点即民众在政制中居于何种地位。

作为士人的郭嵩焘虽言及民众的重要性，但仍然认同三代之治下的君民关系，如他在归国途中提道：“三代以前为君者，皆兼师道而为之，名曰天子，继天以统理下民者也。”⑥这就表明在郭氏的视野里，理想的政制仍是三代之治，而非给予民众太多权力的西洋政教。这实际亦表明郭氏在以三代之治理念对西洋政教进行认知的同时，也以其对西洋政教进行区别。

由于郭氏是以三代之治构建对西洋政教的认识，使得西洋政教成为以往士人理想中的三代之治的现实版本，这成为其反对秦、汉以后政制，并主张进行政治体制改革的主要依据。

在向朝廷大员汇报西方见闻时，郭氏提道：“西洋立国二千年，以中国托始轩辕推之，盖犹在殷周之世，而一州数千万里之地，立国十余，大者不过二千里，民气易通，政教风俗犹为近古，非中国所能及也。”⑦据此可知，郭氏认为西洋政教使得官、民之间相互沟通，而这又与古时的三代之治尤其相似。与之相对，行之于中国秦、汉以后的政制远不如上述政制。可以说，他在英国切实体验到西洋政教，并最终将其引入对传统政制问题的

① 郭嵩焘：《请禁止鸦片第一疏》，《郭嵩焘全集》第4册，岳麓书社2018年版，第810页。
② 郭嵩焘：《致总署》，《郭嵩焘全集》第13册，岳麓书社2018年版，第305页。
③ 郭嵩焘：《伦敦与巴黎日记》，岳麓书社2008年版，第491页。
④ 郭嵩焘：《伦敦与巴黎日记》，岳麓书社2008年版，第491页。
⑤ 郭嵩焘：《伦敦与巴黎日记》，岳麓书社2008年版，第576页。
⑥ 郭嵩焘：《郭嵩焘全集》第11册，岳麓书社2018年版，第26页。
⑦ 郭嵩焘：《致总署》，《郭嵩焘全集》第13册，岳麓书社2018年版，第288页。

思考之上，其关于中西三种政制的思路在此时基本形成。

因此思路的形成，郭氏提出改革国内政治体制的主张，他在给沈葆桢的书信中就提道：“一切政教风俗皆不敢言变更，而苟幸一时之无事，则所以了事之方，熟思而审处之，勤求而力行之，亦迫不容缓矣。”①郭氏在此所言之语气虽还属温和，但文字之间已然萌生改革政治体制的想法，这是在对西洋政教进行观察与思考的基础上得到强化的。不过检阅郭氏于此时期的材料，可知对此议题的论述仍比较罕见，因此只能将此视作他解决现实世界中政制问题的初步阶段。

三、对政制问题的再思考：郭嵩焘在归国以后思路的演进

就在郭氏以传统士人之政制认知观察西洋政教，从而形成相异以往的政制思考前后，陆续有士人放洋西行，然查阅这批士人材料可知：他们或在使西期间放弃了既有的政制思考(刘锡鸿)，或对西洋政教兴趣寥寥(张德彝)，或仅对西洋政教作一般性描述(袁祖志)，或索性不对其进行关注(陈兰彬)。

相较这批官方派遣的使西士人，郭嵩焘对西洋政教之认知以及形成的政制思考明显更进一步，因而既往研究者多将郭氏定位为“孤独的先行者”，何以出现上述认识？这或与当时国内氛围有很大关系。

尽管“庚申之变”后，不少士人一转对西方国家的强硬态度，然由于他们的华夷意识并未完全消退，因此其对西方的认识多是一种策略性认知。换言之，即在承认“中体”绝对地位下，从“用”的层面认识西方国家。相较这些士人，郭嵩焘虽未抛弃“中体”的绝对地位，但他对西方国家的认识从“用”上升到了“体”，将中西三种政制进行对等思考，这实际突破当时士人的一般认知②，乃出现他在出使后期及归国以后“几为士论所不容”的局面。

即便如此，郭嵩焘也未中断于出使期间形成的政制思考，他在归国以后对这种思考继续推进，这又巩固并发展了其关于进行政治体制改革的主张。在对西洋政教的态度上，郭氏继续盛赞符合三代理念的西洋政教呈现出的官民相通之优势，如他认为西方国家的富强源于国家与民众之间相互沟通，“其国家与其人民交相维系，并心一力，以利为程。所以为富强者，民商厚积其势以拱卫国家，小者一二百里，莫不皆然”③，这种以官民互通作为西洋政教特点的认知恰是其在出使期间的认知延续。

因此特点，郭氏对造成官民不通的秦、汉以后政制进行批判，他认为：“三代之君，以一人养天下。后世竭天下之力以奉一人。”在这种“错位”的关系下，“百姓之生计，春耕

① 郭嵩焘：《致沈葆桢》，《郭嵩焘全集》第13册，岳麓书社2018年版，第350页。

② 李欣然对此问题有所论述，其认为郭嵩焘在光绪初年就已经形成了一个在朝廷与士人间“折中”的政制思路，即：相较只在器物层面言及西方的朝廷，郭嵩焘提出从政教层面认识西方。相较只言及中国传统政教的士人，郭嵩焘又主张将视野从“中”转向“西”，由此可知郭氏的确在当时不同于其他士人，对西洋政教有所关切。参见李欣然：《文明竞争思路的开启——郭嵩焘西洋立国本于政教说的时代语境与历史意义》，《清华大学学报》(哲学社会科学版)2017年第5期。

③ 郭嵩焘：《致李鸿章》，《郭嵩焘全集》第13册，岳麓书社2018年版，第472~473页。

秋获，在官并不一过问。又当积年荒旱，民力凋敝之余，何忍取民树艺之生计而禁止之?"①顺此，郭氏认为："中国自秦汉以来二千余年，所以制国之大经，惟悬一法以劫制天下，使俯而就吾之范围。悉天下亿万生民皆受约束而无敢逞……"②

由于将西洋政教等同于三代之治，郭氏继续对因袭秦、汉以后政制的国内政制发出批评。在他看来，当时国内的政制对百姓毫无关切，因而造成"末世风俗嚣陵，人心变幻，而急行操切之政，不务通知下情"的问题。③ 造成上述困境的原因，在于此种政制下，不同环节都未能起到相应作用，"吏失其职而相奖为贪诬，士失其职而相习为游荡，民失其职而相率为苦窳，合朝野上下无一不失其职者"。正是上述各环节的共同作用，使得"奸伪滋生，盗贼横行，抚以恩则汰驰以自张，制以法则骫骳以求逞，俗敝民顽，日陵月替，刑赏两无所施"④。

因此，郭嵩焘认为朝廷应暂时搁置以船炮、铁路而致富强的"洋务"，关注相应的政治体制改革。然当时许多士人都未搞清这个思路，如当朝大臣李鸿章、沈葆桢等人只是专门考求洋务中的富强之术，"于本源处尚无讨论，是治末而忘其本，穷委而昧其源也"。在郭氏看来，"纵令所求之艺术能与洋人并驾齐驱，犹末也，况其相去尚不可以道里计乎!"⑤

在对当朝士人之思路作出批判的基础上，郭氏托出自己的政治主张。他认为"施行本末，具有次第"。相较中国，西方国家只是更加重视关注民众的政制之"本"而已，"然不待取法西洋，而端本足民，则西洋与中国同也"。在提出上述观点后，郭又发出"国于天地，必有与立，亦岂有百姓困穷而国家自求富强之理"的感慨。⑥

郭氏认为应如何建立这种制度?检阅相关材料，可知他仍以吏治改革作为政治体制改革的突破口。在郭氏早年及出使期间，他便对吏治问题有所述及，不过当时还未明确表述改革吏治之于洋务的关系。此时郭氏则明确表述了两者关系，如他在与友人交谈时，非常赞同友人关于改革吏治的观点。友人认为："办理洋务不待远求，能于吏治民生，清厘整饬，即洋务思过半矣。"⑦由此可明晰郭氏关于改革吏治的主张。

有关郭氏改革吏治的主张，应关注如下内容：首先，这种思考是他早年政制思考的直接延续，这意味着郭氏的政制思路并未因其出使西方而发生根本变化。关于郭氏政制观念的研究存在一种倾向，认为他在出使期间看到西洋政教后，转而摒弃出使之前的相关思考，且以传统的政制比附西洋政教。然通过梳理他出使归国以后的材料，可知郭氏思考正与上述结论相反：不仅其继续沿袭早年思路，且认为做到上述内容实际就是从政制层面完成了洋务。此处所言的政制，既是指其在西方目及的西洋政教，同时亦指中国传统的政制，据此可知郭氏只是以西洋政教作为援引，借以表达自身固有的政治主张。

其次，郭氏所言的传统政制，主要是指三代之治，这在他不断强调通过改革体制，借

---

① 郭嵩焘：《郭嵩焘全集》第11册，岳麓书社2018年版，第373页。
② 郭嵩焘：《郭嵩焘全集》第11册，岳麓书社2018年版，第142页。
③ 郭嵩焘：《郭嵩焘全集》第11册，岳麓书社2018年版，第569页。
④ 郭嵩焘：《郭嵩焘全集》第11册，岳麓书社2018年版，第394页。
⑤ 郭嵩焘：《郭嵩焘全集》第11册，岳麓书社2018年版，第102页。
⑥ 郭嵩焘：《致某人》，《郭嵩焘全集》第13册，岳麓书社2018年版，第477~478页。
⑦ 郭嵩焘：《郭嵩焘全集》第11册，岳麓书社2018年版，第101页。

以恢复官民相通的制度论述中有所体现。此外，郭氏在不同地方亦表达过对三代之治的怀念，如他在与友人交谈时表示：“及称三代之得天下以仁，其失天下以不仁，仁与不仁，只在民情验之。”①这意味着在他的视野中，建立一套关切民众的政制是三代获取天下的关键，由此可以明晰在出使归来以后，郭氏亦心系三代之治，并未因目睹西洋政教而抛弃既有的政制理想。

可以说，借吏治改革从而变革沿袭了秦、汉以后政制的国内政制，继而恢复到关切民众的三代之治中，是郭嵩焘在出使归来以后主要的政治主张，这种主张既是其早年政制理想的因袭，同时亦因他在出使期间看到西洋政教而有所强化。虽然这种思路在当时并不为很多人所接纳，然时至中法战争以后，不少士人开始持与郭氏相同的政制认知。这种认知又在甲午前后继续发展，终在戊戌时期汇聚成潮，成为当时呼吁政制改革的一股思想动力。

回顾这个历程，可知郭嵩焘在发展中西三种政制之关系的思考上具有相当的转折意义，也无怪乎谭嗣同在品评前代涉及洋务的士人时，认为郭氏并非同曾国藩等人一样从船政方面言及洋务，而是通过将“西国”比拟作三代的方式论及洋务。② 由此亦可明晰，在晚清时人视野中，郭嵩焘的确在发展三种政制思考上具有相当重要的意义。

四、结　　语

作为晚清时期享有盛名的思想家之一，郭嵩焘具有一定代表性。由他可以观察到晚清中西交际之初的读书人认知政制的方式及特点，且据此对其身份进行判定。

通过梳理郭氏及相关时人文献可知：尽管他在出使期间对西方政制有过赞扬，却并不认同这种政制以民众为本位的特点，这就说明郭氏仍是以自身固有的政制思考认识西方，并未因接触西制而成为其拥护者。郭氏固有之政制思考为何？即在坚守儒家三代之治理念的同时，对秦、汉以后政制提出批评。可以看到，郭氏在早年即持上述思考。他在出使期间对西洋政教进行接纳的基础上，继续深化了这种思考。出使归来以后，郭氏亦以西洋政教作为援引，主张回归到关切民众的三代之治中。

据此可以认为，在郭氏身份认同的问题上，传统因素大于近代因素，因而郭氏仍是坚守传统政制理念之士人，还谈不上是近代意义上的“知识分子”。这也提示我们：在西方政制知识及理念传入中国以后，在近代知识分子接受并提倡西方政制之前，尚存在一个阶段。在此阶段，身份未转型的士人仍秉持传统政制理念，并以之认知西方政制。简言之，他们将观察到的西洋政教作为工具，以求变秦、汉以后政制为理想的三代之治，从而达到“以复古求解放”的效果，这实际与后来知识分子接受并倡导西方政治制度大不相同。

以严复为例，他虽与郭氏相仿，对西方政制之情况与运作有相当了解，然内在思路却完全不同。相比以三代之治理念认知西洋政教的郭氏，严氏明显看到了两种政制的相异之处。他在评价西方政制时，认为西制下的国权并非如君主制一样“由一而散于万”，而是

① 郭嵩焘：《郭嵩焘全集》第11册，岳麓书社2018年版，第367页。

② 谭嗣同：《思纬壹壹台短书》，《中国近代思想家文库·谭嗣同卷》，中国人民大学出版社2015年版，第217页。

民众掌握核心权力后“由万而汇于一”，这实际点明了这种政制的本质特征，这一特征实际未被秉持三代之治理念的郭嵩焘接纳。在此基础上，严氏以三代时产生的“共和”一词转译这种政制，然其也认识到三代时的“共和”为君主未登基时大臣的“居摄之号”，“此与泰西公治之制，其实无一似者也”①，由此可以明晰：相较将西洋政教等同于三代之治的郭嵩焘，严复实际认识到了两种政制的根本差异，这种认识是在郭氏认知基础上的继续深化。

严氏对于西方政制的理解相当程度上影响了后来的知识分子，然亦不能忽视以郭嵩焘为代表的那代士人对于西方政制的认知，因其同前者一起构成了时人认知西方政制的思想光谱。随着时间进入20世纪，此光谱的内容继有所扩充，至20世纪20年代前后，以马克思主义为指导的社会政制思想逐步传入中国，其亦“西制”思想之进一步开展，不少“先进的中国人”从中求索真理，百余年来已被历史证明其必然性与正确性。

（作者单位：华中师范大学历史文化学院）

① 严复：《贤政形质》，《严复全集》第4册，福建教育出版社2014年版，第20页。

述　评

2022 年礼学研究述评*

□ 樊 懋

礼学范围极为宽广，包括礼典、礼义、礼制、礼法、礼乐、礼器、礼俗等多方面内容。首先，礼学文献在传统目录学中不拘一隅，在经、史、子、集四个部类均有所见。其次，按照当下的学科分类，其研究内容和相关学者涉及文学、历史、哲学、考古学、社会学、民族学、民俗学等多个学科。

近二十年来，礼学研究日益受到重视。2022 年，很多学者继续以“礼”为切入点考察中国古代社会，产出大量优质成果。笔者按照“大礼学”的理路，对该年度的学术研究进行了初步检索，发现相关成果共有书籍 20 余部、核心期刊论文 150 余篇，下文择其要者分类进行概述。由于礼学牵涉范围太广，如有缺漏，敬请谅解。

一、礼 学 文 献

礼学文献见于四部，体量浩繁。文献整理和考订是开展一切研究的基础，以下简述全年基础研究。

1. 古籍整理方面

王云路主持的《中华礼藏》（浙江大学出版社版）有两种新成果问世，第一种为关长龙、牟玄点校的《人物志（外十种）》；第二种为梁霄云等点校的《月令采奇（外六种）》。丁鼎、孙蕴在此前整理的聂崇义《三礼图》基础上，再次精选底本和校本，修改校记、补写注疏，全面重新修订《新定三礼图》（中华书局版）一书。王锷主编的《学礼堂丛刊》（北京联合出版公司版）有三种新成果，分别为井超整理的清人阮元之《仪礼石经校勘记》，侯婕整理的清人张敦仁之《抚本礼记郑注考异》，李佩整理的近人潘宗周之《礼记正义校勘记》。郭善兵精心校勘和注释宋人魏了翁的《周礼折衷》，出版《周礼折衷校注》（齐鲁书社版）。张琪《〈陈氏礼记集说补正〉整理与研究》（国家图书馆出版社版）一书对题名为纳兰性德的《陈氏礼记集说补正》进行了校勘整理，在此基础上对此书的成书过程、体例、思想内容进行深入研究。

* 本文是国家社会科学基金重大项目“中国传统礼仪文化通史研究”（18ZDA021）阶段性成果。

2. 版本及书籍关系考辨方面

杜以恒《杨复〈仪礼图〉元刊本考》(《中国典籍与文化》第 1 期)经过版本辨析，认为南宋杨复《仪礼图》存元刊本三十余部中，北大藏余志安本最佳。袁晶靖《王志长〈周礼注疏删翼〉考述》(《中国典籍与文化》第 2 期)对明代王志长所撰《周礼注疏删翼》一书的版本情况和编纂方式全面考述，并引入书籍史研究方法分析了版本受众对版本流传的影响。董政《〈读礼通考〉与〈五礼通考〉关系初探》(《历史文献研究》第 2 期)主要从版本关系对《读礼通考》和《五礼通考》两书的承袭关系进行了考察。

3. 校勘、辨伪及礼书文献学特点研究方面

孙思旺《马融注〈礼记〉说证伪——兼论马国翰辑佚本之不成立》(《文史》第 1 期)基于史志目录和汉唐注疏，指出马融未作《礼记注》，清人所辑《礼记马氏注》相关佚文与马融无关，可证辑佚本不成立。韩悦《〈永乐大典〉引录文献方法考略——以〈周礼〉为中心》(《文献》第 5 期)一文，考辨了《永乐大典》引录《周礼》文献的来源和方法，并指出使用《永乐大典》时，要先对其引录文献特点进行考察。聂涛《论清人运用"礼例"校勘〈仪礼〉的成就与不足》(《历史文献研究》第 1 期)一文，分析了清人以"礼例"校勘《仪礼》的成就与不足。侯婕《〈礼记〉清人新疏选目平议——兼谈孙希旦〈礼记集解〉的成书、版本及其影响》(《历史文献研究》第 2 期)一文，对清人十三经新疏之《礼记》新疏的选定过程进行回顾，并对孙希旦《礼记集解》的成书、版本和影响进行了分析。

三礼经传注疏细节考证经历代硕学之手，似已题无剩义，但学者跳出传统经学框架，亦有许多新发现。《仪礼》方面，阎步克《先秦礼书中的"五十养于乡""五十而爵"——一个基于"父老体制"的观察》(《中华文史论丛》第 1 期)认为，古礼施行中，参礼者在饮酒礼中由陪侍者变为执爵者，代表子弟向父老身份的转变，并获得一系列身份象征和尊称。作者还指出经典中大夫和士分别代表父老和子弟，士在饮酒礼中无堂上坐席，证明"士"本非爵位名。阎氏另在《〈仪礼〉饮酒礼、丧礼所见"诸公"与春秋"寄公"》(《北京大学学报》第 5 期)指出，《仪礼》乡饮酒礼和丧礼中的来宾"诸公"传统说法中，除"寄公"以外说法均为臆说，作者指出经典所言失国寄寓的"寄公"在名称、席位、站位等礼的细节方面均与"诸公"吻合。此二文以制度文化视角考察礼经之义，新出创见。董政《〈仪礼・士昏礼〉"若不亲迎"新考》(《中国典籍与文化》第 1 期)认为，《仪礼・士昏礼》中"若不亲迎"指代的礼仪活动是宗子父亲去世，其妻三月庙见后，婿拜见女方父母的变礼。《周礼》方面，丁进《〈周礼〉"官属法"新说》(《学术月刊》第 12 期) 从"太宰八法"出发，指出《周礼》"官属法"本质是官员配置法，作者还结合现代人事制度对其具体配置方法进行归纳总结。《礼记》方面，付林鹏《〈乐记〉与儒家乐政的学理建构》(《南通大学学报》第 2 期)一文，阐释了《乐记》如何为儒家乐政思想构建学理依据。林秀富《从曹元弼〈礼经校释〉"妻为夫"条谈婚礼的成礼》(《历史文献研究》第 1 期)一文，从汪中、曹元弼关于《曾子问》婚礼诸条讨论出发，对婚礼成礼的经学问题重新梳理考辨。亦有学者结合其他文献进行考辨。贾海生、杨羚《两见于文献与铭文的庙见之礼》(《历史文献研究》第 2 期)通过金文和传世文献的对照，对婚礼中的"庙见之礼"进行了分析。徐飞《〈左传〉"枕尸股"与丧礼"冯尸"》(《历史文献研究》第 2 期)一文，对《左传》"枕尸股"从礼制角度进行分析，认为其为丧礼中的小敛“冯尸”，属于一种变礼。

传统文献中有许多与礼相关的文学书写，近年来受到古代文学研究者的重视。蒋晓光《汉赋与汉代礼制》(中华书局版)一书，用礼制发展的脉络将现存的汉赋篇目串联起来，考察汉赋中出现的礼制活动和礼制变化，从而揭示汉赋与礼制的互动过程。孙宝《“秦关楚路”：北周射礼的文学书写及其影响》(《齐鲁学刊》第3期)指出，北周武帝宇文邕时，射礼书写在庾信等降北南士主导下进行变革，体现出南朝化特征。这一文本传统还推动唐代射礼赋和边塞诗的发展。

宋代以来，用金石材料证经补史成为风尚。改革开放以来，大批考古实物和简牍文献的出土更是让学人直呼“地不爱宝”，其中有不少礼类文献。贾连翔《清华简〈参不韦〉的祷祀及有关思想问题》(《文物》第9期)对清华简《参不韦》一篇的结构内容和其中的重点概念进行阐释，作者指出篇中祷告对象是一套新见神祇系统。蒋鲁敬《战国楚墓出土卜筮祭祷简制度探讨》(《简帛研究》春夏卷)对于战国楚墓中的卜筮祭祷简的形制特点、简背文字、简牍长度进行归纳总结，并对各墓主的身份进行推测。向明文《楚系墓葬用俎类型与楚简遣策所见礼俎的名物辨析》(《简帛研究》春夏卷)对楚墓出土的俎类器物和遣策中记载俎类名物进行了类型划分和名物辨析。杨博《出土简牍与西汉中期以前流传的“礼”书形态》(《中州学刊》第8期)指出，新出简牍为早期礼书形态提供了实物依据，并具体分析了新出文献对《仪礼》《礼记》研究的意义。田天《西汉海昏侯刘贺墓出土宗庙“仪”类文献初探》(《文物》第6期)对海昏侯汉墓新出仪类文献的行事主体进行分析，并与传世文献对照，说明这是西汉中期同姓诸侯的宗庙礼仪。

二、礼 义 研 究

礼义阐释是传统学术的主要内容之一，也是今天哲学史和思想史研究的重要依托。礼义阐释研究有助于发现礼学文献中的思想火花，为今天的传统文化推广和社会价值观构建提供依据。本年度此领域研究亦有新进展。

礼学在现实世界的导向是追求终极价值和人道伦理，一系列精邃的思想从中衍生。彭林《〈周礼〉〈仪礼〉〈礼记〉与儒家的人文关怀》(《孔子研究》第6期)，着重强调《周礼》《仪礼》《礼记》三书在传统制度、仪式和思想三方面的贡献，认为三礼为建构中华文化的底色。

1. 儒家礼学思想阐发领域

关长龙《礼的义涵与儒家身体观——“礼，体也”故训发覆》(《国际儒学》第3期)，从训诂出发指出修身理念形成儒家身体观，而“礼仪之体”是区别童子和成人及人兽之辨的重要因素。殷慧《宋明礼教思想的展开及其特性》(《孔子研究》第4期)指出宋代朱熹以天理为核心构建了礼教思想体系，礼教逐渐义理化；到明代王阳明则提倡“以心言礼”，心、性、情言礼体现了礼教发展的主体化，而礼下庶人的礼教实践体现礼教民众化。陈宝良、刘国敏《明朝人的礼观念及其行为实践》(《史学集刊》第4期)从礼与情、内与外、礼与法、礼与俗的角度分别对明朝人的礼观念和礼学实践进行考述，指出晚明清初礼观念有中庸化的趋势。礼学思想比较研究领域。顾涛《礼与法的语源和“经礼为法”的观念形成》(《清华大学学报》第 1 期）指出“礼”的概念出现于商周时期，法的通义词“刑”在西周后期独立。荀子在继承管子思想基础上，构建出礼法体系，形成儒家中重制度的一派，成为儒法分途的节点。

2. 古代礼家学术思想阐发领域

陈壁生《从“礼经之学”到“礼学”——郑玄与“礼”概念的转化》（《清华大学学报》第 1 期）指出，郑玄会通三礼时将《仪礼》改造到《周礼》体系之下，将礼乐和制度合一，塑造成一代大典式的礼乐体系。陈氏《经学、历史与历史书写——以郑玄论圆丘礼为例》（《四川大学学报》第 2 期）指出，郑玄整合经典以《周礼》“圆丘”说建构祭礼体系，到魏明帝时直接引起制度革新。郑玄经学体系在《通典》等著作中成为构建周史的材料，可见经学在不断塑造制度和历史。“礼是郑学”是老话题，但陈壁生的系列研究具体定位了郑玄在礼学学术史中的地位和贡献。陈峰《东汉〈论语〉训释的礼学意蕴发微》（《湖南大学学报》第 5 期）归纳了东汉训释的特点，指出包咸重阐发教化、马融重训诂和考订礼制、郑玄重弥合经义和义理建构等特点。郭园兰《似一件事又似两件事：朱子论克己、复礼关系》（《哲学研究》第 7 期）指出，朱子中年立足理欲观，认为“克己复礼”二者似一件事；他晚年为辟佛老，尤重礼，故言其“似两件事”，其经典诠释思想是辩证的。王启发《元代吴澄对〈礼记・内则〉篇的改编及相关问题》（《湖南大学学报》第 6 期）指出，吴澄改编《内则》一篇受朱熹礼学影响，在各篇章衔接上注重以类相从。朱明数《金鹗〈禘祭考〉及其学术史意义》（《人文论丛》第 1 辑）认为金鹗礼学在郑玄学说基础上创新，其学术史意义在于揭示考据学方法困境，启发后来学者建构新经说。

3. 近代礼学研究领域

陈壁生《两种“六经皆礼”》（《中国哲学史》第 2 期）指出，清末民初基于郑玄经学体系出现两种“六经皆礼”的理论，一种是以曹元弼为代表以“礼”出发解释六经；一种是刘师培为代表从“六经皆史”说法出发认为六经皆是典礼和王官学。任慧峰《柳诒徵的以礼释史及其现代意义 ——以〈国史要义〉为中心》（《孔子研究》第 2 期）指出，柳诒徵的学术路径受到南菁学人礼学的影响，面对五四以来反传统的学术风潮，他以礼释史，系统阐释了“史出于礼”的观点，这一理念在今天仍有借鉴意义。吴飞《古礼今学：吴承仕礼学思想略论》（《文史哲》第 6 期）归纳了吴承仕的礼学思想，指出其研究特点是将古典学术和社会科学理论结合。

三、礼仪制度

1. 综合性礼制史研究

此年，汤勤福主编的《中华礼制变迁史》（中华书局版）出版，此书是继陈戍国《中国礼制史》（1991—2002）、吴丽娱《礼与中国古代社会》（2016）后，又一部中国礼制通史。该书分四编：先秦编、秦汉魏晋南北朝隋编、唐五代辽宋金编、元明清近现代编。此书首次将中国礼制变迁划分为前礼制时期、王国礼制时期、王权礼制时期、集权礼制时期四大时段，这是对礼制时代划分的新尝试。该书采用历史学的研究方法来研究礼制，对每个时期礼制发展的脉络和重要变迁进行了考察，丰富了学界对传统礼制变迁的认识。关于中国传统礼制史总体的发展变迁脉络，汤勤福、张涛《中华传统礼制变迁的理论思考》(《中国哲学史》第2期)高屋建瓴地进行了概括，指出中国古代传统礼制变革的原则是缘情制礼、与时俱进；礼仪变迁的践履特征是世殊礼异；礼制变迁的内在动力是礼数和礼义间的矛盾。

2. 早期礼制文明研究

传统经学认为礼制的起源是圣人出现，因而制礼。新史学运用人类学、社会学观点将礼制起源归结于人类早期活动，而考古及相关研究提供了最直接的论据。高西省《二里头青铜乐器、舞具组合助祭初探——从镶嵌绿松石龙纹铜牌与铜铃组合谈起》(《文物》第9期)指出，二里头夏晚期都城王室内，绿松石龙、绿松石龙纹铜牌和乐器铜铃已经形成固定组合关系，这是夏贵族祭祀礼仪的体现。三星堆遗址是中国西南部的重要祭祀遗存。冉宏林、雷雨、赵昊、谢振斌、黎海超、王冲、徐斐宏、许丹阳《四川广汉市三星堆遗址祭祀区》(《考古》第7期)介绍了三星堆新发掘六座祭祀坑的基本情况，将其年代界定为殷墟文化第四期甚至西周早期，作者推断是古蜀都城迁离三星堆后，遗留贵族仍在此举行祭祀活动。二里头礼制夏商礼制文明、古蜀三星堆礼制文明以及更多区域的发现反映中国礼制文明早期“满天星斗”式的状态，我们也期待更多考古发现来探索中华早期礼制文明的起源。

商文明是中国早期礼制发展的重要时期，现代学术研究认为儒家礼乐文明之滥觞可以上推到商代。李雪山、吕懿净《耒耜为耕礼制先声：商代籍田礼研究》(《中国农史》第3期)通过分析卜辞，指出商代籍田礼已比较完善，且商周两代籍田礼有明显的嬗变关系。刘源《商末至西周早期赐贝研究——兼论册命制度的历史渊源》(《历史研究》第5期)对商末至周初之赐贝仪式的对象及其变迁进行讨论，并指出西周中期出现的册命制度源于赐贝制度，这一变化体现了周朝吸收商制最终创造周制的过程。

周代礼乐文明已经臻于成熟。宗庙礼制方面，朱凤瀚《论所谓昭穆制》(《中国社会科学》第1期)认为儒家经典以昭穆制言辈分关系，未有见于西周的确切证据，这是战国秦汉儒家的引申演绎。他还指出礼书所言孙为王父尸之制是先民乞求宗族生命延续，用昭穆制解释太过牵强。胡新生、白杨《周代尸祭礼与中国祖先崇拜观念的转型》(《文史哲》第5期)一文，对经学文献中体现的周人尸祭礼俗进行分析。指出相比商代祖先可怕的形象，尸祭拉近了与祖先的距离，促进了祖先崇拜的形成。王晖《西周春秋周王级庙制研究》(《史学月刊》第12期)指出经典中周代庙制学说是经学家建构的。作者通过考古证据复原出周代的庙制，并证明鲁国得到天子特许可以模仿周制建立七庙。张雁勇《祭祖经邦——〈周礼〉天子宗庙祭祀研究》(研究出版社版)一书，对《周礼》中展现的宗庙祭祀礼仪和运行机制进行了探讨。其他研究领域，丁进《西周铭文史》(文物出版社版)对西周铭文的历史发展、创作理念、内容归类、文化价值等方面进行了全面探讨，展现了西周礼乐文明。景红艳《西周王室赏赐礼制研究》(中华书局版)从封建赏赐、册命赏赐、祭祀赏赐、战争赏赐、朝聘赏赐五个角度，对周代赏赐制度的演进、主要特征和功能进行了详述。

3. 五礼研究

自秦帝国建立以来，国家礼仪制度服务于皇权主导的制礼作乐，十分重视象征意义，尤其东汉以后受儒家理念影响，基本以《周礼》五礼制度为框架进行设计，礼制种类划分更加具体。

礼制研究中吉礼成果最为丰富。秦代祠祀活动是吉礼中王朝祭礼的重要形成阶段，需要加以辨析。游富祥《吴山遗址的性质与畤祭相关问题》(《中国国家博物馆馆刊》第7期)指出，吴山遗址当属秦雍五畤之一，是秦灵公所作吴阳下畤，并对遗址中具体的祭祀因素进行了考辨。张小虎《秦简所见餟祭及其相关问题》(《江汉考古》第3期)通过辨析指出秦简中的"席三餟"当指每席放置三份祭品，此文还对餟祭的发展源流进行论述。

吉礼中最受关注者当属郊庙制度。田天《在县道与郡国：论秦及西汉宗庙制度的演进》(《史学月刊》第10期)将视野转移到秦汉帝国的地方宗庙，认为汉承秦制延续了秦县道庙的传统，在地方建郡国庙。但地方宗庙后来逐渐失去基层统治功能，重在象征意义，最终因礼制变革被废除。王尔《光武"受命"与永平制礼》(《历史研究》第3期)，讨论了东汉明帝永平年间的一系列礼乐制作，认为其目的是为了强调光武"受命中兴"，重新定位东汉王朝的法统。牛敬飞《东汉郊祀新论》(《社会科学战线》第2期)一文，指出蔡邕所述礼仪"故事"长期被当作东汉常制，并爬梳史料勾勒与东汉郊祀的真实样貌，这提醒学者研究礼制要加强史料辨析，避开史料陷阱。李零《"北魏皇帝祭天遗址"献疑》(《读书》第2期)指出，就内蒙古武川县发掘的"北魏皇帝祭天遗址"相关史料考辨，指出考古遗址之圆台未必都是圜丘。史正玉《礼从时变：唐玄宗开元年间的先祖祭祀与正统塑造》(《中华文史论丛》第4期)一文，对唐玄宗系列宗庙改革举措进行分析，并指出他的这些举措是为了诠释自身正统性。马晓林《元朝太庙祭祀中的"国礼"因素》(《历史研究》第3期)，通过分析蒙古宗庙礼制中的用牲、仪式和职官中的蒙古"国礼"因素，指出元朝礼制是儒家经典礼制与草原因素的结合。

吉礼中，孔庙祭祀这一主题近年来受到重视。张健《从配享到削祀：王安石的孔庙位次与王学升降》(《北京大学学报》第3期)一文，指出王安石在孔庙中的位置变动背后反映了王学的升降。李玉君、孔维京《儒风北渐——辽代孔庙与祭祀考论》(《孔子研究》第1期)分析了辽代孔庙祭祀的总体特点、地域分布和主祭人员，指出辽代孔庙祭祀是唐以后北方政权孔庙祭祀承上启下的重要一环。李佳《汉儒从祀文庙与清代官方的汉学评价》(《史学月刊》第12期)从清代汉儒从祀文庙的条件分析，指出当时宋学居于汉学之上的学术评价语境。

除了郊天祭祖等重要主题外，吉礼中一些相对处于边缘地位的礼制亦受到研究者的关注。刘凯《杂祀、天象与皇权：东晋哀帝欲行"洪/鸿祀"考》(《中国史研究》第4期)考述了东晋哀帝因天文失度，欲依据《尚书大传》行"洪/鸿祀"之事的因果。赵永磊《制造"周制"：北周蜡祭的构建理路发微》(《中国史研究》第3期)分析了北周"蜡祭"的礼仪制作取法"周制"，体现其欲承续华夏正统的理念。王战扬《北宋官方的河神祭祀》(《史学月刊》第3期)指出，北宋因黄河水患而重视河神祭祀的问题，主要为了安抚民心和提高官府威信。美国学者施珊珊著，邵长财翻译的《小天命——生祠与明代政治》(广东人民出版社版)一书展现了明代政治生态、神灵信仰和儒家思想之间的互动。作者以通过生祠礼制变迁对传统政治史中统治者与被统治者二元对立的叙事作出挑战，指出平民立生祠旨在通过表彰权获得政治话语权，这一研究提醒研究者传统礼制研究忽视的基层礼制实践者需要受到重视。傅育红《清代雩祭礼制与皇帝祈雨活动》(《历史档案》第4期)对清代雩祭之典进行了梳理分析。

嘉礼领域。婚、冠礼为古人成人标志，任万平《从皇帝大婚典礼看清朝行政机构之运转》(《故宫博物院院刊》第1期)一文，依据档案介绍了清代从内廷到外朝和地方为皇帝大婚做的准备工作，并对清朝皇帝婚礼背后的政务运行模式进行归纳。朝会、册命属嘉礼，吕博《唐代册书的形态及其行政礼仪运作——以〈命武承嗣文昌左相封魏王册书〉为中心》(《中华文史论丛》第4期)一文，指出唐代竹简册书代表最高等级的王言，这种礼仪运作带有礼制复古的意义。皇帝出巡属嘉礼范畴。张琛《唐代皇帝行幸礼仪制度研究》(上海三联书店版)一书，对唐代巡幸礼仪的实际形态和具体运作机制进行了探讨，并考释其在国家意识形态领域传输中的功效。

宾礼领域，早期经典有“二王三恪”之说，廖宜方《王权的祭典——传统中国的帝王崇拜》(浙江古籍出版社版)论述了中国古代历史上当权皇帝对于前代帝王的尊崇与祭祀活动，并分析了此类祭典背后的政治内涵和运作模式。

凶礼领域，研究最为深入的当属丧礼和葬礼。韦正《南北朝墓葬礼制研究》(上海古籍出版社版)一书通过南北朝墓葬礼制的变化来考察南北朝时代社会文化的变动，此书是墓葬礼制与社会文化变迁研究结合的典范。崔世平《唐宋之际——五代十国墓葬研究》(上海古籍出版社版)一书将五代时期墓葬文化放入唐宋变革的框架下考察，探讨了陵墓制度、丧葬礼俗与社会政治史的联系。董粉和、邢鹏《墓志所见明代公主的丧葬礼仪》(《中州学刊》第6期)通过分析明代公主墓葬的葬制变化，指出嘉靖年间社会墓葬文化发生变化。

4. 近代礼仪活动研究

近代以来，伴随着西方文化的传入，中西礼仪的冲突与交融成为这一时段礼学研究关注的焦点。蔡纪风《同光之际的西礼知识、体验与译介》(《学术月刊》第4期)认为，随着中国使臣对西方礼俗的亲历和记述，涉及传统君臣关系的西礼知识开始冲击中国士人的传统君臣观。潘斌《“中国礼仪之争”背景下的士大夫之礼仪观——以夏大常的祭礼观为中心》(《宗教学研究》第2期)，以信仰天主教的中国士大夫夏大常为个案，探讨中国士大夫在明末清初“中国礼仪之争”中的具体表现。王春林《“借吊丧为谋面之机”：西安事变后的蒋介卿葬礼》(《史学月刊》第11期)指出，西安事变后蒋介石兄长蒋介卿的葬礼成为私人交谊和政治空间的交汇，更多体现官场的功利考量。总体而言，近代史领域的礼学研究通常是从个案出发，关注历史人物的礼仪经历和情感体验，以反映时代的巨变。

四、礼俗研究

近代以来，新史学思潮将研究视野从帝王将相下移到普通人，在礼学领域的体现就是基层礼俗研究。王朝礼制属于顶层设计，与之相比，民间礼俗是王朝教化和乡土人情交融的产物。礼俗是观察中国古代社会风貌和百姓日常生活的一面镜子，现今主要研究集中在礼俗活动、基层乡礼、区域信仰等领域。

礼俗形成有其特定的历史条件。达吾力江·叶尔哈力克《中古入华胡人双语墓志书写与祆教丧葬文化》(《历史研究》第6期)指出，北朝至隋唐时期入华胡人使用胡汉双语墓志，胡语墓志中多反映祆教丧葬观念，这生动反映了中古胡汉礼俗文化的交融。刘喆、李梅田《五代社会变革下的丧葬礼俗研究》(《文物》第5期)通过分析五代的丧葬器物，指出其反映汉地礼俗与游牧礼俗结合、儒释道三教葬俗合流等特点。

礼是精英文化，俗则是民间通俗文化，学者注意到了历史中两者之间的互动关系。南宋后期以来，朱熹学术对于民间礼俗有很强的塑造作用。陆敏珍《从朱子〈家礼〉到日用类书》(《中山大学学报》第1期)指出，服膺朱学的学者将《家礼》以通俗的方式改编成实用性质的日用类书，最终使得《家礼》成为民间通用礼。王雪梅《祭之在祠：祠堂空间的圣与俗——以朱子〈家礼〉为中心》(《中国哲学史》第1期)指出，朱熹《家礼》的最大创造是将祖先和祠堂关系固定，创造了一个士庶日常生活与祖先联合的生活场域。林久贵、吴婷《从宗法视角看清代民间"一子两后"习俗的合礼化进程》(《中国文化论坛》第5期)指出，百姓私产不外流的朴素观念在清代趋于流行，最终打破传统宗法观念，在士人经学解释中合礼，体现礼俗对学术的影响。马新、舒显彩《中国古代立春活动再考察——兼论礼俗关系》(《民俗研究》第5期)发现中国古代城市立春活动由官府引领，农村一般自发庆祝，但王朝推行教化时，民间传统并未被抹煞，民间传统反而影响了官方传统。近年来，王朝国家的基层治理以及"大传统"和"小传统"的互动成为热门的议题，而以上礼俗相关研究则提供了很多具体的论证。

区域社会史研究中，信仰体系是研究社会文化史的重要切入点。赵世瑜《猛将还乡——洞庭东山的新江南史》(社会科学文献出版社版)以江南地区猛将信仰为切入点考察苏州太湖洞庭地区的社会变迁，猛将形象由"水上人"的神转变为定居的社神和农业神，背后实际反映"水上人"上岸成为定居人群。张佩国、陈喜钠《清代佛山镇的义仓、祖庙与地方善举》(《清史研究》第1期)；陈泳超《社神与土地：江南地缘性神灵的双重体系——以常熟为中心》(《史林》第4期)；龚俊文、陈业新《历史景观地理视角下的明清福建临水夫人信仰研究——以祠庙为中心》(《中国农史》第6期)等研究亦是民间信仰与区域社会史研究结合的典范。

随着民族史研究推进，关于中国区域性民族政权和民族地区的传统礼俗研究近年来也逐渐受到重视。段晴《神话与仪式——破解古代于阗氍毹上的文明密码》(生活·读书·新知三联书店版)一书，对和田出土氍毹上的文字和图像进行解读，指出其主旨与玄奘《大唐西域记》中的"龙鼓传说"有关。作者通过对氍毹上的神话叙事与其所供奉的人祭祈雨仪式分析，展现了于阗文明独特的宗教信仰和礼俗。尕藏扎西《青海湖祭海仪式及神话流变》(《西藏研究》第6期)指出青海湖祭祀存在两种祭祀模式，一种是当地不同族群基于传统礼俗的祭祀模式，这些习俗连续传承且内涵不断变化；另一种是中原王朝祀典体系下的王朝祭祀，重在强调地理象征意义。这些研究主要集中于中国边疆地区的礼制和礼俗，展现了中国广袤地域中与中原文化并存的多元历史文化面貌。

五、礼器研究

中国传统礼仪活动中，不同礼仪场合需要特定的礼仪用具。按照传统的分类，礼器可以分为祭器、乐器、仪仗器、明器、用器等。现代学术则将礼器的概念放大，如服饰、食物、行礼场所等一切与行礼有关的物质均可以用于细致地考察礼仪活动。张辛《礼与礼器——中国古代礼器研究论集》(上海古籍出版社版)一书收录了作者近四十年礼器研究的论文，相关论文对礼器的起源、体系构成、类别和形制发展演变的规律及其阶段性特征等各方面多有创见。

玉器研究领域。孙庆伟《礼以玉成——早期玉器与用玉制度研究》(北京大学出版社版)对先秦玉器文化与用玉制度进行详细研究。金文、杜金鹏《殷商玉戈名实考》(《文物》第7期)指出殷商文字戈类器物的象形字，可隶定为“戈”或“戉”两字，前者指兵器，后者指礼器。

青铜器研究领域。李唐《试论青铜时代早期三足青铜酒器的祭祀内涵》(《考古与文物》第6期)一文，对爵、斝、角三种青铜礼器的功能进行分析，并指出西周后期三种礼器向以“鼎簋”为核心的礼器转变，反映商、周祭祀观念的转变。赫德川《周代“宴飨”铭文青铜礼器用器观念变化》(《华夏考古》第3期)对周代青铜宴飨铭文反映的器用时间、地点和对象进行总结，并指出其用器向世俗化、普及化、娱乐化方向演进。曹斌《西周青铜器纹饰的抽象化和序列化》(《文物》第6期)指出，西周中期偏晚，青铜器纹饰逐渐抽象化、序列化，这反映西周社会等级化固定后的精英的艺术审美。张闻捷《东周青铜乐钟制度研究》(厦门大学出版社版)结合各种性质的文献，展现了东周青铜乐钟制度的发展脉络，并以此考察了东周的用乐制度。

其他材质器物研究领域。张昌平《概说古代中国绿松石器的发展及其礼仪性》(《江汉考古》第4期)指出，中国古代绿松石器发展早期趋向礼仪化，较晚则趋向宝石化，并指出绿松石作为礼器沿用到中商时期。

针对礼器研究经典记载和实物的复杂性，学者也进行了研究方法反思。张雁勇《两种研究思路的碰撞：〈周礼〉鸟兽尊彝形制问题再审视》(《史学月刊》第11期)就学术界关于《周礼》鸟兽尊彝形制研究的学术史进行反思，此文从方法论角度出发，可作为经典礼器研究和出土器物互证的反思。

墓葬藏礼，近年来学者关注到墓葬空间及随葬品的礼仪和象征意义。相比于礼器的考实性研究，此类研究更注重解释礼仪用品背后蕴含的深意。张玲、彭浩《湖北江陵凤凰山M168出土西汉“明衣裳”》(《文物》第6期)指出，凤凰山M168西汉墓中麻衣裙是汉五大夫所着“明衣裳”，为沐浴后死者贴身之服，这与先秦丧服“斩衰丧”多处相通，但性质有差异。王彬《王杖诏令与东汉时期的武威社会》(《中国史研究》第3期)讨论了武威汉墓中鸠杖和王杖十简作为明器的意义，这种墓葬陈设是为了使墓主人在死后世界继续享受优待。这一系列研究启发我们关注墓葬空间陈设格局和具体器物所体现的礼仪观念。

六、反思和总结

总体而言，近年来礼学研究有如下特点：第一，许多现代社会科学的研究方法被引入，使传统的文献学和经学研究得到更新，此前文献学和礼义研究领域的不少老问题获得新答案，焕发出新气象。第二，礼制考察问题的视角被融入政治史、经济史、文化史、社会史、民族史、区域史等多个领域，更新了史学研究的新视野；反过来，历史学视角又极大地丰富了礼学研究的维度。第三，礼学视野使民俗研究获得新的视角，研究者不再局限于民俗活动本身，而开始重视礼与俗的关系，及其活动中儒家经典的因素、王朝国家和地域社会的影响，等等。第四，以考古发现、甲骨文、金文、简牍等新材料为基础的研究，在细节上对传世文献具有很大补充。尤其是考古学导向的礼器研究，让不少历代学者争讼不休的公案得到定谳。

随着研究者不断增加，礼学研究已不再冷门。基于现有的成果，笔者总结出以下几点反思和展望，供研究者参考。

第一，断代的礼制研究需要关注不同各个时代的“主流”和“潜流”。各断代的礼制研究，因史料和研究方法的差异，呈现出各自的时代特点。先秦礼制主要集中在新材料与传统文献的互证上，关注经典书写与礼学名物；秦汉魏晋南北朝隋唐礼制研究出发点多在政治文化视野，用政治、权力等解释礼制变化；宋代及以下，则主要关注民间礼俗变迁。诚然，不同时代关注点的差异是由不同时代材料特点决定的。学者需要把整体的长时段的礼制脉络与断代史研究结合起来，此类工作需要学者付出更多努力。例如，明清史研究中，当下主要关注点是对某区域或某信仰的礼俗研究，碍于典章档案浩如烟海，整理工作十分繁琐，明清王朝国家礼制的研究反而有待深挖和创新。

第二，政治史研究者不能过于夸大礼制、信仰等对王朝政治的作用。学界以礼制考察政治文化成为热门，催生出大量的学术成果，但这更需要学者反思。礼是中国传统文化的内核，历朝历代无不热衷于制礼作乐以彰显当朝气象。但是，礼乐制作的功能更多在于象征意义和君主政治粉饰的现实考量。考察清楚礼制变迁的整体脉络之后，才能从礼制的视野观察某一朝代的国家制度和社会观念。

第三，礼制研究在使用新材料时，更需要小心求证。近年来，考古和简牍文献等新材料大量涌现，不断冲击着传统的礼学认识。在先秦秦汉礼制研究领域，出土材料的份量更为重要。不过，使用文献互证时，要避免简单的附会。大量经学文献是层累造成的，研究者使用前需多加辨析。例如，三礼文献中存在着儒家的理想建构，尤其是《周礼》一书争议颇多。“六经皆史”之说虽盛行已久，但若将礼经直接用作史料，需谨慎辨析而避免附会。

（作者单位：武汉大学历史学院）

立体呈现熊十力思想精华

——读郭齐勇编《熊十力文化随笔》

□ 陈世明

2023 年 7 月，郭齐勇教授编选的《熊十力文化随笔》一书由湖北教育出版社出版。这本书是郭先生不断深入把握熊十力整个哲学思想体系的内在思想脉络与发展轨迹的荟萃之作。郭先生编选此书，用心良苦，于字里行间即可感知熊先生的哲思妙想，将“道的孤寂与儒的真性”体现得淋漓尽致，深感熊先生在中国现代文化史上是一个绝无仅有的奇人，正如他自己所言，“举头天外望，无我这般人”。笔者奉读此书，受益匪浅，感慨良多。

熊十力作为现代新儒学思潮的哲学奠基人，是我国现代哲学史上最具原创力、影响力的哲学家、思想家。近代以降，西学东渐，民族危机日益加深，熊先生常以“先天下之忧而忧”一语置诸座右而自警。他独具慧心，潜心苦修，融贯百家，出入佛老，以佛教唯识学重建儒家形而上的道德本体，重立大本，重开大用，追寻人生与宇宙的价值和意义。

在熊十力的文献整理和思想研究上，郭教授曾是《熊十力全集》的整理者和编著者之一。此书是全面收录熊先生的著作，穷索冥搜，考证精良，卷帙浩繁，是迄今为止国内外资料收集最丰富、最完整的熊著集成，是了解、研究熊十力思想的必备之书。方克立先生曾评价这部全集的出版意味熊十力研究在新世纪进入新的起点。① 郭教授对熊十力的哲学思想研究至今已有 40 年之久，也是熊学研究最为深入、最具哲学深度的学者之一。因此，郭先生编选此书，对整体了解、研究和把握熊先生的学术思想具有非常重要的参考价值。

在体例上，此书体例严谨，结构安排合理，各部分布局清晰，内容层次分明，自成体系。从熊先生的思想发展轨迹及其思想中的核心要义出发，抓其根本，择其精要，选文考究。此书前言部分是郭先生对熊先生生平及其思想所作的介绍与导读，同时叙述各部分核心内容，后附有熊十力年谱简编，简述其生平事迹，是一部初步了解熊先生整体学术思想较为难得的短小精悍之作。

在内容上，此书主要辑录熊十力先生有关哲学体系、中国文化、为学之思、为人之道等方面的经典论述，从而立体呈现熊十力先生思想精要与精神风貌，提纲挈领地为后世学人了解与研习熊先生深邃思想提供一种“直面原典式”的选读体验，方便广大读者更易把

---

① 阳征：《“熊十力与中国传统文化国际学术研讨会”综述》，《哲学动态》2002 年第 1 期，第 9~10 页。

握其思想精义开启方便之门。下面将选取此书四部分内容加以简要介绍，共同领略郭先生对熊十力先生哲学思想的整体概观与把握，从而体味其运思方法与人生智慧。

第一部分是熊十力自己提炼、概括、总结和介绍自己哲学体系的文章。熊十力言："学不究体，道德无内在根源，将只在己与人或与物的关系上去讲道德规律，是犹立法也，是外铄也。无本之学，如何战得住？悲夫！人失其性也久矣。残酷自毁，何怪其然。学不究体，治化无基。功利杀夺，何有止期？"①熊十力非常强调"一本"，推崇"见体"与"究体"，他认为非如此，宇宙论只能认识现象，不识万化之源、万物之本；人生论无有归宿，不能参究生命本性，无法从有限的生活内容体悟无限；道德无内在根源，只能成为一种外在的法则；知识论没有源泉；治化论也没有基础。

第二部分主要辑录熊先生关于中西文化、中国文化史、中国哲学的特色等主题的文章和短论。熊先生认为，古今中西思维与立论的差异较大，中西学术，合之两美，离则两伤。因此，应分门别类，根据不同学科门类运用不同方法来辨析其性质，尤其强调以修养方法来体悟自证中国传统哲学中所蕴含的一些涵养诚敬的思想，而非单纯以西方理论方法与逻辑建构来强行解释、推演中国传统哲学的修养工夫论。

第三部分主要辑录熊先生论思维方式与哲学思想的有关论述，看熊先生如何区分哲学与科学，及他诠与思悟哲学经典的方法与独见。熊氏并举思辨与体认，又肯定思考方式与修身养性密切相关。它的基本要求是先区分后融合，即先搞清楚差异，再去综合。熊先生主张先量智后性智，先科学后玄学，先思辨后体验，先道问学后尊德性。在此基础上再思考与修养的交互并进。特别是，他对后学循循善诱，介绍他自己学习传统哲学经典的经验与体悟，以及辨析朱陆之尊德性与道问学的区别。

第四部分主要整理熊先生有关为人与为学的相关论述，以便后学了解前辈贤哲的人格魅力。尤其是熊先生谈自己的生命体验与实践，他如何读书、做学问，以及他修身律己、践形尽性的过程。熊先生的哲学是生命的学问，是体证的学问，是知行合一的学问。熊先生说："人谓我孤冷，吾以为人不孤冷到极度，不堪与世谐和。"②郭先生说，熊先生是以生命来实践自己讲的哲学，讲到他的"孤冷"的禀性，掉背孤行，独往独来，孤独的思考，不赶潮，不起哄，是现代中国哲学界的独行侠。在为学之道上，熊先生主张自立权衡，进德修业，由浅入深，由博返约。

在该书思想启示上，熊先生从学术生命到生活实践，身体力行，知行合一，给我们留下了一笔巨大的精神遗产，待后人加以继承并阐扬光大。下面拟从六个方面对此书思想意义略加阐述。

其一，思想独立、学术独立、精神独立是熊先生留给我们最深刻的思想警示。谆谆告诫，念兹在兹。黑格尔曾说，我们必须认为，惟有当思想不去追寻别的东西而只是以它自己——也就是最高尚的东西——为思考的对象时，即当它寻求并发现它自身时，那才是它的最优秀的活动。③ 陈寅恪先生曾言"自由之思想，独立之精神"，对于一个学人而言，

---

① 熊十力著，郭齐勇编：《熊十力文化随笔》，湖北教育出版社 2023 年版，第 31~32 页。

② 熊十力著，郭齐勇编：《熊十力文化随笔》，湖北教育出版社 2023 年版，第 228 页。

③ ［德］黑格尔：《哲学史讲演录(第一卷)》，贺麟、王太庆等译，上海人民出版社 2013 年版，第 12 页。

最重要的莫过于要具有自由的意志，独立的精神。熊先生说："吾国人今日所急需者，思想独立，学术独立，精神独立，一切依自不依他，高视阔步，而游乎广天博地之间，空诸倚傍，自诚自明。以此自树，将为世界文化开发新生命，岂惟自救而已哉？"倘若思想失去自主，学术失去个性，精神失去独立，就不可能拥有健康的思想界。因为只有独立的学人，才有独立的学术；只有独立纷呈的学术，才有我们民族的创造性与自主性。

其二，哲学研究并不仅仅是思想的梳理与阐释，哲学思想的创造、论证及其体系化是一个哲学家的灵魂所在。对于一个真正的哲学家而言，哲学研究的魅力所在，不仅仅在研究和诠释哲学史本身，更在于回到哲学创造与论证本身，创造并论证哲学思想，并力求提出自己一以贯之、圆融无碍的一整套思想体系，应当是成为哲学家的一个基本要求。熊十力的学术思想及其人生实践也大体与此相契合。熊十力闭门苦读，冥思苦想，归宗《大易》，他的《新唯识论》发表后，引起恩师欧阳竟无大师不满，亦受到太虚大师和周叔迦批评，但他依然以"吾爱吾师，吾更爱真理"的气度治学求道。马一浮在《新唯识论》序中盛赞其学"昭本宣迹，统贯天人，囊括古今，平章华梵"①。

其三，探寻人生生命存在的本质与民族文化存在的根源、价值及其意义，始终是人生永恒求索与实践的重大主题之一。生命存在本身的意义在于追问与反思自身何以以及如何存在的具体方式与内容。遭遇时代巨变，面对中国近代人文信仰与信念的丧失，中国传统文化价值系统的全面塌陷，加速了中国传统文化的解体和士人群体自我意识的沉沦。有鉴于个体性与主体性日益萎缩，熊先生以哲学思索来挺立道德主体，拯救自己的内在世界，这关乎着每个个体形上存在价值和现实生存意义的思考。熊氏以此激励个体去改造和净化自己的灵魂，提升道德境界，追求永恒的真理和智慧。在此基础上，立足中国的文化本位，坚持再造中国文化的大本大根，为民族发展与延续传承精髓，再造灵根，重建中华文化的主体性。

其四，以传统批导现代和以现代批导传统的双向批判思维，是我们今天探索文化传承、发展与创造转化的重要方式。从熊十力哲学的致思路向与架构理路来看，他的哲学思想体系是中国传统哲学现代化的最早尝试，努力将传统与现代哲学彼此融合，创造性转化。传统与现代并非二元对立，现代从传统发展演变而来，是传统文化根脉的发展与延续。现代对传统具有内在的继承性和批判性，继承要求吸收其有益成分，批判摒弃其消极内容。这种传统与现代互相批判、借鉴的思维方式，对于中国当代的个体思维方式乃至社会与国家的价值导向与价值引领都具有重要的启示意义。

其五，熊十力虽有"上天以斯文属余"的狂者情愫，融贯古今，平章华梵，创造转化，但他也非常强调反求诸己、自省自立的修养工夫，是引导我们尽心知性、与立身处世的良言善诫。《孟子》言"行有不得，反求诸己"，本质上是告诫人应平心静气，实事求是，保持自我诚实，加强自我反省，见贤思齐，择善而从，不善而改。由此，人在展现创造性与充分现实自主性之时，也应以"同情之理解，理解之同情"的理性态度，严于律己，宽以待人，存有温情与敬意，切己反思，修己以安人。

其六，熊十力以其一生救国实践与哲学探索，践行和诠释了他"为天地立心，为生民立命，为往圣继绝学"的真实生命与伟大品格。《周易》云："作易者，其有忧患乎？"熊先

---

① 熊十力著，郭齐勇编：《熊十力文化随笔》，湖北教育出版社 2023 年版，第 285 页。

生与天下庶民同忧患，哀民生之多艰，体百姓之疾苦，由对民生的忧患上升为对中国传统文化与民族发展存亡的担忧，其以理想滋润生命，以生命护持理想，从学术生命到生活实践，改造旧学，赓续文脉，心系黎民，忧以天下。斯文在兹，造次于是，颠沛于是。

综上所述，可知熊先生一生崇尚自由，自甘寂寞，安贫乐道，其圣贤气象、独立人格与率真孤寂的生命实践，为我们呈现了一个真实而质朴、活泼泼的哲人形象，令人深为钦慕。他吸收与借鉴原始道家、儒家与佛家的思想资源，重建大本大源，追寻人生与宇宙价值和意义的终极根据，致力于中国传统哲学思想的现代化。其人其学贵在见体，体用不二，即体即用，刚健自强，仰之弥高，钻之弥坚。虽不能至，然心向往之。正因此，郭教授编选此书，读之沁人肺腑，如沐春风，是一部经过作者多年积淀、反复沉潜熊十力思想的荟萃结晶之作。此书涵养于作者对熊十力思想的生活实践与深切体悟，可使读者在理解熊十力思想上事半功倍，亦有益于后学把握熊先生的核心思想及其为人治学之道，相信此书必能嘉惠学林，泽被后昆。

（作者单位：武汉大学哲学学院、国学院）

入乎《易》内，出乎《易》外

——《〈周易〉诠释与清代新义理学的思想源流》序

□ 周积明

观堂先生之《人间词话》言："诗人对宇宙人生，须入乎其内，又须出乎其外。入乎其内，故能写之。出乎其外，故能观之。入乎其内，故有生气。出乎其外，故有高致。"其"入乎其内，出乎其外"一语，道出学问之道的基本路径，非此，文章无生气，亦无高致。今武汉大学姚彬彬君以书稿《〈周易〉诠释与清代新义理学的思想源流》赐余，拜读一过，顿有"入乎其内，出乎其外"之感，遂借王观堂之意，以"入乎《易》内，出乎《易》外"为题，概言其书立意述论之精彩。

盖清代思想史之研究，肇始于清末民初，梁启超、章太炎、刘师培、王国维、胡适等筚路蓝缕，钱穆、熊十力、余英时等步履其后，其间佳作倍出，星汉灿烂。至20世纪90年代，则有"清代新义理学"之概念异军突起，开启斯学之新路径。

所谓"清代新义理学"，所针对者有二，其一，"乾嘉无思想"。此论源流甚长。早在民初，梁启超言："吾常言：清代学派之运动，乃'研究法的运动'，非'主义的运动'。"①新儒家熊十力更谓："夫有清二百余年之学术，不过拘束于偏枯之考据，于六经之全体大用毫无所窥。其量既狭碍，其识不宏通。其气则浮虚，其力则退缩。"②他的弟子牟宗三，后于此意又有进一步发挥："我们讲中国的学问，讲到明朝以后，就毫无兴趣了，这三百年间的学问，我们简直不愿讲，看了令人生厌。"③当代学人朱维铮也以"思想界的沉闷达于极致"来描绘乾嘉时期的格局。因此，"乾嘉新义理学"的提出，是对"乾嘉无思想"论的重大反拨。其二，"义理"范式唯一论。晚清方东树曾于《汉学商兑》中言："夫古今天下，义理一而已。"其所言之"义理"唯一范式，即"言心言理言气"之宋学。事实上，早在乾嘉时，焦循已曾提出"戴氏之义理"的概念，并强调"戴氏之义理"非宋儒之义理。"乾嘉义理学"将"戴氏之义理"扩展为乾嘉时期的一种新思想、新取向，掘发"义理学"从形式到内容的更新，乾嘉思想界的地图由此得以重新绘制。

"乾嘉新义理学"树立旗帜，大张其军，虽始于三十余年前，但却有前驱思想之轨迹

① 梁启超：《清代学术概论》，上海世纪出版集团2005年版，第36页。

② 熊十力：《读经示要》，上海古籍出版社2019年版，第15页。

③ 牟宗三：《中国哲学十九讲》，台湾学生书局1983年版，第418页。

作为铺垫。1923年，胡适撰《戴东原的哲学》，文中指出："戴震在清儒中最特异的地方，就在他认清了考据名物训诂不是最后的目的，只是一种'明道'的办法。他不甘心仅仅做个考据学家，他要作个哲学家。"其影响所及，"这时期的经学家逐渐倾向于哲学化了"。凌廷堪、焦循、阮元等，"虽然都不算是戴学的真传，然而，他们都想在经学上建立他们的哲学思想"。他因此断论："从戴震到阮元是清代思想史上的一个新时期，这个时期，我们可以叫做'新理学时期'。"①此如姚君著中所言："其所言'新理学时期'的划定，在时段和范围上，均基本契合今人所言'清代新义理学'的定义，实为孤明先发之论。"

1947年，钱穆在南京《中央周刊》上发表了《论清儒》②。文中，钱穆一方面批评说："清代学风，总之是逃避人生。魏、晋、南北朝时代之逃避人生是研读老子、释迦，清代的逃避人生是研穷古经籍。"③但他又指出："但清儒到底也有耐不住的时候，或者是他们的不自觉而对人生问题有所论列，则他们亦有一共同态度与共同意见。他们大抵反对抬出一个说法来衡量一切或制裁一切。换言之，他们反对思想上的专尊，或说人生理论上之独裁。他们大抵主张解放，同情被压迫者。""求平恕，求解放，此乃乾、嘉诸儒之一般意见，而非东原个人的哲学理论。"④其论亦在不经意间揭示了今人所言"乾嘉新义理学"之思想底色。

20世纪70年代中期，余英时撰写了影响深远的《论戴震与章学诚》一书，余英时于著中对"汉学考证完全不表现任何思想性(义理)"之说提出批评，指出："尽管清儒自觉地排斥宋人的'义理'，然而他们之所以从事于经典考证，以及他们之所以排斥宋儒的'义理'，却在不知不觉之中受到儒学内部一种新的义理要求的支配。"⑤并进一步深入剖析说："如果我们坚持以'心性之学'为衡量儒学的标准，那么不但在清代两百多年间儒学已经僵化，即从秦、汉到隋、唐这一千余年中儒学也是一直停留在'死而不亡'的状态之中。相反，如果我们对儒学采取一种广阔而动态的看法，则有清一代的'道问学'传统正好可以代表儒学发展的最新面貌。"⑥尽管余氏的论述主要集中于章学诚和戴东原，但他的见解无疑亦为乾嘉学术的研究提供了一种新的视野和方法论。

张寿安继承前贤关于清代学术的新视野，她在1993年台湾"中央研究院"文哲研究所举办的"清乾嘉学术研究之回顾"座谈会上，明确提出"乾嘉义理学"这一概念。张寿安说："我们不妨以宏观的态度把'义理'一词视为儒学思想，儒学思想在不同时代有不同面貌和性质，魏晋是玄学，隋唐时是佛学，宋明时是理学，而乾、嘉所呈现的面貌，现在仍在探

---

① 胡适：《戴东原的哲学》，《胡适全集》第六册，安徽教育出版社2003年版，第458页。

② 1979年钱穆先生在汇编《中国学术思想史论丛》时，将《论清儒》更名为"前期清儒思想之新天地"。

③ 钱穆：《前期清儒思想之新天地》，《中国学术思想论丛》八，生活·读书·新知三联书店2009年版，第3~4页。

④ 钱穆：《前期清儒思想之新天地》，《中国学术思想论丛》八，生活·读书·新知三联书店2009年版，第4页。

⑤ 余英时：《论戴震与章学诚》，生活·读书·新知三联书店2000年版，第3页。

⑥ 余英时：《论戴震与章学诚》，生活·读书·新知三联书店2000年版，第7页。

讨中，不妨暂且称为乾嘉义理学。”①这一倡导与张寿安著作《以礼代理——凌廷堪与清中叶儒学思想之转变》《十八世纪礼学考证的思想活力——礼教论争与礼秩重省》的出版，对“乾嘉新义理学”的研究起到重要推动作用。1998 年 7 月，文哲研究所又在林庆彰的主持下，开始执行为期三年半的“清乾嘉学派经学研究计划”。第二年的子计划是“乾嘉学者的义理学”。一时之间，台湾地区之“乾嘉新义理学”研究“气象蓬勃”（张寿安语）。随后，“乾嘉新义理学”之说在大陆清学研究者中得到积极呼应，王俊义、黄爱平、陈居渊、吴通福等均参与其中，余与雷平君亦忝列其内。

余治清代思想史昔从《四库全书总目》研究入手。初，余在华中师范大学师从吴量恺、张舜徽先生习史。吴量恺师专研清代经济史，张舜徽先生乃文献学大家。舜徽师屡以张之洞之语教导：“读《四库全书总目提要》一过，即略知学问门径矣。”其时初入学术之门，根基薄弱、知识疏浅，遂决心遵师之命，通读《四库全书总目》。是时所读《四库全书总目》乃中华书局 1964 年影印本，字迹虽小，余却兴致盎然，多次通读，并于重点部分抄录笔记。犹记一个雪夜，母亲因病住院，余在病房外守护，天寒地冻，虽以军大衣裹身，仍手足冰冷。是夜，陪伴余者惟一册《四库全书总目》，读至深处，竟不觉寒冷与夜深。在反复研读之下，余深感《四库全书总目》绝不仅仅是一般的目录学著作，更是一部清代思想史著作，故以往之刊误、补正、考核、纠谬，虽有功于《四库全书总目》之研究，但却忘却了包括《四库全书总目》在内的中国古典目录，其本质是人类的文化实践活动，其间无一例外地积淀和凝聚着主体的价值观念、审美意识、情感趋向、理想愿望以及知识、才能等文化品性，蕴含着活生生的灵魂。如果不是从修纂主体的角度去理解它，发掘它的思想世界，只是从客体的或直观的形式去理解，那么，必然无法取得对《四库全书总目》的真正全面认识。

由于对《四库全书总目》形成了有关思想性的文化理解，余之硕士学位论文拟定为《〈四库全书总目〉之史学思想研究》，蒙吴量恺师宽宥，恩允余做此与清代经济史范畴无关之题目。论文答辩时，舜徽师任答辩委员会主席，他第一句话是：“周积明同志今天不应该坐在这里。”余初大为震骇，随之体会到其中深含的奖掖与鼓励。三十多年过去，其情其景记忆犹新。获得硕士学位后，余以硕士论文为基础，加以扩展，遂成《文化视野下的〈四库全书总目〉》。其意在一反传统“四库学”的研究路数，着力透过《四库全书总目》的“外壳”，把它置于一个生动的文化整体中加以还原和分析，从中探寻中国文化的“种族心理”、18 世纪的“时代心理”以及《四库全书总目》制作者的“群体心理”。30 年后回看，是书实在颇为粗疏，资料考证未精，论证未及详密周到，论述简单化平面化，未能深入揭示其中复杂的权力关系。但在 20 世纪 90 年代初，该书的出版还是带来了清代思想研究的新鲜气息。《江汉论坛》上曾发表署名“石玉”的书评《文本解读——周积明〈文化视野下的四库全书总目〉读后》，评价此书的方法论意义说：“作为社会科学一般方法论的阐释学（狄尔泰如是观）近年来已被介绍到中国来，从文本的字里行间发现符号的下面深藏不露的‘意义’，也深得有识之士的赞同。但是，虽然鲁迅先生《狂人日记》中发现‘吃人’那句名言颇有些阐释学味道外，至今用这种眼光来进行研究的具体成果尚属稀见。我感到周积

① 黄爱平：《“乾嘉新义理学”与清代汉学研究》，《“近代中国与近代文化”学术研讨会论文集》，北京师范大学，2007 年，第 140 页。

明这部专著即属其一。因为作者意图‘穿透古典目录的物化外壳，追寻深藏其间的文化灵魂’。他力图通过此‘从一个新的角度、新的领域去获得对传统的更为深入的认识’，虽然并未言明这个角度或领域是什么，然而窃以为这便是文化阐释学。作者不满于传统‘四库学’对《总目》的‘纠谬补遗’，而要进一步‘将它置于一个生动的文化整体中加以还原和分析，捕获它的魂灵’，像丹纳那样去寻找‘一个时代的心理，一种种族的心理’，便是说明。”①其时尚不知“石玉”先生是谁，多年后方知是赵世瑜兄，在此专门拜谢。

农历丁丑年，台湾淡江大学中文系筹备召开以“两岸四库学”为主题的“第一届中国文献学学术研讨会”。其时两岸学术初通，彼此并不熟稔，故余收到邀请大为意外。到台北后方知，会议筹备时，台湾四库学大家，“故宫博物院”文献处处长吴哲夫先生专门嘱咐淡江大学周彦文教授，一定要把周积明先生找到，请来参加会议。余深受感动。哲夫先生待余甚厚，有时赴台竟邀请我居住其宅，并开车带我周游台岛。张寿安教授不仅与其夫君周昌龙教授殷勤接待，并携余广泛结识台湾学术界朋友。有次在台北“中研院”胡适图书馆拜见朱鸿林先生，朱先生言，他将《文化视野下的〈四库全书总目〉》指定为研究生班必读书，令余大受鼓舞。在与台湾学术界之交流中，余接触到台湾学术界之“乾嘉新义理学”研究，蓦然发现，以往关于《四库全书总目》“思想世界”之研究、其与戴震、袁枚相合的议论，顿时呈现出一种新的意义。由此而从《四库全书总目》研究折入“乾嘉新义理学”研究。言既至此，特别怀想当年在台北与张寿安、张丽珠、杨晋龙、郑吉雄、刘又铭等友朋切磋清代学术，向吴哲夫、昌彼得、林庆彰、胡楚生等先生请益，与仕华、彦文、佩琪游览九份老街，贝宇一家为余过生日的种种情景。此时此刻，恍如隔世。

迄今之“乾嘉新义理学”之研究，多从解构宋学之“义理”概念展开。宋学以形上之“心性”探讨作为“义理学”之模式。倡言“乾嘉新义理学”者，则转换视野，破除成见，从赋予“义理”新内涵破局。如张寿安言，“我们不妨以宏观的态度把‘义理’一词视为儒学思想”。胡楚生言：“义理之名，为思想、义趣、理念、意旨之总称。”从这一层面来理解“义理”之概念，承认乾嘉学者同样有“义理”，事实上是并不困难的事。余虽对朱维铮先生极为钦佩，但对他所言乾嘉时期“思想界的沉闷达于极致”一语无法认同。正如福柯所言：“思想存在于话语的体系和结构之上，它经常被隐藏起来，但却为日常的行为提供了动力，甚至在最愚蠢的制度中也存在思想，甚至在沉默的行为中也存在思想。”②关键在于如何发掘那一时代思想的表现形式。张寿安言，如果“坚持使用‘理学’这个秤，去衡量乾嘉义理学，不但要大失所望，更可以坦白而直截地说，这根本是缘木求鱼”。诚哉斯言。其所著《十八世纪礼学考证的思想活力——礼教论争与礼秩重省》便以坚实的考据、绵密的论证，呈现出被视为“经生之绪余”的18世纪的礼学考证中是如何活跃着关于“时代议题”之讨论，“其迫切性与崩裂性令人扼腕”。③ 余关于《四库全书总目》的研究，亦旨在掘发在这部被视为“汉学思想的结晶体”的目录学著作，又是如何“杂糅着帝王意志与学者意

① 石玉：《文本解读——周积明〈文化视野下的四库全书总目〉读后》，《江汉论坛》1992年第10期。

② 严锋译：《权力的眼睛：福柯访谈录》，上海人民出版社1997年版，第51页。

③ 张寿安：《以礼代理——凌廷堪与清中叶儒学思想之转变》，河北教育出版社2001年版，第4～5页。

识，从一个侧面映现出十八世纪的思想脉动”的①。

然而，前述研究虽然揭示了乾嘉时期并非思想荒漠，但却普遍回避了一个基本问题，即“清代新义理学中是否亦有形上之思?”而直面这一问题的就是彬彬君的这部《〈周易〉诠释与清代新义理学的思想源流》书稿。

《易》原本是上古卜筮书之泛称，战国时代《易传》形成，在六十四卦卦象变化的组合规律中演绎出了一套统贯天人的哲理体系，牟宗三说：“《周易》全是以‘卦象’或‘卦号’来表象世界。卦象间的关系即是表示世界的关系；解说卦象即是表示吾人对于世界之知识。”②此论实阐述了《周易》诠释学的两个重要特征：其一，用来表象世界的“卦象”或“卦号”均是抽象符号，由此决定了关于《周易》的诠释有极大的空间，诚所谓“《易》无达占”，“《易》道广大，无所不备”。其二，“解说卦象即是表示吾人对于世界之知识”。这里的“吾人”即解说《周易》者，换言之，如何解说卦象，取决于“吾人对于世界之知识”的状态与程度，此论颇近于伽达默尔的“前见”之说。高亨先生言：“《易传》解经与《易经》原意往往相去很远。”③余固不知何为“《易经》之原意”，亦不知如何抵达《易经》原意之彼岸，惟知“一千个读者眼中就会有一千个哈姆莱特”，一千个释《周易》者也会有一千个关于《周易》“原意”的表达。

如姚著所言：“由于《周易》哲学的完成，使得《周易》成为儒家元典中独一无二的具备统贯天人的完整哲学体系之著作。”而关于天人关系的哲学讨论，不可避免地以形上论辨为主要途径。《四库全书总目》说：“夫《易》之为书，广大悉备”，“心性之理未尝不蕴《易》中”。故姚彬彬认为：“汉代以降的学人，凡言及义理之学，皆不可避免地援《周易》为元典资源，对其不断进行‘创造性诠释’。”无论是汉代象数派的“象能尽意”，还是魏晋王弼等“得意忘象”，“其实都无非旨在探讨形上的本体论问题乃至世界和宇宙的生成演运模式”。宋儒言理、言气、言数、言命、言心、言性，亦无不从《周易》诠释中衍出。由此，《〈周易〉诠释与清代新义理学的思想源流》著中论断：“在一定意义上，研《易》者几无不涉及义理。易学研究本身就可以视为中国传统的义理学之一大统系。”姚著正是基于这样的思想背景，来研究乾嘉学者的《周易》诠释，由此直接切入乾嘉新义理学中的“形上之思”视域。

关于清代学者的《周易》诠释，当代学界创获已颇丰富。如汪学群之《清初易学》、林忠军等著《清代易学史》等，已展开叙述了清代易学沿革之波澜起伏。于王夫之、胡煦、黄宗炎、惠栋、张惠言、焦循等人的易学研究亦有广泛讨论。彬彬君的《〈周易〉诠释与清代新义理学的思想源流》又出以新意，着力发掘清代学者在《周易》诠释中的形上之思，揭示乾嘉学者虽然以“由训诂以明义理”，由小学以通经明道，为学术宗旨，与宋儒“摆落训诂，直寻义理”别分两途，但同时亦以《周易》诠释为主要路径，讨论“性与天道”的相关核心范畴。如果说，张寿安以《十八世纪礼学考证的思想活力——礼教论争与礼秩重省》呈

① 周积明：《纪昀与〈四库全书总目〉关系再检讨》，《中国四库学》第 4 辑，中华书局 2019 年版，第 23~36 页。

② 牟宗三：《周易的自然哲学与道德函义》，《牟宗三先生全集》一，台湾联经出版事业有限公司 2003 年版，第 3 页。

③ 高亨：《周易大传今注》，齐鲁书社 2009 年版，序言第 1 页。

现了在乾嘉考据中活跃着丰富的思想，那么，姚彬彬的《〈周易〉诠释与清代新义理学的思想源流》则以清儒的《周易》诠释呈现了清儒的义理论辨。两者互为补充，构成更为完整的“乾嘉新义理学”的思想版图。

余与彬彬君因“乾嘉新义理学”而相识相交，又因诸多喜好与观念相近而成忘年之友。彬彬君聪慧敏锐，不羁不俗，文史功底扎实，于中西哲学思想多有涉猎，又兼研习佛学，颇悟禅理，故于思想史研究别具优势。其书稿既深入易学诠释，又返身于“乾嘉新义理学”之大格局，剖析源流，辨章学术、评骘精当，颇有可观之处。称之为“入乎《易》内，出乎《易》外”，诚如其分。

余不敏，于“易学”领域向怀敬畏之心，平生向未作专门研究。彬彬君书稿既成，丐余一言以序其端，余逊谢不获已，谨述余于《四库全书总目》与“乾嘉新理学”之治学经历与阅读过程中之所思所想，勉之为序。

辛丑年十二月初三
于汉口滨江苑

（作者单位：湖北大学历史文化学院）

"明清时期制度变迁与国家治理"工作坊会议综述

□ 张 锐 苗朝晗

2023 年 7 月 1 日,"明清时期制度变迁与国家治理"工作坊会议于武汉成功举办。此次会议由武汉大学中国传统文化研究中心、国家社会科学基金重大招标项目"清代财政转型与国家财政治理能力研究"课题组、武汉大学历史学院共同承办。来自武汉大学、厦门大学、中山大学、华中师范大学、山东大学、河南大学、中南财经政法大学、上海大学、浙江师范大学、《光明日报》、《史学月刊》、《江汉论坛》等十余所单位的三十余位专家学者莅临会议,围绕着"明清时期制度变迁与国家治理"这一主题展开了一系列讨论。

此次会议分开幕式、主题发言、分组讨论、圆桌讨论四个环节。开幕式由武汉大学历史学院副院长、教授杨国安主持,武汉大学历史学院暨中国传统文化研究中心教授陈锋在致辞中介绍了此次工作坊会议的缘起,强调了制度文化研究的重要性,并对与会学者的到来表示衷心的感谢;武汉大学传统文化研究中心副主任、教授余来明简要介绍了武汉大学传统文化研究中心的情况,并指出了此次会议之于促进院系与研究机构、学者之间加强联系、互相学习、共同推动学术研究的重要意义。

主题发言环节,厦门大学历史与文化遗产学院教授、民间历史文献研究中心主任郑振满、中山大学历史系教授刘志伟、武汉大学历史学院暨中国传统文化研究中心教授陈锋三位学者主要以明清时期"央地财政"相关问题为中心,分别作了此次会议的主题发言。具体情况如下:

郑振满教授分别从包税体制、地方财政、地方公共事务三个方面,探讨了明清时期财政制度与地方社会治理之间的关系。他认为可以从赋役的定额化、里甲户籍的世袭化、赋役共同体的形成这三个方面去理解包税体制。在包税体制之下,地方财政经费的使用有着严格的限制和规定,从明中叶至康熙末年,地方财政规模呈现逐渐缩小的趋势。在经费吃紧的情况下,地方政府通过授权机制将公共事务的负担转移给以士绅为核心的地方社会群体。刘志伟教授则从户籍赋役制度的角度分析了国家财政与地方财政的关系,认为户籍制度是一种最基本的制度,是理解明清时期中国与社会的核心问题。一条鞭法之后,里甲户籍的内容由单纯的"人" 变为"赋役共同体"。国家财政脱离了地方财政资源的运作,地方财政则成为一个自下而上、基于地方治理的系统,户籍制度则成为联系这两套系统的桥梁。陈锋教授认为耗羡归公之后，耗羡银有三种用途，即充当官员津贴、办公经费、弥补地方亏空。地方财政形成的三个标志分别是地方设立专门的财政系统、拥有制定专门税收科目的权力、决定税收用途的权力。此外陈锋教授还对此次工作坊会议的名称进行了解读，指出其中有两层含义，一是“如何变迁”，即“清承明制”中的制度兴革与咸丰以后国家制度的根本变化；二是“制度系统”，整体上可划分为官方系统和民间系统；从类别上划分，可划分为中央系统、地方系统、专职系统、宫廷系统和士绅系统。此次会议在圆桌讨论环节中圆满闭幕，在圆桌讨论环节，与会师生进行了拓展讨论，特别聚焦于基层征收机制及其中的“绝户”“缺额”“折色”“本色”“自封投柜”“包揽”等问题。

分组讨论环节，与会学者分别围绕明清时期的“盐政与漕运”“行政管理变迁与官员公出需索”“兵饷、钱法、捐纳与区域商业发展”等具体问题展开了热烈讨论。具体情况如下：

一、盐政与漕运

武汉大学历史学院博士生尹巧瑞从食岸、食商、食引、食课四个方面对明末清初的两淮食盐体系作了详细且深入的分析，论述了食盐体系在明末的发展趋势，以及在清初的因袭与变革，并以此为视角指出“清承明制”中制度因革的“层累性”；中山大学历史人类学研究中心暨历史系博士后、助理研究员韩燕仪从轮规整散的角度探讨了清中期淮盐的衰落与纲法的崩溃。轮规整散是清政府应对淮盐困境所采取的措施，但是由于轮规整散的固有缺陷、朝廷过度的财政需索、嘉道以来国内银价的上涨，轮规整散的作用经历了从有效到无效的过程，最终无法改善淮盐困境。

武汉大学历史学院博士生吴族勇以漕粮与军饷的关系为切入点，探讨了清初湖广战时漕运体制的兴废及其运作。为解决粮饷筹措的难题，湖广清军采用了留漕充饷的办法。康熙初年，漕粮恢复本色起运意味着战时漕运体制的结束。武汉大学历史学院博士生章逸伦探讨了晚清漕运中的剥运问题，指出同治以后，清王朝虽恢复和调整了剥运制度，但是并未整顿仓场、经纪问题，导致剥运环节仍弊窦丛生，使其成为晚清漕运改革的一大阻力。中南财经政法大学马克思主义学院讲师李成的研究认为，永折是漕粮改折的一种重要方式，萌芽于弘治，确立于嘉靖、万历年间，并可视为对漕运制度的补充机制。在明代漕粮货币化困境的背景下，永折也可看作货币化的一种尝试。

二、行政管理变迁与官员公出

武汉大学历史学院博士生古小军认为，应当将明清时期的苑马寺视作一种特殊的行政地理单元。陕西苑马寺的州县化，既是其自身历史发展驱动的结果，也深受明清易代的影响。上海大学历史学系讲师叶鹏通过对明清考点的时空分析，认为基层考点从零散、随机分布逐渐集中化、固定化，最终大体实现了行政区划与考点辐射范围的嵌合。武汉大学历史学院博士生张译戈关注到官员“公出”这一问题，通过个案研究分析了乾嘉两帝对京官公出时钱财需索及途径地方官主动馈赠的处理措施，探究了该问题屡禁不止的原因，并指出这种局面既形成于高度封建的政治体制，也成因于僵化的财政制度和不完善的俸禄制度。

三、兵饷、钱法、捐纳与区域商业发展

浙江师范大学人文学院副教授李义琼从嘉靖倭乱时期战时海防经费供应、嘉靖间海防兵饷供应开始走向制度化、隆万间海防兵饷供应常规化三个层面展开，论证了明代嘉靖、万历年间浙江海防兵饷的供应模式变迁，并总结了明后期浙江海防营兵兵饷供应具有制度化、地方化、白银化的特点。武汉大学历史学院博士生赵士第的研究表明，清代民间市场继承了明代因钱法不振而自发形成的铜钱"地域自律"现象，并不断深化。铜钱的地域自律可以缓解政府难以解决的钱法危机，同时也满足商品市场扩大时交易的需求。各地市钱行用和地域行钱习惯的表现形式异同，恰恰也是市场整合程度高低的反映。山东大学历史文化学院博士后许存健的研究指出，道咸之际清政府办捐制度从捐纳、捐输分立逐渐走向合流。在晚清财政状况恶化的背景下，清政府办理捐纳的权限从户部下移至各省，各省以捐输之名行捐纳之实，促进了财权下移与地方财政扩张，捐输为清政府应对第一次鸦片战争、太平天国运动提供了重要的财政支撑。武汉大学经济与管理学院教授刁莉主要以1889—1911 年武汉地区旧海关贸易数据为研究对象，分析了武汉在帆船贸易时期、轮船贸易时期、铁路开通后的贸易时期的变迁状况。

《史学月刊》编辑部汪维真教授、武汉大学历史学院徐斌教授、武汉大学中国传统文化研究中心洪均副教授分别担任主持发言。华中师范大学历史文化学院吴琦教授、魏文享教授，武汉大学经济与管理学院刁莉教授、彭凯翔教授等专家学者分别对上述学者汇报的课题进行了深度点评。

就学术交流的广度与深度而言，此次会议呈现出以下几个特点：

其一，史料上的突破。"论从史出"是史学研究的基本原则，与会学者提交的论文，史料来源比较多元，对史料的解读颇为深刻，善于发掘新史料的同时也对一些旧史料有新的解释。其二，视野开阔，视角全面。不仅对明清时期具体的制度规范进行了爬梳考证，而且在个案研究中注重考察各项制度在地方社会中的运行实态，从而对制度本身有更立体、多维的认识与把握。其三，研究方法上的多元。注重学科交叉与融合，在恪守史学实证研究的基础上，对具体的历史问题作了一定的规范分析，实证与规范结合有利于对明清制度变迁与国家治理有更为客观的描述和评价。其四，具有强烈的现实关怀意义。对明清制度变迁的深入研究，可从中寻找历史智慧，回馈当下社会转型所遇到的一些问题，并对现实有历史镜鉴作用。

（作者单位：武汉大学历史学院）